Le notaire et son roi

Robert Sauzet

LE NOTAIRE ET SON ROI

Etienne Borrelly (1633-1718)
un Nîmois sous Louis XIV

LE GRAND LIVRE DU MOIS

ISBN 2-7028-1724-6

AVANT-PROPOS

Le Grand Siècle vu de la place Belle-Croix

En 1670 Etienne Borrelly, notaire royal, installa sa famille et son étude dans un immeuble qu'il venait d'acheter, au cœur de la ville de Nîmes, place Belle-Croix. Il quitta rarement, et pour peu de temps, la ville. C'est là que, pendant un demi-siècle, il inscrivit plus ou moins régulièrement, sur un gros registre in-folio de 548 pages[1], des notations concernant sa famille, son budget, sa cité, son pays et les relations avec les autres états européens. Sa vision des grands problèmes nationaux et internationaux était totalement dépendante de la conjoncture locale. Catholique intransigeant et, au temps de sa jeunesse, humilié par la puissance des protestants nîmois, c'est à travers le prisme de ses passions religieuses qu'il lut la politique de Louis XIV.

Un texte inédit

Le volume rédigé par Borrelly ne porte pas d'autre titre que celui de « livre » comme le montre la première page de l'ouvrage — dans une présentation analogue à celle des registres de contrats notariaux — « *Rubrique des actes, mémoires et adnotations des plus importants et de conséquence incérés dans ce* livre. »

Ce document a été l'objet d'une édition à la fin du siècle dernier, par un érudit local, le docteur A. Puech mais cette édition est si défectueuse qu'on peut qualifier le volume de Borrelly d'inédit[2]. Le principal intérêt de cette publication est de contenir un certain nombre de notes utiles empruntées aux archives municipales ou notariales. Malheureusement, elle est à la fois incomplète et inexacte. Dès le 8 juin 1660 (fol° 5 du livre), l'éditeur nous prévient « à partir de cet endroit le livre de raison n'est donné que par fragments ». A partir d'octobre 1683 (mais on avait commencé bien avant) « on a cru pouvoir s'interdire de donner la copie exacte du manuscrit... on a corrigé l'orthographe des mots pour les habiller à la moderne... on a également coupé les phrases qui présentaient une longueur démesurée... on n'a laissé subsister du texte que ce qui a paru avoir quelque intérêt... »[3] Au terme de ce travail sur le texte, l'éditeur note avec satisfaction la supériorité de l'art sur la nature « grâce à ces divers changements et en particulier à la suppression des redondances qui sentent par trop le style notarié le manuscrit gagne en netteté et en clarté, se lit avec moins de fatigue et plus de plaisir ». Victime de ce travail de reécriture, le manuscrit se trouve privé de toute saveur d'authenticité, notamment en raison du gommage des occitanismes. Nous n'accablerons pas le docteur Puech. Nombre d'éditions de textes du même type ont subi d'analogues vicissitudes[4].

Plus grave que les lacunes, la correction des fautes grammaticales ou des imperfections stylistiques est la censure exercée sur le texte de Borrelly. Visiblement choqué par la violence des sentiments exprimés à l'égard des protestants l'éditeur a, délibérément, atténué la véhémence de certains passages. Deux exemples seulement : l'exécution du prédicant Rey, pendu en 1686 à Beaucaire, est ainsi donnée par le dr. Puech « on fait compte que plus de mille nouveaux convertis de cette ville sont allés à Beaucaire pour le voir et ouïr ce qu'il disoit et s'il resteroit constant dans sa religion. Ils sont revenus disant que c'étoit un grand saint puisqu'il était mort martyr. On avait fait un grand parc autour de la potence où il y avait des gens de guerre et, comme il voulait parler, les tambours couvrirent la voix ». Voici le texte original « On fait compte qu'il allat au dit Beaucaire, de cette ville, des nouveaux convertis plus de mille pour voir ce qu'il diroit et s'il mouroit constant dans ladite religion prétendue, *cette maudite rasse* disant que c'estoit un grand saint puisqu'il estoit mort martyr et comme *ce misérable* vouloit parler et comme en effet il parla *le plus effrontément du monde*, l'ordre fut que les tambours *picqueroient* (occitanisme pour « battraient ») pour empêcher que *ces maudits curieux* n'entendissent ce qu'il disoit affin qu'ils ne prissent des impressions. » La « maudite rasse », les « maudits curieux », le discours « effrontément » prononcé par Rey sont éliminés. Quant au « grand parc » autour de la potence, il est emprunté à une autre phrase du texte[5].

Même caviardage significatif pour le récit de la mort du chef camisard, Rolland, en août 1704. La version du dr. Puech est « le fameux chef Rolland qui a fait tant de mal a été tué par un dragon ». La réalité est bien différente de cette relation presque neutre « Rolland ce famus chef de parti qui a fait tant de mal, *malhurusement* il fut tué par un dragon. *Le dessein estoit de le prendre en vie pour le faire chanter* pour ensuite estre exécuté d'une des plus cruelles morts que l'on se put imaginer »[6]. Ces regrets féroces d'un trépas jugé trop rapide ont visiblement épouvanté l'éditeur.

Le projet de Borrelly

Lorsque le notaire commença à écrire dans son registre il avait, semble-t-il, en vue de faire un livre de famille. La première page mentionne, outre sa réception comme notaire, divers événements familiaux (décès de la mère, du frère aîné, avantages pécuniaires consentis à cet aîné). Dès la seconde page, le propos s'élargit à l'évocation d'épisode de sa vie personnelle (« lorsque j'arrenta une chambre ») mais, aussi, de sa cité (bénédiction de chapelle, émeute faite par les protestants). A la troisième page apparaît la dimension nationale et internationale avec la mention de la prise de Montmédy par le roi. Aux folios suivants, l'attention du rédacteur est accaparée par le récit des troubles locaux et la rigueur de l'hiver. Jusqu'à l'année 1667, quelques achats sont mentionnés et, surtout, des faits extraordinaires (entrée du Roi, entrée du légat, mort du prince de Conti) mais le livre n'est pas tenu régulièrement et le rédacteur s'en explique au folio 7 « je n'ay pas esté ponctuel à escrire tout ce que je devois pour bien de *curiosités*. J'ay esté obligé pour *ma satisfaction* de mettre en mémoire les choses suivantes... » (première messe dans l'église des capucins en 1662, réception comme secrétaire du chapitre et de l'assemblée du clergé en 1663 et 1665 — établissement des doctrinaires en 1666).

A partir de 1667 le livre devient véritablement livre de raison, au sens étymologique de livre de comptes (*ratio* = compte). A partir de 1668 et jusqu'en 1691, le bilan budgétaire de l'année est donné à la fin décembre[7]. Le chroniqueur continue à faire place aux événements familiaux dans le corps du volume[8] mais il marque aussi les dates précises de baptême de ses enfants à la fin de son livre. Il s'agit donc bien d'une élaboration traditionnelle qui évoque les livres de raison limousins ou provençaux de la fin du Moyen Âge et du début des temps modernes[9]. Ce qui motive Borrelly c'est, d'abord, l'aspect familial : quelques mois après la mort du fils qui aurait dû être son successeur, en 1692, il écrit en gros caractères « Notta que depuis la mort de mon fils... j'ai négligé et je négligeray bien davantage à l'avenir de mettre dans ce registre ma despance et bien d'autres choses... parce que n'aiant plus de successeur je ne m'en sousie plus de rien, n'aiant qu'un fils qui est prestre. Ainsi voillà qui est fait. J'y metrai seulement les choses les plus essentielles et je ne scai encores ci je le feray. » Il revient un peu plus tard par une « anotation touchant mon indifferance » sur l'absence de fils pour lui succéder en concluant « ce livre après ma mort passera dans des mains étrangères[10] ».

Livre de raison incontestablement, mais qui doit également servir, pour employer des notions évoquées dès le début par son auteur, à la « satisfaction » et à la « curiosité » : sont mis ainsi en mémoire les événements locaux ou nationaux qui lui paraissent importants, essentiellement les mesures anti-protestantes, les victoires du roi et les cérémonies urbaines... Conscient de vivre une époque exceptionnelle, Borrelly éprouve le besoin d'en laisser une trace pour ses successeurs : il remplit 236 pages pendant la période 1677-1686 contre 130 seulement pour la décennie précédente et 122 pour les années 1687-96. L'importance qu'il attachait aux dispositions frappant les réformés ressort d'un commentaire sur « ce changement de religion » qui clôt l'année 1686 « J'ai les anotations couchées ci-devant du tout *historiquement*[11] ».

Cet ensemble de notations, familiales, budgétaires ou politiques, ne relève pas de l'autobiographie qui est « récit rétrospectif » mettant l'accent sur « la vie individuelle » de son auteur[12]. Son propos est différent de celui de ces historiens de leur propre vie (*Lebensbeschreibung*) qu'étaient les Platter[13]. En aval de Borrelly, il n'y a pas d'analogie entre la quasi-absence de confidences personnelles du notaire nîmois et la complaisance, idyllique, de l'étaminier Louis Simon, ou érotique du vitrier Jacques Louis Ménétra[14]. Pierre Prion, secrétaire du marquis d'Aubais non loin de Nîmes, a pu rencontrer Borrelly au soir de l'existence du notaire mais les manuscrits autobiographiques que ce scribe célibataire a rédigés sont centrés sur son existence aventureuse, ses voyages et la description de la société d'Aubais, objectifs tout à fait différents de ceux du nîmois[15]. Son contemporain, le tisserand lillois Pierre Ignace Chavatte, est celui qui présente le plus d'analogies avec lui : catholicisme militant, intérêt pour les calamités climatiques, les crises économiques et la conjoncture politique, mais sa chronique a été rédigée, en une fois, à la fin de sa vie et le gentilhomme vendômois Marie du Bois rédigeait à intervalles irréguliers de « petites curiosités[16] ». Au contraire, l'élaboration borrellyenne est une rédaction qui a occupé son auteur, plus ou moins, jusqu'en 1718. Les trente dernières pages présentent une écriture de plus en plus altérée à cause de l'« incommodité de la goutte »...[17] Le souci traditionnel de tenir ses comptes, de garder mémoire des événements familiaux ou des grands faits politiques, l'importance des préoccupations religieuses apparentent le livre de Borrelly au journal du pasteur Ralph Josselin, desservant d'une paroisse de l'Essex, à la fin du XVIIe siècle[18].

Le style est-il l'homme même ?

Etienne Borrelly avait vingt ans quand il commença à tenir son livre, au moment où, de praticien, il devint notaire. Il ne parle pas de sa formation. Il est probable que — à l'encontre de son frère aîné qui fit des études avant d'accéder à la profession d'avocat — il avait acquis sa compétence professionnelle en travaillant comme clerc, peut-être dans l'étude de son père à Bezouce. Lorsque, 25 ans plus tard, il embaucha un clerc qui avait un cursus scolaire de quelque importance, il marqua son étonnement « quoiqu'il ait fait toutes ses études il veut apprendre l'estat de notaire ». Son propre neveu, Mathieu Borrelly, fils aîné de l'avocat, n'avait pas, quant à lui, achevé ses études secondaires lorsque, après la mort de son père, son grand-père le notaire de Bezouce l'envoya « chés M. Lautier maitre d'escole pour se former à bien escrire et apprendre l'arimétique lui aiant fait quitter le collège pour lui faire apprendre la pratique. Il estoit en humanité (c'est-à-dire en seconde) ». Mathieu devait, par la suite, prendre la succession de son grand-père. Cette absence de formation intellectuelle poussée était une situation fréquente chez les notaires des XVIIe et XVIIIe siècles où, dans le monde des gens de loi, ils se distinguaient, comme les procureurs, des magistrats ou des avocats par leur absence de grades universitaires[19].

Etienne Borrelly semble avoir assez peu cherché à combler les lacunes de sa culture générale. En témoigne la rareté des mentions d'acquisitions de livres. Il s'agit essentiellement d'ouvrages pieux destinés à son fils aîné séminariste. Lui-même devait posséder des écrits de spiritualité : lorsque son fils cadet partit étudier le droit à Toulouse, il lui donna *L'Introduction à la vie dévote* et *L'Office de la Vierge*. Ses acquisitions personnelles ont un caractère professionnel comme, en 1668, « l'ordonnance ou code de notre roi Louis XIV avec le formulaire montant 7 livres » (il s'agit de l'ordonnance civile de 1667 ou code Louis) et en 1672, un livre « traitant des matières bénéficiales » ce qui n'a rien d'étonnant étant donné l'importance du clergé dans sa clientèle notariale. Deux livres, acquis en 1692, traduisent une certaine bonne volonté culturelle et le désir d'améliorer sa connaissance du français : il s'agit d'un *Abrégé de l'histoire de France par demandes et réponses* et du *Dictionnaire* de Richelet[20].

Plusieurs fantaisies orthographiques traduisent des lacunes d'instruction : le cardinal neveu Chigi est qualifié, en 1664, de légat « allatere » pour « *a latere*, » signe d'ignorance du latin. Il écrit souvent « ci » pour « si » (« le roy fut ci outré... »). Le ban et l'arrière-ban deviennent sous sa plume banc et arrière-banc tandis que le « coadjuteur » de l'évêque de Montpellier se transforme en un approximatif « cohalietur ». Ses notions de géographie sont vagues — hormis lorsqu'il recopie des relations imprimées de victoires royales. Ainsi, la paix des Pyrénées est-elle signée « dans l'isle de Zénobie qui est du costé de Maiance à ce que je crois » ; peut-être Béhobie, Hendaye ou Bayonne sont-ils à l'origine de ce toponyme curieux ? La Saintonge où se trouvaient les abbayes de son évêque Fléchier devient, de pays des Gaulois Santones, un hagiotoponyme original la Sainte Onge[21].

Borrelly tient naturellement son livre de raison en français, au même titre que les contrats transcrits dans ses registres notariaux ou les comptes rendus de délibérations qu'il rédige tous les mercredis pour le chapitre cathédral. Depuis la fin du Moyen Âge, le français était la langue des groupes sociaux dirigeants dans les villes du Languedoc mais ces élites devaient aussi connaître l'occitan, langue du peuple. Borrelly connaît la langue d'oc et même, pour un certain nombre de termes relatifs en général à la vie quotidienne, à l'agriculture, à l'artisanat, il ignore le mot français équivalent. Par ailleurs, sa connaissance de la grammaire française paraît assez approximative et sa syntaxe contient beaucoup de constructions occitanes[22]. Son orthographe est aussi révélatrice de sa prononciation. Par exemple il confond les voyelles « eu » et « u » qui ne représentent pour lui qu'un seul et même son. Il écrit « quand il estoit plus june », ou « une grande terrur » ou « M. de Mercure » (pour Mercœur). Ce trait phonologique a été retenu comme typique du français parlé par les « gascons », témoin le baron de Féneste d'Agrippa d'Aubigné qui transforme systématiquement « eu » en « u »[23]. Il en va de même pour *au* : « il y avoit... du bœuf à la dobe » ou encore, à propos du corps de l'évêque Fléchier, « on l'emboma ». Même difficultés orthographiques dues à la difficulté d'entendre la nasalisation de la voyelle précédant un *n* suivi d'une consonne en français : il écrit à l'« estant » pour à l'« instant ».

Les occitanismes ne sont pas rares. Le genre de certains mots est emprunté à la langue d'oc : huile au masculin par exemple « il y a quantité d'huile *vieux* », de même horloge « à cinq heures et demi... à ma montre et orologe de la ville avec *lequel* elle convenoit très bien ». Inversement, lièvre est féminin « lièvres *mortes et noyées* ». Le participe passé du verbe être est éventuellement variable, comme en occitan « ma fille... est apellée (à la vocation religieuse) autant que fille l'ait jamais *estée* » ou (ma belle-sœur) « qui avoit *estée* à la maison depuis son enfance ». Il arrive aussi des emplois fautifs d'auxiliaires par imitation de la langue d'oc « ledit Moinier vouloit bien que je ne *fusse pas esté* caution » ou « ledit bureau *n'a demuré* à la maison qu'environ deux mois ». De même le relatif « que » peut être employé comme équivalent de « où » ou « par lequel » : « pour avoir fait acomoder le moulin *qu'*on passe la farine » ou « les frais d'un baptême *que* ma fille estoit marraine. » D'autres constructions sont également des traductions littérales : « comme il (l'évêque) venoit de Beaucaire où il descendit par eau venant de Paris, qu'il vint à pleuvoir, cellà l'obligea d'en dépêcher, le long du chemin, un homme, *moi estant allé à Beaucaire pour lui faire mon compliment et me faire connoistre*, pour advertir Messieurs du chapitre... » ; de même « ils me *devoient d'argent* » ou « ma femme m'a *achepté de* toile d'Olande... » ou « il *faut d'argent* à nostre grand Roy »... ou encore « interdiction aux notaires et procureurs de la R.P.R de *ne* faire *plus* leurs fonctions » (archaïque en français à cette époque mais conservé en occitan). Lorsque son fils Mathieu est gravement malade il commente « c'est dommage *de* cet enfant parce que c'est un prodige de mémoire » ; des témoins sérieux sont qualifiés de

« gens qui sont dignes *de croire* ». Les noms propres sont mis au féminin s'il y a lieu « je passa contrat de mariage avec Marie Vigière fille de Jean Vigier ». Borrelly parlait évidemment en langue d'oc avec ses servantes ou les artisans qu'il employait. Il est probable qu'il employait aussi cette langue dans sa propre famille, témoin le diminutif « Blanquette » (et non Blanchette) pour sa petite-fille Blanche[24].

Lorsque Borrelly tient son livre de raison au sens le plus littéral (livre de comptes) il écrit d'une façon neutre et monotone « le (tel jour) j'ai achepté (tel objet) au prix de... », etc. En revanche lorsqu'il célèbre des événements qui suscitent son émotion ou des calamités climatiques, il est conduit à des amplifications qui paraissent traduire une tendance naturelle à l'exagération. « Toute la France a été dans une joye ci grande (à la naissance du duc de Bourgogne) qu'on dit que jamais pour quelque naissance de Dauphin qu'il y est eu on n'a veu en France tant de réjouissance et de feus de joye et l'on a demuré d'accord que dans cette ville de Nismes il à esté fait plus qu'en ville de la province. » Les obsèques de l'évêque Cohon furent « un des plus beaux enterremens qui jamais se soit fait à evesque ». Vainqueur en Flandre, en 1678, « le Roi fait des choses qu'à peine qu'elles seront crues dans la suite des siècles. » La gloire du roi n'a d'égale que la férocité de ses adversaires camisards dont la cruauté est telle « que les barbares n'en feroient pas la vingtième partie ». Les hivers froids, les étés secs, les pluies diluviennes sont, habituellement, incomparables : l'hiver 1679 « a esté ci rude... que personne qui vive n'en avoit veu un ci long et put estre ci rude. »[25]

Si Borrelly ne fait preuve qu'exceptionnellement d'esprit critique, il aime s'appuyer sur des textes précis et autorisés lorsqu'il évoque des faits d'importance. Il était greffier du tribunal diocésain de l'officialité et du chapitre cathédral. Tous les mercredis, il assistait à la réunion des chanoines et rédigeait le compte rendu de leurs délibérations. Cette situation près de l'évêque et du chapitre lui a permis d'avoir accès à de nombreuses informations sur le temporel et le spirituel du diocèse. Au-delà de la région, il avait ainsi connaissance d'événements nationaux ou internationaux, notamment grâce aux lettres adressées par le roi à l'évêque (pour la célébration de *Te Deum*) et des décisions royales concernant les protestants.

Outre ces sources documentaires professionnelles, il utilise des lettres privées : en 1686, on lui communique une lettre de M. Chabaud sieur des Isles, major du régiment de Provence, sur les opérations franco-savoyardes contre les Vaudois. En 1690, une lettre d'un neveu officier lui apprend la victoire de Fleurus[26] ; il consultait enfin les relations imprimées. Il acquit une brochure occasionnelle sur le mariage du roi en 1660, sur la paix de Hollande en 1678, sur le bombardement d'Alger en 1683, sur l'humiliation de Gênes en 1685, sur l'état de armées royales en 1689 et en 1690. Il transcrivit, en 1689, plusieurs documents relatifs à la seconde révolution d'Angleterre, exaltant la politique française de soutien à Jacques II.

Hors du royaume, le notaire fait état d'estampes, représentant le pape Alexandre VIII. Il a vu une liste portant les noms des cardinaux. La lecture des relations imprimées lui permet de raconter longuement la victoire des Impériaux sur les Turcs en 1683.[27]

L'auteur éprouve parfois le besoin de mentionner tels ou tels détails concrets et vivants. Ces précisions ont, peut-être, valeur d'aide-mémoire de la transaction évoquée mais elles plongent le lecteur dans la joie de retrouver la chair même de l'Histoire et c'est l'aspect le plus curieux de l'écriture borrellyenne. Le samedi 30 avril 1689, Borrelly est à la recherche d'étoffe pour se faire faire un habit et enrichit l'évocation de cette emplette par le récit de tout un environnement de convivialité « Mr Rouvière chirurgien, Montfaucon mon tailleur et moi roulant ensemble chès des marchans, nous tombames chez M. Roux marchand d'indienne et là nous trouvames une estoffe grise façonnée œil de perdris faite en Levant et n'aient pas trouvé ledit sieur Roux mais sa femme nous ne pumes pas convenir du prix et nous en revenant chez nous, estant au devant de la boutique dudit sieur Rouvière, nous trouvames ledit sieur Roux tout au devant qui s'en allait faire le poil et, lui aiant dit que nous venions de ches lui pour telle chose, nous aurions (ce conditionnel a simplement un sens de passé) sur ce lieu tumbé d'acord à 4 livres 15 s. la cane de la susdite estoffe ce qui m'auroit obligé ledit Montfaucon et moi de retourner à la botique dudit Roux qui aurait resté chez ledit sieur Rouvière pour se faire faire le poil et dit à sa femme nostre marché. A mesme temps, elle auroit fait caner (mesurer) l'estoffe ni aiant que 5 canes que son aprantif auroit porté chès ledit sieur Rouvière et là j'aurois paié au dit Roux à qui on faisoit la barbe, le sieur La Rivière compagnon la lui faisant. »[28]

Cette petite odyssée printanière aurait pu se réduire — c'est le cas le plus fréquent — à la mention d'un achat de cinq canes (10 m) de tissu... Le désir d'écrire qu'éprouve ce jour-là le notaire nous vaut un éclairage sur les étapes préliminaires à la confection d'un vêtement, sur la place modeste de l'épouse du drapier qui n'encaisse pas l'argent, sur l'espace de sociabilité constitué par la boutique du chirurgien barbier.

A propos d'un versement d'intérêts « le 20 septembre 1684 veille de St Mathieu » nous apprenons que le créancier, le marchand Rastouin, étant venu à passer place Belle-Croix devant la maison de Borrelly « je l'aurois appelé dans mon estude parce qu'il pluvoit et après avoir parlé du régiment de La Fère qui est arrivé en ville, du moins la moitié, et l'autre moitié doit arriver demain pour aller à St Hippolyte et aux Sévènes, je lui aurois payé, etc. » A propos d'un modeste versement de 12 livres, surgit l'entretien de deux bourgeois catholiques passionnés par les mesures coercitives prises à l'égard des protestants[29]. Le vieux Rastouin suscite la verve du notaire, à moins que le grigou ne faisant pas de reçu, il paraisse utile à son débiteur de mémoriser des détails précis : le 20 novembre 1685, Borrelly va chez Rastouin « environ l'heure de huict du matin que je trouva dans sa boutique *avec son bonnet de nuict et son chapeau par dessus*, aiant mal aux ieus depuis quelque temps et ne sortant point et dictant des lettres à un garçon ». L'année suivante, le 5 octobre, il rencontre « Mr Rastouin qui *parloit au P. Chaurand jésuite* qui est en ville pour l'establissement de l'hospital général, *regardant aplanir la place* audevant de la cathédrale pour faciliter aux carrosses l'entrée de l'évesché, je l'aurois tiré à part, etc. »

En mars 1686, un instantané du même type à propos d'un achat d'huile sur la place Belle-Croix : le notaire donne deux écus de trois livres et « 8 sols de monoye » à la marchande « quelle auroit baillé à l'estant à son mari *qui s'apuioit au trelis* (grillage) *de fer de* la croix ». De même le prêt de trois pièces de 30 sols à un certain Lachaze, neveu d'un chanoine, lui est occasion d'évoquer un petit drame dans le microcosme canonial « (Lachaze) disant qu'il en avoit besoing pour achepter un neus (nœud) pour sa cravate et autres choses, qu'il n'osoit point le demander à son oncle qui lui avoit acheрté un habit, qu'il n'avoit pas vouleu le prandre aujourd'huy parce que son neus estoit tout crassus et villain, sondit oncle luy faisant la mine depuis qu'il lui a achepté ledit habit. » C'est « les larmes aux yeux » qu'un autre neveu de chanoine, celui de son ami Charles Maigne, vient lui emprunter trois écus. Lorsque Borrelly achète, pour son fils séminariste, un dictionnaire grec, latin, français chez la veuve Plasse il nous apprend que se trouvait dans la boutique « la veuve de M. Mithier chirurgien qui filoit » et nous saisissons, sur le vif, deux commères[30].

Cette mémoire visuelle et ce goût pour les relations concrètes donne sa couleur au livre qui rapporte souvent des épisodes auxquels le notaire a assisté.. Il a été témoin des graves émotions populaires de 1657. Lors de l'abjuration collective des protestants à la cathédrale (d'où les anciens catholiques étaient exclus pour manque de place) il resta pour observer la cérémonie (« je me cacha »). Lorsqu'on construit une citadelle, il y va « quasi tous les jours voir travailler ». En 1702 le duc d'Anjou, petit-fils de Louis XIV, devenu Philippe V roi d'Espagne, marqua une étape à Nîmes et le notaire eut « l'honneur le voir à la passade *trois différentes fois* » ce qui lui permit de faire un tableau précis du souverain « beau, bien fait, le visage fort blanc et le tain fin et blon, portant un chapeau avec un plumet blanc, son habit blu en broderie, estant seul dans une très riche chaise rolante rouge ».[31] Dans ces évocations, l'auteur se comporte comme un reporter avant la lettre et manifeste une aptitude à saisir le pittoresque des situations. Sa façon de raconter nous dit bien des choses sur un homme si discret par ailleurs sur lui-même. Elle révèle la minceur de son bagage intellectuel, son bilinguisme mal dominé, son goût pour l'amplification, ses dons d'évocation d'instantanés vivants. Un peu plus d'études aurait pu faire de lui le Saint-Simon de la place Belle-Croix.

Micro-histoire et totalité sociale

L'Histoire ne se divise pas. Ayant naguère travaillé, d'une manière sérielle, sur des ensembles régionaux et notamment sur le diocèse de Nîmes au XVIIe siècle, j'avais rencontré et utilisé le manuscrit de Borrelly et constaté l'intérêt majeur de ce texte pour une analyse de type micro-historique. En effet, plusieurs visages du notaire apparaissent dans son livre : le pater familias aux prises avec l'entretien de sa maison et de sa nombreuse famille, le joyeux convive dans son réseau de relations amicales, le notaire dans ses multiples contacts d'affaires, l'homme de confiance du clergé diocésain, le dévot membre de pieuses confréries locales, le sujet obéissant de Louis XIV qui porte un intérêt passionné à la politique royale et, surtout, à la lutte contre le protestantisme à l'intérieur et à l'extérieur du royaume.[32]

On retrouve, à peu près, les « cinq cercles » qui, à la fin du XVIe siècle, structuraient l'univers du bourgeois de Cologne Hermann Weinsberg : la maison, le voisinage, la paroisse, la ville et le monde.[33] Seul point de différence, la paroisse : il n'y a, à Nîmes, qu'une seule paroisse. Le « cercle » correspondant, dans l'expérience borrellyenne, serait celui des institutions ecclésiastiques (évêque, chapitre, réguliers). Mais, à la différence du notaire nîmois, Weinsberg était un homme instruit, capable de critiquer et de rejeter le militantisme agressif de l'extrémisme catholique. Borrelly manque de culture et n'a pas d'idées originales. Cette médiocrité même le rend intéressant : il est l'écho docile de la propagande royale ou jésuitique. Des miettes d'idéologies[34] dominantes — qu'il s'agisse des théories de l'absolutisme ou de l'esprit de la Contre-Réforme — constituent la trame d'un discours véhément et naïf qui ne laisse aucune place au doute.

Document de mentalité d'un sujet très ordinaire du Roi-Soleil — on serait tenté anachroniquement de le qualifier de « Français moyen » — le livre de raison contient un riche matériau de caractère anthropologique sur la vie quotidienne, l'alimentation, les rapports entre époux ou avec les enfants. Il permet d'entrevoir les relations complexes unissant un individu et une société donnée, en l'occurrence une ville divisée par une frontière confessionnelle, parfois assez perméable, et un État à l'apogée de l'absolutisme. Car la micro-histoire ne peut se concevoir qu'en référence aux résultats de la recherche « macro-historique ».[35] Nîmes et sa région ont donné lieu à des études sérielles.[36] Elles serviront naturellement de toile de fond à l'analyse des documents Borrelly qui permettront, à leur tour, de les tester.

1

DE L'HUMILIATION À L'ESPÉRANCE

ENRACINEMENT CATHOLIQUE

« Le dix-neuvième juin 1654 je fus receu notaire en cette ville de Nismes, comme il apert par mes provisions du sénéchal de ladite ville. J'estois pour lors aagé de vingt et un ans moins deux mois et deux jours à compter du jour que je fus baptisé qui fust le XXI aoust 1633 dans l'église parrochiale de St André de Bezousse, mon parrin fust Me Estienne Prat baille du lieu de Cabrières et ma marrine demoiselle Anne de la Croix, femme du cousin Pélissier notaire dudit lieu de Lédenon. Mon père, Antoine Borrelli notaire est enfant du Bezousse et feue ma mère Dauphine Evesque est native dudit Lédenon ». Ainsi commence le livre de raison d'Étienne Borrelly marqué par un besoin de précision chronologique qui devait se révéler comme un trait de son caractère.

Au moment où le jeune praticien acquit, pour mille livres, l'office du notaire catholique nîmois Mathieu Liboud[1], les guerres de religion n'étaient terminées dans la région que depuis un quart de siècle. Après 23 années de paix, les hostilités avaient en effet repris en 1621 et ces « guerres de M. de Rohan » avaient duré jusqu'en juillet 1629 où la paix d'Alès et l'édit de Nîmes avaient marqué la liquidation de l'état protestant[2]. La crise avait été sanglante, accompagnée d'un renouveau de l'iconoclasme. Les protestants nîmois avaient, un instant, cru qu'ils allaient réaliser le rêve du siècle précédent, la « destruction de Babylone » par la démolition des églises et la conversion ou la proscription des papistes. La cathédrale, nouvellement reédifiée, fut abattue pour la seconde fois ainsi que les lieux de culte rebâtis dans le diocèse depuis 1598. Au cours de l'année 1621, les catholiques nîmois que le jargon biblique de leurs adversaires appelait « philistins » furent l'objet de vexations et de menaces dont les dossiers « Troubles des religionnaires » conservés aux archives du Gard contiennent l'impressionnante chronique.

Le prédecesseur de Borrelly avait ainsi été molesté au printemps 1621 « un nommé Mailhures sans occasion auroit donné un grand coup du crève cœur de la forchette de son mousquet à Me Mathieu Liboud notaire dont ayant voulu se plaindre, ung nommé Madières auroit dict que ledit Liboud estoit ung mauvais papiste et qu'il luy en falloit donner davantage pour ce qu'il s'en plaignoit ». Aussi de très nombreux catholiques se réfugièrent-ils à Beaucaire, mais beaucoup de gens du peuple avaient dû rester, même après l'expulsion des derniers adeptes de la vieille religion en décembre 1621, ne trouvant « personne qui cautionne pour eux de payer les contributions qu'ils (les protestants) exigent[3] ». La pression des réformés sur ce petit troupeau abandonné fut efficace : en janvier 1622, le consistoire de Nîmes enregistrait les noms d'une centaine de néophytes « dont Dieu a dessilhé leur entendement par la fréquentation des presches[4]. » Cette période de crise fut pour les papistes un temps d'épreuves mais s'ils furent l'objet de brimades ils ne furent pas victimes d'un massacre généralisé. La peur des représailles et l'influence de notables modérés limitèrent les excès, tout au moins à Nîmes même. Le souvenir de l'oppression subie, des menaces de renouveler le massacre de la St Michel 1567 — la « Michelade » — où une centaine de notables catholiques avaient été tués, persista très fort dans l'esprit des papistes nîmois. Cette mémoire de ce qu'il appelle « l'esclavitude » est particulièrement forte dans le texte de Borrelly par la dénonciation récurrente des « murtres, violences et oppressions qu'ils nous ont faites[5] ».

En effet, la défaite du parti protestant, l'anéantissement de l'État huguenot dans l'État français n'avaient pas mis fin à la prépondérance réformée, ni dans le diocèse qui comptait en 1663, selon les statistiques de l'intendance, 75 000 protestants pour 34 000 catholiques, ni dans la ville épiscopale où les religionnaires constituaient près des deux tiers des 20 000 habitants[6].

Le diocèse de Nîmes, véritable exception dans la carte religieuse de la France où les calvinistes ne représentaient qu'un vingtième de la population, comportait aussi des zones restées catholiques : une partie des Cévennes, les villages de la garrigue à l'ouest de Sommières et le territoire à l'est de Nîmes. Cette dernière région était le berceau de la famille Borrelly, ce qui éclaire la véhémence anti-protestante du notaire. Bezouce, comme les paroisses voisines Marguerittes, Poulx, St Gervasy, Cabrières, Lédenon, était resté un lieu de catholicisme militant, au travers de la crise du XVIe siècle. C'est un des nombreux mystères de la constitution des frontières religieuses en Bas-Languedoc : les Cévennes ne sont pas passées en bloc à la Réforme, loin de là et dans la plaine, si le protestantisme s'est diffusé largement vers l'ouest à partir de Nîmes, il n'est pas parvenu à s'imposer dans les villages de l'est nîmois. A l'encontre d'une affirmation un peu trop abrupte de Janine Garrisson, la nouvelle religion n'avait pas « rayonné en nébuleuse » autour de Nîmes[7] : les paroisses de l'est nîmois, notamment Bezouce et Lédenon, n'ont pas accepté le calvinisme. Les documents ne permettent pas d'éclairer les formes populaires de ce refus. En revanche les seigneurs locaux semblent avoir contribué à la résistance de la vieille religion : le seigneur de Bezouce n'était autre que l'évêque de Nîmes ; le baron de Lédenon, quant à lui, avait participé dans l'armée catholique à la bataille de St Gilles, en 1562, et était devenu premier consul de Nîmes lors de l'éphémère réimplantation d'un consulat catholique en 1568. A Cabrières, résidence du parrain de Borrelly, la famille Rovérié avait acquis la seigneurie en 1511 : en 1569, Antoine Rovérié de Cabrières fut tué, les armes à la main, dans les rues de Nîmes, assailli par les protestants et, jusqu'à notre époque, cette famille illustrée par le cardinal évêque de Montpellier, se faisait gloire de cette fidélité[8]. Lorsque, en 1874, François Rovérié de Cabrières succéda au gallican et parisien Le Courtier sur le siège montpelliérain, les réactions populaires exprimaient une correspondance profonde entre la pastorale du prélat légitimiste et ultramontain et les aspirations d'un catholicisme local viscéralement anti-protestant : « A queste evesque es catouli... l'autre era protestan ». (Cet évêque est catholique, l'autre était protestant[9].)

Quelles que soient les causes du rejet de la Réformation dans la région natale de Borrelly, les délibérations du consistoire de Nîmes à la fin du XVIe siècle en sont un excellent miroir : dans les années 1561-63 on envoie des ministres dans ces localités de l'est nîmois mais (les registres du consistoire s'interrompent pour la période 1563-1578) quinze ans plus tard on constate que ces grandes espérances ont échoué. Ces lieux où la Réforme avait tenté de s'établir apparaissent comme abandonnés à la superstition, à l'idolâtrie et à la dissolution des mœurs. En témoignent les censures consistoriales à l'égard de tels huguenots nîmois qui sont allés « ouïr la messe et danser » à Marguerittes, Bezouce ou St Gervasy. Ce catholicisme résistant, attaché aux fastes, aux rites, au culte des « bons saints » et aux festivités qui les accompagnent n'est pas sans rappeler la revendication fameuse des papistes de Montpellier en faveur de la messe et de la danse[10]. Le pays natal de Borrelly fut particulièrement exemplaire à cet égard. Les guerres de religion y avaient été sanglantes. Le village fut occupé par les troupes protestantes en 1562 puis à nouveau en 1570. Délogés, en juin 1577, par le maréchal de Bellegarde qui massacra la garnison huguenote, les religionnaires devaient revenir en force l'année suivante, pendant la période fort troublée qui sépare la sixième et la septième guerre de religion. Il s'agissait pour les réformés d'assurer leurs communications entre Nîmes et le château de Beaucaire, assiégé par les catholiques. Au cours de ces opérations François de Châtillon, fils de l'amiral Gaspard de Coligny, qui avait d'abord occupé le village de Sernhac, une lieue à l'est de Bezouce, fut amené à donner l'assaut à ce dernier bourg et a expliqué les raisons de son attaque par l'attitude agressive des villageois à l'égard de ses soldats « desquels les uns avoient été dévalisés, les autres blessés d'arquebuzades en passant par devant ledit Bezouce ». Châtillon s'était alors transporté devant le village avec deux pièces d'artillerie pour intimider ces papistes intempestifs ; ils ne répondirent que par des coups de feu et des injures aux sommations : « au lieu de rendre quelque honneste responce ils usoient de parolles les plus dissolues et vilaines tant envers ledit sieur de Chastillon que contre celuy qui parloit à eux ». Ce fut alors l'assaut et la mise à sac du bourg après un combat acharné. Le chef protestant lui-même célèbre le courage des gens de Bezouce : « après que la brèche fut assaillie et défendue avec toute opiniastreté plus de quatre heures durant, les soldats entrèrent dans le village duquel ils ne furent pas maistres à leur arrivée, car ils furent combattus avec halleebardes, demy-picques et autres bastons ferrés par hommes désespérez qui furent tuez en combattant »[11] Une soixantaine de défenseurs furent tués et les assaillants eurent 150 tués ou blessés. Selon le chanoine J.M. Lamoureux, historien de Bezouce, le souvenir des luttes du XVIe siècle aurait valu à une croix, encore debout à Bezouce, son surnom de « croix du sang[12] ».

Le secteur catholique, à l'est de Nîmes, devait être également très durement éprouvé au temps des guerres de Rohan. Le père de

Borrelly avait alors une trentaine d'années et les récits de cette époque dramatique ont certainement marqué l'enfance d'Étienne, né seulement quatre ans après la paix d'Alès. Ce fut surtout, à une lieue de Bezouce, sur le village de Marguerittes gros bourg de 500 feux, position stratégique susceptible de devenir une base catholique aux portes de Nîmes que s'acharnèrent les protestants.. Ils y avaient été défaits en juillet 1621 par le gouverneur de Languedoc, Henri de Montmorency. Le village et son église furent presque entièrement détruits après le combat et, en juin 1622, les Nîmois revinrent démolir, piller et brûler les maisons « reédifiées depuis l'année 1621 ». Dans une supplique adressée au roi, l'évêque de Nîmes évoque cette mise à sac « excez qui crye vengeance devant Dieu, comme le sang de l'innocent Abel, estant la pluspart desdictes familhes réduictes à mandier, depuis la dicte prinse, la pluspart sont mortz de faim et de misère dans la ville de Beaucaire ». Dans les localités voisines se produisirent également des violences : à Manduel, « ceux de ladite religion menèrent le canon, battirent l'église où il y avoit garnison dont partye feurent tués, le prebtre conduit ignominieusement tout nud à Nismes ». De fait, trois ecclésiastiques pris dans ce village furent « mis tout nudz sans chemise griefvement battus et menez dans Nismes » où l'un des trois « mourut prisonnier entre les mains desdits ennemis ». A Redessan, l'église fut ruinée ainsi qu'à St Gervasy où le desservant fut tué. Une supplique adressée au roi par les catholiques et les ecclésiastiques évoque la situation dramatique de l'est nimois en 1621-22 « la plupart des villages sont abandonnés, les maisons vuydées, les terres sans culture et presque toutes sortes de personnes qui demeurent incommodées et ruinées[13]. »

Après une décennie d'alarmes et d'épreuves, la victoire de l'armée royale dut être saluée avec un grand soulagement par les compatriotes de Borrelly. Louis XIII séjourna à Bezouce du 3 au 10 juillet 1629 et c'est dans ce village qu'il reçut les députés de Nîmes venus demander la clémence du souverain. C'est du « camp de Bezouce » que le roi data les lettres de grâce accordées aux Nîmois, moyennant la destruction des fortifications[14]. Au XVIIIe siècle Bezouce restait un modèle d'ultra-catholicisme et dans son roman en langue d'oc *Jean l'an près* (1756), l'abbé Fabre opposait à la « Babylone » nouvelle catholique qu'était Solorgues, localité mal convertie de l'ouest nîmois, Bezouce bastion de la fidélité catholique[15].

L'HOMME DANS SA VILLE

Une ville moyenne

La ville dans laquelle Borrelly s'établit en 1654 était une cité d'importance moyenne, un centre industriel considérable et une agglomération dont l'élément dynamique était le groupe protestant. Supplantée en Languedoc par Toulouse, siège du parlement, et par Montpellier qui possédait une Cour des aides depuis 1467, Nîmes avait vu un siècle plus tôt sa sénéchaussée érigée en présidial mais Montpellier avait également bénéficié de la création d'une juridiction de même type — intermédiaire, entre les bailliages ou sénéchaussées, circonscriptions administratives et judiciaires de base de l'ancienne France, et les parlements cours souveraines jugeant en dernier ressort[16]...

Montpellier, ville peuplée, comme Nîmes, à la fin du siècle d'une vingtaine de milliers d'habitants, était jalousée par sa voisine dont le collège, ni l'académie protestante ne possédaient le prestige de l'université ou de la cour souveraine montpelliéraines. En bon nîmois, Borrelly prêtait de noirs desseins à la cité rivale qu'il accusait de s'employer à empêcher la tenue des États de la province à Nîmes. Il commente ainsi, en 1686, la réunion des États provinciaux dans sa ville après une absence d'un demi-siècle : « Monseigneur le cardinal Bonsy archevesque de Narbonne (président-né des États) est logé à l'évesché nouvellement construit et fort magnifique, M. de Lamoignon (Nicolas de Lamoignon de Basville) chez M. Nouy, receveur et les evesques qui sont en nombre de 15 ou 16 dans des belles maisons, les barons de mesme et les députés et envoyés aussy... *La ville s'est piquée de bien faire parce que Montpellier qui les a eus pendant plus de 15 ans consécutifs aiant descrié Nismes disant que cette ville ne pouvoit pas contenir les Estats.* L'assemblée des Estats se tiendra au palais du présidial. Il est si bien agencé, paré et comode qu'on dit que dans la province il n'y a pas un lieu plus proprepour cella que ledit palais[17] » et, deux ans plus tard, le 21 octobre 1688, il commente ainsi la tenue à Nîmes des États provinciaux : « Les Messieurs de Montpellier sont dans une consternation espouvantable de voir qu'ils (les États) se tiennent si souvent dans Nismes. Ils croioient que jamais on ne les tireroit de Montpellier car ils y avoient tenu plus de vingt ans, tous de suite »

De fait, malgré les enthousiasmes du notaire, Nîmes était une cité modeste peuplée de 13 000 habitants au début du siècle à 20 000 dans la seconde moitié. Bien loin des 500 000 habitants de Paris et des près de 100 000 Lyonnais, la population nîmoise se situait dans la quarantaine de localités françaises dépassant 10 000 habitants à la fin du règne de Louis XIV[18]. Comme la Rome médiévale, ratatinée dans la boucle du Tibre, Nîmes — dont le passé de colonie romaine fut souvent évoqué fièrement par ses habitants aux XVIe et XVIIe siècles — avait perdu son immense enceinte romaine. Le plan de Poldo d'Albenas, en 1560, montre ce rétrécissement de la ville, resserrée autour de la cathédrale, entre le château royal et l'amphithéâtre, incorporé aux murailles qui correspondaient aux boulevards actuels. Les lettrés de la Renaissance pouvaient plagier le du Bellay des *Antiquités de Rome* :

La belle ville, je dis,
Non pas celle qui est ores
Mais celle qui fut jadis,
Dont les reliques encores,
Les tours et les vieux fragments
Des murailles magnifiques,
De la grandeur des antiques
Donnent certains argumens[19]

La ville médiévale avait perdu le remarquable système d'approvisionnement en eau réalisé par les Romains à partir de la fontaine d'Eure dont les eaux étaient acheminées par une canalisation de 50 km franchissant le Gardon au pont du Gard. La ville du XVIIe siècle ne pouvait compter que sur les puits et sur les eaux de la célèbre Fontaine de Nîmes qui traversaient la ville du nord-ouest au sud-est par le canal de l'« Agau ». C'était nettement insuffisant, surtout au temps des redoutables sécheresses estivales, d'autant que les ateliers de teinture étaient de grands consommateurs d'eau.

Borrelly, très attentif, nous y reviendrons, à la météorologie, nous donne des précisions sur ce drame de l'eau. Ainsi note-t-il, le 3 octobre 1680, une providentielle pluie nocturne « une si grande grâce que tout le monde en a été ravy parce qu'il y avait si longtemps qu'il n'avoit pas pleu qu'ainsi tous les puis de cette ville estoient sans eau. Au mien, quoyque je l'eusse fait netoyer, le sceau ne pouvoit puiser qu'à moitié et il faloit aller chercher de l'eau pour boire tantost d'un costé, tantost de l'autre et la plus part reffusoient de l'eau. La ville estoit dans une grande désolation car on ne scavoit comment faire pour les lessives et dans les vendanges, la fontaine estant très basse et l'eau toute sale[20] ».

Quelques années plus tard, en juillet 1689, il relevait une situation encore plus dramatique : « Mon puis m'a manqué aussy bien que tant d'autres, la sécheresse est si grande que put estre homme qui vive n'a jamais veu une semblable car il y a plus de 18 mois que nostre fontaine n'a grossy, aussy elle est basse d'une manière qui fait compassion. L'on se reffuse de l'eau et il faut estre bien des amis quand on nous en donne... Les puis à roue des jardins sont aussy quasi tous à sec et les jardins font compassion. J'ai veu avant la foire de Beaucaire (à la sainte Madeleine, le 22 juillet) que nos tainturiers, comme leur travail donne alors, faisoient aller chercher avec charette de l'eau du costé du mas Bourbon et en d'autres gours (points d'eau[21]) » Privé de son puits Borrelly renonce à le faire creuser davantage à cause du prix « le mien est si dur à faire creuser que personne n'ose entreprendre hormis de bailler beaucoup d'argent. On m'a demandé jusques à 5 livres le pan carré[22] ». Il se rabat « pour la souliarderie » sur le puits qu'il a « mitoyen avec M. Combes » et « pour le boire » il envoie sa servante en quête, « d'un costé et d'autre ».

La conséquence de cette insuffisance de l'eau était une grande insalubrité. Au début du siècle, l'avocat nîmois Anne Rulman, protestant modéré et humaniste dans la tradition érasmienne, dénonçait « l'amas des ordures » qui « nuit au particulier et offense le public », situation aggravée par les « eaux dormantes et corrompues que nos teintures mal réglées et nos lavoirs versent dans nos rues, jettent dans nos canaux et portent dans nos puits ». Il exhortait les consuls à faire « vuider toutes les saletez et les ordures ». Il était soucieux d'hygiène autant que d'esthétique urbaine : « vous devez pour la santé de vos habitants dépendante de la pureté de l'air et pour la beauté de la ville entretenir la netteré des rues... »[23] Les consuls nîmois ne partageaient pas cet enthousiasme. Line Sallmann-Tesseyre a relevé l'absence à peu près totale de travaux d'édilité au cours du siècle soit seulement, de 1613 à 1680 : le pavement de l'entour du puits de la Curaterie, celui de la place Belle-Croix, le nettoyage du canal de l'Agau en 1664 et celui du « gour des escoliers ».[24] On peut ajouter *extra muros*, la création de l'Esplanade en 1666 et celle du Cours sur l'emplacement du rempart abattu après la construction de la citadelle, en 1688. Un siècle plus tard malgré les efforts d'urbanisme du siècle des Lumières, l'état hygiénique de la ville restait déplorable. En l'an X, l'état des rues paraissait tout aussi lamentable et le manque d'eau restait un problème majeur : « la propreté (des rues) est très négligée. Le peuple ne connoit point d'autre réceptacle pour les immondices de ses habitations... La Fontaine malgré son abondance est loin de suffire à tous les besoins de la population... La ville n'a point de fontaines publiques. L'unique boisson est l'eau du puits qui même tarit fréquemment dans plusieurs quartiers ».[25] Quant à Borrelly, s'il est très préoccupé par l'eau, il ne paraît pas soucieux de l'état de l'air. Comme les consuls nîmois et à l'encontre de Rulman précurseur de la « révolution olfactive du XVIIIe siècle », sa tolérance aux puanteurs urbaines semble forte.[26]

En ce qui concerne l'entassement humain et l'insalubrité, Nîmes ne constituait pas une exception dans l'ensemble national. La densité humaine de 376 habitants à l'hectare pour Nîmes correspond à la surcharge de population qui caractérisa pendant les XVIIe et XVIIIe siècles Lyon aux hautes façades bordant des rues étroites comme si « ses anciens habitants craignaient de recevoir librement les bénignes influences de l'eau et de la lumière »[27]. Même si la superficie de Beauvais, par exemple, était triple pour une population analogue à celle de Nîmes, Pierre Goubert a bien montré l'insalubrité de la ville picarde, « puante, sonnante et médisante ».[28] Quant à Paris, encore à la fin du XVIIIe siècle, l'administration s'avouait incapable d'assurer la propreté des rues.[29]

Nîmes avait perdu le formidable système de fortifications édifié au temps de Rohan. Il ne subsistait que l'enceinte médiévale modifiée à la fin du XVIIe siècle par l'incorporation du faubourg des Prêcheurs. Borrelly, qui évoque au début de son manuscrit l'autorisation donnée aux capucins d'utiliser des pierres qui « avoient servi aux bastions qui estoient hors la ville du temps des guerres », fut témoin de la construction de la nouvelle muraille appuyée sur le « fort », la citadelle construite en 1687 : « le lundy 3 mai 1688, on a commancé à faire breche à la muraille de la ville et on a trassé la neuve que l'on doit faire pour contenir le faubourg des prêcheurs et se joindre d'un costé et d'autre au fort ». Quelques jours plus tard, le notaire revient sur cette réalisation : « le vendredy 25 dudit mois de mai après souper j'ai fait avec Mr Lagarde chanoine le tour des fondaments de l'agrandissement de la ville auquel on travaille fortement, le prix fait des murailles est baillé au sieur Dardalhon de cette ville qui les doit avoir faites dans 4 mois ».[30]

Les rues principales de Nîmes convergeaient vers la place des boucheries où se dressait la cathédrale. Elles délimitaient les six quartiers de la ville : Boucarie haute, Boucarie basse, Garrigues, Méjan, Corcomaires, Prat. Ces rues « importantes ou non se caractérisent par leur exiguïté et un véritable mépris pour la ligne droite ».[31] Le quartier du Prat, au sud-est de la ville était relativement plus aéré que le reste de la cité avec de petites places : place de « la Salamandre » du nom de la colonne commémorative de la venue de François Ier en 1533, marché au blé (actuelle place du marché), coin de Malestrenne (actuelle place de l'hôtel de ville), place Belle-Croix au milieu de la rue qui conduisait de la cathédrale à la porte des Carmes. C'est là que se trouvait la maison acquise par Borrelly, moyennant 2 500 livres empruntées à un chanoine, de la veuve de son frère aîné « le lundy 21 dudit mois d'avril 1670, j'ay acheté de demoiselle Suzanne Leboud fille unique de feu Me Mathieu Liboud, notaire de Nismes... la maison qu'elle avoit dans cette ville à la place de la Belle Croix ».[32]

Économie et religion

A la mi-XVIIe siècle, Nîmes était un centre actif d'industrie textile. L'économie urbaine était dominée par un groupe particulièrement dynamique de marchands protestants.

S'appuyant sur les rôles de taille et les compoix, Line Sallmann-Teisseyre a recensé la population active au début du siècle, en 1612, soit 1737 personnes. Près de 50 % de cet effectif étaient des artisans dont la moitié dans le textile. Les marchands formaient 8 % des actifs, les officiers 2 à 3 %, tandis que les hommes de loi — parmi lesquels 25 notaires et 46 praticiens — constituaient 6,7 % de ces contribuables. Les semi-ruraux — ce qui n'est en rien une particularité nîmoise[33] — étaient relativement nombreux : 390 (soit 14,9 %) ; encore ce chiffre aurait-il été nettement supérieur si l'étude avait inclus le faubourg des Prêcheurs qui contenait, en 1609, 262 maisons habitées le plus souvent par des travailleurs de la terre ou des jardiniers.[34]

L'étude comparée du rôle des tailles de 1638 (qui comprend toute la population sans préciser la religion des contribuables) et d'une matricule protestante de cotisations pour les gages des pasteurs, en 1647, a permis de dégager la prépondérance économique des réformés nîmois. Il n'y a que 26 marchands catholiques pour 178 réformés. Si, au bas du monde du commerce, on rencontre 35 revendeurs catholiques sur 50, les « marchands-bourgeois », maîtres de l'économie nîmoise, sont tous calvinistes. Les protestants sont 40 sur 64 officiers et 176 sur 233 hommes de loi (dont 49 notaires et praticiens sur 59).[35] En revanche le nombre de ruraux catholiques était plus élevé que le chiffre relevé par Mme Sallmann (57 catholiques pour 222 réformés dans ce secteur primaire) qui ne prend pas en compte la population des faubourgs, notamment celui des prêcheurs pour lequel, en 1660, l'évêque de Nîmes organisait une desserte de ce quartier « considérable et où la plupart des habitants sont catholiques ». Un peu plus tôt les chanoines de Nîmes reportaient au dimanche la procession prévue pour le succès des armes du roi car « *la pluspart du peuple est occupée aux semences* », preuve de l'importance de l'élément rural au sein du catholicisme nîmois.[36]

L'économie nîmoise fut marquée à la mi-XVIIe siècle par une remarquable restructuration. Les « marchands-bourgeois » huguenots décidèrent d'abandonner l'industrie lainière en crise et de porter leurs investissements dans une industrie nouvelle, celle de la soie, dont le démarrage se situe, à Nîmes, dans la décennie 1650-60.[37] Cet essor économique devait survivre à la révocation de l'édit de Nantes et en 1698, dans son célèbre mémoire, l'intendant Basville s'en félicitait : « (le commerce) y fleurit mieux que jamais et si tous ces marchands sont encore de mauvais catholiques, du moins ils n'ont pas cessé d'être de très bons négotians. »[38]

La prépondérance économique des calvinistes nîmois était incontestable : « les protestants sont plus riches que les catholiques s'agissant des couches supérieures et moins pauvres qu'eux dans les classes les plus basses. »[39] La coexistence entre huguenots et papistes fut souvent paisible dans le secteur des affaires mais la fréquente dépendance des seconds à l'égard des premiers accrut parfois les tensions religieuses. Jusqu'au XIXe siècle, les conflits urbains sont aussi bien luttes de classes que guerres de religion. Au moment des guerres de Rohan les catholiques nîmois accusent le consistoire d'avoir persuadé les religionnaires locaux « de n'employer en façon quelconque les catholiques pour leur uzaige pour s'en servir et leur faire gaigner leur vie. » A la mi-siècle en novembre 1653, les anciens étaient chargés par l'assemblée consistoriale de réprimander « ceux qui donnent à gagner aux papistes ». En 1656, une délibération des chanoines nîmois conclut à une aide d'urgence en faveur d'un teinturier catholique, Platel, « obligé d'aller habiter en Arles à cause que les huguenots de cette ville se sont ligués de ne luy donner point à travailler pour n'avoir voleu changer de religion comme fist son père ». De fait, les années 50 sont une période de nombreuses conversions à la Réforme, dues parfois à cette efficace pression économique. En 1660, l'évêque Anthime Cohon devait dénoncer cette politique de lock-out, réaction de la communauté réformée qui voyait que « la ville se peuploit insensiblement d'artisans et d'ouvriers catholiques ».

Il est encore plus frappant de constater, un quart de siècle plus tard, que la puissance financière des protestants leur permit de réagir à la politique restrictive du pouvoir par des représailles sur le plan économique : ainsi, en 1679, un nouveau lock-out d'ouvriers en soie papistes répondit-il à la catholicisation entière de la municipalité mi-partie depuis 1632. Deux ans avant la révocation de l'édit de Nantes, l'intendant d'Aguesseau obtenait la non-application d'une décision royale d'introduire à Nîmes les règlements lyonnais excluant les calvinistes du commerce et de la manufacture de la soie car « la prudence demandoit qu'au moins on en tolérât la continuation entre les mains des religionnaires qui seuls avoient l'argent, le crédit, les habitudes, les correspondances nécessaires » et que « les catholiques se repaissoient de vaines espérances en s'imaginant pouvoir s'établir sur les ruines des marchands huguenots. »[40]

Curieusement Borrelly, si attentif à dénoncer les éventuels abus des protestants, ne fait pas écho à ces manifestations d'oppression économique. Insensibilité de bourgeois aux problèmes du petit peuple ? C'est possible. L'année du lock-out de 1679, il note seulement, assez sèchement, une tentative de renfermement des mendiants : « le dimanche 16 dudit (juillet 1679) on a enfermé les pauvres mendians qui se sont trouvés dans la ville dans l'hospital général qui a esté establi par ordre du roi en ladite ville aussy bien qu'en toutes les autres villes du royaume pour empescher qu'on ne vit plus à l'avenir des pauvres aux portes des maisons et dans les églises. »[41]

Il est seulement question, en 1675, d'un problème d'emploi lié à la religion à propos d'une servante, apparemment protestante, qui demande son congé à Borrelly, preuve que le consistoire s'efforçait d'éviter que des protestants ne deviennent domestiques de notables catholiques — surtout d'un papiste aussi zélé : « ledit jour, 5 aoust 1675, j'ay paié à une certaine fille nommée Margot, 3 livres 5 sols pour avoir servy de servante dans la maison pendant cinq mois moins quelques jours ;... *Les huguenots voisins l'auroient fait quiter adroitement* comme ne voulant pas qu'elle demeurât chez un catholique ».[42]

SITUATION POLITICO-RELIGIEUSE À LA MI-SIÈCLE

Les débuts incertains de la Contre-Réforme nîmoise

Après la victoire royale de 1629, le catholicisme avait connu à Nîmes un vif renouveau sous l'impulsion d'un évêque dynamique, Anthime-Denis Cohon.[43] Ce roturier angevin, prédicateur à succès, nommé évêque de Nîmes à 39 ans, en 1634, est une personnalité riche et contrastée. Cet évêque qui joua, à Nîmes, un rôle de premier plan, était l'homme de confiance de Richelieu, agent docile du pouvoir aux assemblées du clergé de France, apologiste de la politique extérieure du cardinal. Mondain, soucieux de gloire, avide d'argent et sensible aux charmes du beau sexe, il était aussi un homme de vie intérieure, humaniste dévot dans la ligne de saint François de Sales mais marqué également par la spiritualité du cardinal de Bérulle, recentrant de la piété sur l'Incarnation et subordonnant toutes les dévotions à ce mystère majeur. Il se comporta en évêque réformateur, visita son diocèse, réunit des synodes, s'efforça de discipliner son chapître cathédral et se conduisit avec un courage exemplaire lors de la peste de 1640. Après la mort de Richelieu son protecteur, Cohon fut « déchiré outrageusement et scandaleusement », pour reprendre ses propres termes, par les protestants nîmois qui déversaient à la Cour médisances ou calomnies sur ses mœurs. Contraint de s'éloigner de Nîmes, il permuta son évêché contre celui de Dol : l'évêque de Dol Hector d'Ouvrier, toulousain d'origine, souhaitait achever son existence dans le midi.

A la mort en 1655 de cet évêque, zélé et vertueux mais paisible et égrotant, Cohon obtint de revenir à Nîmes et par là, suivant les propres termes de son brevet de nomination, trouva « une seconde occasion de signaler sa piété dans ce diocèse infecté d'hérésie ». Son retour fut apprécié par les catholiques nîmois en général et par Borrelly en particulier qui ne mentionne même pas la mort d'Hector d'Ouvrier mais ne manque pas de noter qu'il a tenu à assister à l'arrivée de son successeur : il a d'abord, en novembre 1657, attendu en vain au Bourg St-Andéol en compagnie d'une délégation du chapître, du présidial et du corps de ville : « tout ce monde et moi demeurasmes au dit Bourg St-Andéol pendant quinze jours pour l'attendre sans qu'il vint néanmoins parce qu'il lui arriva quelque contre temps et nous fûmes obligés de nous en revenir en cette ville ». Cette déconvenue n'empêcha pas le notaire de reprendre quelques jours plus tard le chemin du Rhône pour assister au débarquement épiscopal : « le cinquiesme du mois de décembre 1657, les trois corps de ville députèrent à Beaucaire où je fus aussy, où Mgr de Cohon, evesque de Nismes prit terre. On lui fit des harangues et ce mesme jour il entra en cette ville à cheval, sur les six heures du soir. Quantité de peuple sortirent de la ville à cheval et d'autres sous les armes pour luy fere honneur à son arrivée ».[44]

Il s'agit donc pour Borrelly à la fois de témoigner son respect à l'évêque qu'il admirait et qualifiait « d'un des plus grand prédicateurs du siècle » et d'attirer sur lui l'attention du prélat, comme il devait l'expliciter, en 1671, pour l'arrivée du successeur de Cohon, Jacques Séguier « estant allé audit Beaucaire pour lui faire mon compliment *et me faire connaître* ».[45] Cohon donna au notaire des marques de sa bienveillance : « le 2 may 1663 je fus receu secrétaire et greffier du chapitre de l'église cathédrale de Nismes, incontinent après le décès de M. Charles Ménard qui l'estoit. Monseigneur Antime Denys Cohon evesque de Nismes me procura cet employ où il y a 100 livres de gages et on reçoit tous les contrats généralement quelconques du chapitre. Je suis aussy greffier dudit seigneur.. dans l'année 1665 j'ay esté receu secrétaire du clergé de ce diocèse par les soings de Monseigneur Cohon mon bienfaiteur. Il y a six vingt livres de gages ». Borrelly resta l'homme de confiance de l'évêque et assista même à ses derniers moments, le 27 novembre 1670, « ayant demuré dans sa chambre pendant toute la nuit qu'il estoit agonisant ».[46]

Au cours de son premier épiscopat, Cohon avait bien servi la cause catholique, notamment en soutenant les jésuites, introduits depuis 1634 au collège de la ville. Les chaires, jusque-là exclusivement occupées par des protestants, avaient été partagées entre enseignants des deux religions. Son appui efficace avait également permis de résoudre le problème du financement de la reconstruction de la cathédrale en obtenant un arrêt du conseil qui accordait 100 000 livres de contribution extraordinaire imposée aux diocésains protestants. Des conversions furent obtenues par les missions de capucins et de récollets et par les jésuites mais ce mouvement, extrêmement limité, n'aboutit qu'à un grignotage des blocs protestants.[47] D'ailleurs l'élan de reconquête inspiré par Cohon s'était trouvé bloqué pour des raisons politiques : en 1637, l'armée espagnole avait franchi la frontière et le fidèle de Richelieu qu'était M. de Nîmes se devait d'animer l'effort de défense nationale, réalisant une sorte d'union sacrée avant la lettre. Il se rendit dans les Cévennes, réservoir habituel de troupes pour les protestants du bas-pays, où il recruta des troupes commandées, selon sa propre expression, par des « officiers incomparables nourris du laict de Monsieur de Rohan ». Surtout, la résistance de l'église réformée s'avéra extrêmement efficace et, pendant le ministériat de Mazarin, l'épiscopat d'Hector d'Ouvrier fut une période de recul incontestable pour le catholicisme nîmois.

Un protestantisme sûr de soi

Les débuts de Borrelly dans la pratique notariale, en 1654, se situent dans une période d'incontestable montée en puissance du protestantisme. Il exprime, dès la seconde page de son manuscrit, sa conscience de la force des religionnaires : « des gens à entreprendre tout parce qu'ils sont forts et puissants ». Le calvinisme nîmois dont nous avons rappelé la force démographique, économique et politique, était surtout d'une grande vitalité religieuse. Nous en avons relevé maintes manifestations et, d'abord, la persistance d'un courant de conversions de catholiques parfois même de prêtres et de religieux. Le registre des délibérations du consistoire de Nîmes comporte, bon an mal an, une vingtaine de noms de néophytes qui renoncent « aux superstitions et idolâtries de l'Église romaine et, notamment, à la messe et à tout ce qui en dépend. » Les efforts du clergé et des missionnaires capucins et jésuites, animés par Anthime Cohon, étaient loin d'obtenir de tels résultats face à un bloc protestant « sûr de soi et (volontiers) dominateur. » Cette assurance s'ancrait dans un attachement inébranlable au message calvinien dans toute son intégrité.

Foin des concessions de Moïse Amyraut et des théologiens saumurois dans le domaine sotériologique ! A Nîmes, on reste passionnément attaché à la conception de la prédestination, formulée par Calvin et reprise par les synodes de Dordrecht, en 1618, et d'Alès, en 1620. Cette fidélité touche à l'essentiel : le problème pour les nîmois n'était pas de savoir si, en définitive, Amyraut était ou non un calviniste orthodoxe. Ils estimaient que tout compromis, notamment sur la question du libre arbitre, était une voie de perdition, une perte d'identité, une prédisposition diabolique à écouter les sirènes de l'unionisme comme l'avait fait, en 1643, le pasteur nîmois Codur, l'un des rares ministres ralliés au projet de « réunion » de Richelieu. Deux mois, jour pour jour, avant l'installation de Borrelly dans son étude nîmoise, une délégation formée d'un avocat, de deux procureurs, un marchand, un notaire et un apothicaire, était venue, au nom d'une assemblée tenue « devant Messieurs les magistrats de notre communion », présenter une supplique au consistoire contre le pasteur Darvieu : « le ministère de M. Darvieu n'est pas à édification au peuple » parce que ce ministre ne tenait pas compte des défenses faites aux synodes nationaux et provinciaux « de prescher ni enseigner en public et en particulier la doctrine de M. Amiraud ». La supplique fut efficace et Darvieu fut congédié par le consistoire.

La fidélité des calvinistes nîmois au noyau dur de leur confession doit être soulignée. Leur force politique et économique se nourrit de leurs certitudes religieuses. Contrairement au schéma interprétatif qui prévalait naguère, d'un protestantisme français anémié face au catholicisme conquérant du « siècle des saints », il est évident que la Réforme française a su, au moins dans ses bastions méridionaux et assurément à Nîmes, conserver une extraordinaire vitalité. C'est ce dynamisme qui éclaire les peurs, les passions et les haines de Borrelly[48].

Le livre de raison à la date du 12 juillet 1680 note — « il m'a tombé en mains la déclaration donnée par notre grand Roy Louis XIVe que Dieu conserve » et transcrit *in extenso* l'édit royal interdisant de se convertir au protestantisme avec cet aveu, lourd de signification, « *c'est un coup le plus rude que les religionnaires puissent recevoir* »[49]. Après un demi-siècle de propagande catholique et vingt ans de répression, Borrelly restait bien conscient de l'impossibilité de lutter, autrement que par l'interdiction légale, contre l'attraction tenace constituée par le calvinisme nîmois.

Politique municipale et religion

La domination de l'hôtel de ville resta un enjeu important même après la paix de 1629 qui entraîna le démantèlement du camp retranché nîmois et fut suivie du retour des papistes dans la municipalité. Néanmoins, les réformés parvinrent à dominer le corps de ville jusqu'à la mi-XVIIe siècle. Borrelly était très attentif aux élections consulaires. Un de ses frères accéda au consulat et lui-même fut conseiller politique.

Ces institutions municipales concernaient une étroite oligarchie. Les élections au consulat étaient régies par un statut de 1476 qui stipulait que les quatre consuls et leurs vingt-quatre conseillers désignaient seize candidats parmi lesquels les nouveaux consuls étaient « tirés au sort des pommeaux ». Ensuite chaque nouveau consul et son prédecesseur désignaient chacun trois conseillers de son « échelle » (avocats pour le premier consul — bourgeois, marchands ou médecins pour le second — notaires et artisans pour le troisième — laboureurs pour le quatrième)[50]. A l'époque des guerres de religion, les gentilshommes avaient obtenu du gouverneur de Languedoc, le duc de Montmorency, d'accéder au premier consulat alternativement avec les avocats[51].

Après la défaite de Rohan, la déclaration royale de 1631 imposa le mi-partiment du consulat et l'attribution du premier chaperon à un catholique. Malgré l'exécution de cette décision en 1632 et, en 1635, d'un arrêt du conseil ordonnant d'admettre l'évêque ou son vicaire général aux conseils de ville, les protestants gardèrent la haute main sur l'administration municipale. Il n'était pas possible de revenir sur le mi-partiment des consulats mais, à Nîmes et dans sa région, pour tourner cette règle, les protestants poussaient dans les places réservées aux catholiques des personnalités sans relief ou dépendantes des religionnaires, ceux qu'un mémoire réformé du temps qualifie de « catholiques paisibles » et l'évêque de Nîmes, Cohon, de « fantosme(s) et prête-nom des huguenots »[52]. En 1644, l'intendant Balthazar signalait, dans un mémoire adressé au chancelier Séguier que les calvinistes plaçaient dans les postes destinés aux papistes « de faibles catholiques et particulièrement premiers consuls des gentilshommes qui demeurent à la campagne *afin que le second consul gouverne* »[53].

Borrelly dans les affrontements de la mi-XVIIe siècle

Une crise politique et religieuse ensanglanta Nîmes peu après la réception de Borrelly comme notaire. Ces événements qui impressionnèrent fortement le jeune praticien sont une conséquence de l'offensive multiforme menée par les protestants du midi au temps de la Fronde et de l'après-Fronde. Le loyalisme du « petit troupeau » à l'égard du gouvernement de Mazarin est bien connu. Il donna lieu à la déclaration royale de St Germain qui, en 1652, confirmait solennellement l'édit de Nantes[54]. Loyaux mais avisés, les protestants surent utiliser l'affaiblissement de l'autorité monarchique pour améliorer leurs positions politiques et étendre leur implantation religieuse[55].

La mi-XVIIe siècle vit s'épanouir la stratégie qui avait permis aux religionnaires l'éluder la règle du mi-partiment des consulats. Le juge-mage François de Rochemore qui, en 1654, avait reçu Borrelly comme notaire, devait l'année suivante exposer aux notables catholiques que les protestants disposaient « du consulat à leur fantaisie, personne n'y pouvait prétendre non plus qu'aux charges politiques que par leur faveur et support et on ne peut aussi ignorer qu'ils se soient acquis ce pouvoir par la liaison et intelligence qu'ils ont contractée avec quelques catholiques qu'ils ont attirés à leur cabale sous la promesse de les faire entrer au consulat »[56]. De plus, en 1654, un arrêt du conseil d'État accorda aux réformés la présence d'un gentilhomme de la religion aux conseils de ville lorsque l'évêque ou son vicaire général y siégeraient[57].

Dans le domaine scolaire, un mois avant la réception de Borrelly, le 18 mai 1654, la municipalité enregistrait l'approbation par le roi d'une transaction passée, deux ans plus tôt, entre les consuls papistes et huguenots sur l'organisation du collège. Cet accord substituait au partage des chaires entre les jésuites et les régents de la religion qui prévalait depuis 1634, un dédoublement : une partie des bâtiments était cédée aux protestants qui n'auraient plus « aucune dépendance du principal des pères jésuites ». Ainsi les écoliers protestants échapperaient-ils à ce que le consistoire appelait « la séduction des jésuites ». En 1650, l'abjuration d'un orphelin protestant élève du collège qui s'était réfugié chez l'évêque Hector d'Ouvrier pour échapper à ses tuteurs avait entraîné l'envahissement du palais épiscopal par 500 religionnaires armés qui avaient blessé mortellement quatre serviteurs de l'évêque. Même retour en force des calvinistes dans l'administration de l'hôpital dont ils avaient été évincés en 1634.

A la même époque ce dynamisme conquérant se manifestait par le rayonnement de l'académie où enseignait David Derodon, par le flot accru des conversions à la Réforme et par une extension du culte réformé bien au-delà des limites de l'édit de Nantes dans une quarantaine de localités, en plus de celles où sa célébration était reconnue[58].

A la fin du ministériat de Mazarin, en 1657, les catholiques nîmois se crurent en mesure d'arrêter les progrès de leurs adversaires. Leur réaction maladroite et prématurée suscita des ripostes sanglantes. Borrelly a assisté personnellement à ces « émotions ». Il ne le précise que pour l'émeute du 25 juin 1657 mais, dans les informations judiciaires, il apparaît également comme un témoin direct des troubles de la St Sylvestre de la même année[59].

Deux événements étaient venus redonner courage à Borrelly et à ses amis : le retour à Nîmes de l'évêque Cohon, la déclaration royale de juillet 1656 annonçant l'envoi de commissaires chargés de mettre fin aux infractions de l'édit de Nantes. L'espoir renaissait au cœur des papistes d'autant plus que le juge-mage, François de Rochemore, avait obtenu en novembre 1655 un arrêt du conseil royal qui modifiait la composition du conseil politique de la ville dans un sens favorable aux catholiques : les « étrangers » seraient exclus de la première « échelle » (celle des gentilshommes et avocats) du conseil dont les membres ne pourraient exercer leur charge plus de trois ans. Ainsi les protestants ne pourraient plus faire nommer comme conseillers des gentilshommes catholiques campagnards, donc souvent absents, ni perpétuer au conseil les plus habiles et les plus dynamiques de leur confession ; grâce à ces changements, deux catholiques zélés accédèrent, en décembre 1656, au consulat : l'avocat Claude Maltret premier consul, le marchand Claude Borrelly, frère du notaire, troisième consul. Étienne note le fait sans commentaire sous le titre *Lorsque mon frère marchand fust faict consul de cette ville*[60]. Peut-être n'avait-il pas mesuré l'importance de l'événement qui suscitait la jubilation des leaders catholiques. Claude de Roverié fils du seigneur de Cabrières écrivait « nous avons appris avec beaucoup de joye le consulat de MM. Maltret et Borrelly »[61].

Les protestants nîmois furent inquiets de ces nominations d'autant que, en application d'un arrêt du conseil de l'année précédente, « dans le mois de mars de ladite année 1657, les consuls de Montpellier furent faits tous catholiques nonobstant les contestations et troubles de ceux de la RPR. »[62] L'opposition protestante se traduisit par une émeute le 25 juin 1657 : les consuls de la religion avaient fait fermer les portes de la ville et appelé le peuple aux armes pour empêcher l'installation des conseillers politiques nommés par leurs collègues papistes. Sous le titre « *Cédition faite dans Nismes par ceux de la RPR* », Borrelly rapporte cette « émotion populaire » à laquelle il a assisté — curieusement passée sous silence par le cependant très minutieux historien de Nîmes, Léon Ménard. Son récit, assez diffus, rejoint les témoignages recueillis par un magistrat au présidial, J. de Cassagne. Il évoque un bruit courant en ville d'arrestations de consuls protestants, origine de la décision prise par ces derniers de faire fermer les portes et ensuite la vaine démarche de consuls catholiques auprès de leurs collègues pour les faire revenir sur leur décision « ils ne répondirent que d'injures accompagnées de grandes menasses ». L'intervention du président du présidial, François de Rochemore, accompagné de plusieurs catholiques dont Borrelly (« il auroit esté contraint d'y aller où je l'accompagna »), aggrava encore la situation. Rochemore insulté saisit au collet le second consul qui « cria *Aux armes* et nut pas plutost crié qu'il sortit des maisons voisines quantité de monde qui commancèrent incontinent à tirer sur Monsieur de Rochemore et sur tous les autres qui l'avoient acompagné, aiant blessé à mort M. La Calmette Recoulin qui estoit avec M. de Rochemore et nut esté qu'il se rencontra dans ce temps là des amis de M. le président qui mirent la main à l'espée et qui respoussèrent cette canalhe on aurait tué M. de Rochemore et tous ceux de sa maison ».

Les témoignages recueillis par le présidial confirment cette relation, notamment la tentative des émeutiers d'enfoncer les portes de la maison de Rochemore. Borrelly avait risqué sa vie dans l'affaire. Son récit montre qu'au-delà de la nomination de nouveaux conseillers politiques, les consuls protestants redoutaient leur exclusion de la municipalité, voire leur arrestation.[63] Borrelly omet de préciser que la présence d'un régiment d'infanterie à Nîmes ne permit nullement à M. de Rochemore de rétablir l'ordre, les chefs de cette unité ne songeant qu'à le faire sortir au plus vite de la ville car « aucuns de ses soldats avoient prins occasion de ladite ésmeutte de se sauver et déserter ». Guère plus d'un quart de siècle sépare ce déliquescent régiment de Castrenville des dragons de Noailles. Le notaire a peut-être évoqué ses émotions de jeunesse aux jours où il relatait, avec enthousiasme, les exploits des « missionnaires bottés ». Mais en 1657, ne pouvant compter sur un soutien gouvernemental efficace, les catholiques devaient renoncer à renouveler le conseil politique, c'est-à-dire à secouer le joug protestant. Continuant leur contre-offensive victorieuse, les conseils religionnaires utilisèrent les rancunes du parlement de Toulouse contre le gouvernement royal et contre le dessein de création d'un parlement à Nîmes. Ce dernier projet, avorté en 1639, avait été repris par quelques magistrats catholiques nîmois. L'évêque Cohon, encore à Paris, servait d'intermédiaire et faisait savoir à son protecteur Mazarin que cet établissement lui vaudrait un « buffet (nous dirions aujourd'hui un pot-de-vin) de 200 000 livres ».[64]

L'opposition parlementaire de Toulouse est une « queue de Fronde » habilement utilisée par les réformés qui obtinrent, en juillet 1657, du parlement toulousain des arrêts, ordonnant de surseoir aux décisions royales sur le conseil politique et destituant Maltret et Borrelly qui furent remplacés en septembre par deux « catholiques paisibles ». Le notaire consigne avec scandale cette mesure « le 15 septembre ceux de la R.P.R. de cette ville et quelques catholiques de leur party aiant brouillé extrêmement les affaires de la ville firent destituer du consulat Monsieur Maltret advocat et mon frère qui avoient esté faicts en la forme ordinaire et sans aucune oposition et créèrent M. Maigne advocat et le sr Constan apothicaire qui estoient de leur party. Ce fust un changement si surprenant que toute la ville en fust consternée. Ils furent mis en possession par un conseiller du parlement ».[65] Les catholiques essayèrent de réagir et obtinrent une décision du conseil royal cassant les arrêts du parlement de Toulouse ; on arriva à un véritable schisme consulaire : le 1er décembre 1657 chaque parti procéda à une élection, « les catholiques (c'est-à-dire les dévots du parti Maltret-Borrelly) firent quatre consuls scavoir deux catholiques et deux de la religion et les huguenots en firent quatre, deux aussy de chasque religion ». Il ne précise pas que la première fut confirmée par arrêt du conseil, la seconde par arrêt du parlement de Toulouse mais on sent dans son texte une inquiétude, exprimée en ces termes caractéristiques du durable complexe d'infériorité des papistes nîmois « les pauvres catholiques n'osoient pas aller par les rues de peur d'être tués, nous menassant toujours de faire une cédition ».[66]

C'est dans cette atmosphère de crise que Cohon était arrivé à Nîmes pour prendre possession, pour la seconde fois, de son siège épiscopal, le 5 décembre 1657. Les notables papistes avaient écrit à Mazarin d'envoyer au plus tôt à Nîmes cet évêque qui pourrait, selon eux, mettre fin au « schisme que l'adresse du consistoire y avait fait glisser »[67]. Cohon quitta Nîmes pour les états provinciaux tenus à Pézenas en décembre. C'est sans doute au cours de ce séjour qu'il prépara l'intervention des autorités régionales dans la crise nîmoise, en vue d'imposer l'arrêt du conseil royal qui confirmait l'élection faite par le « parti dévot » local.

Cette réaction brutale causa une « émotion » sanglante que Borrelly, qui en avait été témoin, rapporte avec crainte et tremblement sous le titre « *Cédition faite par ceux de la R.P.R :* Le dernier dudit mois de décembre 1657 monsieur le compte de Bioule lieutenant pour le Roy en cette province, monsieur Bezon intendant, le sieur Dussau, huissier de chaîne, un valet de pied du Roy estant dans cette ville pour exécuter les ordres du Roy furent ledit jour à la maison de ville accompagnés de Mr l'évesque portant son rochet, camail et bonet, de quantité de gens d'église et de catholiques, où estant ils auroient trouvé la porte de la maison de ville fermée et, au devant d'icelle et à tous les coings de la rue, quantité de gens huguenots et mesmes des catholiques de leur faction, armés, estant aussi toute la maison de ville emplie de ces gens là. Ce qui auroit obligé ledit seigneur de Bioule de dire à ces gens qui estoient contre la maison de ville pourquoy ils estoient ainsy armés. Ils, au lieu de lui témoigner tout respect et aux autres puissances qui y estoient, auroient respondu insolemment et du tout céditieux et à mesme temps ont commencé à tirer de tous cottés à tout ce monde et surtout aux gardes dudit seigneur compte qui estoient rangés tout le long de la rue portant chacun son mousqueton, comme il est costume de fere quand un gouverneur marche, en telle façon que tout le monde fuit qui d'un côté qui de l'autre. Il y eut trois gardes de tués, Mr Hallay prevost de la cathédrale blessé et dont il morut quelques jours après et quantité d'autre monde blessé. Et, n'eut esté que quelques uns du parti huguenot se mirent à embrasser et à fere escorte à M. de Bioule et à l'intendant, on les auroit tués et surtout M. de Nismes à qui on en vouloit particulièrement, criant toujours *Au violet, tue, tue.* Et comme il fust prompt à fuir, il se sauva parmi la foule à l'évesché. Jamais on n'a veu une désolation plus grande. Tout cela vint de ce que le Roy avoit justement cassé l'élection consulaire que lesdits religionnaires avoient fait. Se fust un miracle du ciel comme les religionnaires ne massacrèrent tous les catholiques ». Dans son témoignage au cours de l'enquête menée par un commissaiare de l'intendant, Borrelly raconte la fusillade et dénonce deux des meneurs « le nommé Borée étudiant en théologie de la religion prétendue réformée et le nommé Ducros, facteur (agent) dudit sieur Boschier (second consul protestant) »[68].

Borrelly ne porte aucun jugement sur la tactique employée par ses amis et protecteurs. Il est manifeste que Cohon avait sous-estimé la force et la résolution des protestants. D'autres documents l'attestent. Par exemple une relation adressée aux religieux de Ste Geneviève de Paris sur la mort du prévôt de la cathédrale, Nicolas Hallay — membre de la congrégation génovéfaine —, oppose l'esprit réaliste et conciliateur du prévot et du lieutenant général, le comte de Bioules, à l'intransigeance téméraire de l'évêque qui avait imposé à l'un et à l'autre de se rendre à l'hôtel de ville pour y installer les consuls confirmés par l'arrêt du conseil[69].

A la suite de cette émeute, nombre de catholiques et de protestants modérés ou effrayés par les conséquences du défi porté à l'autorité royale, quittèrent Nîmes où les protestants faisaient entrer des soldats cévenols. Borrelly consigne cet exode sous le titre « *Menasse de guerre de religion* : Le 1er février 1658 et autres jours suivants, quasy tous les catholiques et mesme quantité d'huguenots sortirent de cette ville. La pluspart des catholiques allèrent à Beaucaire et les autres en des villages où ils avoient des habitudes et débagagèrent tout ce qu'ils avoient dans leurs maisons, crainte que l'armée que le Roy avoit fait venir à Tharascon pour de là venir en cette ville punir les céditieux dont j'ay parlé cy devant ne pilhassent tout ce qui se trouveroit, estant menassés que le Roy vouloit faire razer les maisons de ces mutins et mesme les murailles de la ville »[70]. Lors de cette émigration — qui rappelle celle qui s'était produite lors de guerres de Rohan — vers l'est papiste du diocèse, « quasy tous les catholiques » étaient partis estime Borrelly et il évoque les drames de cet exode hivernal « on trouvait des gens et des enfants morts le long des chemins. Le soleil ne parut de longtemps. S'estoit un air sombre et obscur. De la neige quatre pans partout. Presque toujours tomboit du verglas, qu'à paine le monde pouvoit marcher de tant que les chemins estoient glissants ».

En fait cette émigration ne concernait que les catholiques les plus aisés et le chapitre cathédral, plus attentif que le jeune notaire à la situation du petit peuple demeuré dans la ville, alloua le 13 février 1658, 100 livres d'aumônes aux pauvres catholiques que le départ des « bons habitants » privait de travail[71]. Borrelly avait, il est vrai, d'autres préoccupations : sauver sa vie, ses papiers et se marier. « Je me retira à Bezousse dans la maison de mon père ou j'espousa en ce temps là ma femme. Toute la famille de mon beau-père s'y réfugia aussi. J'avois fait sortir par ruses et finesses, mes nottes et tous les actes et papiers que j'avois ».

De fait, l'hiver 1657-58 fut une période d'attente angoissée. Toutes les conditions semblaient réunies pour un assaut donné à la ville par les troupes ramenées de Catalogne par le marquis de Chouppes et de Provence par le duc de Mercœur, gouverneur de cette province ; Cohon exhortait Mazarin à l'action contre les nîmois qu'il qualifiait de « républicains » et leur ville de « repaire de lions qui ne congnoissent plus ni Roy ni Royauté. Le parlement de Toulouse ennemi comme eux de la monarchie est leur fauteur et leur appuy et s'ils ne sont bientôt domptez, nous serons leurs victimes »[72]. Borrelly faisait modestement chorus dans son registre « celà donnait grand courage aux pauvres catholiques de voir que les huguenots et meschants catholiques seroient chastiés ». Mais, à la déception du prélat et du tabellion, les protestants nîmois surent négocier habilement et, surtout, trouver de puissants intercesseurs, notamment le protecteur d'Angleterre, Cromwell, alors allié de la France contre l'Espagne et qui aimait jouer le rôle de défenseur du protestantisme européen. Cohon fut invité au calme par Mazarin « au nom de Dieu faites que nous n'ayons plus de teste rompue de toutes ces divisions ». Les responsables de l'échauffourée furent amnistiés, de nouveaux consuls furent nommés par le roi tandis que des hommes des deux partis entraient au conseil politique[73].

Dès la fin du mois de février Borrelly, de son côté, notait avec amertume « la paix se fit. Elle fut faite par M. de Mercœur, gouverneur de Provence et par M. Choupe général de cette armée. Tout ce grand apareil de châtiment disparut » et un peu plus tard « le

16 décembre 1659 (*sic* pour 1658) le roi estant à Lyon pardona les huguenots et autres céditieux des céditions par eux commises dont j'en ai parlé ci-davant »[74]. La déception du notaire est totale. Une fois encore, le protestantisme triomphe dans sa ville. Au-delà des horizons nîmois, le pouvoir royal, bravé en la personne du lieutenant général et de l'intendant, se voit contraint de céder. Les zelanti catholiques nîmois peuvent se sentir abandonnés. Aussi, le jeune notaire ne témoigne-t-il pas d'un enthousiasme excessif à l'égard de son souverain. En janvier 1660, s'il fut impressionné, nous y reviendrons, par le faste de l'entrée du roi à Nîmes, sa relation reste assez froide.

Il devait néanmoins prendre rapidement conscience du nouveau cours de la politique royale à l'égard des religionnaires. Au printemps 1660, il salua l'occupation éphémère de la principauté d'Orange par le roi, la qualifiant, non sans exagération, de « coup mortel pour les huguenots de voir qu'Orange estoit au Roy de France et qu'il y avoit fait abattre ce qui estoit de plus fort. S'estoit toute leur retraicte quand ils avoient fait quelque cédition. Il faut scavoir qu'auparavant que le Roy eut pris Orange ceux de cette ville mettoient une orange à la pointe de leurs espées disant que le Roy n'auroit Orange qua la pointe de l'espée ce qui picqua davantage le Roy. »[75]

Borrelly nota avec satisfaction qu'à Nîmes même « dans ce mois de septembre 1661 a esté mise une croix de marbre à la place de la Belle croix et le second octobre suivant elle fust bénite par M. Fabre, grand vicaire où tout le chapître et la musique assista processionelement. On a remarqué qu'il y a cent ans jour par jour que les huguenots avoient abattu celle qui y estoit. » Ce rétablissement de la « belle-croix » avait une valeur symbolique très forte pour le petit peuple des deux religions : elle avait été l'occasion d'une épidémie miraculaire en 1528 ; quant à la masse protestante, son acharnement iconoclaste avait été très fort, à la mesure même des attentes placées naguère dans le « sacral objet ». Cette violence, sorte de religion populaire à l'envers, s'était particulièrement tournée contre les croix au XVIe siècle et en 1621-29. Encore, au XIXe siècle, aux plantations de croix de la Restauration devait répondre leur destruction en 1830 et l'église Sainte-Perpétue à Nîmes garde encore la croix placée en 1825 sur l'esplanade et abattue « par la fureur hérétique » après la révolution de Juillet : *crux sancta a platea primum erecta anno 1825, haeretico furore eversa anno 1830.* « Ensuite de la croix ci-dessus élevée, messieurs les consuls firent mettre trois croix l'une au chemin de la Calmette, au chemin de Montpellier et l'autre au chemin d'Avignon » et Borrelly commente : « lesdites croix effarouchaient les huguenots parce qu'ils n'avoient jamais vu tant de croix dans Nismes et n'estoit qu'ils sont humiliés ils les auroient desjà abattues ». Le commentaire tourne court sur la question de l'iconoclasme et il n'analyse pas l'« effarouchement » qu'il prête aux protestants. Nous aurons par ailleurs l'occasion de voir qu'il est peu sensible au niveau populaire, « panique », de la religion de la masse catholique. Il a cependant conscience de l'importance, dans sa ville, du signe de la croix autour duquel se cristallisèrent pendant trois siècles les antagonismes des fidèles des deux religions[76]. L'année suivante, au printemps 1662, Borrelly eut la satisfaction de consigner dans son registre la mise en application de la décision de 1656 relative aux infractions protestantes de l'édit de Nantes « le 6e avril 1662, Monsieur de Bezon intendant de cette province entra dans cette ville pour travalher sellon l'ordre du Roy à l'exécution de l'édit de Nantes, sy bien que cella fache fort les huguenots. » Quelques jours plus tard, autre geste hautement symbolique, la bénédiction par Cohon de la chapelle de l'hôtel de ville où, à l'occasion de l'assiette diocésaine chargée de répartir les contributions, la messe est célébrée chaque jour « cellà a donné bien de la joye et de la satisfaction aux catholiques »[77]

Les troubles que Nîmes a connus à l'époque du ministériat marquèrent profondément la sensibilité du notaire qui avait risqué sa vie lors de émeutes de 1657, les informations judiciaires complétant le livre de raison fort discret à cet égard. Il avait ensuite dû fuir sa ville, comme tous les catholiques qui en avaient les moyens, redoutant le massacre des catholiques, suivi de la mise à sac de Nîmes par les troupes du roi. Ces troubles accaparaient son attention, expliquant certaines lacunes du journal qui ne mentionne même pas la mort du cardinal. Il avait traversé difficilement la fin des années 50, connu l'exode, redouté la reprise des guerres civiles et pu mesurer la puissance du protestantisme local. S'il avait craint les violences de la guerre, il avait, comme les autres zelanti catholiques, dû prendre acte d'une paix humiliante... Aussi après les déceptions de la fin de la décennie, la nouvelle orientation de la politique royale dès le début du gouvernement personnel de Louis XIV l'enthousiasme-t-il. L'évêque Cohon, actif agent de cette politique en Languedoc et protecteur de Borrelly, allait pouvoir développer son action contre-réformatrice, demandant dès 1661 au roi une interprétation rigoureuse de l'édit de Nantes et récusant « une funeste liberté de conscience que les catholiques n'ont jamais demandée »[78]. L'espoir semblait changer de camp. Pour le jeune notaire, le changement de politique protestante de son souverain fut vécu comme une « divine surprise ». Son loyalisme monarchique, son amour pour son roi, nourri par le retour de l'ordre après une décennie troublée, ne devaient pas cesser de croître au diapason du durcissement de la politique royale à l'égard des religionnaires. A la même époque, à l'autre extrémité du royaume, le sayetteur lillois Pierre-Ignace Chavatte, devenu malgré lui, en 1667, sujet du Roi très chrétien, joignait à une grande dévotion une incontestable hostilité à l'égard de Louis XIV, ennemi de la catholique Espagne et allié du Turc[79]. Vérité en Flandre, erreur en Languedoc, Chavatte, Borrelly : à Lille, « citadelle de la Contre-Réforme », à Nîmes Genève française, deux visages contrastés de la catholicité, dans la France victorieuse au début du gouvernement personnel du Roi-Soleil.

2

UN BOURGEOIS DE PROVINCE

LA PUISSANCE PATERNELLE

En Languedoc, comme en Provence ou en Aquitaine, l'inégalité était la règle en matière de successions. L'institution d'héritier issue du droit romain permettait au *pater familias* « dirigeant périssable d'une entité si possible immortelle »[1] d'avantager un de ses enfants assurant de la sorte l'unité et l'avenir du patrimoine[2].

Ainsi, le contemporain et confrère de Borrelly, Étienne Prion, notaire royal à Requista, en Rouergue, léguait par testament ses biens à sa sœur « à la charge de remettre son héritage à tel des enfants mâle ou femelle qu'elle souhaitera » et celle-ci déshérita les quatre fils du notaire au profit de leur sœur[3]. Les quatre garçons Prion ne semblent même pas avoir bénéficié de la « légitime » prévue par le code Justinien c'est-à-dire le tiers ou la moitié de la part d'héritage qui serait revenue à chaque enfant dans le cas d'une succession *ab intestat*[4]. Étienne Borrelly, s'il put bénéficier d'une « légitime », passablement amoindrie d'ailleurs, et ne fut pas réduit à la situation picaresque des fils Prion, fut lourdement désavantagé ainsi que son frère Claude, marchand à Nîmes, au profit de leur aîné prénommé Antoine comme leur père, « avocat et juge des terres de Messire Hector d'Ouvrier, évesque de Nismes et de celles du vénérable chapitre ». En 1647, dans le contrat de mariage d'Antoine avec Suzanne Liboud, fille unique de « feu Me Mathieu Liboud notaire de cette ville duquel j'ay l'office et nottes » et de demoiselle Jeanne Guionne également fille de notaire, les parents d'Étienne Borrelly « donnèrent à mon dit frère tous et chacuns leurs biens présens et à venir à la réserve de la troisième partie d'iceux pour en disposer en faveur dudit sieur Claude Borrelly mon frère et de moi (ce qui correspond à une légitime théorique à 50 %) n'y aiant d'autres enfans. Et encore lui fust donné par preciput et avantage la jasse (bergerie), parran (jardin), l'office de notaire et notes de mon père... si bien que mon frère le marchand et moi n'avons que nostre droict légitime. » Le texte du contrat de mariage passé devant Étienne Guion, notaire à Sernhac et beau-père de Mathieu Liboud, confirme les dires du livre de raison. Le notaire Liboud et sa femme constituaient en dot pour leur fille « tous et chacuns leurs biens qu'ils ont assis et scitués es lieux de St Gervasi et Marguerites » mais le revenu de ces possessions sera perçu par les beaux-parents car Antoine et Suzanne devaient vivre chez eux « mangeant et buvant d'un même pain et vin en une mesme table ». Si les nouveaux mariés voulaient s'installer ailleurs, ils devraient régler annuellement une rente de 8 cannes d'huile (73 litres environ) et de 8 saumées de « beau bled de tozelle » (16 hl), ce qui peut représenter, selon les années, un revenu de 100 à 300 livres. Mais, normalement, Antoine devait vivre dans la maison Liboud en attendant d'hériter de l'ensemble des biens de ses beaux-parents. Quant à Étienne et Claude Borrelly leur « légitime » est amputée non seulement des biens indiqués par le livre de raison mais aussi de la maison familiale de Bezouce, réduits à méditer la justesse du dicton languedocien « las peiras al clapasses » (les pierres vont au tas de pierres) ou à déplorer la triste nécessité d'apports ou d'espérances masculins correspondant par leur importance à celui de la dot féminine[5].

Le père d'Étienne semble avoir placé toutes ses espérances dans ce fils aîné comme plus apte à maintenir, accroître et illustrer sa « maison » au sens méditerranéen de l'« ostal », à la fois demeure et famille. A la différence de ses frères, auxquels il n'avait, semble-t-il, pas fait faire d'études classiques, il l'avait poussé à la profession d'avocat après de probables études au collège mi-parti de Nîmes : nous n'avons pas de matricule des élèves de cet établissement dont, depuis 1634, les jésuites et les maîtres calvinistes se partageaient les chaires mais, dans le programme d'une tragédie jouée au collège en septembre 1643, *Balthazar allegoricus seu impietas a Ludovico justo expugnata*, l'élève acteur jouant le rôle de Darius s'appelle Antoine Borrelly[6]. La stratégie habituelle de tout subordonner au renforcement de l'ostal aide à comprendre cette notation du livre de raison qui peut paraître paradoxale à un homme du XXe siècle : « ce grand avantage aiant été fait audit feu mon frère l'advocat en considération de se qu'il prenait une fille unique et fort riche estant le bruit qu'elle avoit trente mille livres ». Étienne emploie pour évoquer le mariage de son frère une expression courante dans les pays de langue d'oc « il estoit entré pour gendre » ; de fait, Antoine Borrelly ajoutait, aux biens légués par son père, l'entier héritage de sa femme et, notamment, l'étude nîmoise de son beau-père qu'il devait vendre en 1654 à Étienne. Hélas, les grandes espérances du patriarche furent déçues : l'avocat mourut brusquement à Montpellier, en 1656, âgé d'une trentaine d'années[7]. Son père, par la suite, substitua ses biens aux enfants de Claude et d'Étienne « au cas où les trois enfans de feu mon frère l'avocat viennent à décéder sans enfans »[8]. Par acte solennel passé en la sénéchaussée de Nîmes par-devant le viguier, le 19 novembre 1659, Borrelly père « émancipa sr Claude Borrelly marchand mon frère et moy »[9]. Étienne qui avait alors plus de 26 ans estimait les biens de son père à 14 000 livres et donc sa légitime (au 50 % de la part qu'il aurait reçue *ab intestat*) à 2 000 livres au moins. Il n'avait pas encore perçu la totalité de ce qui lui revenait en 1676, date de la mort de son père, et en 1677 où l'aîné de ses neveux, Mathieu fils du frère avocat, partant pour la guerre, prévoyait par testament de rembourser à Etienne « ce qui (lui) peut estre deu de (son) droict de legitime »...

Ce fut seulement trois jours avant le décès du vieil Antoine Borrelly âgé de 86 ans qu'Étienne eut le courage de l'affronter et de lui faire refaire son testament, en modifiant la substitution prévue en 1656 dans un sens plus favorable à ses intérêts. En cas de mort sans enfants des trois neveux (un était d'Église, l'autre à la guerre) les biens du père devaient revenir « à mon dit frère (le marchand) et à moi après nous à nos enfans et héritiers tels que bon nous semblera. » Sans la moindre trace d'humour macabre — ce n'était pas dans son génie — Étienne commente sentencieusement : « mon dit père l'aiant fait (son testament) de la manière que j'ai vouleu parce qu'il voioit bien la faute qu'il avait faite d'avoir donné tous ses biens à mon dit frère » et ajoute une appréciation péjorative à l'égard de sa belle-sœur naguère « fort riche et présentement devenue très misérable et une coquine par une mauvaise vie qu'elle a menée depuis son vefvage. »[10] Il faut ainsi attendre la mort du patriarche pour que Borrelly ose confier à son livre de raison son acrimonie contre un père coupable d'avoir ainsi récompensé le vice en favorisant un fils époux d'une « coquine » et méconnu la vertu en désavantageant le pieux Étienne. On sent cependant l'admiration du chroniqueur pour le *pater familias* abusif : en 1675 il rappelle que, dans sa jeunesse, son père avait pu voir « beaucoup de païs » parce qu'il avait été au service d'un chevalier de Malte. Ce gentilhomme, issu d'une famille originaire de Bezouce qui donna à plusieurs reprises des premiers consuls à Nîmes, les Teste de la Motte, l'avait notamment « amené à Malte et à Paris »[11].

Face à cette forte personnalité, Dauphine Evesque, la mère d'Étienne, est plus qu'effacée. Elle apparaît discrètement dans la mention, à la première page du manuscrit, du baptême de Borrelly en 1633. Encore plus révélatrice est l'indication du décès de Dauphine Evesque : le notaire, par ailleurs si soucieux de datations précises, rappelle, en 1656, cette mort mais ne se souvient plus de la date exacte « environ la fin d'année 1653 ou au commencement de 1654 »[12], alors que par exemple on voit dans les papiers de son gendre et de son petit-fils la mention précise des jours de décès de leur mère et même, pour ce dernier, de sa grand'mère.

LES DEUX MARIAGES DE BORRELLY

Un mariage assorti

Le 12 février 1658, pendant l'exode des catholiques nîmois, Étienne Borrelly qui avait 24 ans épousa, à Bezouce, Marie Vigière (mise au féminin du nom Vigier) fille d'un marchand drapier de Nîmes, âgée de 21 ans[13]... Il ne nous dit rien des circonstances de ce mariage ni des sentiments qu'il éprouve pour la jeune Marie. Nous sommes encore loin des confidences attendries d'un Louis Simon sur ses amours. Le contrat conclu à Nîmes, le 9 janvier, dans la maison de Jean Vigier père de la promise est signé par les deux fiancés (d'une main un peu tremblante par la jeune fille). Les futurs époux promettaient selon la formule traditionnelle de « se fiancer et s'espouser en face de sainte mère l'église catholique, apostolique et romaine ». Marie Vigier apportait une dot de deux mille livres et deux coffres de vêtements. En cas de « prédécès » d'Étienne il lui donnerait « en augmentation de dot la somme de 600 livres, ensemble tous les habits, bagues et joyaux qu'il luy aura faicts et donnés pendant ce présent mariage ». Dans le cas inverse, Marie cèderait à son époux 300 livres sur sa dot[14]. Payable, aux termes du contrat, le jour du mariage, la dot ne put l'être que plusieurs années plus tard ; en 1658, le beau-père ne donna au jeune ménage « aucun argent pour estre alors dans un mauvais temps ». La conjoncture commerciale était alors aussi mauvaise que la situation politique : le marchand Jean Vigier s'était réfugié à Bezouce avec toute sa famille et on s'attendait au siège de Nîmes. Quant au patriarche Antoine Borrelly, estimant sans doute qu'il avait déjà la charge des réfugiés, il se contenta de donner « seulement trente pistoles » (300 livres)[15]. Peu après le retour de la paix, le fils de Jean Vigier, Barthélémy Vigier, âgé d'environ 24 ans et « aussi bien fait que jeune homme de la ville », mourut le 16 octobre 1658 à Livourne en Italie où il était allé pour « débiter certaines marchandises que son père y avoit » et, moins de deux ans plus tard, Jean Vigier lui-même « décéda à Marseille où il estoit pour ses affaires et fust enterré dans l'église de la Major (la cathédrale) dans la chapelle destinée pour les estrangers d'honneste condition.[16] » Le marchand disparu laissait des dettes et sa femme ne put se libérer complètement auprès de son gendre qu'en 1670, après avoir vendu une petite maison pour 450 livres...[17].

Mais, en 1658, une union avec la fille d'un marchand, relativement important puisqu'il se hissait au niveau du commerce international avec ses exportations vers Livourne, pouvait susciter de belles espérances dans le cœur du jeune tabellion. Jean Vigier est représentatif du milieu des « marchands-fabricants drapiers ou pelletiers » qui, dans la première moitié du XVIIe siècle, s'étaient lancés dans le négoce, voie d'ascension sociale vers la bourgeoisie, attesté par « la substitution du titre de *sieur* réservé aux marchands et aux bourgeois à celui plus modeste de *maître* attaché aux artisans »[18]. De fait, Borrelly parle du sieur Jean Vigier son beau-père, des sieurs Barthélémy, Balthazar Vigier ses beaux-frères comme du sieur Claude Borrelly son frère, marchand à Nîmes. Le mariage du notaire et de Marie Vigier, s'il échappait à la stricte homogamie socio-professionnelle caractéristique de l'Ancien Régime[19] unissait deux jeunes gens de même niveau social, en l'occurrence, la moyenne bourgeoisie nîmoise. Étienne n'épousait pas une fille de notaire, comme son père qui avait convolé avec Dauphine Evesque fille du notaire de Lédenon, bourgade catholique proche de Bezouce, ou son frère aîné, gendre de Mathieu Liboud, notaire nîmois. Mais l'équivalence du rang entre marchands et notaires ressort des listes consulaires : Mathieu Liboud avait été troisième consul en 1639 et en 1645, tout comme les marchands Vigier, beau-père d'Étienne, en 1655 et Claude Borrelly frère d'Étienne en 1657, 1664 et 1674[20]. Étienne estimait d'ailleurs qu'une union devait être assortie, ce qui ressort des réflexions que lui inspire le mariage de sa belle-sœur Tiphaine Vigier :

« le lundi 19e dudit mois d'aoust 1680, Tiphène Vigière sœur autrefois bien-aimée de ma femme et qui avoit estée de la maison depuis son enfance a contracté mariage avec un certain Fabre orologeur de cette ville contre la volonté de sa mère et de tous ses parens, aiant fait en cella une action d'une fille incensée, mesme fait acte à sa mère le mesme jour pour consentir audit mariage veu qu'elle est dans sa quarantième année depuis le 29 mai dernier ainsy que j'ay veu dans un livre de mémoire de feu sieur Jean Vigier, son père, quoiqu'elle ait déclaré par ledit contrat qu'elle n'avoit que trante cinq ans. » Dans l'acte de réquisition donné en présence de sa mère chez Jacques Chastang huissier, beau-frère de Tiphaine, elle expose en effet qu'« ayant atteint l'âge d'environ 35 ans » elle se dit décidée à « passer outre au cas où sa dite mère ne respondra plus précisément » et celle-ci réplique qu'elle « n'empêche pas que sa fille fasse ce que bon lui semblera »[21].

Ce passage est révélateur par son déchaînement passionnel. L'indignation du notaire et de sa femme contre la vierge folle, autrefois « sœur bien-aimée », ne se nuance d'aucune sensibilité aux affres de la fille célibataire dans une société qui ne faisait guère de place qu'à l'épouse ou à la nonne. Tiphaine se marie au-dessous de sa condition, elle « ne pourra un jour qu'estre malheureuse n'aiant quasy rien ni son mari non plus estant abandonnéz de tous ses parens ». Tout à cette prédiction pessimiste, Borrelly ne s'arrête pas aux joies du présent, aux charmes probables que Tiphaine trouvait au « certain Fabre ». Le corps des notaires partage, apparemment, les sentiments du beau-frère malgré lui qui mentionne avec plaisir que « quasy tous les notaires de cette ville avoient, à ma considération, reffusé de recevoir ledit mariage et nut esté que j'ai prié fortement ledit Arnoux il ne l'auroit pas pris ». Me Arnoux était un confrère protestant qui devait, 18 mois plus tard, « en obéissant à la volonté de mon grand Dieu et à celle de mon grand souverain et très chrétien prince Louis XIV », vendre sa charge à un confrère catholique. Son 7e registre (1680-82) s'ouvrait par une invocation pieuse, comme ceux de Borrelly. « Tout commencement soit au nom du père, du fils et du St Esprit » et par l'expression, en vers, de son idéal domestique :

L'on a beau sa maison bâtir
Si le Seigneur n'y met la main,
Cellà n'est que bâtir en vain.

Il contient effectivement la sommation à la mère suivie du contrat que Tiphaine, illettrée, ne peut signer. Tiphaine brave la famille, l'ordre social, et, en définitive, l'amour triomphe. Si l'horloger Fabre, à la différence du héros de l'abbé du même nom[22], ne trouve pas de trésor, il réussit professionnellement et Borrelly a l'honnêteté d'en convenir par une notation marginale où il précise également que — stérile ou ménopausée — Tiphaine ne sera pas mère : « ce mariage a bien réussi en ce qu'elle ne fait point d'enfant et que l'homme s'est rendu bon ouvrier ». Ce commentaire curieux sous la plume d'un père de onze enfants est d'une cohérence parfaite avec son idéal familial et social : la maison Borrelly n'aura pas à rougir de neveux simples artisans.

Aussi blamâble que le mariage de Tiphaine qu'il précéda de quelques années, celui de Balthazar Vigier, frère de ladite et de Marie Borrelly en août 1673. Le jeune écervelé, après avoir « rendu enceinte » la sœur de l'un de ses amis, l'avait épousée « sans la participation de sa mère ni d'aucuns de ses parens », bien qu'elle n'ait eu « pour toute dot que la somme de 300 livres ! » Dès lors, n'ayant « moyen de suporter les charges du mariage », le déplorable Balthazar n'eut plus qu'à partir chercher gloire et richesse dans les emplois de Mars, s'embarquant pour aller « dans la Cicille servir les troupes de quelque prince étranger. »[23] Dans ce voyage — peut-être lié aux troubles qui se déroulaient alors à Messine et devaient, plus tard, entraîner une opération militaire française —[24] le beau-frère risquait, évidemment, de mourir. La belle-mère de Borrelly, sur le conseil de son gendre, fit « exposition devant magistrat », en l'occurrence un conseiller au présidial, annonçant son intention de « faire casser ledit mariage de son dit fils atandu qu'elle ni a pas consanty »... Sans attendrissement inutile sur le fruit des amours de Balthazar Vigier, Borrelly commente froidement que « l'exposition » faite par sa belle-mère visait la femme « et enfans prétendus » de son beau-frère afin d'empêcher « qu'elle ou ses enfans ne ganiassent pas la légitime dudit Vigier et ne missent en trouble ma bellemère un jour ».

Ces réactions intransigeantes montrent à l'évidence que le mariage doit reposer, pour le notaire, sur une base financière suffisante pour permettre aux nouveaux conjoints de tenir leur rang. Ses propres épousailles furent-elles autre chose qu'une harmonieuse association d'intérêts ? Borrelly se montre très pudique, voire pudibond d'autant qu'il écrit essentiellement pour celui qui lui succédera comme chef de famille. Il me paraît néanmoins très probable que, outre son admiration pour les vertus ménagères, la grande piété, notamment la dévotion mariale, de sa femme, Borrelly, à l'encontre de Montaigne, n'ait pas refusé d'inclure à son mariage « la compagnie et les conditions de l'amour ». Certes, comme l'auteur des *Essais* il aurait admis « qu'on ne se marie pas pour soy, quoiqu'on die, on se marie autant ou plus pour sa postérité, pour sa famille »[25] mais il n'y a pas que cela dans le livre de raison.

L'amour conjugal ? Marie Borrelly présente, discrètement mais constamment dans le livre — hormis dans les loisirs de son époux qui sont, visiblement, affaires d'hommes — est une bonne ménagère. Un mois avant sa mort, le 16 octobre, « estant dans le lict malade » elle demande cinq livres à son mari et fait appeler « la femme de maître Triaire menuisier à laquelle elle eurait baillé lesdites 5 livres pour reste et entier paiement de 225 livres pour les deux cabinets » promis à sa fille aînée qui venait de se marier.[26] On la voit, de page en page, acquitter une partie des dépenses familiales et notamment acheter des vêtements pour elle-même ou pour les enfants, du chanvre à filer, de la toile, des légumes, plus rarement du blé.[27]. L'achat de 3 saumées de blé par Marie, en août 1670, est exceptionnel (Borrelly se réserve en général ce type d'acquisitions particulièrement nombreuses en 1670-71) ; il montre en tout cas Marie associée à la gestion de la maison et susceptible de prendre des initiatives importantes. Elle régnait sur le petit monde ancillaire qui comportait aussi, éventuellement, des nourrices. En 1668, son rôle déterminant dans l'embauche de ce personnel se manifeste clairement : « le sabmedy 8e septembre, jour et feste de la nativité de Notre-Dame, Marie Tranquière est entrée chez moi pour servante, ma femme n'aiant fait aucun marché parce qu'elle est sa filheule » ; trois mois plus tard, le notaire paie ses gages à Marie Tranquière renvoyée « ma femme l'aiant congédiée à cause de la nourrice qu'elle a prise (à domicile) pour Charlot ». L'année suivante « ma femme a loué une servante appelée Marie Chamboune du lieu de Concoules proche Genoulhac ». En 1671, « ma femme a pris une nourrice pour la maison pour lui aider à nourrir le petit Marc-Antoine », ce qui entraîne, comme en 1668, le renvoi de sa servante. Marie, plus à même que son mari d'apprécier le travail de la maison, décide éventuellement de chasser la servante jugée incapable comme, en 1678, la nommée Marie : « ma femme l'ayant renvoyée pour ne servir pas comme il faut[28] ».

Ce pouvoir de décision pouvait même conduire l'épouse à revenir sur une décision du notaire : en 1674, Borrelly avait congédié une souillon engagée l'année précédente « à cause qu'elle estoit toujours malpropre et poulheuse et sale au dernier point ». Mais cette décision n'était pas irrévocable puisqu'une mention marginale nous apprend que « ma femme à la persuasion de certaines personnes a repris la servante 9 jours après, l'aiant faite habiller et changer tout de neuf ». Cet essai très grand siècle de lutter contre la crasse par le linge ne dut pas être concluant car, à la fin de la même année, le livre de raison nous apprend que « ma femme a renvoyé Jeanne sa servante[29] ». En 1675 l'arrivée d'une nourrice est simplement mentionnée avec ce commentaire « pour donner le laict à la fille que Dieu m'a donnée, au prix de 4 livres par mois, ainsi que ma femme et elle auroient convenu fait quelque temps. » L'exemple du ménage Borrelly correspond au modèle dégagé par Nicole Castan d'un « partage des pouvoirs et des tâches » entre les époux plutôt qu'à une stricte obéissance au chef de famille.[30]

Marie Borrelly était une femme économe : le 1er juin 1677 elle partit pour les bains de Balaruc en compagnie de sa sœur Tiphaine, de son beau-frère le marchand, de sa belle-sœur et de sa nièce. Le notaire lui donna 12 livres et un grand pâté de veau de 30 sols, œuvre de « l'Entre-deux, hoste »... Elle en revint, huit jours plus tard, n'ayant dépensé que 9 livres — et encore, sur cette somme, cette épouse modèle avait-elle dépensé 1 livre 4 sols pour son mari : « elle me porta deux petites fioles de bouteilles d'eau clairette de Frontignan. »[31] Les trois livres restantes furent utilisées à l'achat de vêtements pour les enfants. Marie est la vraie version papiste de l'idéal de la bonne ménagère selon Olivier de Serres « une femme ménagère entrant dans une pauvre maison l'enrichit, une dépensière ou fainéante détruit la riche ».[32] Elle mourut, âgée de 45 ans, 35 ans avant son mari, en 1683. Commentant son décès, le notaire n'évoque pas les qualités de maîtresse de maison de la défunte mais seulement les dates précises de sa maladie (phtisie ou affection du bas-ventre ?), sa mort, la pompe des funérailles (« parce qu'estant secrétaire du chapître tous ces messieurs y estoient avec le bedos, massié, croix d'argent, musique... 13 pauvres avec grand flambeau ») et surtout sa piété. « Le samedi 20e novembre 1683 à cinq heures et demi précises du matin, à ma montre et orologe de la ville avec lequel elle convenoit très bien Marie Vigière ma femme décéda. Elle avoit gardé le lict depuis le dimanche 19 septembre » mais, bien avant cette date, depuis plus d'un an elle était « très incomodée, portant un visage de mort. S'estoit une bonne âme, elle se confessoit et communioit tous les samedis, estant morte très bien résolue et regardant la mort avec joye. Tous les religieux qui venoient la voir estoient ravis de voir une telle constance. Elle s'alitat après avoir fini un vœu qu'elle avoit fait et morut un samedy comme elle avoit toujours dit... Elle se reconnut jusques au dernier souffle avec une larme à un œil qui découla et cela est ramarcable, elle pria Dieu de lui faire la grâce de plurer ses péchés jusques à son dernier. »[33]

Version bourgeoise de la mort baroque, le récit de Borrelly présente sobrement les souffrances, la piété mariale de sa femme, sa joie au sortir de cette vallée de larmes. L'évocation de l'agonie exemplaire de Marie Borrelly est un aliment pour la foi et l'espérance du notaire, une « pédagogie de l'âme »[34] pour ses successeurs qui liront son livre. Il rejoint le modèle des récits de morts édifiantes qui fleurissaient dans les couvents du grand siècle.[35] Je reviendrai sur la religion du notaire. Notons seulement que la perspective du salut de sa femme (« Dieu lui ait fait miséricorde ») l'empêche d'envisager autre chose que la piété de la défunte. Cette « bonne âme » retrouvait, sans évidemment la connaître, la leçon paulinienne du *Sermon sur la mort* de Bossuet : « dans quelle lumière a-t-elle vu qu'elle eût néanmoins sa félicité à part ? qu'elle dût dire hardiment, tous les sens, toutes les passions et presque toute la nature criant à l'encontre quelquefois : Ce m'est un gain de mourir ? »[36]

La sobriété délibérée du livre de raison laisse entrevoir l'affection de Borrelly pour sa femme. Elle se manifeste par un incontestable souci de la santé de l'épouse, éprouvée après une série de couches, d'autant plus qu'elle devait être assez fragile « n'aiant pu ma femme achevé de nourrir mes enfans à cause qu'elle est très peu de chose. »[37] En 1670 Marie qui, à 32 ans, avait déjà eu six enfants, est malade et le notaire enregistre « le mardi 11 (février) j'ay acheрté des drogues pour donner sancté parfaite à ma femme pour 2 livres ». Outre les « drogues », la volaille et le bouillon de poule, mets de luxe,[38] semblent être régulièrement utilisés pour les convalescences de Marie : « j'ai achepté une poule pour faire du bouillon à ma femme pour une indisposition qu'elle a » (16 octobre 1670), « deux poules acheptées pour l'acouchement » (24 septembre 1675), « une poule acheptée pour ma femme qui est détenue dans le lict de maladie » (22 juin 1679).[39] Ces achats de volailles correspondent bien aux idées du temps sur la diététique de l'accouchée qui considère la chair de « toute volaille » comme une viande susceptible d'engendrer « bon sang » chez la convalescente.[40] Borrelly note que la dernière maladie de sa femme lui a coûté cher, mais s'interdit d'inscrire le coût des soins. Il mentionne seulement, en octobre 1683, qu'il a fait faire pour quatre livres « une chemisette de cadis doublée de peau de lièvre afin qu'elle fut chaudement dans le lict, estant grièvement malade » et ajoute au récit de la mort de Marie : « je ne mets point en despense les frais de cette longue maladie parce que je ne veux point qu'elle paroisse ».[41] Il y a là un silence éloquent. Cette pudeur singulière de la part d'un homme précis et économe traduit comme un désir de protéger une sorte de jardin secret. La révélation de dépenses médicales extraordinaires lui paraissait, peut-être, l'aveu intempestif d'une extrême tendresse.

La place de Marie dans les affections du notaire ressort également des dispositions du testament qu'il rédige le 3 décembre 1675, « estant ataint de la maladie populaire qui est en règne et qui fait mourir quantité de personnes[42] ». Dans ce document, rédigé dans l'étude du testateur par son confrère de Marguerittes, Honoré Durand, s'exprime une extrême sollicitude pour « sa bien-aimée femme ». Borrelly se préoccupe de l'associer, après sa mort, à l'anniversaire qu'il fonde à perpétuité à la cathédrale, recommandant aux chanoines d'enregistrer cette fondation dans leur tableau des anniversaires et d'y « faire mention de sa dite femme afin qu'elle ne soit en oubly. comme estant ledit anniversaire fondé pour deux ». En attendant de rejoindre son mari pour l'éternité et de bénéficier avec lui des suffrages des chanoines de Nîmes, Marie « sa très chère et bien-aimée femme » est instituée « son héritière générale et universelle pour jouir de tous les biens à ses plaisirs et volontés » et nommée « tutrice et administraresse des persones et biens de leurs enfans sans pourtant qu'elle soit tenue de rendre compte ». Elle pourra, à son tour, « rendre ledit héritage entier ou non entier à tel de ses enfans masles que bon lui semblera » et devra donner leur « légitime » aux autres quand ils auront atteint 25 ans. Elle pourra, d'ailleurs, « augmenter les droits de légitime de tel ou tel de ses enfants que bon lui semblera comme bon lui semblera ». Si les circonstances l'y obligent, elle aura liberté de vendre l'office de notaire, la maison et « toutes les autres choses dépendant dudit héritage » et ces ventes éventuelles auront « autant de force comme si elles avoient esté faites par ledit testateur ». Borrelly interdit formellement à sa femme « de faire faire aucun inventaire de ses biens, ne voulant du tout point qu'elle cherche cette précaution, attendu qu'il veut qu'elle soit comptable d'aucune chose pas mesme en cas de remariage et que nul magistrat, commissaire ny autre personne de justice ne puisse la contraindre à ce faire sous prétexte que ses enfans sont mineurs ». Ce testament devait rester lettre morte puisque Étienne survécut 35 ans à Marie mais le pouvoir qu'il veut qu'elle exerce sans contrôle sur les biens du ménage est signe non équivoque de confiance : il s'en remet à elle de l'avenir de la maison Borrelly.

Une union tardive

Après onze ans de veuvage Borrelly se remaria dans une chapelle du centre de la ville, ancienne rectorie (annexe) dépendant de l'unique paroisse, la cathédrale Saint Castor, devenue, en 1687, siège de la paroisse intra-muros[43] : « Le lundi 22e dudit mois de novembre 1694, mon mariage en secondes noces avec damoiselle Marie Lafonte fut béni, dans l'église Ste Eugénie servant quant à présent de parroisse, par Mr Sage secondaire. Elle est une nouvele convertie, fille de feu Mr Jacques Lafon et de feue damoiselle Gabrielle Troulhère. Elle est âgée d'environ 44 ans »[44] Nous ne saurons pas si le notaire, âgé alors de 61 ans, trouvait du charme aux appas de Marie Lafont, de 17 ans plus jeune que lui. Il se contente d'indiquer les raisons matérielles de cette seconde union : « j'ai fait ce second mariage en veue d'estre un pu au large et de pouvoir marier ma fille Anthoinette Borrelli avantageusement et d'acquiter le prix de ma maison et de paier à Mr Maigne chanoine 800 livres qu'il me presta pour parfaire la dot et constitution de ma fille la religieuse ». Il insiste sur ces aspects financiers comme s'il avait besoin de se justifier : « j'ay esté constraint de me marier à cause de mes affaires. Cette femme aura toujours en biens fonds et en argent pour le moins 9 000 livres ». Pense-t-il à Tiphaine Vigière sa belle-sœur dont il avait blâmé le mariage à l'âge de Marie Lafont ? Estime-t-il choquant de se remarier à soixante ans ?[45] De plus, même si elle était plus riche que lui, la seconde épouse était issue d'un groupe social inférieur, celui de l'artisanat et de la boutique.

Borrelly est-il mal à l'aise d'épouser une nouvelle catholique alors qu'il sait le peu de sincérité de la conversion générale ? Je reviendrai sur cet épisode important de la vie du notaire qui sut manœuvrer habilement pour parvenir à épouser une vieille fille, peut-être amoureuse, certainement ignorante et, sans doute, peu subtile.[46] Il y a dans cette union comme une ironie de l'histoire, un hommage implicite que le catholicisme le plus étroitement militant rend à la bonne santé financière des anciens religionnaires. Deux ans après ce remariage, l'intendant Basville considérait avec une satisfaction lucide l'état économique de Nîmes où « si tous ces marchands sont encore mauvais catholiques ils n'y ont pas cessé d'estre très bons négotians[47] ». Le père de Marie, Jacques Lafont, n'appartenait pas à cette aristocratie du négoce. Il était tailleur d'habits et fils d'aubergiste mais il disposait d'une réelle aisance : Marie en avait hérité une maison située rue des Cardinaux, une rue parallèle au canal de l'Agau, non loin de la place Belle-Croix. Cette demeure devait être plus petite que celle de Borrelly puisque son « presage » (de l'occitan presatge : estimation, évaluation servant à l'assiette de l'impôt), était quatre fois moins élevé, mais s'y ajoutaient une maison « où on fait cauquières », c'est-à-dire une tannerie, une olivette et diverses pièces de terre dans les faubourgs de Nîmes, à Montaury. Au début du XVIIIe siècle le présage des biens venus de sa femme, 12 livres 15 sols et 4 deniers dépassait celui des biens propres de Borrelly (8 livres 8 sols pour la maison et 2 livres 10 sols pour « cabail et industrie » c'est-à-dire pour ses biens mobiliers). En 1714 le notaire vendait pour 1 300 livres la « cauquière » à un artisan chamoiseur, réalisant une bonne affaire car « il fallait toujours estre après, pour des réparations » dont il estimait le montant à 1 500 livres.[48]

Six mois après ses secondes noces, Borrelly fit transformer en contrat public puis insinuer à la sénéchaussée son « pacte de mariage » qui avait d'abord été rédigé en acte privé. Il explicite dans son livre l'esprit de ce document : « elle m'a tout donné ». Le texte même du contrat, transcrit dans le registre notarial de 1695 est clair : Marie Lafont « pour l'amour, affection et estime particulière qu'elle a pour ledit Me Borrelly son dit mary et que son dit mary a lui-même pour elle, ou autrement, parce qu'ainsy luy plaît » y déclare qu'elle « s'est constitué en dot envers ledit Me Borrelly tous et chacuns ses meubles et immeubles desquels elle en a fait et constitué ledit Me Borrelly vrai maître absolu ». Elle ajoute que « cette donation pure et irrévocable » s'étendra, après son « cher époux »... à celui ou ceux de ses enfants de son premier mariage, ou du leur s'ils en ont, qu'il aura institué héritier. Suivent les signatures, hormis celle de « ladite demoiselle qui a dit ne scavoir signer après qu'elle en a été requise »[49]. Cette ignorance est assez surprenante, s'agissant d'une ancienne protestante — alors que la première femme et les filles de Borrelly étaient alphabétisées — si l'on songe au lien qui, depuis plus d'un siècle, unissait écriture et Écriture[50]. Visiblement, la vieille fille était ravie d'échapper au célibat. Elle était peut-être, aussi, sensible à la verdeur du pieux barbon qui avait hérité de l'excellente santé paternelle puisqu'il devait survivre à sa seconde épouse, atteignant l'âge de 85 ans.[51]

Un an après son remariage, Borrelly dut verser à Jean Lafont, frère de sa femme, 1 000 livres qui lui revenaient sur la succession de David et Gabrielle Lafont ses frères et sœurs. Il fut fort mécontent de cette ponction sur la fortune de Marie « elle a eu tort de ne m'avoir pas dit avant notre mariage que son frère prétendit à cette substitution ». Il s'en consola cependant en soupirant « enfin, les plus avisés se trompent en mariage. Il est vrai néanmoins qu'elle a pour le moins, tout compte fait, 8 000 livres. »[52] Par la suite, cette nouvelle épouse apparaît assez peu mais cela provient surtout du caractère très incomplet du livre de raison après la mort, en 1692, du fils qui aurait dû, un jour, lui succéder : la période de 23 ans qui sépare le second mariage de la mort de Marie représente seulement 56 pages alors qu'aux 23 années précédentes correspondent 214 pages. Il est question de la seconde femme du notaire seulement à propos des impôts aquittés sur ses biens, d'engagement de servantes ou de la location d'une maison lui appartenant. Dans ce dernier cas, c'est Marie qui décida du montant du loyer « cette rente est peu de chose (20 livres par an), ma femme le voulant ainsi. »[53]

Marie Lafont resta très attachée à son vieil époux. En janvier 1704, « se trouvant indisposée depuis quelque temps » elle fait un testament qui confirme les stipulations du contrat de mariage : elle institue Étienne « son héritier général et universel... pour jouir et disposer pendant sa vie des fruits et usufruit des biens de ladite testatrice comme bon luy semblera » et plus loin précise qu'elle « veut et ordonne que sesdits biens et héritage servent de secours à son dit mary dans sa vieillesse et besoins. » Borrelly au début de 1704 était en proie à une crise de goutte et son attention était accaparée par les camisards.[54] Il ne mentionne pas ce testament et, treize ans plus tard, le 4 octobre 1717, il note succinctement la mort de la seconde Marie : « l'an 1717 et le 4e jour du mois d'octobre a esté enterrée dans le cloître des frères prêcheurs de cette ville damoiselle Marie Lafon âgée de 66 ans femme de moy Estienne Borrelly notaire royal, secrétaire du chapître, décédée le jour précédent après avoir reçu tous les sacrements »[55]. A la différence du trépas de la première Marie Borrelly, l'époux ne commente pas ce décès... La seconde Marie dut s'attacher aux enfants et petits-enfants issus du premier mariage : le chanoine Louis-Antoine Séguret, petit-fils d'Étienne, fils de sa fille aînée Catherine, mentionne dans un *memento* familial rédigé à la mi-XVIIIe siècle « ma *grand'mère* demoiselle Lafont mourut le 3 octobre 1717 ». Il ne mentionne pas sa grand'mère selon le sang qu'il n'avait, il est vrai, pas connue.

Marie Lafont ne donna pas d'enfant à Borrelly. Cette éventualité, évoquée dans le contrat de mariage, paraît une clause de style. A 44 ans, lors de leurs noces, Marie était à l'âge considéré alors comme celui de la ménopause.[56] Son mari ne semble pas avoir envisagé qu'elle puisse lui procurer le fils qui lui faisait alors cruellement défaut « n'ayant plus de successeur je ne me soucie plus de rien ».[57] Le second mariage, s'il ne servit pas à rembourser l'emprunt contracté pour l'achat de la maison, permit d'assurer l'avenir des enfants issus du premier. En 1694, sur quatre survivants des onze enfants nés de Marie Vigière, deux étaient établis : un fils, prieur-curé de Quilhan au diocèse d'Uzès, une fille mariée à un notaire nîmois. Restaient deux filles à doter pour le couvent ou pour le mariage. Cette famille nombreuse si elle procura à son chef des joies (il emploie le mot) fut aussi, tout au long de sa vie, source de soucis et de grandes peines.

LES ENFANTS BORRELLY

« Je suis chargé d'une nombreuse famille. » « Le bon dieu m'a fait la joie d'avoir quantité des enfans »[58]. Sur ses onze enfants, quatre filles et sept garçons, huit moururent avant leur père dont six avant l'âge de deux ans. Dix sont évoqués dans le livre de raison mais il eut également un garçon dans les débuts de son union. Le journal permet d'identifier quatre filles et, en 1683, lors du décès de son fils Joseph, le notaire commente : « c'est le cinquième garçon que Dieu m'a osté. Dieu soit loué et béni »[59]. Or à cette date survivaient deux garçons, Charles et Marc-Antoine. Borrelly signale souvent qu'il a marqué à la fin de son livre « la naissance, baptesme et mort » de ses enfants. La page a dû être arrachée car, dans son état actuel, ce registre ne contient rien de tel. Les registres de catholicité de la cathédrale nous ont permis de retrouver les actes les concernant, tout au moins après 1669 où ils sont mieux tenus[60]. De février 1658 date du mariage à décembre 1677, date de la naissance de leur dernier enfant, onze naissances en un peu moins de vingt ans, soit en moyenne une tous les vingt-deux mois — mais les intervalles intergénésiques sont parfois plus rapprochés. C'était beaucoup pour cette « bonne âme » qui était aussi un corps fragile, « très peu de chose » pour reprendre l'appréciation de son époux, ce qui l'empêchait d'achever de nourrir ses enfants.[61]

Lait maternel et nourrices

Les nourrices tiennent une place importante dans le livre de raison et la comptabilité de Borrelly mais, à l'encontre d'un usage courant, il ne s'agit pas, pour lui, d'un recours systématique alors que ses contemporains, tout au moins dans les villes, en usaient couramment.[62] C'est seulement lorsque sa femme n'a pas assez de lait qu'il s'y résout tout en considérant que « celà a fatigué et fatigue ma bourse. »[63] Son fils Charles, né en août 1667, n'est placé en nourrice que huit mois plus tard, le 5 mai 1668 « aiant ma femme perdu le laict à cause de la maladie de Jean Borrelli mon fils aîné. » Charles resta en nourrice jusqu'au mois de novembre 1668, puis fut nourri à domicile jusqu'à la naissance de son frère Mathieu. Ce dernier fut placé chez la femme d'un tailleur de Marguerittes tandis que la nourrice de Charles était « renvoyée parce que ma femme veut achever de nourrir son fils »[64] : si Marie n'a pas assez de lait pour assurer une alimentation exclusive, elle peut donner un complément pendant la période d'alimentation mixte où le lait est associé à des bouillons, panades ou bouillies.[65] Il en ira de même en 1676 où Marie étant mise en nourrice, les Borrelly récupèrent « la petite Thérèse que ma femme veut achever de nourrir n'ayant pas assez de laict pour la dite Marie » et en 1677 où, lorsque Joseph est placé, sa sœur Marie alors âgée de quatorze mois, est retirée de sa nourrice de Boucoiran pour la même raison.[66]

Ces nourrices étaient généralement des femmes ou des filles d'artisans, de Nîmes, des « bourgades » (faubourgs) ou de villages éloignés au maximum de cinq lieues. Elles se répartissent également entre les localités de l'est papiste (Marguerittes, Bezouce, Vallabrègues) et de l'ouest huguenot (Milhaud, St Geniès, La Rouvière en Malgoirès et Boucoiran). A deux reprises, pour deux de ses garçons, le notaire installa une nourrice chez lui : de novembre 1668 à avril 1669, pour Charles né en août 1667 « à cause des incommodités dudit enfant et pour estre mieux mon dit enfant. » La présence d'une nourrice chez soi était un indice de prestige social mais ici il ne s'agissait pas de standing[67] : la nourrice logée et nourrie, devait également participer aux travaux domestiques car le notaire, soucieux de moins « fatiguer » sa bourse enregistre le renvoi concomitant de la servante. La nourrice de Charles employait les trois quarts de ses gages (3 livres sur les 4 livres 10 sols) à rémunérer la femme de St Dionisy qui nourrissait son propre enfant. A quatre mois, un autre fils Borrelly, Marc-Antoine, bénéficia de la même situation privilégiée, d'avril à juillet 1672 : une nourrice sous le toit paternel et sous l'œil maternel « Ma femme a pris une nourrice dans la maison pour lui aider à nourrir le petit Marc-Antoine. Elle a nom Louise Duplane, aux gages de 13 écus qui font 39 livres et une paire de souliers », soit un salaire inférieur d'une dizaine de livres à celui de la nourrice précédente dont les gages annuels étaient de 51 livres (le prix d'une paire de chaussures était de l'ordre de deux livres). Comme pour Charles, l'arrivée de cette nourrice entraîne le congédiement de la servante.[68]

Les nourrices extérieures qui avaient à assurer une alimentation complémentaire pendant la seconde période du séjour de l'enfant, étaient un peu mieux payées que les nourrices domestiques. Pour la période 1667 à 1677 les gages des nourrices extérieures étaient de cinq à six livres par mois pour le début de la décennie, de quatre livres à la fin dans une conjoncture générale difficile de baisse des prix, des revenus et des salaires[69]. Le salaire des nourrices, internes ou externes, était toujours supérieur à celui des servantes qui percevaient seulement douze à dix-huit livres par an.

Les époux Borrelly, qui plaçaient leurs enfants en nourrice quand ils ne pouvaient pas faire autrement, restent vigilants sur leur santé pendant cette période difficile. Ils ont même des préoccupations d'hygiène : en 1669, les gages de la nourrice de Charles sont de « 5 livres le mois et quelque savon que ma femme lui doit bailler de temps en temps », apparemment destiné au lavage des langes, et peut-être du nouveau-né.[70] L'allaitement pouvait être compromis si la nourrice attendait un enfant. Celles des enfants Borrelly ne se conformaient pas toujours aux exhortations des médecins qui auraient voulu que les nourrices « s'abstiennent de l'homme ».[71] En juillet 1668, congé est donné à la nourrice de Charles après quatre mois d'exercice, « à cause quelle est devenue enceinte ». Le comportement de la nourrice de Joseph « grosse de quatre mois » suscita la colère de Marie Borrelly qui se rendit chez elle à Vallabrègues, au bord du Rhône, près de Beaucaire : elle accepta de payer 18 jours d'allaitement assuré par « la femme du nommé Barbié dit Bondarre » à qui la nourrice en titre avait donné l'enfant mais refusa de régler à celle-ci les douze jours restants « à cause du tort qu'elle donnait à nostre enfant pour estre grosse et l'avoir baillé à la susdite femme sans ordre. » Marie conduisit le petit Joseph chez une autre nourrice choisie par elle.[72] En 1668, « Catherine femme de Ponge, cadissier » est substituée à « Alix, femme de Jacques Froment masson » dont « le laict était très mauvais à mon fils » Charles. En 1670, la nourrice de Mathieu, habitante de Marguerittes, envoie chercher Marie Borrelly « à cause qu'elle n'auroit point de laict ». En juin 1673, « ma femme avec celle de mon frère furent à Millau (Milhaud, à une lieue à l'ouest de Nîmes) pour aller quérir mondit enfant (Louis) sur la nouvelle que la nourrice leur donne qu'elle avoit la fièvre. »[73]

Le dernier des enfants, Joseph, de santé fragile donna les plus grandes préoccupations à ses parents ; ils le changèrent six fois de nourrice : d'abord placé à Boucoiran, dans la Gardonnenque chez la femme du cardeur Reynaud qui avait allaité sa sœur Marie. Un mois plus tard, « ma belle-sœur Tiphaine Vigière, ma fille Borrellie et une femme de Marguerittes dont je ne scay encore le nom (la future nourrice) acompagnées du compaire Jacques » allèrent à Boucoiran chercher Joseph et Jacques conduisit nourrice et nourrisson à Marguerittes mais, le mois suivant, « nous le tirasmes de Marguerites » (une mention marginale précise « parce qu'il estoit mal »). Joseph est alors installé à Vallabrègues où Borrelly passe le voir, en avril ; le mois suivant il ajoute aux quatre livres de gages, dix livres d'étrenne « en considération de ce que cet enfant leur donne beaucoup de peyne ainsi qu'ils ont dit » ; même gratification en juin 1678, « en considération de ce que ledit enfant est terrible (sic) et d'ailleurs que ladite nourrisse ne le voulait plus à cause de la saison des moissons qui approchait ». En fait cette nourrice abusive était enceinte et, en août, nous l'avons vu, Marie Borrelly allait le retirer et le confier à une femme de La Rouvière où il resta jusqu'en février 1679. En septembre 1678, la femme du notaire était allée à La Rouvière avec sa sœur et sa belle-sœur, payer la nourrice et voir l'enfant. En février 1679, une litière fut louée afin de conduire Marie et sa sœur Tiphaine à Boucoiran « pour voir notre petit Joseph qui est bien malade » et le retirer « d'entre les mains de la nourrice qui depuis près de deux mois le fait pâtir et souffrir pour n'avoir pas de lait. » Joseph est alors conduit près de La Rouvière à St Geniès de Malgoirès chez un cardeur. En octobre 1679, la nourrice apporta l'enfant à Nîmes « croiant que ma femme luy voulut faire quiter le laict... et comme ma femme connut que ledit enfant (alors âgé de 22 mois) n'avoit pas encore assez de forces le luy auroit rebaillé. » Un mois plus tard, le mari de la nourrice apporte enfin Joseph à ses parents car sa femme était malade[74]. Cette chronique menue est pleine de significations. Les enfants ne sont pas placés de gaieté de cœur et lorsqu'ils le sont il ne s'agit nullement d'un abandon passif à la grâce de Dieu ou à la bonne volonté des hommes. Le lien avec l'enfant est maintenu ; les nourrices sont surveillées ; on est attentif aux souffrances éventuelles de l'enfant. A l'encontre des conclusions trop tranchées d'Edward Shorter, le comportement d'Étienne et Marie Borrelly montre qu'il est excessif d'affirmer que « dans la société traditionnelle les mères étaient indifférentes au développement de leurs enfants de moins de deux ans. »[75]

L'amour en plus ?

La sollicitude des époux Borrelly pour leurs enfants en nourrice est un signe non équivoque de l'affection qu'ils leur portaient. Malgré la rareté des épanchements affectifs dans son livre de raison — qui ne fait naturellement aucune place aux sentiments de Marie son épouse — le notaire y manifeste à plusieurs reprises la réalité de son amour paternel. S'il en était besoin, ce document pourrait à lui seul constituer une réfutation d'affirmations trop abruptes ou de thèses trop hâtives ou mal étayées[76].

La mort des enfants est ressentie comme une réalité douloureuse, même si ces épisodes banals dans la société du XVIIe siècle étaient vécus dans un esprit chrétien de résignation devant les arrêts de la Providence et d'espoir d'une éternelle béatitude. La notation est parfois très sèche : en 1668 c'est seulement parce que la fatigue, l'inquiétude ou le chagrin avaient tari le lait de sa femme qu'est mentionnée la mort imminente de « Jean Borrelly mon fils aisné détenu dans le lict despuis sept ou huit jours duquel il ni a rien à espérer suivant l'avis des médecins ». De même, en octobre 1677, c'est parce que l'enfant n'a pu accompagner ses frères au collège qu'une allusion est faite à la maladie de Mathieu « ny estant pas allé depuis l'ouverture des classes parce qu'il se trouve atain d'une fièvre lente depuis presque deux mois qui me la desja randu sec comme une buche, estant dans les remèdes il y a longtemps et il est domage de cet enfant parce que c'est un prodige de mémoire car il aprenoit tout ce qu'il vouloit ». Seize jours plus tard il est fait état de l'enterrement de Mathieu « dans l'église du lieu de Bezousse et dans le tombeau de feu mon père » et de son prix (9 livres). Borrelly renvoie à la rubrique aujourd'hui perdue qui récapitulait à la fin du volume les dates de baptême et éventuellement d'enterrement des enfants : « il se voit à la fin de ce livre dans l'article concernant son décès le sujet qui m'avait obligé de l'envoyer à Bezousse »... Même référence, en 1681, où sont évoquées les sept livres que coûta l'enterrement de Louis « comme j'ai évoqué à la fin de ce livre ». En 1682, celui de la petite Marie âgée de six ans revint seulement à quatre livres douze sols « les prestres servans (c'est-à-dire les auxiliaires des chanoines) qui estoient en grand nombre n'aiant pas voulu prendre de mon argent, comme estant secrétaire du chapitre et parce que j'oblige très souvent ses Messieurs ». L'allusion au décès de Thérèse en 1698, après cinq ans de vie conventuelle, est tout aussi sèche : « décédée dans le monastaire des religieuses hospitalières, elle n'avait que 23 ans 2 mois, 24 jours ». Ces mentions sont très succinctes[77] hormis en ce qui concerne Mathieu. En revanche, peu après le décès de Marie, le 11 décembre 1682 à neuf heures après-midi et son enterrement dès le lendemain, le notaire consigne le 14 qu'il est allé voir déjeuner le duc de Noailles, lieutenant général et dès le 17 il dépense 3 livres 15 sols « pour un soupé donné à quelques uns de mes amis ». Ces curiosités et ces agapes amicales semblent attester que la tristesse paternelle est ici peu profonde.

Il n'en va pas de même lorsque, moins de trois mois après Marie, Joseph le plus jeune fils meurt à son tour, à cinq ans. La résignation chrétienne (« C'est le cinquième garçon que Dieu m'a osté. Dieu soit loué et béni ») n'empêche pas la douleur de s'exprimer : le 1er mars 1683, jour du mariage de sa fille Catherine, le notaire écrit « nostre joye n'estoit pas acomplie parce que depuis quelques jours j'ai mon fils Joseph, le dernier de tous mes enfans qui est bien malade, fatigant tous les gens de la maison » et le même jour, à neuf heures du soir, l'enfant mourut. Le commentaire ne s'en tient pas à l'évocation de la maladie « il estoit atain de la petite vérole. Il ne la put pas sortir et ne sortit que du pourpre. S'estoit un des enfans le plus beau que l'on put voir. Il donnait du plaisir à toute la maison ». La maladie de l'enfant fait fuir la « joye » des adultes comme la beauté du petit garçon les rendait heureux[78]. Dans ce domaine du sentiment porté aux enfants, à l'encontre du chapitre VIII du livre III des *Essais* souvent cité, s'il fallait trouver une correspondance littéraire, c'est au Malherbe des stances à du Perier que le commentaire de Borrelly nous ferait songer. Le petit Joseph, comme la petite fille immortalisée par le poète, était la joie des siens ; à travers la note brève du notaire on sent une grande douleur comme, au-delà du lyrisme impersonnel de Malherbe, se devine le chagrin du magistrat aixois :

> *Je sais de quels appas son enfance était pleine*
> *Et n'ai pas entrepris*
> *Injurieux ami de soulager ta peine*
> *Avecque son mépris*
> *Mais elle était du monde où les plus belles choses*
> *Ont le pire destin...*[79]

Scolarités borrellyennes

Borrelly fut soucieux de l'instruction et de l'éducation de ses enfants. Au soir de sa vie, il déplore leur ingratitude à son égard alors qu'il avait « consumé son bien et son travail pour leur éducation. »[80] Cette lamentation emphatique comporte une part de vérité ; s'il ne s'y est pas ruiné, il a tenu à faire instruire sa nombreuse progéniture : apprentissage du rudiment pour les filles et, pour les garçons, après cet enseignement élémentaire, le collège, suivi de l'université ou du séminaire. Par un souci d'efficacité pédagogique et de perfectionnement moral plus que par ostentation, Borrelly prit chez lui, de 1677 à 1680, un précepteur chargé de compléter l'enseignement du collège et, après cette date, paya au régent de sixième des répétitions pour ses garçons. Il précise bien le motif de ces dépenses en 1677 « je me veux forcer à eslever mes enfans dans la vertu autant que je pourray » et, en 1681, envisageant de renouveler son contrat avec le répétiteur, il écrit : « je verray à la st Luc comment je ferai pour les eslever à la vertu. »[81]

Ce primat donné à la morale situe la scolarité des enfants Borrelly dans le cadre plus large du renouveau catholique à Nîmes où les petites écoles étaient l'objet de la surveillance épiscopale et de la réglementation administrative. Un arrêt des « Grands jours » tenus à Nîmes en 1667 par le Parlement de Toulouse interdisait d'envoyer les jeunes catholiques aux écoles protestantes et les statuts synodaux refusaient l'absolution aux parents qui envoyaient leurs enfants aux maîtres hérétiques. Le collège quant à lui, après avoir été l'objet d'un « mi-partiment » entre les professeurs réformés et les jésuites, était entièrement dirigé par ces derniers depuis 1664[82].

Concernant l'enseignement élémentaire, le livre de raison est succinct sur les maîtres, Lautier (ou Lieutié) ou Bournet qui, tantôt l'un, tantôt l'autre, enseignent les enfants jusqu'en 1675, pour 5 à 10 sols par mois. Mais, en octobre 1675 Bournet s'est « changé hors la porte des prêcheurs estant par conséquent trop esloigné de la maison » et Borrelly renonce à lui envoyer ses enfants. Ce déplacement était certainement lié au désir dudit Bournet de se rapprocher de sa clientèle : le faubourg des prêcheurs était en plein essor dans la seconde moitié du XVIIe siècle et la plupart des habitants étaient catholiques[83]. La rémunération des pédagogues nîmois était de 5 sols par élève pour les débutants, de 8 ou 10 sols pour les autres. Ils étaient payés tous les mois : ainsi, le 25 juin 1678 « payé au sieur

Lieutié, en présence du sieur Lieutié son nepveu et de messire Brunel prestre, les aiant trouvés tous trois au devant de l'église des jésuites cinq sols pour un mois de Louis qui va à l'escolle dudit sieur Lieutié, lui aiant baillé ci devant dans mon estude cinq sols pour le premier mois et paiant les mois par avance, ledit Louis ni allant que depuis deux mois. » Une contestation pouvait s'élever, comme en novembre 1670 où Borrelly fut obligé de revenir sur un abattement de deux sols qu'il avait voulu faire en raison d'absences de ses filles[84]. Antoinette la cadette commença en 1670 chez Lautier ; on le trouve ensuite en 1671 chez les religieuses, en 1672 et 1673 chez Bournet, en 1674 chez Lautier puis à l'école des sœurs. Elle est à nouveau chez Lautier en 1675 et le quitte en 1676 pour les ursulines du Grand couvent[85].

L'implantation de l'ordre d'Angela Merici à Nîmes en 1637 était liée à une volonté de pastorale éducative et de reconquête catholique par l'école. Exposant les raisons qui l'avaient conduit à créer un premier couvent d'ursulines, Cohon dégage fort nettement que son action en ce domaine a été motivée par la prise de conscience de ce que « les filles même catholiques par une dangereuse et cruelle nécessité s'abandonnent à des maîtresses huguenotes pour apprendre à lire, écrire et travailler »[86]. C'est peut-être l'absence de maîtresses catholiques qui avait conduit Borrelly à confier ses deux aînées à des hommes, Lautier ou Bournet. En revanche lorsque leur jeune sœur Thérèse commence, assez tardivement (peut-être en raison d'une santé fragile), sa scolarité, elle est « mise (à onze ans) à l'escole de la demoiselle de Lieutier » le 14 juillet 1687. Elle y était encore en 1688[87].

C'est sur les études élémentaires de la fille aînée Catherine ou Catin que le livre comporte le maximum d'informations : elle apparaît chez Lautier en 1667 (année à partir de laquelle le livre de raison est tenu d'une façon systématique ; peut-être avait-elle commencé avant ?). En 1668, seul son frère aîné Jean fréquente cette école où elle revient de 1669 à 1671. Le 24 avril 1671, le père note — elle a plus de douze ans — qu'elle a « commencé d'escrire ledit jour ». A partir d'octobre 1671 et l'année suivante, c'est seulement l'écriture qu'elle apprend chez Bournet, moyennant 10 sols par mois[88]. Conformément à l'usage dans la France d'Ancien Régime, les maîtres nîmois n'entreprennent l'apprentissage de l'écriture que lorsque les écoliers savent bien lire[89]. Couronnement du cycle scolaire d'une future maîtresse de maison, en mai 1673, Catherine est placée, à quatorze ans, « ches Mademoiselle de Randavel pour apprendre à coudre. Elle y est pour un an au prix de six livres ». Selon l'idéal éducatif de son temps, de Molière à Fénelon, Catin Borrelly ne sera pas une de ces femmes savantes qui introduisent le « dérèglement dans la distribution des rôles de chacun des sexes.[90] » Si les filles de Borrelly étaient ainsi préparées à leur destinée de ménagères ou de nonnes, les garçons, eux, devaient accéder au collège.

La sixième, chez les jésuites de Nîmes, était, comme ailleurs, une sorte de classe de mise à niveau et l'on ne pouvait accéder à la classe supérieure que lorsqu'on connaissait ce que Borrelly appelle le rudiment. C'est seulement après l'acquisition de ce rudiment que les garçons ont pu bénéficier de la gratuité de l'enseignement. En juillet 1677 le notaire mentionnait : « j'ai baillé au précepteur de nos enfans quinze sols pour bailler à M. Laugier régent de sixième et ce, à raison de cinq sols pour chacun de mes trois enfans (Charles 10 ans, Mathieu 8 ans et Marc-Antoine 7 ans) qui y vont, estant obligé de luy payer cella par mois jusques à ce que mes enfans déclineront le rudiment »[91]. Apparemment, le notaire cherchait à faire parvenir ses garçons en cinquième le plus tôt possible. Lorsqu'ils entrèrent en sixième, Mathieu et Marc-Antoine étaient bien jeunes et n'avaient pas beaucoup de scolarité « primaire » derrière eux (deux ans pour un, un an pour l'autre) alors que leur aîné, Charles, avait commencé chez Bournet depuis quatre ans. En 1678, âgé seulement de six ans, Louis, après un an d'école chez Lautier, entra, à son tour, en sixième. Des quatre garçons de Borrelly, c'est peut-être Mathieu qui était le plus doué. Son père, qui évoque rarement les aptitudes, les qualités ou les défauts de ses enfants le laisse entendre, à l'occasion de la mort de Mathieu, au bout de cinq mois de sixième : « il apprenait tout ce qu'il vouloit. » Louis, en 1679, était encore en sixième où il apprenait à lire. Puis il disparaît des mentions de versement faits au régent de sixième, avant de mourir en décembre 1681. Marc-Antoine quant à lui, resta plusieurs années dans cette classe. Il y était encore en 1679 et, en octobre 1680, il entamait une quatrième sixième. Du moins, depuis novembre 1678, son père n'avait-il plus à payer ni pour Charles qui « aprent par cœur et commence à composer » et qui allait passer en cinquième l'année suivante, ni pour Marc-Antoine qui « commence à bien lire » et qui en 1682 ou 1683 accéda à la cinquième puisque, lorsqu'il fit une fugue en août 1687, nous apprenons qu'il était occupé à composer « pour monter en philosophie, estant en rhétorique »[92]. Sauf cette mention incidente, Borrellly ne nous dit rien de la scolarité de ses enfants.

En revanche il est souvent question des précepteurs qui logèrent chez lui de 1677 à 1680 pour la plus grande satisfaction de ses aspirations vertueuses et de son désir de promotion sociale...[93] Il s'agit de jeunes gens qui étaient rémunérés par la nourriture et le gîte : « temps auquel j'ay pris un précepteur pour mes enfans : le samedy 8e dudit mois de may 1677, M. Manuel bénéficier de l'église collégiale de St Gilles m'a amené son nepveu nommé Jean Depieds, de Forcalquier en Provence, pour estre précepteur de mes enfans lui donnant la nourriture. » Cette rétribution en nature était une charge considérable pour le notaire qui termine son bilan financier de 1679 (527 livres de recettes, 757 de dépenses) par ce commentaire : « ma despance est grande, parce que je suis chargé d'une grande famille, aiant huit enfans, un précepteur pour les enfans et une servante »... Peut-être, pour Jean Depieds, neveu d'ecclésiastique et futur prêtre, son préceptorat était-il un moyen d'achever à moindres frais des études au collège, à l'instar du pédagogue d'un jeune gentilhomme de l'Uzège, Jacques de Beauvoir du Roure, qui évoque ainsi sa scolarité à Nîmes : « (à Pâques 1649) mon père nous mena, mon cousin de Cornet et moi, à Nîmes, avec notre précepteur qui nous était nécessaire pour notre répétition et le soin de notre conduite et qui pouvait par ce moyen continuer ses études en nous conduisant au collège »[94].

Au bout de huit mois, le précepteur Depieds fut « obligé de s'en retourner à Forcalquier d'où il est à cause que le pais lui estoit contraire et qu'il tombait dans le tissier (?) » Borrelly engagea à sa place Louis Combes, « de Gaujac, proche de Villefort ». Combes serait nourri et logé comme son prédécesseur et devrait en outre un écu de trois livres par mois « pour son blanquissage ». L'activité de Combes a dû satisfaire le notaire car il ajouta dans la page de son registre, sans humilité intempestive, « n'a jamais payé que trois mois, ma bonté a fait que je l'ay ensuite pris pour rien ». En octobre 1679, Depieds qui avait quitté « à cause de ses incommodités » revient de Provence guéri et reprend son poste jusqu'en août 1680 où il retourne en Provence. Après cette date Borrelly renonça à héberger un précepteur et s'entendit avec Messire Prades, régent de sixième, qui lui persuada « qu'il ferait merveille » : moyennant 30 livres par an, Prades devait « faire la répétition » à Charles alors en 4e et Marc-Antoine toujours en 6e ; il devait en outre apprendre à lire à Louis[95]. Après la mort de Louis en décembre 1681, le régent se contenta de 20 livres qui lui furent versées sans reçu « parce que nous vivons dans la bonne foy. » Borrelly décida même de rédiger gratuitement le testament de sa mère « pourveu qu'il s'acquitte comme il faut envers mesdits enfans et qu'il s'en rende digne ».

En des temps difficiles, Borrelly est soucieux d'éviter de trop grandes dépenses. Pendant ces trois ans où les répétitions au collège avaient remplacé le précepteur à domicile : « je n'ai plus de maistre chés moi... Celà estant, j'épargnerai beaucoup. »[96] Mais il accepte d'incontestables sacrifices pour conduire ses garçons sur le chemin supposé des lettres et de la « vertu ». L'emploi qu'il fait de précepteurs dément les généralisations hâtives d'Élisabeth Badinter sur le préceptorat[97].

Carrières masculines

Deux seulement de ces jeunes gens devaient atteindre l'âge adulte. Leur père aurait voulu que l'aîné, Charles, lui succédât et que le cadet devînt prêtre. Mais Marc-Antoine « n'a jamais vouleu entendre d'estre d'église » et Charles, enfant sage, décida alors de se faire ecclésiastique. Dès lors, en 1689, Borrelly envoya son cadet à Toulouse pour s'y former auprès d'un procureur en Parlement puis à l'Université « pour se rendre habille homme et après je lui pourrai bailler mon office. » Le séjour devait durer trois ou quatre ans, mais moins de deux ans plus tard Marc-Antoine, décevant les espérances paternelles, s'enrôlait dans un régiment de cavalerie : « il me coupe toutes mes mesures et ce m'est une grande affliction que ce coquin me donne »...

Le 19 mars 1689, le livre de raison reflétait les espérances paternelles dans le souci d'organisation du voyage de Marc-Antoine, d'abord à cheval, sur une monture empruntée au prieur de Bezouce puis, après Béziers, embarqué sur le canal des deux-mers... Avec complaisance sont évoqués les achats faits à l'intention du futur notaire : « premièrement un coffre bahu couvert de peau avec tout le poil, aiant servi quelque temps... plus 14 chemises, 8 tout à fait bonnes y en aiant 4 neuves de Rouan et toutes les 8 avec dentelles au bras, plus un bonnet de nuict toille de maison, 5 cravates fort honestes, 3 paires estriers, 6 paires de bas, 2 de toille, un de chamois, 2 de laine et un autre sarge d'Orange, 2 chemisettes de futene neuves, 3 mouchoirs fort beaux d'indienne, 3 nœuds l'un de ruban bleu couleur de Roy, l'autre couleur de feu et l'autre noir, 3 chapeaux compris cellui qu'il porte, un tout neuf, et les autres deux aussi presque neuf, 3 paires souliers 2 neufs et l'autre qu'il porte assez bon, une vergette pour le chapeau, un décroutoir pour les souliers et une petite brousse pour les peigner, un brandebour barranquan (barracan) qui estoit à moitié usé, un manchon, 2 bouletes pour cirer les souliers et autres petites choses, une espée avec un ceinturon, deux livres l'un intitulé *Introduction à la vie dévote* et l'autre *L'office de la Vierge* montant le tout environ 53 livres et 36 livres que je lui baille pour les frais de son voyage »[98]. Ce trousseau présente les lacunes normales d'une époque qui n'a pas connu encore « l'ascension du linge de corps[99] ». Il traduit une volonté d'assurer le confort, voire l'élégance, du jeune basochien enrubanné, orné de dentelles, muni d'une épée et qui part pour Toulouse, avec les rêves de ses dix-huit ans, dans les premiers souffles du printemps languedocien. Le père le munit de livres, non pas de droit mais de piété mariale : ils manifestent un espoir, qui devait être bien déçu, de voir son garçon aspirer à la sanctification dans le monde, prônée par M. de Genève.

Le séjour de Marc-Antoine à Toulouse entraîna de fortes dépenses : il fallut payer la pension chez des procureurs au Parlement, Lagarde d'abord pour 30 livres semestrielles, ensuite Sauze, « enfant de Nîmes », moyennant 12 livres par trimestre. Il fallait en outre lui assurer de l'argent pour ses « menues nécessités », pour acheter des livres, notamment un *Recueil des arrests du Parlement*, ou des vêtements (en mai 1689, Borrelly avait fait faire et expédier à Toulouse « un habit d'esté » — en novembre 1690, il envoie à son fils par lettre de change 24 livres « pour s'habiller »). A plusieurs autres reprises des lettres de change sont envoyées par l'intermédiaire de Jean Paulhan ou de Noguier, marchands de Nîmes ; on confie aussi de l'argent à des nîmois se rendant à Toulouse. Le règlement ultime de la pension à Sauze n'eut lieu qu'en novembre 1691, presque un an après l'enrôlement de Marc-Antoine. Au total, c'est plus de 250 livres que l'expérience toulousaine de son fils coûtera au notaire.[100]

Destiné à l'Eglise, Charles avait reçu la tonsure à quatorze ans, alors qu'il était encore élève du collège, en 1681. En 1684 son père lui obtint une des quatre prébendes de la collégiale Notre-Dame de Pitié de Sauve. Cette prébende était à la collation de l'évêque qui la conféra au jeune Borrelly à la suite d'une sorte de marchandage aux dépens de son neveu : « de laquelle place Monseigneur l'evesque l'auroit pourveu par sa collation du 10 mai dernier vacante par le décès de Me Nicolas Godier vicaire de St Jean de Roques, ledit seigneur l'aiant donnée à mon dit fils parce qu'à sa considération — et comme j'espère des bienfaits de lui — j'aurais relaché ladite vicairie en faveur de Mr Darvieu son aumosnier parce que Mme l'abbesse de la Fontaine de Nismes, prieuresse dudit St Jean de Roques aiant droit de nomination et présentation auroit nommé à ladite vicairie à ma seule considération Anthoine Borrelly prestre mon nepveu (fils du frère aîné d'Étienne) qui sera pourveu s'il plaît à Dieu, du premier bénéfice qui viendra à vasquer ainsi que ledit seigneur m'a témoigné. » Ce premier pas d'une carrière bénéficiale assura à Charles un modeste revenu de dix livres par an, mais Borrelly note avec satisfaction « c'est le premier argent que ce garçon a eu de l'Église[101] ». Par la suite, moyennant un louis d'or par mois (11 livres 5 sols en 1689), Charles fut placé en pension : « le dimanche 30 janvier 1689, j'ay envoyé mon fils Charles Borrelly à St Gilles pour demurer en pension chez Mr Manuel prestre afin d'estre fortiffié au latin par Mr Depieds prestre et curé dudit St Gilles » ; ce Depieds n'est autre que l'ancien « précepteur de mes enfans à la maison. Voilla pourquoi il se veut bien donner cette peine pour après mondit fils aller au séminaire » où Charles entra en effet le 27 juin 1689. Il devait y séjourner dix mois, ce qui est une scolarité importante pour l'époque (les statuts synodaux de Cohon, en 1670, imposaient au moins deux mois de résidence au séminaire pour pouvoir être ordonné prêtre). Les Doctrinaires qui l'administraient depuis sa création, en 1667, consentirent un rabais sur la pension car ils étaient clients du notaire « les bons pères ont toujours recours à moy quand il leur arrive quelque affaire » : deux saumées de blé (valant en 1689 14 livres 10 sols la saumée c'est-à-dire à peu près les 2 hl.) et 45 ou 50 livres d'argent pour l'année au lieu du tarif habituel de 15 livres par mois.

Conforme au modèle du prêtre tridentin, Charles est conduit par son père revêtu de « la soutane que je lui ai fait faire » et, malgré la saison estivale, du « manteau long que j'ay emprunté en attendant que je lui en fasse faire un. » La soutane, grande conquête vestimentaire des réformateurs du clergé, fut l'objet d'une sollicitude particulière : achat de 4 cannes 4 pans (8 m 50) de « crépon noir doublé de Castres » pour 7 livres 4 sols, 6 pans (1,50 m) de « Rouan noir à 5 sols le pan pour doubler le corps de la soutane... une grosse de petits boutons de crain à 2 s. la douzaine pour la soutane et 16 sols pour 4 cannes ruban de fleuret pour ladite soutane estant la première soutane que mon fils portera[102] ». Borrelly s'occupa aussi des livres, achetés pour la plupart à la foire de Beaucaire, en juillet 1689 : *Méditations* de Beuvelet, *Medulla Theologiae* d'Abelly, *Nouveau Testament* en deux tomes, *Épîtres* et *Évangiles* de toute l'année, *Psaumes*, Dictionnaire latin et grec, *Confessions* de saint Augustin, « le *saint concile de Trente* » (peut-être l'œuvre du jésuite Pallavicini, parue en 1662, essai de réfutation de la peu orthodoxe *Historia concili Tridentini* de Sarpi), le *Catéchisme* du concile, le *Catéchisme ou instruction familière* et *Avis pour la sainte communion*. Cette liste ne comporte aucune surprise. La présence de saint Augustin est banale pour une bibliothèque ecclésiastique du XVIIe siècle ; l'évêque Cohon, protecteur de Borrelly, possédait la totalité des œuvres de l'évêque d'Hippone. Les textes scripturaires, le catéchisme de Trente, Mathieu Beuvelet, figure exemplaire du centre de pastorale catéchétique de St Nicolas du Chardonnet, figuraient dans les livres imposés aux prêtres par les statuts diocésains. L'*instruction familière* est apparemment celle de Jacques de Batencour, issue du même foyer pastoral de St Nicolas du Chardonnet tandis que le théologien Louis Abelly reflète, lui, l'esprit de St Lazare et de Monsieur Vincent dont il avait écrit la vie et sa *Medulla Theologiae* — qui le fit qualifier de « moelleux Abelly » par Boileau — venait de supplanter au séminaire d'Aix une théologie morale janséniste.[103]

En août 1689, Charles put entrer dans le bas-chœur de la collégiale de St Gilles : « M. Maistral bénéficier de St Gilles a résigné sa bénéficiature à mon fils... elle ne vaut que 200 livres de rente. Il s'est réservé 40 livres de pension car il est pauvre et extrêmement incomodé. Cella servira pour titre clérical à mondit fils quand il prendra les ordres sacrés. » La signature approuvant la résignation fut donnée à Rome en novembre. Ainsi Charles pouvait-il correspondre aux exigences de revenu minimum imposé par le concile de Trente aux futurs prêtres. Il prit « possession civile » de son bénéfice par acte notarié en janvier 1690 ; ayant reçu le diaconat, il put être installé solennellement en mars. En décembre 1691, muni de dimissoires (autorisation de se faire ordonner dans un autre diocèse) de « M. Fléchier, nommé à l'évesché de Nismes », Charles alla se faire ordonner en Avignon par l'archevêque et vice-légat et, le mois suivant, il put dire sa première messe au « second couvent Ste Ursule de Nismes ». Borrelly loua des chevaux pour l'accompagner à St Gilles où il assista aux deux installations et à la première messe. Il enregistra avec satisfaction que pour cette cérémonie « quoi qu'il ait dit une messe basse il y a eu musique parce que, moi estant secrétaire du chapître, les musiciens aiant sceu cellà ils sont venus sans les avoir priés ».

Par la suite, en 1693, Borrelly fit obtenir à son fils le prieuré-cure de Ceyras au diocèse de Lodève : le prieur du lieu, Filère, était entré au chapître de Nîmes par résignation du chanoine Lagarde son oncle. Le notaire se vante d'avoir *in extremis* persuadé Lagarde d'effectuer cette *resignatio in favorem*, juste un mois avant sa mort et, par suite, d'avoir obtenu pour son fils la résignation du prieur — « icelluy se sentant avoir une très grande obligation envers mon endroit », écrit-il en un français laborieux. Dès janvier 1694 Charles permuta son prieuré-cure de Ceyras pour celui de Quilhan au diocèse d'Uzès, beaucoup plus proche de Nîmes. Il devait y rester un demi-siècle, jusqu'à sa mort en 1747. Quant à la bénéficiature St Gilloise, elle fut résignée en faveur d'un neveu du chanoine Maigne — curieusement prénommé Charles — cousin et parrain de Charles Borrelly[104].

Les débuts de Charles dans la carrière ecclésiastique furent donc facilités par les relations et les stratégies paternelles. Ils furent aussi source de dépenses multiples : achat de vêtements, de meubles, de livres, frais de voyage, paiement de 27 livres pour la signature en cour de Rome approuvant la résignation du bénéfice de St Gilles, versement de 50 livres de droits d'entrée dans cette collégiale. Le notaire estimait lui-même que Charles lui coûtait plus qu'aucun autre de ses enfants.[105] Si son fils n'était pas parvenu à une importante position dans l'Église, du moins un des objectifs éducatifs de Borrelly était-il atteint : il avait conduit un de ses enfants dans la voie du sacerdoce. Il eut également la satisfaction de voir une de ses filles entrer au couvent.

Sœur Thérèse Borrelly, religieuse hospitalière

Dans la France d'Ancien Régime, un ménage ou un cloître étaient la destinée normale des filles. Celles de Borrelly n'échappèrent pas à la règle : Catherine et Antoinette se marièrent, Thérèse entra en religion.[106]

En 1681, le chanoine Aubert qui avait vendu à Borrelly, onze ans plus tôt, la maison de la place Belle-Croix mourut. Il avait, en 1679, décidé par testament d'affecter « 60 livres à prendre sur celle de 120 livres que je lui faisois de pension pour le capital de 2 318 livres que je lui devois comme acquéreur de ma maison laquelle somme de 60 livres veut qu'elle soit employée à la nourriture d'une de mes filles pour estre religieuse dans le monastaire des religieuses hospitalières qu'elles recevront comme sœur de cœur (sic) et, après le décès d'icelle pour estre receue une fille qui sera sœur laye et domestique. » Aubert affectait les autres 60 livres à doter une pauvre fille de l'Hôtel-Dieu ou à payer l'apprentissage d'un pauvre garçon. En somme, l'Hôtel-Dieu, héritier du chanoine, prenait son relais comme créancier de Borrelly dont la maison devenait, pour la moitié de sa valeur, la plus grande partie du capital de la dot de la future religieuse. Le reste des 2 000 livres de cette dot devait être prêté à Borrelly par son cousin, le chanoine Charles Maigne.

Le notaire paraît, d'abord, respectueux de la vocation qu'il ne saurait être question de forcer : « quand j'auray une fille que Dieu par sa grâce aura bien apellée, je la metrai religieuse ». Ce n'est le cas, en 1681, ni de Catherine qui devait se marier deux ans plus tard, ni d'Antoinette. Marie qui avait cinq ans devait mourir l'année suivante.[107]

Thérèse était alors âgée de six ans. Elle décida, en 1692, de se faire religieuse hospitalière et Borrelly précisa « elle y est apellée autant que fille l'ait jamais estée ». Les consuls administrateurs de l'Hôtel-Dieu intervinrent auprès des religieuses en faveur de l'admission de Thérèse Borrelly. Ils consentirent à dispenser la communauté de la clause du testament d'Aubert qui prévoyait la réception d'une sœur laie après la mort de Thérèse[108]. C'était une bonne affaire pour tout le monde : la nouvelle religieuse était de santé fragile[109] et, à son décès éventuel, le capital resterait aux mains de l'Hôtel-Dieu. Les consuls et administrateurs durent emprunter l'argent à remettre aux religieuses mais cette somme était garantie par la maison de la place Belle-croix que, finalement, ils récupérèrent, en 1708[110]. Après un an de probation, Thérèse fut reçue nonne et, malgré un deuil récent — la mort de Marc-Antoine moins d'un an plus tôt — le notaire fit apporter aux religieuses les éléments d'un « grandisse (pour grandissime) dîner » : gibier, volailles, fruits et quatre douzaines de « petits pâtés à la cardinale ». En octobre 1694, elle fut reçue à la profession par le vicaire général Philippe Robert. Trois jours plus tôt elle avait fait un testament, par-devant le notaire Montfaucon, instituant son père comme héritier « le priant de recevoir cette bonne volonté comme un gage de son amour et affection qu'elle luy porte pour en faire à ses plaisirs et volontés et le remercie humblement avec tout le respect qu'elle luy doit de tant de faveur et de grâces qu'il luy a fait et particulièrement d'avoir eu la bonté de seconder son dessein en luy constituant la somme de 2 000 livres... aussy son ameublement se portant à 500 livres environ[111] ». Borrelly envoya de nouveau un dîner à la communauté et marqua sa satisfaction de l'entrée de sa fille en un « couvent fort recherché parce qu'il est riche et que cette communauté est admirable, dévouée à la charité ».

Il s'agissait, en fait, d'une congrégation typique du renouveau catholique du XVIIe siècle : les Hospitalières de St Joseph avaient été fondées en 1636 dans le diocèse d'Angers et l'évêque Cohon, lui-même angevin, les avait établies à Nîmes au moment où il préparait l'éviction des religionnaires de l'hôpital. Leur registre de procès-verbaux de vêtures et professions mentionne la réception de Thérèse en 1692 et sa mort — que Borrelly de son côté évoque avec ce seul commentaire « elle n'a vescu professe que 4 ans 2 mois 15 jours » — dès 1698, à l'âge de 23 ans[112]. Il n'est jamais question de Thérèse, de 1692 à 1698. Étienne alla-t-il voir sa fille au parloir du couvent ? C'était de toute façon le seul lieu de rencontre possible car le très rigoriste évêque d'Angers, Henri Arnauld, avait imposé aux Hospitalières l'adoption de la clôture stricte.

« Me voilà sans successeur »

Le tournant de la vie de Borrelly, c'est la mort de son cadet Marc-Antoine engagé, contre la volonté paternelle, et décédé bien loin du ciel nîmois, dans un hôpital de Flandre le 22 octobre 1692. Cette disparition fut ressentie d'autant plus cruellement par le père qu'il aurait voulu que Marc-Antoine lui succédât dans sa charge de notaire : « je n'ai qu'un autre garçon qui est prestre et qui se voulut faire prestre quand il vit que le deffunt qui estoit son cadet et qui promettoit d'estre homme d'église voulut estre du monde ». Je reviendrai sur ce drame, dénouement d'une série de conflits entre le père et le fils, aspect microcosmique de la « crise de la conscience » de la fin du siècle. Il est significatif que la nouvelle, reçue par le fils aîné Charles à St Gilles, le 4 novembre, n'ait été annoncée à Étienne que le six et non pas par Charles lui-même mais par le Père Mourgue recteur des jésuites, comme si le bénéficier de St Gilles n'osait pas affronter le désarroi paternel. Désarroi qui devait se traduire dans la longue durée par un relatif désintérêt pour son livre de raison, ce qu'il appelle son « indifferance » et dans l'immédiat, par un commentaire où la soumission à la volonté divine se marie à une évocation pleine de pitié et de tendresse pour Marc-Antoine qu'il aurait voulu « retirer à quelque prix que ce fut dans ce cartier d'hiver ». Borrelly avant de conclure « Dieu soit béni de tout et fasse miséricorde à ce pauvre deffunt qui est seule cause de sa perte », mentionne la brève carrière militaire et les circonstances de la mort de « ce pauvre enfant décédé de maladie à l'Hostel-Dieu de Dunquerque ». Il en donne (notation exceptionnelle dans son livre de raison) un portrait physique « il estoit beau garçon, blon et bien tourné » et moral « il avoit l'esprit ci vif que rien ne l'arrestoit[113] ». Dans sa désolation (« me voilla sans successeur », ni pour la charge ni pour le nom) il restait à Borrelly le fils aîné Charles dont les études et l'établissement étaient, nous l'avons vu, source de grandes dépenses : « il me couste plus qu'aucun enfant que j'ai eu. Je n'escris point ces choses là pour lui faire reproche au contraire, je suis bien aise de lui avoir fait ce que j'ai fait et je veus faire encore *pour l'amitié que j'ai pour lui* et d'ailleurs n'ayant que lui[114] ». C'est auprès de Charles, qui devait survivre vingt-neuf ans à son père, que le notaire passa les deux dernières années de sa vie[115].

Une famille nombreuse souvent visitée par la mort, des stratégies destinées à consolider la maison Borrelly ou à établir les filles, des certitudes religieuses inébranlables, tout cela aide à comprendre la spécificité de l'attitude du notaire si différente de celle des hommes de notre temps. Devant la mort de ses enfants, l'acceptation n'exclut pas la peine — avec des degrés divers — le maximum étant atteint assurément lors de la mort de Marc-Antoine.

Famille « nucléaire », la maisonnée Borrelly devint, épisodiquement, famille élargie avec la venue au foyer des gendres au début de leur mariage.

Du malheur d'avoir un gendre

Les deux plus jeunes filles moururent les premières : Marie à 6 ans, en 1682, Thérèse, la religieuse à 23 ans en 1698. L'aînée Catherine qu'il appelle aussi Catin ou Borrellie et parfois Marie, se maria à 24 ans en 1683, avec un notaire nîmois Pierre Seguret âgé de 28 ans. Antoinette ne parvint à se marier qu'à 32 ans, en 1698. La fortune de la seconde épouse du notaire permit à la jeune fille d'épouser un notable, Jean-François Delon, directeur des postes du Bas-Languedoc. Les relations entre Borrelly et son premier gendre furent convenables. Elles devinrent de plus en plus mauvaises avec le second. A la fin de sa vie le notaire dut faire face aux âpres revendications financières de ses deux filles mariées.

La dot prévue par le contrat Séguret-Catherine était de 1 500 livres, celle stipulée par le « pacte de mariage » Delon-Antoinette, de 2 000 livres. S'ajoutait à ces sommes l'expectative des biens du notaire (déduite la « légitime » des autres enfants) qui évalue l'ensemble des sommes données à 6 000 livres. Il était prévu dans les deux cas que les nouveaux époux pourraient habiter et être nourris dans la maison, moyennant une pension annuelle de 200 livres, à déduire de la dot. Séguret resta dans l'immeuble de la place Belle-Croix du 23 février 1683, jour de ses fiançailles, à octobre 1684. Borrelly trouvait que ce séjour lui coûtait cher d'autant qu'en mars 1684, sa fille accoucha d'un fils qui mourut cinq jours après « cette couche me cause bien de la dépense et il a fallu nourrir pendant ce temps et après mesme — à cause que la mère est malade — beaucoup de femmes dans la maison[116] ». Quant à Delon et Antoinette ils habitèrent dans la maison de mars 1698 à juillet 1703, soit cinq ans trois mois douze jours. Borrelly évalue au total à 1 062 livres la « nourriture et loier de chambre » des époux Delon. De plus, pendant les deux dernières années de son séjour, le gendre établit son bureau « au cartier du dernier de ma maison. » Le loyer correspondrait à 75 ou 80 livres et il en a coûté au moins 150 livres au notaire pour les lessives de la famille Delon : « ses femmes de service me faisoient un fracas et despance espouvantable et une despance horrible pour le blanchissage de lui, de sa femme et enfans. » Les Séguret s'étaient montrés incontestablement plus discrets. Au moment de leur mariage, Borrelly leur avait offert deux cabinets (il paie 25 livres ces deux armoires) et, un an plus tard, il leur donna six cuillères et fourchettes d'étain « en forme d'argent » valant deux livres sept sols mais, au moment de quitter la maison paternelle, Catherine ayant demandé un « traversier de plume... en paiant », Borrelly le mit au compte pour cinq livres. En revanche, amolli par l'âge et intimidé par son second gendre, il renonça à faire payer à Jean-François Delon la location du bureau et les lessives. Il décida même de fermer les yeux sur le linge et les meubles emportés par Antoinette : « il est vrai que ci ledit sr. Delon en use bien envers mon endroict et de ma femme il ne lui sera rien demandé, l'honesteté devant se paier par l'honesteté. D'ailleurs ma fille an quitant ma maison et faisant charrier les meubles que son mari avait acheptéz dans le temps qu'il a resté a ladite maison, m'a emporté quantité de linge et meubles. Moi, pour le bien de paix, j'ai fait l'aveugle et ma femme aussi ». Borrelly devait être amèrement déçu et ne Mrencontrer aucune « honesteté » chez son second gendre en contre-partie de ses libéralités[117].

Il est vrai que les gendres n'avaient pas eu à se louer d'un versement rapide de la dot. Quand Séguret mourut de la pierre « le mercredi de la semaine sainte 7 avril 1716 âgé de 61 ans », après avoir esté pendant quatre ans « incomodé peu ou prou de la difficulté d'uriner », son beau-père ne lui avait encore payé (en y comprenant les 300 livres de pension pour les dix-huit mois de séjour à son foyer) que 830 livres, la moitié de la dot. Chaque année il lui versait en deux termes au denier vingt puis au denier dix-huit, les intérêts de la part qui restait due. Séguret était, apparemment, intimidé par son confrère et beau-père qui note le 6 décembre 1685 « Borrellie ma fille estant venue chez moi avec sa petite au bras, environ l'heure de midi elle m'auroit demandé 6 livres disant que Séguret *son* (*barré :* homme) *mari ne m'ausoit les demander* ». Quatre ans plus tard il donne « secrètement » un écu à Catherine qui venait de donner le jour à une fille. S'il ne parvint pas à régler la dot, du moins Borrelly vint-il à plusieurs reprises en aide à son gendre, lui avançant du blé ou de l'argent à prendre sur les intérêts de l'année ou acceptant de payer par avance lesdits intérêts, comme en 1688 où son gendre avait « les assés (accès) de fièvre ». Un versement de 130 livres, en 1691, vint opportunément donner à Séguret le moyen de payer une taxe exceptionnelle sur les notaires. En 1706 une avance de 109 livres devait lui permettre de « désenroller son fils qui s'est enrollé à l'étourdi. » Borrelly manifeste la confiance que lui inspirait son gendre : en 1703 et 1704 il lui avance deux fois 20 livres sans reçu « mais comme c'est un homme de confiance et qu'il escrit tout, il me le fera apparamment quand je voudrai[118]. »

Honnête, souffreteux, besogneux, Pierre Séguret avait, en des temps difficiles, végété à l'ombre de son beau-père. Il n'en alla pas de même pour le second gendre qui n'hésita pas à employer les grands moyens pour entrer en possession de la dot d'Antoinette. Il parvint en 1709 à « retirer du sieur Vianès de Beaucaire *sans ma participation* » une somme de 1 100 livres due à Borrelly par ledit Vianès en vertu d'un arrêt du parlement. La notation du livre de raison est sobre mais un commentaire véhément, porté sur une minute de quittance des 1 100 livres, dénonce « la perfidie de Delon et l'intelligence entre eux (Delon et Vianès) ce qui change l'affaire et, partant, cette minute est inutile. » Et Borrelly de faire tristement ses comptes en estimant à au moins 2 400 livres la quittance que son gendre « n'a pas eu encore bonne volonté de faire » puisque aux 1 100 livres de Vianès, s'ajoutent 1 062 livres pour la pension des cinq ans trois mois douze jours et environ 400 livres pour le blanchissage et la location du local où Delon avait établi provisoirement son bureau[119].

Le succès des procédés cavaliers dont il avait usé pour recouvrer le montant de la dot n'avait nullement apaisé le directeur des postes de Bas-Languedoc qui, à partir de 1709, se qualifie d'« escuyer ». Non seulement il témoigne de l'indifférence envers le malheureux notaire mais il le regarde apparemment de très haut. Borrelly gémit, il « me méprise et.. ne me voit plus depuis longtemps soit dans mes maladies ou autrement, ni sa femme aussi... Il y a plus de deux ans que ledit Delon ne vient plus dans la maison, sa femme de même depuis plus de six mois sans leur avoir donné aucun sujet et quoyque je suis très souvent dans le lict et en danger à cause de ma goutte. Néanmoins ils ne daignent me venir voir. Sa femme, ma fille qui devroit avoir de considération pour moy (*barré :* comme estant son père) me traite avec mépris et Dieu la punira. » Le couple ingrat ne se contente pas d'abandonner le vieux notaire mais, ayant acquis « un domaine au lieu de Bezouce y aiant fait bastir ou réparer une maison », ils envoient leur servante, à deux reprises, en août 1712 chez Borrelly pour lui extorquer des meubles destinés à « parer ladite maison » : deux tables, l'une carrée en chêne, l'autre ronde en noyer, des sièges pliants « à la vieille mode gainés de cadis jaune », un miroir « cadre doré à l'antique », des plats, des assiettes d'étain et même « un flacon pour faire raffréchir le vin dans le puits[120] »

Aux revendications du ménage Delon s'ajoutaient celles de Catherine veuve Séguret qui réclamait le reste de sa dot. Les dernières années de Borrelly paraissent assez lamentables au milieu d'une famille rapace. Traîné en justice par ses filles, elles-mêmes en procès entre elles, le notaire paraît véritablement désespéré. Sa situation juridique était assurément embrouillée car, en 1704, le testament de sa seconde épouse Marie Lafont, tout en confirmant la donation de ses biens à son mari, lui substituait après son décès, la fille aînée Catherine Séguret. Cette stipulation était en contradiction avec celles du contrat de mariage d'Antoinette et, après la mort de Marie, Delon et Antoinette d'une part et Catherine veuve Séguret d'autre part « impétrèrent clameur » auprès du « juge des conventions royaux » de Nîmes[121], c'est-à-dire demandèrent la saisie des biens de la défunte pour être payés de ce qui restait dû des dots. Une supplique adressée en 1718 à ce magistrat par le vieux père, malade et paralysé est un témoignage accablant, non seulement contre Delon mais aussi contre les deux filles. Il y dénonce « l'ingratitude des enfants contre un père âgé de 84 ans, accablé de douleur et goutte depuis plus de 10 ans sans pouvoir remuer d'une chaise... Il faut qu'on lui donne à manger, ne pouvant se servir de ses mains. Bien loin de le secourir dans sa vieillesse et incommodité, ses filles luy ont enlevé son argenterie, culiers et fourcettes d'argent, étain ouvré, assiettes, plats et (en) outre les linges ce qui n'a peu empêcher à cause de ses incomodités ». Il y a là un tableau sordide et, à l'intention du juge, le notaire précise que « quant à l'enlèvement des effets du producteur, fait par ses filles, le producteur n'est pas en peine de le prouver ». Il revient sur l'ingratitude que manifeste la saisie des biens de Marie Lafont « pour le priver de sa subsistance pendant sa vieillesse ». Soir et matin, il faut deux hommes pour le porter de son lit à sa chaise et de sa chaise au lit, moyennant six sols par jour et sans aucun secours de ses filles »... Ce précurseur louis-quatorzien du Père Goriot, après avoir conclu sa supplique sur « l'ingratitude de ses enfans qui n'ont point de tendresse ni de devoir de ce qu'ils sont obligés envers un père qui les a élevés et consumé son bien et son travail pour leur éducation » accepte une transaction du 19 mars 1718 « voulant témoigner auxdites demoiselles Antoinette et Catherine Borrelly ses filles l'amitié qu'il a pour elles et éviter qu'elles n'entrassent en procès l'une avec l'autre » : il leur cède « purement et simplement... tous les biens qui lui restent de son chef ensemble du droit qu'il avoit de jouir pendant sa vie des biens de la demoiselle Lafont » et précise qu'il veut que ses deux filles « se partagent tout par moitié » le fils aîné Charles, le prieur, ayant été suffisamment pourvu en meubles. Les filles auront seulement à payer à leur père une pension viagère de 300 livres et le loyer de sa maison. Affection survivante pour les filles, désir de paix entre elles ou, plus probablement, incapacité de faire autrement « considérant son âge avancé et que d'ailleurs il est attaqué de plusieurs infirmités qui l'empêchent d'agir et de vaquer à ses affaires[122] »... Le vieillard s'avoue vaincu et, au-delà de lui, les principes, les vertus, l'ordre du monde qu'il incarne.

3

LA MAISON BORRELLY ET SES RELATIONS

UN OSTAL

La « maison » est une notion familière à Étienne Borrelly. Cadet désavantagé, il est conscient d'être le responsable d'une cellule familiale qu'il a créée et dont il est le chef. Avant d'être « une réalité spatiale et une entité économique »[1], elle est une maison-famille, un « ostal » comme dans le Montaillou pyrénéen de Le Roy Ladurie au XIVe siècle[2], comme dans le Gévaudan d'Élisabeth Claverie au XIXe siècle[3]. C'est en ce sens qu'il évoque « la maison de M. Liboud dans laquelle mon frère estoit entré pour gendre », ou l'ostal de sa femme : « Le samedi 7 dudit (octobre 1673), Catin Vigière, sœur de ma femme décéda environ les quatre heures du matin et fut enterrée dans le tombeau que sa maison a dans l'église paroissiale. » La *domus* de Borrelly à Nîmes n'est pas l'héritage d'un passé pluri-séculaire. Elle est fondée par son mariage et matérialisée par l'acquisition d'un immeuble. Le notaire la concevait selon le modèle traditionnel et aurait voulu en assurer la continuité. Il mentionne par exemple, en 1681, la somme de « 120 livres de pension que *ma maison* faisoit à feu M. Aubert chanoine de l'église cathédrale » et l'embauche d'une servante « sans faire aucun marché à cause qu'elle est toute de ma maison[4] ».

La maison Borrelly était donc d'abord une réalité humaine, un ensemble de consommateurs : les époux Borrelly, leurs enfants, la servante et, éventuellement, le précepteur. En 1679, dressant le bilan fort médiocre d'une année où la dépense excédait la recette de 230 livres 15 sols, le notaire commentait « ma despense est grande parce que je suis chargé d'une grande famille, aiant huit enfans, un précepteur pour les enfans et une servante ainsi, nous sommes douze[5] ».

Ce groupe humain vit dans une maison, au sens restreint que nous donnons aujourd'hui à ce mot. Avant son mariage, Borrelly louait une chambre « pour y faire (sa) depance », d'abord dans la maison de son prédécesseur Me Mathieu Liboud puis chez un tailleur.[6] Peu après son mariage, il loua « la maison de feu Me Bellon advocat » puis celle de M. Nerse moyennant un loyer annuel de 120 livres.[7] En 1670 il devint propriétaire et le note fièrement à la date du 2 octobre : « La nuict dudit jour j'ay commencé à coucher dans la maison que j'ay acquise de la demoiselle Suzanne Liboud. »[8] L'importance de cet achat se mesure à la place (4 pages) qu'il lui consacre[9]. L'immeuble acquis « pour la facilité et comodité de moy et des miens » était un édifice situé au cœur de la ville, à proximité de la cathédrale, sur la place Belle-Croix où se trouvait la résidence épiscopale provisoire. Cette localisation est importante pour le notaire de l'évêque et secrétaire du chapitre. La place Belle-Croix séparait le quartier résidentiel du Prat et la zone d'habitat populaire de Corcomaires dont le domicile de Borrelly occupait la limite sud. C'est une maison individuelle qui correspond au modèle dégagé par Line Sallmann-Teisseyre : « La ségrégation verticale bien connue pour les immeubles parisiens divisés en étages nobles, bourgeois et populaires ne semble pas avoir existé à Nîmes où la distinction entre demeures aristocratiques ou bourgeoises et maisons d'artisans ou d'ouvriers s'impose beaucoup plus. »[10]

Cette acquisition coûta 2 500 livres à Borrelly qui emprunta la plus grande partie de la somme au chanoine Aubert (2 319 livres 18s.). La somme est considérable pour lui, représentant à peu près deux ans de ses recettes annuelles. A titre de comparaison, la reconstruction de la cathédrale était revenue à 80 000 livres ; le tableau et le retable du maitre autel avaient coûté 4 200 livres. Cette dépense situe l'achat au bas de la tranche supérieure des prix de l'immobilier à Nîmes, à cette époque où tel conseiller au présidial payait sa demeure 10 000 livres tandis qu'une maison typique d'artisans aisés ne dépassait pas 150 livres.[11] Ces prix nîmois sont nettement inférieurs à ceux indiqués pour Paris où « les prix les plus courants au XVIIe siècle oscillent en général entre 10 000 et 20 000 livres » : par exemple la maison de Magnus Bodasse, maître batteur d'or, paroisse Saint-Leu-Saint-Gilles qui a, à peu près, les dimensions de celle de Borrelly coûtait 7 000 livres en 1688. Si nous attribuons à la maison de Borrelly une valeur locative de 5 % soit 120 livres (ce qui correspond d'ailleurs au loyer qu'il payait avant 1670 et aux intérêts qu'il dut rembourser annuellement après son achat) cette somme représentait, compte tenu de la dévaluation, environ 150 livres en 1713. A titre de comparaison, un loyer de ce niveau équivaudrait, pour Rouen, par exemple, ville il est vrai un peu plus peuplée où la moitié des locations sont inférieures à 100 livres et où 9,9 % seulement dépassent 200 livres, à un immeuble assez cossu valant de 3 000 à 4 000 livres.[12]

Les archives notariales nous ont permis de retrouver les actes de vente successifs de Daniel Laurens bourgeois de Nîmes au notaire Mathieu Liboud en 1634, moyennant 1 600 livres, et de Suzanne Liboud, veuve du frère aîné de Borrelly, fille unique et héritière de Mathieu Liboud, au rédacteur du livre de raison. Ces documents nous renseignent sur les motivations de la venderesse « estant dans l'impossibilité de paier à M. François Aubert de l'église cathédrale les sommes qu'elle lui doit, mesmes les inthérets d'icelles à cause des grandes affaires qu'elle a sur les bras. » Étienne Borrelly prend le relais de sa belle-sœur à qui Aubert avait, en 1667, avancé 2 319 livres 18 sols pour rembourser un bourgeois de Nîmes, Mathieu Novy, auprès de qui elle s'était endettée en 1657 et 1664. Prêt sans risque pour Aubert puisque garanti par la maison de Suzanne Liboud. Borrelly, prenant la relève, allait régulièrement payer 120 livres d'intérêts annuels au chanoine[13]. En cet âge d'or de la rente « où il est doux d'être prébendier dans le midi », Aubert réalise un placement intéressant tout en comblant les vœux du notaire.[14]

La longueur des développements consacrés par Borrelly à l'achat de la maison n'est pas due seulement à l'importance qu'il attache à cette opération mais aussi à ses inquiétudes sur l'avenir de son acquisition. Le père du propriétaire qui avait vendu à Liboud avait, en effet, fait un testament, en 1604, « substituant tous ses biens en cas où ledit Daniel Laurens son fils et héritier vint à mourir sans enfans ou ses enfans sans enfans [...] à Simon Laurens son second fils s'il est capable ou en vie et s'il est mort ou incapable ou décédé sans enfans ou ses enfans sans enfans nomme et substitue à son dit héritage Gabriel Laurens son autre fils et après lui les autres masles et en la mesme forme et condition que dit est et par ordre de primogéniture et après lesdits masles aux femelles ». Les substitutions rendant inaliénables les biens qui en étaient grevés, le fils du premier substitué entama, en vain, une procédure devant le sénéchal. Néanmoins, Borrelly exprime quelque inquiétude « ma dicte acquisition n'est pas assurée ». Cette inquiétude ne le quitta pas et par la suite, chaque fois qu'il fit faire des réparations, il en garda soigneusement les quittances pour le cas où il serait évincé. En 1670, ayant bien pesé le pour et le contre, il s'était finalement décidé car dans la famille Laurens « on ne pouvait payer les légitimes (c'est-à-dire les parts revenant aux enfants non privilégiés par le testateur) sans vendre du bien ». Or, le montant de la vente faite à Mathieu Liboud avait servi à ce paiement et Borrelly de conclure « ainsy il n'y a rien à risquer, c'est ce qui m'a fait affranchir de faire ledit achat ». Quelques jours plus tard, il paya des droits de lods très réduits (63 livres au lieu de 500) au chapitre dans la censive duquel se trouvait sa maison « par la considération que je suis secrétaire dudit chapitre, que je fais depuis longtemps leurs affaires gratis et que nous sommes bons amis[15] ».

Cette maison, les divers actes de vente en indiquent les confronts : du côté du « vent droit », c'est-à-dire au nord, la maison du pasteur Cheiron et une petite maison de sa belle-sœur, au levant celle du greffier Jacques, au couchant le domicile de Jean Brunel muletier et la ruelle de l'Esclafidou allant de la place Belle-Croix au pont de l'Agau[16], au midi la maison de Borrelly donnait sur la place où venait d'être rétablie la « Belle Croix ». En revanche ces textes ne décrivent pas l'intérieur de l'édifice mais le livre de raison, à l'occasion des réparations ou des sous-locations, montre qu'il s'agit d'une habitation spacieuse où on pénétrait par un porche pavé « de calade fine », flanquée d'une tour, comportant cave et grenier et une douzaine de pièces : au rez-de-chaussée, l'étude notariale (la « boutique »), la cuisine et vraisemblablement d'autres pièces (la salle ?) puisque, en 1688, Borrelly loue « deux chambres en bas ». Au premier étage, trois chambres, au second, deux ou trois chambres (et « mon cabinet »), au troisième, une chambre, un petit cabinet, un grenier, une terrasse). La chambre du notaire était soit au premier (« ma chambre qui est sur la boutique ») soit au second (« ma chambre qui est sur la chambre qui est sur la boutique[17] »). Les pièces de cette maison spacieuse possédaient des planchers au lieu des pavements de pierre (bards) traditionnels. La maison avec ses deux étages subsiste, au nord de la place Belle-Croix qui fut profondément modifiée par le percement de la rue Crémieux en 1881. La façade donnant sur la place a été refaite au XIXe siècle et le rez-de-chaussée est occupé par des magasins. En revanche, des éléments anciens, notamment des fragments d'un portail XVIIe siècle obstrué, inclus dans la maçonnerie du mur ouest, sont visibles dans la muraille donnant rue de l'Esclafidou, actuelle rue Sigalon.

Lorsque la mort de sa femme et de quatre enfants et le mariage de sa fille aînée eurent réduit de moitié les effectifs familiaux, il arriva à Borrelly de louer des pièces de sa maison, ressource d'appoint non négligeable pour son budget. Le statut social de ses hôtes est le signe du niveau relativement élevé de sa demeure : le maître d'hôtel de l'évêque de Nîmes et son épouse occupent pendant un an du 1er août 1685 au 9 juillet 1686, pour 54 livres, « les trois chambres de plain-pied du premier étage ». Lorsque les États provinciaux se tiennent à Nîmes des personnalités diverses résident chez le notaire : en 1686 le grand prévôt de Languedoc ; en 1687 deux Narbonnais venus « pour affaires aux Éstats » occupent pendant 19 jours « trois chambres de mon premier étage ». Leur succèdent le président de la Cour des aides de Montpellier et le procureur général avec cinq laquais et deux valets de chambre et le notaire de relever, avec une amertume bien nîmoise, la pingrerie des Montpelliérains qui ne payèrent qu'un louis d'or valant 11 livres 5 sols alors qu'il en attendait 28 livres 10 sols pour cinq jours de résidence.[18] Autre hôtesse de marque et tout aussi mauvaise payeuse, Madame de Raousset de Limans, l'abbesse de la Font, couvent des bénédictines réfugiées à Beaucaire depuis la destruction de leur monastère au XVIe siècle. En 1688, préparant un retour à Nîmes qui ne se réalisa pas, l'abbesse vint faire « son ordinaire » un mois chez Borrelly en compagnie des « demoiselles de St Chatte »[19]. Le notaire les installa au rez-de-chaussée de sa maison, leur fournissant « le linge de table, estaing et draps pour le lict ». En présence de cette dignitaire aristocrate qui lui avait offert, l'année précédente, une belle porte, Borrelly ne fit aucun marché. Il dut s'en repentir car la dame repartit « ne m'aiant rien paié des 34 jours qu'elle a demuré chez moi, croiant qu'elle ni est pas obligée à cause que je fait ses affaires que je profite dans ses actes mais je crois le contraire. Cella se verra avec le temps[20] ».

Mises à part ces deux déconvenues, le notaire tira un revenu appréciable de ses sous-locations. Pendant la tenue des états, en particulier, il profita visiblement de la loi de l'offre et de la demande : en 1687 trois chambres louées 19 jours lui rapportèrent 27 livres ; en 1689, 17 livres 8 sols pour un mois de location de la chambre du devant et 6 livres 17 sols pour 15 jours d'« arrentement » de la chambre et anti-chambre du derrière. Une chambre louée 17 livres 8 sols par mois représenterait à l'année une rente de 208 livres 16 sols soit 8 % de la valeur de l'entier immeuble, ce qui dépasse largement le rapport moyen des locations rouennaises étudiées par J.P. Bardet.[21] Certes il s'agit ici d'une location meublée, mais elle ne concerne qu'une partie de la maison correspondant, éventuellement, à des changements d'affectation lorsque les occupants envisageaient d'y faire « leur ordinaire ».[22]

De multiples, menues et vivantes notations montrent que Borrelly s'efforça d'entretenir et même d'améliorer sa demeure. En 1708, il évaluait à 600 livres les réparations effectuées soit une moyenne annuelle de 15 ou 16 livres.[23] En fait, ces travaux correspondent, pour l'essentiel, aux vingt premières années d'occupation de l'immeuble, époque de bonheur familial et de grandes espérances.

Dès 1671, les cheminées de la chambre de Borrelly et de la pièce au dessus furent refaites par des maçons et des plâtriers tandis que des menuisiers plaçaient des « ais et solives » aux ouvertures provenant « du rétrécissement desdites cheminées ». Il devait s'agir de cheminées monumentales puisque le maçon Jourdan fournit « façon, brique et plâtre » en échange de la récupération des « pierres de taille qui s'y sont trouvées, y en ayant eu beaucoup », le tout évalué à 90 livres. La décoration des nouvelles cheminées en « plâtre d'Avignon ou de Marseille » ne coûta que 22 livres 10 sols au lieu de 37, le « scultur » Paulet étant redevable depuis deux ans de 15 livres pour un contrat.[24]

En 1674, nouveaux travaux pour près de 100 livres : le maçon Jourdan abattit le pigeonnier, suréleva la tour de la maison puis agrandit la cuisine dont la porte fut remplacée. En 1676, il s'agit du problème, considérable en pays méditerranéen, de l'évacuation des eaux pluviales et Borrelly fait placer « une gorgue (gouttière) de fer blanc à l'aiguièr (conduit pour les eaux pluviales) du cournier (cornière) de la troisième étage, laquelle gorgue vuide (se déverse) dans l'autre qui est au sous-aiguier que j'ai faite poser, fait quelques années. »[25] La même année un maître serrurier posa « des crochets et pates aux ais qui ferment ma terrasse » et répara la fenêtre du « cabinet qui est au troisième estage qui regarde la place Belle-Croix[26]. » La chambre du premier étage reçut, en 1677, un double vitrage : « une contre-fenestre avec un crochet pour la tenir fermée et un volet pour la tenir sujette quand elle est ouverte » tandis qu'une « contre-fenestre » de dimensions plus petites venait renforcer l'ouverture de la chambre haute au troisième.[27] Deux ans plus tard un « auvent ou balenc » qu'avait fait construire Liboud, prédécesseur de Borrelly, s'effondra « pour estre tout pourry » et il fallut faire refaire ce petit toit « pour empescher que les eaux pluviales ne tombent dans les corridors de ladite maison comme elles faisoient par moyen d'un certain vent ». Réparation assez considérable puisqu'elle revint à 8 livres 12 sols y compris la « peinture ou goderonement » de l'auvent[28]. La charpente du toit au-dessus du grenier, côté marin, s'avérant défectueuse il fallut la réparer, en particulier reboucher les ais disjoints qui doublaient la toiture car « il tombait une si grande terre et ordure des fentes et trous qu'il estoit impossible d'y pouvoir tenir aucuns grains[29]. » En juin 1687, un serrurier et un menuisier posent dans la cave un « ratelier pour y mettre les habits d'hiver » et à l'automne suivant, outre des « racomodages de vitres », le notaire fit ferrer de douze gros clous carrés la porte de chêne offerte par l'abbesse de la Font « en considération de ce que je lui fais ses affaires[30]. » Attentif à la conservation du bâtiment, Borrelly s'attachait aussi à l'élégance des pièces, il utilise du papier peint d'usage récent : en 1676 il acquiert « chez M. Bruguier droguiste deux mains de papier bleu[31]. » Quand il veut louer des pièces, on le voit acquérir « un beau grand miroir pour parer une chambre que je prétends louer à des gens des Estats », faire tapisser la chambre du devant et payer » au nommé Pierre, pauvre garçon, 24 sols pour trois journées qu'il avoit employées à barbouiller de gris de perle les planchers des chambres de derrière de ma maison ». Il fait aussi à la même époque placer ou réparer des serrures ; en 1687, précaution pour mettre les nourritures à l'abri des convoitises d'éventuels locataires ?, il fait réparer la serrure du placard de la cuisine.[32]

Il avait entretenu son domicile en espérant assurément embellir le lieu où la « maison » qu'il avait créée aurait perduré. Ses attentes furent déçues et, en 1692, après la mort à l'armée de Flandre de son fils Marc-Antoine, les mentions de réparations disparaissent. Il a, sans doute, fait face aux réparations indispensables mais nous ne pouvons l'apprécier : « J'ai négligé et je négligeray bien davantage à l'avenir de metre dans le registre toute ma despance... parce que n'ayant plus de successeur je ne m'en sousie plus de rien », écrit-il en 1693[33]. En 1707 il n'avait plus qu'un fils prêtre et deux filles mariées et décida de renoncer à la propriété de sa maison en faveur de l'Hôtel-Dieu, héritier de son créancier le chanoine Aubert. Il resta chez lui comme locataire moyennant 90 livres par an et sous-arrenta pour 66 livres « le premier quartier de ladite maison et le petit grenier ». Il précise les raisons de sa décision : d'abord le poids financier inutile que représente ce bâtiment « ce qui m'a obligé de me démettre de ladite maison c'est qu'elle m'estoit à charge en ce que depuis son acquisition j'ay paié 120 livres de pention chaque année, plus 20 livres chaque année de taille et les réparations qu'il faloit fere c'est-à-dire qu'il m'en coustoit chaque année 140 livres et qu'il faloit un jour paier le capital de 2 318 livres et pourquoi cella, mes deux gendres n'aiant pas besoin de maison puisque Séguret (mari de sa fille aînée) aura un jour — ou les siens — la maison paternelle et Delon (époux de la cadette) en aiant une fort belle. » De plus Borrelly redoute une imposition extraordinaire pour liquider les dettes de la ville « si Dieu nous donne la paix, le Roy voudra que toutes les communautés se liquident. Cella estant, la communauté de Nismes qui doit plus de sept cens mille livres estant obligée de faire un despartement ou une grande imposition, ladite maison seroit cottisée plus de 600 livres. » Et il conclut : « J'ay vouleu esclairsir les choses affin qu'on sache pourquoy j'ay remis ladite maison. » Expression d'un regret ou d'un espoir ultime qui devait s'avérer vain, Borrelly obtient du bureau de l'Hôtel-Dieu la possibilité de récupérer la propriété de son immeuble en remboursant le capital « en divers paiements pouveu que le moindre soit de 500 livres[34]. »

Cette « démission » exprime réellement et symboliquement la chute de la maison Borrelly : le notaire renonce à la propriété d'une demeure qui avait été témoin des joies de la phase ascendante de sa carrière et d'une série de deuils durement ressentis. Il reste sur place avec ses souvenirs, espérant qu'à l'expiration, son bail de huit ans sera renouvelé « je crois que ces messieurs du bureau ne me reffuseront pas de me continuer l'arrantement. » Ce dut être le cas puisque le livre de raison se poursuit à Nîmes plus de deux ans après la fin des huit ans, à la Saint-Michel 1715. Trois ans plus tard, après la mort de sa seconde femme, Borrelly céda à ses filles les biens légués par celle-ci et alla passer chez son fils aîné prieur de Saint-Firmin de Quilhan la dernière année qui lui restait à vivre[35].

SERVANTES

Habituellement, nous l'avons vu, le ménage Borrelly employait une servante, moins bien payée qu'une nourrice et congédiée lorsque celle-ci était logée dans la maison : 38 noms apparaissent dans le journal, de 1658 à 1714. Le recrutement de ces domestiques est surtout rural, ce qui n'est évidemment une spécialité ni du lieu ni du temps.[36] Elles proviennent, comme les nourrices, aussi bien des secteurs papistes (Bezouce, Saint-Bonnet, Beaucaire, Montfrin) que des zones huguenotes du diocèse et du Bas-Languedoc oriental (Caveirac, Clarensac, Ribaute). Quelques servantes sont originaires des hautes terres du sud du massif central comme en 1675 une gévaudanaise nommée Anne, suivie de la vivaraise Charlotte Jouanenque ; de 1698 à 1704, Marie Raimond est également vivaraise ainsi que les deux chambrières qui lui succédèrent, Anne Chambon et une nommée Madon, de l'Argentière. De 1679 à 1682 — hormis une mention épisodique en juillet 1680 — ce personnel disparaît du registre. La raison en est donnée, le 5 octobre 1682, en regard de l'entrée en service de Catin Roustan « il y a tantost trois ans que nous n'entretenons point (de servante) parce que les filles suffisent à faire ce qu'il faut dans la maison[37] ». Catherine la fille aînée avait alors 22 ans et Antoinette atteignait 16 ans. Le « taux de domesticité » de la maison Borrelly correspond bien à celui établi par Jean Nicolas pour les notaires savoyards du premier XVIIIe siècle (0,8 à 1 par foyer).[38]

Les gages étaient de 12 à 16 livres, au début de la période. A partir de 1670, le salaire moyen est de 18 livres annuelles : incidemment, en 1686, où une servante congédiée prétendit percevoir 24 livres nous apprenons que 18 livres est la norme. Borrelly, qui n'avait fait avec elle aucun marché, lui paya seulement 18 livres « mes voisins ne donnant pas davantage[39]. » Au début du XVIIIe siècle, les gages atteignent 21 livres ce qui correspond aux gains des servantes toulousaines, lyonnaises ou angevines.[40] Les chambrières étaient parfois payées au-dessous de la norme s'il s'agissait de jeunes filles inexpérimentées : en 1674 Marie Borrelly « loua pour servante une fille nommée Jeanne... aux gages de 15 livres l'année, à cause qu'elle ne scait encore rien faire ». Même notation, en 1696, où le notaire convainc la mère d'une jeune fille de Dions qui aurait voulu 18 livres, de se contenter de 15 « parce qu'elle voit bien qu'il faut la dresser pour servir comme il faut[41]. »

Sont mentionnées parfois des acquisitions de chaussures ou de vêtements qui sont retenues sur le salaire. La plus dépensière à cet égard est Anne Chambon, des Vans, qui servit de mai 1705 à août 1707 : en 1705, 2 livres pour des souliers et un corset blanc puis 10 livres pour acheter un habit à sa sœur également servante. En 1706, 16 sols pour « faire acomoder ses souliers », 3 livres 14 s. pour faire teindre son habit en noir « pour faire le deuil de son père » puis 3 livres 12 sols « pour faire deux chemises de toille crue que notre femme est allée avec elle achepter la toille et encore de toille grize pour faire un courset sans manches. Ma femme (la seconde épouse de Borrelly est, rappelons le, fille d'un tailleur) lui a fait et coupé lesdites chemises et courset gratis. » Le deuil du père fut de courte durée puisque, trois mois plus tard, à la Saint-Michel, Marie Borrelly-Lafont achetait pour elle du cadis rouge « afin de faire une ganache [...] et quelque autre chose pour 7 livres 4 sous ». La réparation des chaussures et l'acquisition de pantoufles représentaient encore 2 livres 15 sous. En 1707, « 4 livres pour faire un courset de burate. » Au total 34 livres avaient été dépensées et, à son congé en août 1707, Anne ne perçut que 6 livres, son maître ne lui retenant ni les 3 livres de capitation qu'il avait payées pour elle, « ni deux tasses de cristal qu'elle a rompu, ni le linge qu'elle a perdu dans les lissives »[42]. Quelques années plus tôt, en 1696, la Beaucairoise Françon n'avait reçu d'avance que 10 sols pour acheter des patins mais avait vu son salaire amputé d'une livre de capitation et d'une livre de retenue pour « avoir perdu une coieffe de ma femme et une paire de bas de couton qui en valoient plus de 40 s... et rompu une quantité d'autres choses et une infinité de verres et bouteilles qu'elle n'a pas paié »[43].

Quelques-unes de ces servantes restèrent plusieurs années en place : Jeanne Gas de Bezouce 8 ans au début de la carrière nîmoise, Jeanne Reyne, de Moulezan, de 1688 à 1693, Antoinette du Bois, d'Uzès, de 1707 à 1714. Mais le personnel domestique semble, comme ailleurs, caractérisé par une grande mobilité[44]. A titre d'exemple, la période 1677-79 est marquée par un véritable chassé-croisé ancillaire : en avril 1677, Charlotte Jouanenque ayant quitté le notaire pour retourner dans son Vivarais natal, « à cause d'une maladie qui lui est survenue », Marie Borrelly, en l'absence de son mari, la remplace par une certaine Jeanne qui ne percevrait que 15 livres par an « estant fort grossière ». Borrelly note incidemment, en novembre 1677, que les paiements faits à Jeanne sont mentionnés par sa femme sur des papiers qu'elle garde par-devers elle. Au printemps 1678, Jeanne « s'en est allée à son païs avec son frère », puis revient au bout d'un mois en juin. Ce retour fut éphémère car, en octobre, Marie Borrelly embauche « Marie du lieu de Ribaute » à 14 livres puis la renvoie au bout d'un mois. En mars 1679 apparaît une nouvelle Jeanne qui devait être peu experte ou très jeune car ses gages étaient réduits à 12 livres annuelles. En juillet, sans qu'il soit question du licenciement de Jeanne, « nous avons pris pour servante Margot Gasquette de Montfrin qu'on dit estre bastarde d'un nommé Gasquet » aux gages de 15 livres. Margot fut congédiée le 23 septembre et « ledit jour nous avons pris pour servante la nommée Anne au prix de 15 livres par an », mais « le lendemain ladit Anne s'en est allée sans mot dire, feignant d'aller chercher du linge, aiant apris qu'elle s'estoit louée pour vendanger. » Les Borrelly reviennent alors à Margot que « nous avons obligée de retourner chez nous aux gages qu'elle avoit » mais, au bout d'un mois, le notaire lui paie ce qui lui reste dû « ma femme l'aiant renvoyée ». Ainsi en trente mois se succèdent Charlotte, Jeanne I, Marie, Jeanne II, Margot, Anne et de nouveau Margot et, dans la seule année 1686, Catin Rostan, de Saint-Bonnet, Reinaude, de Clarensac, Suzanne Damour, d'Aramon et Alis Combe, de Montfrin. En 1688, le notaire fait mention de la difficulté d'être bien servi : « Il y a longtemps que nous sommes malheureux en servantes » et déplore la succession de femmes qui « ne font qu'entrer et sortir et salir une maison ». Il s'agit, selon lui, d'un fléau généralisé : « Il y a toutes les peines du monde à trouver des bonnes servantes. L'une a un deffaut, l'autre un autre et ainsi on se trouve embarrassé et tout le monde s'en plaint[45]. » Les causes du départ des servantes ne sont pas toujours indiquées. Il arrive apparamment que Borrelly les ignore : en 1695 au bout de quatre jours, Anne « a quitté sans mot dire », comme une homonyme en septembre 1679. En 1688 la nîmoise Marie, en 1704 la vivaraise Marie-Raymonde quittent « sans sujet ». En 1679, il est vrai, le notaire a appris par la suite, qu'Anne était aller se louer pour les vendanges. Ainsi se confirme l'aspect rural du recrutement, comme en juin 1686 où la vaunageoise Raynaude « veut aller moissonner » et en juillet 1698, une certaine Jeanne, de Dions, va « glaner à son pays ». Parfois, il s'agit de raisons de santé comme en 1669 pour une des huit Jeanne (sans compter une Jeannette) ou en 1675 pour une de ses homonymes (« ladite servante ne demeura que 15 jours chez nous estant tombée malade »). Des motivations familiales peuvent intervenir : au bout de trois ans, Catherine Roustan prend congé pour se marier, en 1686. En 1688 Jeanne VI va à Anduze pour aller servir sa mère.

Les causes du départ sont parfois éclairantes sur la frontière religieuse nîmoise comme dans le cas de Margot qui, nous l'avons vu, s'en fut en août 1675, après cinq mois de service car « les huguenots voisins l'auroient faicte quitter adroictement »[46]. Le consistoire était vigilant sur les liens de dépendance économique mais nous ne saurons évidemment pas si le dévot Étienne avait entrepris de « suborner » Margot et de l'entraîner dans les voies du papisme.

Les motifs de renvoi ne sont pas non plus toujours spécifiés. Il s'agit parfois d'incapacité professionnelle : Marie « ne sert pas comme il faut » (1678), « nous avons eu lieu d'etre très mal satisfaits » (1687) de Marie Boucoirane, Jeannette n'est « nullement propre pour la maison » (1688). Le cas d'Espérance, recrutée la même année que Jeannette, est obscur : le notaire et ses filles avaient cru trouver en elle une perle : « Comme c'est une fille adroite, mes filles m'ont dit qu'elle vouloit quelque chose de plus (que les 18 livres convenues), qu'il falloit lui bailler encores 30 ou 40 sols. Ainsi, si elle est brave fille, je lui baillerai 20 livres. Elle gagnoit, chez M. Maigne chanoine, 30 livres, scachant tout faire ». Elle est cependant renvoyée moins d'un mois plus tard. La seconde Jeanne, après avoir servi près de trois ans, fut renvoyée pour malpropreté. Le renvoi de Françon reste mystérieux, le notaire ne précise pas en quoi cette chambrière s'était rendue insupportable : elle « a esté renvoyée avant son année qui ne finissoit que le 21 du présent mois (août 1696). C'est la servante la plus rusée, malitiuse et meschante personne qui se puisse voir et nous avons tous souffert comme des misérables ». En 1686 « cette pendarde de servante (Suzanne Damour, d'Aramon) a esté renvoyée à cause du linge qu'elle nous a volé aiant esté trouvé sur le fait et il y en avoit assez pour lui faire bailler le fouet ». Se contentant de renvoyer la coupable, Borrelly fait preuve d'indulgence. En plein XVIIIe siècle, des serviteurs et des servantes furent pendus pour des larcins domestiques souvent fort minimes d'argent, de linge ou de menus objets.

Dans un cas, en 1714, le notaire se trouve face à une situation classique[47] : Toinette Dubois est enceinte. Sans même attendre d'être renvoyée, elle quitte la maison : « Depuis le dit jour nous n'avons veu cette coquine. Nous ne scavons pas même où elle est passée. Cette maudite avoit demuré dans la maison sept ans et un mois. » Elle dut cependant se manifester puisque Borrelly note « je lui ay fait son compte et payé »[48]. Le vieux dévot se déchaîne contre cette « maudite » d'autant plus qu'elle est grosse des œuvres de son petit-neveu Marc-Antoine Borrelly, faiseur de bas et fils du notaire de Bezouce ; il ne se demande évidemment pas si cette circonstance atténuait la responsabilité de Toinette. Celle-ci porta plainte contre son séducteur à la cour du sénéchal et Marc-Antoine pour éviter les frais du procès se prêta à la transaction que Borrelly mentionne. Aux termes de ce contrat enregistré par le notaire nîmois Pontier, le paillard petit-neveu devait « se charger de l'enfant dont ladite s'accouchera » et lui verser 160 livres, équivalent de huit ans de gages.[49] L'affaire se termine relativement bien pour Toinette... la soubrette était-elle l'innocente victime d'un caprice masculin ou le jeune faiseur de bas n'était-il qu'un benêt manœuvré par une coquette calculatrice ?

Borrelly paye, renvoie, geint ou fulmine mais laisse, dans la vie quotidienne, ses épouses diriger les servantes. C'est une situation habituelle. Les deux Marie Borrelly auraient pu souscrire au programme qu'à la même époque (1672) Chrysale proposait, dans la pièce de Molière, aux récalcitrantes femmes savantes : « faire aller son ménage, avoir l'œil sur ses gens ». On entrevoit dans son livre, où la présence des femmes est on ne peut plus discsrète, un espace de sociabilité féminine. Marie Trenquière est la filleule de la première Marie Borrelly. Catin Roustane, de Saint-Bonnet, est « une brave fille » qui est « toute de ma maison ». C'est par l'intermédiaire des filles Borrelly qu'Espérance fait valoir ses prétentions salariales. La seconde Marie Borrelly accompagne sa servante dans ses achats vestimentaires et l'aide à la confection de ses vêtements.[50]

LE CERCLE EXTÉRIEUR. FRÈRES ET NEVEUX

Les divers problèmes financiers, alimentaires, éducatifs que posaient constamment à Borrelly ses nombreux enfants ne le conduisirent pas à se replier sur la cellule familiale étroite. On le voit à longueur de livre s'intéresser aux frères, beaux-frères, belles-sœurs, neveux ou cousins, insérant la vie de sa propre maison dans « le cercle plus large de la parenté et de l'alliance[51] ». Attentif à l'honneur du nom, il sut aussi venir en aide, selon ses moyens, à des parents en difficulté. Inversement, un arrière-plan de sociabilité familiale se devine incidemment. Par exemple, lorsqu'en 1677 son neveu Antoine, fils du marchand, part pour la guerre, l'opinion du clan est ainsi exprimée « tous ses parens ont esté bien aise qu'il s'en soit allé parce qu'il ne faisoit ici que le fénéant ». Dans une circonstance dramatique pour le notaire, le passage à Nîmes, en mai 1691, du régiment de cavalerie dans lequel son fils Marc-Antoine s'était engagé contre sa volonté, « je le vis le matin un peu avant son despart, chez moi et je ne le vis que par force *à la grande persuasion de tous les parens* ».

Il y avait aussi une convivialité familiale des jours heureux. Lors des baptêmes par exemple, que Borrelly ne mentionne guère que lorsque lui-même ou un des siens est parrain ou marraine. Il relève alors le prix du cadeau offert : en 1675, il présente un enfant de son beau-frère Balthazar et donne « une gondole d'argent » de 15 livres à la mère, Marguerite Vigier ; en 1689, il parraine la fille de son neveu, notaire à Bezouce, et dépense 10 livres... Mais il ne nous relate rien des réjouissances qui devaient marquer ces cérémonies, pas plus d'ailleurs qu'à l'occasion des premières messes de son fils ou de celles de ses deux neveux devenus prêtres. Curieusement — et significativement — le seul cas où ces agapes apparaissent correspond à la prise de voile de sa fille Thérèse, en 1693, moins d'un an pourtant après le drame que fut pour lui la mort de son cadet : « Je donna un grand repas chez moi à tous mes plus proches parens et amis. Nous étions une vingtaine. » Un autre type de réunion familiale, restreinte celle-là, est évoqué incidemment à propos de la comète de 1680 : « Le 24 décembre 1680 veille de Noël, estant allé pour passer festes avec mon beau-frère Vigier et mon nepveu Borrelly chez M. Chalas vicaire de Carnas... » : Borrelly avait alors 8 enfants et sa première femme était encore vivante ; ce n'est pas avec eux qu'il « passe feste » mais à 30 kilomètres de Nîmes, en compagnie de collatéraux.[52]

Le sens de l'honneur du nom se manifeste très fortement : c'est pour éviter de le compromettre que Borrelly, en 1679, empêcha son neveu Mathieu Borrelly qui allait, un mois plus tard, entamer une carrière notariale après avoir servi dans l'armée, de mettre en gage au mont-de-piété une épée et des pistolets. Il contraignit l'emprunteur à user d'un subterfuge permettant à la *gens* de sauver la face : l'opération se fit « sous le nom de Louis Combes précepteur alors de mes enfans, n'aiant pas vouleu *par honneur* que le nom de mon dit neveu parut. » Des mésalliances ne devaient pas non plus ternir le prestige des Borrelly et lorsque Mathieu, en 1677, avant de partir à la guerre, avait fait son testament, l'oncle approuva qu'il instituât comme héritier son frère ecclésiastique et non plus le jeune, Claude, « crainte qu'il ne fît quelque pauvre mariage ou qu'il ne se conduise mal ». La peur exprimée ici est, visiblement, que le neveu, joignant à son très modeste héritage celui de son frère, ne se hâtât de convoler au-dessous des espérances que devait concevoir, normalement, un Borrelly. Le notaire était également vigilant sur le niveau social des conjoints des frères et sœurs de sa femme. Il désapprouvait le mariage de sa belle-sœur Tiphaine avec un simple horloger ou celui de son beau-frère Balthazar avec une jeune fille pauvre. Ce dernier cas est fort éclairant : le notaire, malgré sa dévotion, y adopte le point de vue des légistes français, opposés à la tradition catholique, tradition confirmée par le concile de Trente qui avait refusé d'affirmer la nullité des mariages de jeunes de moins de vingt-cinq ans contractés sans le consentement des parents.[53]

Malgré les difficultés de la conjoncture, Étienne avait aussi le sens de la solidarité familiale et des devoirs qu'elle lui imposait. A plusieurs reprises il vint en aide à son frère Claude, marchand à Nîmes, ou à ses neveux orphelins de son frère l'avocat. « Atandu le désordre des affaires » du marchand il accepta en 1667 que, pour payer le sieur Guiran — un de ses créanciers —, Claude tirât sur lui une lettre de change de 1 000 livres « paiable dans six mois ». Certes le marchand fit « déclaration de sa main comme il doit la dite somme » mais l'affaire traîna et c'est seulement en 1688 que l'héritier de Guiran put rentrer dans ses fonds. Le créancier avait dû intenter un procès et il avait fait saisir l'office et la maison du notaire qui put enfin faire avec son frère un état au vrai et récupérer ce qui lui était dû. Excédé, il conclut sa relation de l'affaire par une exhortation impérative à ses successeurs : « Je deffens à mes enfans de ne cautionner jamais qui que ce soit ».[54]

Le « désordre » financier reproché au frère marchand devait être aggravé par une certaine mégalomanie de ce personnage, sensible aux « grandeurs d'établissement » puisqu'il avait, trois fois, exercé la charge de troisième consul. Sa femme, de son côté, devait être encline aux dépenses somptuaires, à l'encontre de l'épouse du notaire dont nous avons noté le remarquable esprit d'économie. L'affaire de la rose de diamant en témoigne : en 1681, Étienne s'était associé à Claude, le marchand, et à quelques autres pour prendre à ferme une dîme du chapitre cathédral. Faisant ses comptes quelques années plus tard avec le receveur du chapitre, il fit une découverte qui l'horrifia : « [Le receveur] m'a joué un tour m'aiant dit que je lui devois 670 livres pour pareille [somme] qu'il auroit prestée à ma considération à mon frère scavoir 560 livres pour une roze de diamans, que la femme de mon frère auroit prise et surdit sur icelle, fait quelques années, au marché et place publique... et les 110 livres pour inthérêts. » Et le notaire se lamente : « Il faudra que je prenne la roze de diamans pour ce qu'elle vaudra ou que mon frère et sa femme la vandent et m'en baillent l'argent. C'est un pas glissant pour moi parce que je ne scai comment mi prendre, estant cette roze de diamans un rebut et un cheval à l'escurie qui mange[55] ». Un peu plus tard, lancé avec un associé dans la gestion des glacières, Claude, une année où la glace était rare et chère, sollicita encore son frère qui dut attendre près de trois ans pour rentrer dans ses fonds, après avoir gémi sur la prodigalité du marchand et s'être attendri sur ses propres mérites « ce sont des misérables qui ne font que me donner de la peine et du chagrin. Il faut que je souscrive toutes leurs lettres... je le fais pour relever un frère si je le puis[56] ».

Les neveux Mathieu, Antoine et Claude Borrelly, fils du frère aîné mort prématurément en 1656, bénéficièrent à plusieurs reprises du soutien de leur oncle. Ils avaient été placés sous la tutelle de leur grand-père Antoine, le vieux notaire de Bezouce. Leur mère, Suzanne Liboud, s'était remariée et avait, en 1667, cédé à ses trois fils « les prétentions et demandes qu'elle prétendait avoir sur le bien de leur père au lieu de Bezouce ». En 1676, Étienne fait allusion à « la mauvaise conduite » de Suzanne précisant que, lors de son premier mariage, elle « étoit fort riche et [qu'] elle est présentement devenue très misérable et une coquine par une mauvaise vie qu'elle a mené depuis son vefvage. Je ne metrois pas celà sur le papier si ce n'estoit public car mon esprit n'est pas de la divulguer [*sic* pour diffamer] ». En 1667 le patriarche, beau-père de la pécheresse, avait fait quitter le collège à l'aîné de ses petits-fils, Mathieu, alors en humanités, c'est-à-dire en seconde. Il décida de lui faire apprendre la pratique et le plaça chez un maître d'école pour « se former à bien escrire et apprendre l'arimétique[57] ».

Mathieu n'avait guère hérité du « riche mariage » de son défunt père que son prénom, celui de son grand-père paternel le notaire nîmois Liboud. Le vieil Antoine voulait, de toute évidence, le préparer à lui succéder. Peut-être lassé de l'autorité de l'aïeul paternel, Mathieu abandonna l'étude de Bezouce au printemps 1674 pour s'engager dans la « compagnie de cavalerie de Monsieur de Montenard-Montfrin ». Borrelly ne commente pas cet engagement et se contente d'enregistrer qu'il a déboursé trois livres pour lui offrir une belle paire de bottes. Après la campagne de Catalogne où il demeura deux ans et demi il parvint au grade, modeste, de « brigadier dans le mestre camp de M. le maréchal Le Bret lieutenant général de l'armée de Catalogne », et revint à Nîmes, en décembre 1676 ; son unité était alors en quartier d'hiver dans le comté de Foix. Pendant ce séjour de deux mois, son oncle lui avança de l'argent « pour lui et pour l'entretien de son cheval » afin qu'il reparte « bien pourveu de linge, un habit fort honeste, botes et autres choses avec cinq louis d'or ». Le brigadier revint à Nîmes un an plus tard, apparemment fort déçu. N'est pas Catinat qui veut et quitter Themis pour Bellone ne suffit pas à assurer une brillante carrière. L'oncle enregistre sobrement cette déconvenue « il s'est dédaigné tellement du service de Cathalongne qu'il n'a plus voulu y aller servir et il a quitté sans avoir son congé. Il est vrai que quant il s'en vint il fit cognoitre au lieutenant de la compagnie de la mestre de camp qui la comandoit qu'il ne retourneroit plus aiant rendu cheval, botes, pistolet, mantheau et autres choses appartenant au capitaine... ». Plein de nouvelles ambitions, en partie suscitées par son oncle, Mathieu partit rejoindre, à Salins en Franche-Comté, un capitaine d'origine nîmoise Novy : « Il ira en Flandre ou en Alemagne ci ledit sieur Novy ne lui trouve une lieutenance ou souslieutenance comme il lui a fait espérer par mon moyen[58] ». La paix de Nimègue, qui suivit de deux ans la mort de l'ancêtre Borrelly, rendit le brigadier désabusé à sa première carrière. En 1679, il devint notaire à Bezouce.[59]

Étienne Borrelly était particulièrement bien placé pour rendre service au cadet, Antoine, qui se fit ecclésiastique. La dévotion, l'esprit de famille et l'affection de son oncle se conjuguèrent pour faciliter la réception d'Antoine au séminaire, en 1675 : « Je l'ay fait metre par mes soings et mes sollicitations dans le dit séminaire et, qui plus est, j'ay obligé monseigneur de Nismes par moyen de mes amis de paier la moitié à l'avenir de la pension de mon dit nepveu, qui lui auroient fait connoistre que ce garçon n'avoit pas du bien à suffisance pour y pouvoir demurer à moins de quelques secours, ainsi le recteur (du séminaire) et tous les religieux de cette maison qui me font l'honneur de m'aimer comme aiant l'avantage de les servir en tous rencontres m'auroient fait ce coup avec d'autres amis que j'aurois fait agir. La dite pension est de 16 livres par mois ainsi mondit seigneur en paiera 8 livres et les autres 8 livres mon dit nepveu ou sa mère ou moi pour l'amour que j'ai pour ce garçon et par le grand désir que j'ai de le pousser... » Dans ces phrases laborieuses où Borrelly atteint à une sorte de lyrisme mêlé d'attendrissement complaisant l'attachement du bon notaire pour son neveu, peut-être particulièrement pieux ou particulièrement doué, se traduit par l'emploi tout à fait inhabituel sous sa plume du mot « amour »[60].

Pendant une année environ, Étienne fut ainsi amené à payer une partie de la pension. Plusieurs versements sont indiqués pendant le séjour d'Antoine au séminaire, au cours de l'année 1675 et jusqu'à juin 1676, date à laquelle il reçut les ordres mineurs. Son oncle l'avait précédemment (en 1673) fait recevoir comme précepteur des enfants de chœur (« j'ay aussi pratiqué à lui avoir cet employ »). En juillet 1675 (« par le moyen des amis que l'ay en chapitre ») il lui obtint une place au bas-chœur de la cathédrale « pour psalmodier et faire diacre ou sous-diacre parce qu'il n'est pas encore prêtre ». Ces deux emplois rapportaient respectivement au neveu quatre livres et douze livres par mois et l'oncle envisageait d'accroissement de cette rétribution, quand Antoine aurait l'âge d'être ordonné prêtre : « Je ferai qu'il aprandra la musique et la scachant et estant un jour prestre je lui ferai augmenter ses gages ci tant est qu'il veuille demurer à la cathédrale. » En 1678 Antoine passa à nouveau trois mois au séminaire avant de recevoir la prêtrise. Le dimanche 24 avril 1678, son oncle eut la satisfaction d'enregistrer le couronnement de ses efforts : la première messe du neveu célébrée à la cathédrale : « Il dit la grande messe ce jour-là à la place de Mr Lagarde, chanoine, le chapitre à ma considération et prière m'accorda la chose mercredy dernier en chapitre. » En 1684, le notaire recommanda son neveu à l'abbesse de la Fontaine afin qu'elle le désigne pour le premier bénéfice à sa présentation qui viendrait à vaquer[61].

Il est fort peu question, dans le livre de raison, de Claude, le plus jeune des enfants du frère aîné. On voit cependant, en 1674, que son oncle s'emploie à lui trouver du travail : profitant de l'édit d'avril qui imposait le papier timbré pour tous les actes notariés (édit qu'il déplore comme contribuable), il dépense six livres pour régaler, avec quelques amis, « M. de Lançon, receveur de domaine, en considération de ce qu'il a pris Claude Borrelly mon nepveu pour travalher sous luy et faire vente du papier marqué »[62]. Nous avons vu que le notaire redoutait que ce garçon ne « fît quelque pauvre mariage ». Ce ne dut pas être le cas puisque, en 1686, il note qu'il l'a jugé digne d'être invité, avec son frère le prêtre, à dîner avec quelques amis et son gendre Séguret. Nous apprenons, à cette occasion, que Claude doit s'être lancé « dans la marchandise » puisqu'il est qualifié, sans plus, de « droguiste »[63].

Étienne Borrelly s'attendrit encore, avec une complaisance narcissique et lyrique, sur sa générosité à l'égard de ses neveux. Elle devait lui paraître d'autant plus méritoire que le défunt père des trois garçons avait été extrêmement avantagé à ses dépens par les dispositions paternelles : « J'ai fait jusqu'ici pour ces garçons comme un bon père envers ses enfans », s'exclame-t-il en 1677. En 1678, il estime que « sans vanité, sans moy » Mathieu Borrelly et ses frères « seroient réduits présentement dans la dernière misère et désolation ». Il ajoute à l'approbation de sa conscience celle de l'opinion publique : « Je reçois mille bénédictions de tout le monde de ce que j'assiste ce garçon (Mathieu) et ses frères plus que s'ils estoient mes propres enfans ». Ici, il exagère, et son affirmation de 1677 trouva un cinglant démenti dans les faits quelques années plus tard. En 1694, Borrelly eut besoin du soutien financier de Charles Maigne, le cousin chanoine, afin de payer la dot de sa fille religieuse. Il accepta alors que son fils Charles résignât son bénéfice de Saint-Gilles en faveur d'un certain Reboul neveu de Maigne et commenta : « Je fis faire cette résignation *au préjudice de mon propre nepveu* (Antoine prêtre du bas-chœur de la cathédrale) *qui en avoit plus de besoing que le dit sieur Reboul* »[64]. Cette intéressante contradiction entre l'idéal familial affiché et le comportement réel montre qu'il ne faut pas prendre à la lettre toutes les affirmations vertueuses d'Étienne qui — avant la mort de son fils en 1692 — sculptait sa statue à l'usage de son successeur. Il a incontestablement aidé ses neveux, comme il a aidé son frère Claude, mais il ne s'est pas dépouillé pour eux.

LE CERCLE EXTÉRIEUR. LES AMIS

Pas plus que le bourgeois colonais Hermany Weinsberg[65], auteur d'un livre de raison antérieur au sien d'un demi-siècle, Borrelly n'est un théoricien de l'amitié, notion qui, nous l'avons vu, est quelques fois utilisée pour décrire ses sentiments envers des membres de sa famille. Au XVIIe siècle ce terme est synonyme d'amour (mot exceptionnel sous la plume de Borrelly) mais pas seulement. Sans avoir lu Charron ni du Perron, le traditionaliste notaire applique cette notion « ciment de toute la société humaine » à une multitude de liens sociaux, vivant, sans la définir, une conception « globalisante de la société[66] ». S'il n'analyse pas ce qu'il entend par amitié, Borrelly parle souvent de ses amis. Ses rapports avec les personnes qu'il qualifie ainsi étaient de nature fort différente, mais toujours basés sur l'échange de biens ou de services. Les plus proches constituaient un cercle de sociabilité différent de celui de la parenté, qu'il recoupait. Au grand repas qu'il donna chez lui, en 1693, à l'occasion de l'entrée de sa fille chez les hospitalières, il invita « tous mes proches parens et amis, nous étions une vingtaine[67] ».

Borrelly qualifie souvent d'amis des personnes qui lui témoignent, sans doute, des sentiments plus ou moins cordiaux, avec lesquels un échange de services est possible, mais non une communauté de vie. Il n'est pas de leur monde mais il est fier de les proclamer ses amis, comme s'il affectait de prendre au premier degré l'honneur qu'ils lui faisaient de le considérer comme tel et prenait la pose pour en convaincre ses successeurs. Ainsi des évêques. Il applique le terme d'ami à deux d'entre eux, Séguier, évêque de 1671 à 1687, et Fléchier qui lui succéda et mourut en 1710. Dans le cas du premier, surtout, se révèle la nature de telles « amitiés ». Lorsque Séguier donna, en 1681, la tonsure à Charles Borrelly, le notaire commente ainsi : « C'est [fut] à mon fils seul qu'il donna la tonsure. Il me voulut bien témoigner cette marque d'amitié à cause que j'ai l'honneur d'estre son notaire et secrétaire de chapitre. D'ailleurs il me fait la grâce de coucher chez nous lors du passage de monseigneur le duc de Vernueil [Verneuil] pour les Estats par ce qu'il le loge avec toute sa suite chez lui ». En 1682, il parle de l'évêque et de son vicaire général comme de ses « bons amis ». En 1684, à la prière de Séguier, il accepte un rabais de 80 livres sur les 200 livres que lui devaient les ursulines du grand couvent : « Je n'ai pu reffuser audit seigneur à cause que j'ai l'honneur d'estre son notaire et d'ailleurs, j'espère des grâces de lui pour moi et pour mes enfans. » En 1685, il dit qu'il est « aimé de l'évesque » et qu'il est constamment dans l'évêché « estant regardé comme de la maison ». Il est peut-être regardé comme de la maison à condition d'y rester à sa place : lorsqu'il est invité dans le nouveau palais épiscopal, il dîne avec les aumôniers et l'agent de l'évêque « dans le membre bas qui doit servir de cuisine ».

En fait, l'évêque avait besoin de Borrelly mais se comporte un peu avec lui comme don Juan avec M. Dimanche : en 1688, un an après avoir quitté Nîmes pour n'y plus revenir, il fait payer 330 livres au notaire « pour tous les affaires, actes, contrats, voyages... » faits pour lui pendant 17 ans. Le compte se montait à 700 livres mais les amis de l'évêque persuadèrent Borrelly de se contenter de cette somme, « me faisant aprehender que je n'aurois rien ci je reffusois de prendre cette somme et comme il estoit parti pour Paris et qu'il n'avoit laissé aucuns effets, je la prins »[68] ; et le notaire de commenter amèrement qu'en toute justice il aurait dû percevoir les 700 livres puisque le prélat « n'avoit rien fait pour moi ni pour mes fils pour tenir lieu de récompense. » L'« honneur » d'être le notaire épiscopal, la « grâce » d'héberger éventuellement Séguier, celle de partager à l'évêché le repas du petit personnel valaient bien 370 livres...

D'autres « amis » appartenant à des groupes sociaux supérieurs au sien étaient susceptibles d'apporter à Borrelly une aide beaucoup plus efficace. Lorsqu'il veut, en 1676, faire refaire un testament à son père, c'est son « intime ami » M. d'Ouvrier, conseiller clerc au parlement de Toulouse, qui lui envoie un modèle.[69] En 1688, un gain de 369 livres, dû aux contrats de ferme des biens des nouveaux convertis fugitifs, lui a été procuré par « messieurs Pouget et Verchan de Montpellier » qui « avoient ce parti » (ils « m'auroient procuré cette pratique comme estant de mes bons amis »). Rien par ailleurs n'indique le lien entre Borrelly et ces partisans.[70] Dans ce cercle extérieur des « amis » apparaissent, à l'occasion de leur décès, deux personnalités locales. En 1675 mourut un gentilhomme, originaire de Bezouce, François de Teste seigneur de la Motte et premier consul de Nîmes en exercice, « mon bon amy et de longue main ses devantiers avec mon père ont esté toujours bons amis, mon père dans sa jeunesse aiant esté ataché toujours à la personne de M. le chevalier de la Motte, oncle dudit sieur François ». On sent bien à travers ce bref commentaire que la famille Borrelly est dans une relation de clientèle avec les la Motte.[71] Etienne se plaît à qualifier d'amitié ce lien de dépendance. En 1679, la relation de la mort et des funérailles de « messire François de Rochemore président au présidial et ci-devant juge-mage et lieutenant général » est suivie de cette appréciation : « J'ay perdu un bon ami ». Trois ans plus tôt, Borrelly avait assisté — apparemment d'assez loin — à la réception du fils Rochemore à la charge de juge-mage et de lieutenant général de la sénéchaussée qui lui avait été résignée par son père : « Toute la cour y estoit, les officiers royaux aussy à un banc particulier, les consuls avec leurs chaperons, aussy à un banc et grande quantité de beau monde, dames et demoiselles... le palais estoit si plein du monde qu'on ne pouvoit pas se remuer »[72]. Dans le cas de ces deux notables, les liens de clientèle avaient été renforcés par l'appartenance au même parti. Le ciment de l'« amitié » devait être religieux : premier consul catholique et fils de premier consul, François de Teste de la Motte était neveu d'un chanoine qui fut vicaire général et François de Rochemore avait été, lors des troubles de la mi-XVIIe siècle, le chef de file des catholiques.[73]

Secrétaire du chapitre, greffier de l'officialité, Borrelly établit des relations cordiales avec de nombreux chanoines ou prêtres. Avec plusieurs de ces clercs comme avec quelques-uns de ses confrères ou des bourgeois de Nîmes, l'amitié prend une tonalité plus familière. On sent ici une connivence, un commerce humain de plain-pied et parfois, dans une convivialité partagée, une manière de douceur de vivre commune. Dans ce cercle des amis les plus proches, « vivier d'intermédiaires obligeants »[74] fonctionne un jeu d'invitations qui s'inscrivent dans le système de dons et contre-dons, moteur des relations d'amitié. Le plus souvent, malheureusement, Borrelly ne mentionne pas le nom des convives, se contentant d'indiquer qu'il a donné à dîner ou à souper à deux, quatre ou quelques amis. Parfois cependant des noms apparaissent : les chanoines Fabrique, Lagarde, Aubert, Rozel, Jaussaud, de Laugnac, Novy, Queyras et l'inévitable Charles Maigne, cousin de la première femme du notaire,[75] un simple prêtre, La Corvazerie, secrétaire de l'évêque ou le prieur de Bezouce qui prête à plusieurs reprises son cheval à Etienne. La mort du chanoine Demérez en 1679 suscite ce commentaire : « Nous estions fort bons amis et fort souvent ensemble. » En novembre 1686, Borrelly paie 2 livres 10 sous pour un repas « au petit mas de la vigne de M. Maimbert ou estoient M. Lagarde qui avoit fourny quelque gibier — c'est pour cela que le repas ne monta que 50 sols — mes deux nepveus scavoir le prêtre et le droguiste, Séguret mon beau-fils, M. Maimbert ». Les laïques appartenant à ce cercle des amis proches sont, outre Maimbert avocat, ses confrères notaires Peyronnet (de Saint-Bonnet) et Durand (de Marguerittes), le marchand Bedos, le tailleur Montfaucon dont il parraine un enfant.[76]

Les cadeaux et services qui sont le nerf de l'amitié apparaissent à longueur de livre dans la mesure où celui-ci est d'abord un livre de comptes : en 1669 par exemple une dépense de 2 livres 19 sols au cabaret « pour un soupé donné à trois de mes amis en considération d'une bonne pratique qu'ils me firent avoir ». En 1682 six livres « pour un repas donné à mes amis à qui j'avois obligations pour des affaires qu'ils m'avoient procurées. » En mai 1670, il dépense 4 livres 10 sols pour régaler des chanoines d'un souper qu'il fait porter à son jardin : « Messieurs Queyras, Maigne et Novi en considération de la grâce du lods qu'ils m'avoient fait de mon acquisition de la maison, M. Aubert chanoine estant aussy audit soupé. » Ce dernier, en 1678, légua par testament 60 livres de pension annuelle pour permettre à l'une des filles Borrelly d'accomplir, éventuellement, une vocation de religieuse hospitalière. A son décès, en 1681, le notaire récapitule : « Je lui aurais rendu beaucoup de services par ma qualité de notaire dans tous les affaires qu'il a eues ou autrement. Je m'empressois de l'obliger affin de donner quelque secours à ma famille qui est nombreuse par la grâce de Dieu. [...] J'ai obligation audit sieur Aubert. Dieu lui fasse miséricorde. » En 1692, don et contre-don amical à propos du chanoine Novy, receveur du chapitre : percevant avec un retard de six mois le versement de la portion des dîmes du chapitre affermée par Borrelly « de sa grâce n'a pas vouleu jamais prendre aucun inthéret de quoi je lui suis bien obligé quoi qu'il m'ait plus d'obligations à moi[77] ». L'amitié entre

Borrelly et Peyronnet, notaire à Saint-Bonnet, non loin de Bezouce, se nourrit aussi d'échanges. En 1684, le tabellion nîmois fait faire des souliers pour sa fille Thérèse alors âgée de neuf ans « qui est à Saint-Bonnet, chès le sieur Peyronnet notre bon ami, depuis quelques mois pour changer d'air. » A Noël 1685, il achète quatre livres de touron et quatre livres de nougat et en envoie la moitié à Peyronnet « parce que nous sommes bons amis et parce qu'il m'a fait bien souvent de l'honnesteté. » A la même époque, le fils Peyronnet avait pris pension chez Borrelly où il logea d'octobre 1682 à juin 1685 : « Me Peyronnet notaire de Saint-Bonnet faisant estudier au collège son fils me l'auroit envoyé chez moi pour y demurer come pensionnaire. Nous n'avons point fait de marché parce que nous sommes bons amis et il m'a envoyé par son dit fils une lettre de compliment que j'ai en liasse. » En juin 1685, le fils Peyronnet quitte Nîmes pour les vacances après quoi il doit aller continuer ses études en Avignon et le père envoie « une saumée (2 hl) bled réduit en farine parce que j'avois son fils en pension depuis quelques années pour lui faire plaisir, ne m'aiant baillé chaque année que deux saumées bled, demi-charge (60 à 80 l.) d'huile, une ou deux charrettes de bois. Voilà tout. J'en ay mémoire du tout sur un papier volant qui ne me sert de rien, seulement par curiosité car je ne prétends rien de plus à cause que nous sommes bons amis [...] la saumée vaut à présent 18 ou 19 livres. » Malgré ces allégations, la curiosité invoquée implique un certain contrôle et elle dut être satisfaite puisqu'il envoie des friandises pour Noël. A la même époque, son voisin et ami Rousset et le bayle de Cabrières envoyaient du vin au notaire qui rédigeait gratuitement leurs contrats.[78]

Dans le monde du commerce et de la boutique, les relations entre Borrelly et son tailleur et compère Montfaucon sont excellentes : le notaire lui envoie deux couples de perdrix lorsqu'il devient quatrième consul en 1691. Le drapier Bedos lui fait des prix, lui cédant par exemple, en 1685, dix pans de drap (2,50 m) pour dix livres. « J'en aurois paié 14 ou 15 livres à un autre marchand » et le notaire explique le rabais : « Il est de mes bons amis et je lui fais ses affaires gratis ». Autre rabais intéressant en 1688 : « M. Bedos marchand, quoiqu'il ne vende qu'en gros, il m'a vendu en détail à cause que nous sommes bons amis, 5 cannes 2 pans (10 m 50 environ) sarge d'Orange à 55 sols la canne, se vendant partout 3 livres, 4 ou 5 sols la canne... » Bedos a des intérêts communs avec Borrelly qui se croit obligé, en 1687, de prêter 30 sols à un habitant de Cros, « n'aiant pu lui reffuser parce que M. Bedos est son patron et M. Bedos et moi bons amis comme faisant la liquidation des droits seigneuriaux de Saint-Bauzille, c'est-à-dire lui avec d'autres et moi recevant les recognoissances »[79].

Mais tout n'est pas toujours sans nuages dans ces amitiés à base d'intérêts... Borrelly devait être déçu par le marchand Rastouin à qui il avait emprunté 200 livres en 1680, avec promesse de rembourser « à sa volonté. » Bien que « depuis longtemps il a tesmoigné *estre mon bon ami* » (souligné par E.B.), Rastouin se fait payer les intérêts au denier seize au lieu du denier dix-huit malgré les protestations d'Etienne (« quoique je lui aie fait connoistre que cella n'est point bien et surtout à mon esgard qui ne lui prend jamais de son argent quoi qu'il fasse ») qui se résigne finalement (« je pourrois luy faire une affaire ce que je n'ay garde de faire parce qu'il m'a fait plaisir »).

Rastouin finit par imposer le remboursement de son capital, en 1687, sous menace de saisie des meubles. Le grigou n'a pas joué le jeu : il a imposé un intérêt usuraire, il n'a tenu aucun compte de ce que le notaire « lui fasse ses affaires gratis ». Peut-être la confiance de Borrelly avait-elle été accrue par les liens de parenté entre Rastouin et la puissante famille catholique des Novy, qui comptait Simon Novy, avocat du roi au présidial gendre de Rastouin ?[80]

L'inénarrable Charles Maigne, ami et cousin par alliance, devait lui aussi décevoir le notaire au soir de sa vie. Il avait prêté 800 livres au moment de l'entrée de Thérèse Borrelly chez les Hospitalières. Le livre de raison évoque cet emprunt en 1694 et n'y revient pas mais les liasses des archives de l'hôtel-Dieu contiennent une plainte de Maigne, en 1703, devant le sénéchal. Borrelly, qui fut condamné par défaut à payer 800 livres au chanoine, écrivit au dos de l'assignation : « Je ne me suis pas présenté parce que je veux compenser le rolle très considérable d'actes et affaires que j'ai fait pour lui et les siens... Ils se porteroient à plus de 1 000 livres, depuis 35 ou 40 ans »[81]

Quoi qu'il en soit et à ces exceptions près, on sent — tout au moins dans la partie du livre qui précède le drame familial de 1692 — la présence d'un réseau efficace et convivial. Un petit monde bourgeois et clérical qui s'entraide et partage les agréments de l'existence, en un siècle, sans doute dur, mais qui ne fut pas dépourvu de douceurs pour ceux qui purent, plus ou moins, bénéficier jusque dans les années 70 de l'âge d'or de la rente foncière.[82]

4

VILLE ET CAMPAGNE

MAÎTRE BORRELLY, NOTAIRE ROYAL, ET SON BUDGET

Le corps notarial

Entré dans la carrière notariale en 1654, Étienne Borrelly, « notaire royal du nombre des réservés, greffier des conventions et arbitrages de cette ville de Nismes et secrétaire du vénérable chapitre de l'église cathédrale de ladite ville », était conscient de la dignité de ses charges. Il partageait ce sentiment avec les autres notaires nîmois qui n'entendaient pas être ravalés lors des cérémonies publiques : en 1682, ils furent exclus de même que leurs rivaux, les procureurs, du défilé organisé pour la naissance du duc de Bourgogne parce qu'« il pouvait y avoir de l'embarras à cause du pas ».[1] Quelques mois plus tôt, le corps des notaires nimois avait délibéré sur ce point, rappelant qu'un arrêt du parlement de Paris de 1592 et un arrêt du parlement de Toulouse, en 1645, avaient stipulé que les notaires devaient précéder les procureurs. Borrelly avait même été député par l'assemblée pour présenter les doléances du notariat nîmois à l'intendant. Il s'agissait d'un vieux conflit de préséance : en 1666, les procureurs avaient été admis à la seconde « échelle » du conseil de ville alors que les notaires quoique « plus vieux officiers et (malgré la) dignité de leur charge » étaient maintenus dans la troisième échelle. En 1684, un arrêt du conseil termina le conflit en admettant les notaires nîmois à la deuxième échelle.

Borrelly assista fort régulièrement, de 1658 à 1717, aux réunions du corps des notaires qui se tenaient chez le plus ancien d'entre eux. A partir de 1681, date à laquelle il devint doyen, c'est dans la maison de la place Belle-Croix qu'il présida aux débats de ses confrères. Dans le livre de raison, ces assemblées qui réunissaient de 12 à 14 personnes soit la quasi-totalité du corps, sont quelquefois évoquées mais le registre de leurs délibérations, conservé pour la période 1658-1738, témoigne de la présence active de Borrelly.[2] Le corps notarial y discutait des intérêts communs de ses membres : poursuites contre les notaires étrangers venus instrumenter à Nîmes, dettes du corps, rachat d'offices créés, établissement du tableau portant tarif des différents actes, préséances. Soucieux de leur rang, les notaires tenaient à le mériter par un extérieur irréprochable. En juin 1692, constatant que depuis longtemps les tabellions nîmois avaient « dépouillé leurs robes et manteaux noirs et habits décens ce qui, entre autres choses, a fait concevoir au menu puple un tel mespris pour les personnes et pour les charges desdits notaires que, présentement, ils les mêlent et confondent avec eux », l'assemblée décida qu'à l'avenir, dans les processions et les circonstances officielles ils seraient « en robes longues et habits décens. » Ce quant-à-soi notarial n'empêchait pas ces messieurs d'organiser des agapes collectives. Leur livre de délibération est muet sur ce point mais le livre de raison montre que, en 1682, Étienne fut chargé par ses confrères de payer neuf livres pour le corps à l'Entre-deux, hôte.[3]

Borrelly manifestait un très net esprit de corps lequel, jusqu'à un certain point, transcendait la barrière religieuse. C'est un phénomène important, s'agissant d'un homme qui avait été mêlé aux affrontements religieux de la mi-XVIIe siècle et ne devait cesser de se comporter en représentant de la faction la plus intransigeante du catholicisme local. Certes, il se réjouit de l'arrêt du conseil de 1682, obligeant ses confrères réformés à se démettre de leurs offices « c'est un coup qui estourdit ci furieusement nos religionnaires qu'ils ne scavent où ils en sont. » Mais, avant cette date, il semble avoir eu des relations convenables avec ses homologues protestants qui constituaient la moitié de l'effectif de la communauté notariale nîmoise. La solidarité professionnelle, franchissant l'obstacle confessionnel, s'était exercée lors de la mésalliance de Tiphaine, sœur cadette de Marie Borrelly et Me Arnoux, qui avait accepté, « à l'instante prière » d'Étienne, de recevoir le contrat de mariage, était un calviniste convaincu qui entamait ses registres par des invocations pieuses.[4]

Les notaires nîmois présentaient un front uni contre la fiscalité frappant leur corps. Borrelly, contribuable exemplaire, se montre, ici, totalement solidaire de tous ses confrères. Encore une contradiction significative révélant, au travers de l'esprit de corps, un aspect intéressant de la personnalité de Borrelly. En mai 1673 il rapporte qu'il a été, à la fin de l'année précédente, l'un des députés des notaires de Nîmes aux États provinciaux réunis à Montpellier pour obtenir une diminution de la taxe de 450 livres sur chaque étude « pour jouir et disposer desdits offices héréditairement ». Ces réclamations avaient abouti à une réduction à 150 livres de ce prélèvement et « nut esté cellà tout le monde auroit esté ruiné ». Pour se procurer l'argent nécessaire à l'acquittement de cette somme, Borrelly s'associa pour un emprunt collectif à six de ses confrères dont trois (Arnaud, Aubanel et Daleirac) appartenaient à la R.P.R. C'est, de même, l'ensemble des 14 notaires nîmois — dont le syndic Me Ducamp était « de la Religion » — qui s'entendit en février 1674 pour acquérir « les deux offices créés de notaires par sa Majesté, suivant son édit donné à Versailles au mois de mars dernier ». Cet édit établissait un monopole au profit des deux nouveaux notaires et le chroniqueur précise les raisons du rachat de ces charges : leur création atteignait particulièrement ceux de ses confrères qui, comme lui, étaient « greffiers des conventions et arbitrages » (juridiction dépendant de la viguerie de Nîmes) : « nous avons esté obligés d'achepter ses deux offices parce que les acquéreurs ou commis d'iceux pouvoient passer toutes sortes d'actes et, *à notre exclusion*, nul ne pouvait passer les compromis, recevoir les sentences, conventions et autres actes mentionnés à l'édit *que les deux acquéreurs* ».

Très révélatrices, également, sont les récriminations contre l'amende frappant, en 1678, les notaires nîmois accusés de négligence dans la recherche des aliénations de biens ecclésiastiques du siècle précédent « quoyque nous eussions fait avec exactitude la recherche desdits biens qu'on demandait depuis 1556 ». Borrelly député du corps à Montpellier obtint une réduction de l'amende mais n'en exhala pas moins sa rancœur contre les traitants : « toute la province est en feu pour cellà car jamais il ni a eu chose plus rude contre les notaires puisqu'aiant fait la remise et recherche avec toute exatitude sans dol ni fraude. » Quel que soit son fanatisme religieux, il ne lui vient pas à l'esprit d'accuser ses confrères protestants d'avoir péché par omission dans cette affaire[5].

En 1682, Borrelly participe à l'achat des offices des notaires réformés, associé avec les tabellions catholiques à un emprunt destiné à rembourser les charges de six de leurs homologues protestants, c'est-à-dire 5 200 livres. Ces charges, les papistes comptaient « les vendre à des gens de probité et capacité » mais Borrelly constate avec amertume en rédigeant son bilan de l'année 1682, « nous ne trouvons personne à cause de la grande misère du temps. » Trois ans plus tard, les notaires calvinistes devenus « nouveaux catholiques » récupéraient leurs charges « lesquels offices, nottes et papiers nous avons remis suivant la volonté du Roy à ceux à qui nous les avions acheptés, en considération de leurs conversions au moien desquelles ils ont esté remis dans leurs offices »[6]... Sous la forme « nouveaux catholiques » et « anciens catholiques », c'était le retour à la coexistence.

Borrelly avait auprès de lui un clerc. Cet apprenti apparaît épisodiquement dans le journal, percevant par exemple, en 1683, 55 livres que son patron lui donna pour lui « avoir servi de greffier » dans l'exécution d'une « commission faite en qualité d'expert » qui lui avait rapporté 455 livres. Il tenait apparemment à ce que ce collaborateur lui fasse honneur : en 1688 il lui fait faire un justaucorps et lui achète un chapeau.[7]

L'activité professionnelle et son reflet dans le budget du notaire

Étienne Borrelly fut un notaire actif. Les belles séries qui constituent ses archives en témoignent[8]. Mais même s'il travaillait beaucoup, comme notaire, il avait bien du mal à joindre les deux bouts, à cause du poids de ses charges familiales, de la conjoncture économique et financière après 1680 surtout et il s'efforçait de se procurer des ressources d'appoint (gages de secrétaire du chapitre, affermage des dîmes, location de chambres). Son activité professionnelle se reflète dans trente registres et une douzaine de liasses d'annexes conservés aux archives du Gard.[9] La période faste 1666-1674 se traduit par le fait qu'un registre de 600 folios soit nécessaire pour les actes de chaque année. Un volume suffit pour 1675-76 puis on revient au livre annuel mais, à partir des années 80, un registre couvre deux années et dans la période postérieure à 1692, cinq années (1693-98 ; 1699-1705 ; 1706-1712). Le malheur des temps et le vieillissement du notaire se conjuguent ensuite pour une réduction de son activité : sept registres seulement correspondent aux 32 années 1685-1717. Les quatre années 1689-1692, par exemple, tiennent dans 614 folios ; 616 folios suffisent pous huit ans de 1706 à 1713 (moins de 100 folios annuels avec des minima pour les années 1708-1709 marquées respectivement par 56 et 54 fol°) et 179 folios pour l'ultime période d'exercice du tabellion octogénaire qui signe d'une écriture tremblée des actes rédigés par son clerc (1714 à 1717).[10]

Dans cette masse documentaire, les actes concernant le clergé tiennent une place considérable. Dans le registre de 1667, 23 actes (arrentements, procurations, lods et ventes, quittances) sont le fait du seul évêque Cohon et dans celui de 1689-1692, 28 procèdent d'Esprit Fléchier. Les contrats des chapitres et des ordres religieux sont également très nombreux : dans le registre couvrant la période 1689-1692 plus de 250 actes — de tous ordres — sont passés par le syndic du chapitre cathédral. Pendant la période ultime (1714-1717), 71 actes sont le fait du chapitre cathédral, 27 du prieur de Saint-Baudile, 13 de l'évêque La Parisière et 8 de l'abbesse de la Fontaine, soit 119 contrats sur 183.[11]

De 1669 à 1691, le bilan financier est, à la fin de chaque année, scrupuleusement mentionné. En général est indiquée la provenance des gains (honoraires notariaux, gages comme greffier du chapitre ou du clergé, ventes de blé ou de vin), renvoyant pour le détail à « un petit caier de papier dans lequel j'ay escrit jour par jour tout ce que j'ai gagné et receu » à propos duquel, à la fin de 1678, il est précisé « lequel estant remply faut rompre et faire un autre pour l'année prochaine et suivantes ci Dieu nous fait la grâce de vivre », ce qui confirme que ces cahiers n'étaient pas conservés. Lorsqu'il afferme des dîmes, Borrelly mentionne que son approvisionnement en blé en provient. Les dépenses ne sont pas détaillées en fin d'année, hormis la viande de boucherie, les chandelles, les lessives et les menues « dépenses extraordinaires » : le notaire renvoie aux pages du livre de raison (« comme il se voit » ou « comme il se justifie dans ce livre » ou « comme il résulte de ci-dessus »). Dans les années 80, il accompagne souvent son bilan d'une appréciation sur les difficultés économiques.

L'apport de son activité notariale à ses ressources représentait des sommes modiques, comprises entre 300 et 600 livres, une moyenne de 500 livres annuelles — moins de la moitié des revenus de ses amis du chapitre. Il est vrai que, dans les années 70 surtout, pendant lesquelles il s'essaya au commerce des blés et afferma des dîmes, les honoraires notariaux ne constituaient que la moitié ou moins des profits de l'année alors que, dans les années 80, ils en formaient une part plus importante, d'autant plus que, depuis 1673, Borrelly n'était plus secrétaire du clergé ni greffier de l'officialité (soit 140 livres de manque à gagner par an). Restaient les 100 livres d'émoluments annuels de secrétaire du chapitre cathédral. Le gain exceptionnel de 1688, soit 1 176 livres, s'explique par la liquidation à 330 livres de ce que l'évêque Séguier lui devait et 369 livres de contrats des biens des religionnaires fugitifs, « pratique » procurée à Borrelly par des amis « qui avoient ce party ». La modestie des gains notariaux était amplifiée par le fait que, parfois, Étienne ne se faisait pas verser d'honoraires attendant, en contrepartie, des prestations artisanales ou des avantages divers de clients bien placés. Ces derniers étaient parfois mauvais payeurs ou n'effectuaient pas les « contre-dons » espérés, à l'instar de l'évêque Séguier frustrant son notaire de la moitié des émoluments attendus, du rapace marchand Rastouin ou du sordide chanoine Charles Maigne si mesquin malgré son nom impérial.[12] En moyenne c'est 840 livres que percevait annuellement le notaire. S'y ajoutait, les années d'affermage des dîmes, la provision de blé assurée à la famille.[13]

Dans le chapitre des dépenses, l'alimentation représente un poste essentiel. Les seuls achats de blé montaient habituellement à près de 15 % des débours annuels ; la viande de boucherie ou le poisson de carême tiennent une place équivalente.[14] Les postes alimentaire et vestimentaire constituaient plus de la moitié des dépenses annuelles et parfois, en fin d'année, Borrelly évoque le poids financier d'une famille nombreuse à laquelle s'ajoutaient une servante et parfois un précepteur ou un gendre.

Aussi lorsque, en fin d'année, la recette l'emportait sur les dépenses, le notaire ravi et surpris, comme en 1681 où il reçoit les 306 livres de revenant-bon, apprécie « ne m'estant jamais arrivé de faire une espargne si grande à cause du grand nombre de gens que nous sommes et je suis bien estonné comme la chose est ainsi. Dieu soit loué ». Si l'on compare l'année 1686, dans une période de plus en plus difficile, au bilan de 1676 en des temps relativement prospères on constate que la part des dépenses alimentaires ou ancillaires reste constante tandis que celle du cabaret diminue de plus de moitié (0,8 % au lieu de 2,2 %) et que les intérêts des sommes dues à divers titres passent de 8 % à 16 %.

Certes, ce budget présente souvent un solde négatif mais — compte tenu des apports en nature de la période 1675-1680 — de 1668 à 1688, une année portant l'autre, on arrive à l'équilibre. Au cours des trois années suivantes le bilan devient catastrophique, éclairant d'un jour cru la bonne opération que fit le notaire en épousant Marie Lafont. La conjoncture économique générale, les conséquences de la révocation de l'édit de Nantes, le poids des impôts pèsent évidemment sur son activité. Son loyalisme politique, son fanatisme religieux ne l'empêchent d'évaluer lucidement, ni les suites de l'édit de Fontainebleau, ni les retombées négatives d'une fiscalité qui « attaque à contre-temps » selon la juste formule de Le Roy Ladurie.[15]

Le marasme des affaires dans la période de « reflux » de la fin du siècle apparaît dans les commentaires attristés du bilan annuel : « Je ne puis faire grand profit et espargner grand chose à cause de la grande famille que j'ai et d'ailleurs les affaires estant très misérables » (1680), « la grande misère du temps » (1682), « on s'estime hureus de pouvoir gagner la vie pour sa famille car la misère est si grande et les affaires perdues que c'est une pitié » (1685), « la misère est si grande et devient toujours plus grande que tout le monde a peine à vivre » (1688).[16] En 1689 Borrelly enregistra un déficit de 619 livres et y vit un « très mauvais présage pour devenir pauvre. Il est vrai que le temps se sent toujours plus misérable et l'on ne gagne pas sa vie et les despances et surcharges toujours plus grandes. » Un signe non équivoque de ses difficultés en cette dure année 1689 est la vente de sa montre qu'il avait achetée quelques années plus tôt pour 22 livres à son beau-frère l'« orologeur » Fabre époux de Tiphaine Vigier. Il était pourtant fier de l'exactitude de ce chronomètre qui « convenait bien » avec l'horloge de la ville. Fabre reprit l'objet pour 18 livres et Borrelly commente curieusement, rapportant là peut-être le propos qu'il avait tenu à l'horloger pour sauver la face, « elle ne me servoit de rien, ne la faisant pas travailler et elle se gatoit ». Les deux années suivantes, également déficitaires, suscitent des remarques désolées : « voillà qui est un chemin pour aller à l'hospital. Tout celà vient qu'on travaille peu et que le temps est misérable, la guerre estant cause de cellà » (1690), « voillà qui va mal et le chemin d'aller à l'hospital. Les charges sont si grandes et la misère aussi qu'il y a peyne de vivre. Dieu soit loué et nous donne la paix » (1691). Le notaire se plaint des charges : de fait, en 1691 il paya 22 livres 12 sols de taille au lieu de 17 ou 18 livres les années précédentes.

A partir de 1692, année de la mort de Marc-Antoine, il cessa de marquer systématiquement ses dépenses et de donner son bilan mais des notations isolées traduisent l'accroissement de la pression fiscale : en 1695, paiement de 26 livres 6 sols de taille, 10 livres de capitation, 30 livres 10 sols de taille sur les biens de sa seconde femme et 20 sols pour la capitation de Madon la servante, à reprendre sur ses gages. Les impôts de 1696 sont identiques à ceux de 1695 mais s'y ajoute une taxe exceptionnelle de 40 livres pour « les cazernes qu'on basty actuellement pour affranchir les habitants du logement des gens de guerre » et une taxe nouvelle sur l'entrée du bois dans la ville, au total 107 livres, auxquelles il faudrait ajouter les 8 à 10 livres de papier timbré annuel. Ni les dépenses ni les revenus du notaire ne sont indiqués avec précision pour cette période néfaste. L'apport des biens de sa seconde femme a dû l'aider mais si nous supposons une dépense annuelle de l'ordre de 800 livres, comme dans les années précédentes, le prélèvement fiscal atteindrait en ces années de fin de la ligue d'Augsbourg de 10 à 14 % des dépenses au lieu de 4 ou 5 % dans la période précédente. En mai 1696, Borrelly, résigné mais lucide, commentait « nous sommes dans un temps que tant que la guerre durera nous ne pourrons voir que toutes sortes de taxes, estant juste que notre grand roi soit secouru estant nostre deffanceur » ; il accepte également les conséquences économiques de la révocation de l'édit de Nantes : en mai 1686, à la suite du bilan annuel, « la misère du temps est ci grande qu'elle tient tout le monde dans l'espouvante et tout vient de ce changement de religion que notre grand roi par la grâce et assistance de Dieu a fait dans son royaume » et, en 1687, « la misère est ci grande depuis plusieurs années notamment depuis le changement de religion des huguenots qu'à peine l'on put vivre, le négosse et toutes les affaires estant entièrement perdus. Rien ne se fait, la pluspart des nouveaux convertis s'estant enfuis dans les pays estrangers ».[17] A cet exode huguenot et à l'insurrection camisarde, à la dépression économique générale aggravée par la guerre et la pression fiscale s'ajoutèrent quelques hivers exceptionnels suivis de mauvaises récoltes. Or la situation de ce notable urbain était extrêmement dépendante de l'économie des campagnes bas-languedociennes.

L'HOMME DANS SON TERROIR

Un bourgeois de Nîmes au XVIIe siècle est un homme attentif à la production agricole. Les récoltes et les conditions météorologiques dont elles dépendent sont un souci constant dans le livre de raison. Associé quelque temps à la perception des dîmes, Borrelly posséda aussi quelques biens ruraux. Dans son budget les dépenses alimentaires, pour l'essentiel en provenance directe de la campagne proche, tenaient une place prépondérante. Comme ses amis chanoines qui apportaient à la gestion de leur temporel une sollicitude de gentlemen-farmers, il fait figure de semi-rural, à l'image de sa ville dont les notables étaient le plus souvent des rentiers du sol et dont la population comportait un nombre appréciable (13 à 20 %) de travailleurs de la terre.[18]

Météorologie et récoltes

Étienne Borrelly croyait aux prophéties de Nostradamus qui avait prédit, dit-il, pour 1660 « le voiage du Roy, la citadele de Marceille et la prise d'Orange » ; il lui paraît donc légitime, en 1666, d'escompter une « année fort sterille... Nostradamus l'aiant prédit »[19]. Il s'intéressait aussi aux phénomènes astronomiques extraordinaires et, tout comme Pierre Bayle, s'interrogea sur la comète de 1680 ; il y vit un signe inquiétant dont il fut d'autant plus frappé qu'il le découvrit la nuit de Noël, tandis qu'il allait avec un neveu et un beau-frère « passer festes » chez le vicaire perpétuel de Carnas : « Les paizans après notre collation, nous firent remarquer une caumette du costé du couchant, longue et large prodigieusement. Elle prenoit sa naissance tout droit à une estoille. Lesdicts paizans nous dirent qu'il y avoit plusieurs jours qu'elle paroissoit et elle paroit encore. J'escris cet article ce jourd'hui 30e dudit mois de décembre. » Il s'était renseigné auprès des doctes « les personnes qui sont entendues dans l'astrologie disent l'avoir mesurée et trouvé qu'elle a vingt cinq mille lieues de large et douze cens mille de long et soutiennent qu'elle se voit de tout le monde. On escrit de Paris qu'on la voit aussi. » Ces personnages autorisés lui précisèrent que la comète était « pardessus le soleil et qu'elle durera quasi six mois et deviendra très petite ». Quant à lui, il avait observé qu'elle « paroissoit vers les 7 heures du soir et montoit toujours du costé du septentrion et du costé du soleil levant. » Au-delà de la description du phénomène, il aurait bien aimé décrypter le message apporté par ce météore : « on ne scait qu'en dire. Dieu nous préserve par sa grâce »... De même, en 1706, c'est dans un environnement propice aux merveilles, contre coup chez les anciens catholiques du prophétisme camisard, qu'un mois après l'érection de la croix miraculeuse de Saint-Gervasy le notaire enregistra une éclipse de soleil, si longue et si totale « qu'il y a bien du monde et gens vieux qui dirent que depuis que le monde est monde il n'en aura été fait un semblable. » Ce phénomène eut lieu le mercredi 12 mai lorsque les chanoines, venant de la dernière procession des Rogations, voulurent tenir leur chapitre ordinaire ; leur greffier « ne put point escrire tant il estoit obscur et nuict, les gens ne se voioient dans les rues ni on ni vit rien dans les maisons à quoy il faut adjouter foi car je ne grossis rien »... Tous ces signes météorologiques que certains de ses contemporains relevaient comme annonciateurs de la fin des temps inquiètent parfois le notaire attentif mais il plaçait, lui, toute son espérance en Dieu, dispensateur de pluie et de bonnes récoltes. « Si Dieu n'y met sa bénédiction » est un leitmotiv, sous sa plume, lorsqu'il mentionne telle ou telle intempérie.[20]

De fait, les remarques et développements concernant le climat sont nombreux, surtout lors des hivers particulièrement froids, des étés particulièrement secs ou des pluies catastrophiques que connaissent parfois les régions méditerranéennes. Ces notations confirment une des grandes tendances dégagées par Le Roy Ladurie : le XVIIe siècle fut une période marquée par une rigueur hivernale renforcée.[21]

La sécheresse estivale, habituelle en pays méditerranéen, se prolonge parfois au-delà de l'été et suscite l'inquiétude du chroniqueur, aussi bien pour les fruits de la terre que pour l'approvisionnement en eau de la population nîmoise, à commencer par l'état de son propre puits. En janvier 1660 « il y avoit grande sécheresse et homme vivant ne l'avoit veue si grande jusques là que de voisins à voisins on se reffuzait de l'eau », ce que confirme l'historien de Nîmes, Louis Ménard, « l'eau manqua dans presque tous les puits de la ville. Les consuls furent obligés de faire garder la Fontaine par deux hommes nuit et jour pour éviter qu'on y lavât le linge, cette source étant la seule qui fournit de l'eau aux habitants ».[22] On peut s'interroger sur l'efficacité de ces mesures de protection policière à lire la relation de la sécheresse de 1677 où, les puits de la ville étant pour la plupart à sec, « on ne scavait ou laver les lissives de tant que la fontaine estoit basse et sale de ce qu'on ne pouvoit empêcher qu'on ne lavât dans le bassin. »[23] Nous sommes au cœur de la décennie « xérothermique » 1676-1686 et Borrelly de commenter, lorsqu'en fin novembre 1677 la pluie arriva « il fait environ six mois qu'il n'avoit du tout point pleu en ce pais, chose la plus surprenante et estonnante du monde, aiant esté cette sécheresse fort générale du costé de Tholose, d'Avergne et mesme de Paris à ce que j'ay apris. »... La branche du Rhône séparant Vallabrègues du Languedoc est à sec et « on n'avoit jamais veu le Rosne ci bas, se passant de Beaucaire à Tharascon à pied sec dans cette saison hormis à l'endroit de son courant qui ne contient pas cent pas. Je l'ay apris par des gens de cette ville qui y ont passé, qui sont dignes de croire (d'être crus) ». En avril 1680 « l'Église fait des prières partout » parce qu'il n'a pas plu depuis sept mois « chose que, peut estre, homme vivant n'avoit veu. » Cette année-là, comme en 1683 et 1689, le puits du notaire lui « manque ». Le dimanche 23 septembre 1685, après vêpres, l'évêque Jacques Séguier donna sa bénédiction « pour rendre grâces à Dieu de nous avoir donné hier et avant-hier de la pluye, y aiant neuf mois qu'il n'avoit pas pleu sinon que la veille de Pasques dernières fort légèrement, les bleds et vin s'estant mûris sans pluie et nos puis quasy tous à sec. »[24]

La violence des précipitations, caractéristique du climat méditerranéen, attire l'attention de Borrelly lorsqu'elle devient vraiment paroxystique, comme en janvier 1689 où, sous le titre *Orage ou tempeste espouvantable*, il rapporte : « La nuict tombant sur le samedy 22e dudit mois de janvier 1689 et tout le samedy aussy il fit un si grand orage ou tempeste que tout le monde croioit estre perdu, personne n'ozant aller par la ville à cause du danger qu'il y avoit car on ne voioit que tumber tuilles et pierres de couverts ». Il évalue le dégât total à 10 000 écus, moins que le coût des destructions entraînées par les pluies de fin septembre 1708 où « on fait compte qu'il y a dans le terroir de Nismes pour plus de cinquante mille livres de domage ». Il intitulait d'ailleurs la relation de cette dernière pluie *Déluge* « le samedi 22e septembre à l'entrée de la nuict, 1708, il vint à pluvoir d'une ci rude force et estonnante qu'elle dura de même pendant 10 à 12 jours en telle façon que cette pluye devint comme un déluge aiant dans le cours des Caderaux [vallées habituellement sèches de petits torrents affluents du Vistre] emporté les vignes, arraché les oliviers et figuiers, renversé les murailles, innondé toute la campagne, la fontaine estant si furieuse que les fossés de la ville ne pouvoient contenir l'eau qui en provenoit. Elle [la pluie] fut si générale que, dans les Sévènes et dans ce pays plat tout fut susmergé, personne dans tout ce temps là ne put point voiager, les chemins estans impratiquables, s'estant perdu beaucoup du monde qui furent surpris... ». Ce qui le frappe particulièrement ce sont les dégâts subis par les maisons : « tout le monde estoit desconcerté, toutes les maisons innondées ni aiant eu aucun couvert qui ait peu résister » et par les campagnes « on a trouvé dans les plaines quantité de perdris, lièvres, mortes et noyées et surtout une infinité de lapins et, surtout du costé des rivières, des métheries et maisons de campagne emportées », avec un risque de retard pour les semailles : « on ne pourra semer put-estre de cette semaine »[25].

Comme ses contemporains, Étienne Borrelly a été frappé par la fréquente dureté des hivers du siècle qui suscitent des développements pathétiques — mais tout particulièrement le grand hiver 1709. Il est significatif que le notaire, qui ne tenait plus son livre de raison que très irrégulièrement à ce moment de son existence, ait consacré plus de deux folios à cet épisode ; l'« Annotation touchant la rigur extraordinaire dans l'année 1709 » est d'une précision qui mérite une transcription complète et respectueuse de la forme[26].

A sept reprises, pour 64 ans de chronique (six fois pour les 38 années 1654 à 1692 où les annotations sont plus abondantes), le notaire décrivit des frimas particulièrement accusés. Dès le début du livre, pendant l'hiver 1658, saison funeste pour les catholiques nîmois après l'émotion sanglante de la Saint-Sylvestre, il ne manque pas d'évoquer la circonstance aggravante des intempéries pendant le « débagagement » des catholiques. « Il faut scavoir que cet hiver fut si rude que jamais on n'a ouy dire qu'il y en ait eu aucuns de semblables. On trouvoit des gens et des enfans morts le long des chemins. Le soleil ne parut de longtemps. Presque toujours tomboit du verglas qu'à peine le monde pouvoit marcher de tant que les chemins estoient glissans. Jusques là mesme que j'ay remarqué que la salive n'estant plus tôt sortie de la bouche qu'elle se geloit, le vin et l'encre s'estant gelés aussy.[27] » Du 9 au 12 janvier 1660, Louis XIV séjourna à Nîmes. De grandes pluies accompagnèrent ce séjour mais elles avaient dû être précédées d'un froid exceptionnel puisque le Rhône était pris par les glaces « il faut notter que huit jours auparavant tout le train du Roy et de toute sa cour passa avec charrette, chariot et mulets comme sur le chemin de tant que le Rosne etoit gelé et pris »[28]. En 1665 et 1670, la mortalité répétée des oliviers fut sans doute la plus importante conséquence locale du refroidissement du climat : « dans l'hiver de cette année 1665, les olliviers ont esté presque tous tués dans ce pais et surtout depuis Montpellier jusques au lieu de Saranhac (Sernhac). Ce fust une ci grande mortalité que depuis que le monde est monde on n'avoit jamais ouy rien de pareil. Ce fust une certaines eau qui se congela qui nous causa cette perte ». La « certaine eau » qui gela correspondait-elle à une montée de sève ?[29] Conséquence, en mars 1670, la cherté de l'huile « à cause de la rigueur de l'hiver. Peut estre que jamais il n'avoit esté cy rude, aiant tué presque tous les olliviers de cette province jusques au plus proffond et il est arrivé que, pendant deux mois et demi, il n'a fait que tomber de nege et verglas, en telle façon que personne n'osoit pas sortir de sa maison à cause qu'on ne pouvoit marcher de tant que le terrain estoit glissant, ne pouvant exprimer le mauvais temps qu'il fit ».

Borrelly semble oublier assez rapidement ces annotations et consigne, fin février 1679, que « l'hiver a esté ci rude qu'il a duré plus de trois mois, aiant gelé tous les jours pendant ledit temps à pierre fendre et jamais personne qui vive n'en avoit veu un ci long et, peut estre, ci rude ». A la mi-avril 1688, il affirme « jamais on n'avoit veu un hiver plus rude et plus long car, depuis la veille de la Saint-André (30 novembre) il a presque toujours gelé et chose remarquable que les amandiers n'ont commené à paroistre (fleurir) que sur la fin mars ». En février 1684, un achat de bois suscite ce commentaire : « l'hiver est ci rude depuis environ un mois que tout le monde aprehende des oliviers. Il a neigé pendant trois diverses fois et il a tombé du verglas et gelé à pierre fendre nuict et jour et cellà fait que tout le monde souffre et surtout les pauvres. »[30] Le notaire aime bien relever l'extraordinaire « jamais on n'avoit vu... » comme encore le 13 décembre 1676 « où il tomba environ trois pans de nège. On dit qu'il ni a point d'homme vivant qu'il en ait tant vu que cella. » L'hiver 1694-1695 connu, avec celui de 1709, comme un des deux plus durs du siècle, ne suscite aucun développement mais nous sommes alors dans la période lacunaire du livre, celle qui suit la mort du fils cadet. Par contre, beaucoup de détails sur l'hiver de 1709 « temps le plus misérable qui ne se veit jamais », où le gel des blés et des oliviers, la famine, les « garrigues brûlées come si le feu y estoit passé », la détresse des pauvres au bord de l'émeute faisaient croire au notaire et à ses concitoyens « que nous estions à la fin du monde. »

Les notations météorologiques concernent, bien sûr, la ville, notamment l'approvisionnement en eau, potable et pour les « lissives », mais aussi les jardins et l'industrie nîmoise. En juillet 1689, nous avons vu le notaire se désoler sur le sort des teinturiers et des jardiniers[31], cependant les préoccupations principales que suscitent les intempéries concernent les récoltes et les prix agricoles. A la suite des gels successifs des oliviers en 1667 et 1670 il note la hausse du prix de l'huile. L'absence de pluie suscite les prières de l'Église et son arrivée rend heureux les habitants de la ville, préoccupés par les récoltes. La sécheresse peut avoir une autre conséquence redoutable si elle est accompagnée d'un temps calme comme en 1680 où « la faim estoit quasi dans la ville faute de farine car il n'a régné que fort peu de vent dans cet esté. » Or les moulins à eau ne pouvaient relayer que très imparfaitement les moulins à vent, « les moulins de Gardon ne tournaient pas que de temps en temps afin de faire que les escluses se remplissent, le Gardon estant fort bas. » En avril 1680, « elle (la pluie) est venue cy à propos qua rejouy tout le monde qui estoit dans une apréhention espouvantable de n'avoir aucune récolte. » En mai 1683, « Dieu par sa grâce après beaucoup de prières et processions... nous a donné de pluie » et « nos bleds se sont un peu reffaits ». En mai 1687, au moment de la soudure, Borrelly fait venir de Comps sur le Rhône, du blé venu de Bourgogne « et nut été ce secours, la famine auroit esté dans ce pais parce que l'année dernière nous n'avons pas eu de récolte. » En 1709 il est question de blés importés « du Levant et de Turquie ». La cherté du blé est vraiment au cœur des préoccupations du notaire comme de tous ses compatriotes du grand siècle[32].

Particulièrement révélatrices à cet égard, les appréciations portées à la suite de la mention des achats de blé en 1692 : « Le lundi 18 dudit (mois de février) ma fille a achepté de M. de Lille une saumée (200 litres) de bled qui est de la dismerie de St Bauzille paié content 25 l.10 s. le bled estant extrêmement cher et mesme toutes choses. Il y a peine à vivre. » En août, ayant acheté 8 emines de blé (120 litres) à 24 livres la saumée, il ajoute qu'il « a valu cette année jusques à 28 l et mesme jusqu'à 30 l. Il y a eu très grande misère cette année, les pauvres et bien d'autres gens qui n'avoient pas leurs provisions ne trouvant ni bled, ni farine, ni pain chez les bolangers. Si le bon Dieu ne nous eut donné une bonne récolte nous estions à la famine.[33] »

Borrelly apprenti spéculateur

Attentif toute sa vie au prix des céréales il essaya, lorsqu'il acheta la maison de la place Belle-Croix, d'utiliser les possibilités de stockage de cet édifice pour se livrer, modestement, à la spéculation, à l'instar de ces bourgeois picards, propriétaires ou locataires à Beauvais de maisons qu'ils remplissaient de céréales « en attendant paisiblement la hausse maxima »... Dès l'acquisition, en 1670, il fit réparer le grenier « j'ai paié au sire Claude Forestier marchand de bois 12 l, scavoir 6 l pour les ais et clous employés au grenier de ma maison, respondant ledit grenier à la place Belle-Croix... » et, en attendant, il fait entreposer à Garons 8 saumées de blé « à cause que le grenier où je le veux mettre n'est pas en estat[34]. » Cette année-là en effet la « mauvaise récolte est générale » et Borrelly procède en juillet-août à des achats exceptionnels, plus de 30 saumées (60 hl.) notamment le 21 août où il achète « du sieur Dardat facteur de M. Ravaisse marchand de Lyon, 12 saumées 3 emynes de bled à raison de 18 l. la saumée, lui aiant incontinent baillé 220 livres en 20 pistoles », blé qu'il reçoit le 11 septembre... Ce blé, acheté 18 ou 20 livres la saumée, est partiellement revendu de 22 à 25 livres à l'automne mais, après ce bon départ, seulement de 19 à 20 livres, l'année suivante où s'annonçait une meilleure récolte. Au total de 1669 à 1673 les achats représentèrent 923 livres, les ventes 528. Le prix du pain quotidien pour la famille n'avait donc été que d'une soixantaine de livres par an, ce qui représente un profit annuel de 20 ou 30 livres. Ce n'est pas une opération grandiose[35].

Le notaire ne s'enrichit pas non plus par l'affermage d'une des dîmes du chapitre cathédral.

Borrelly et la dîme

Secrétaire du chapitre cathédral qui délibérait tous les mercredis des affaires de cette compagnie, Borrelly vivait dans une atmosphère où la dîme était constamment présente. L'arrentement des prieurés dépendant de la mense capitulaire et celui des dîmes étaient une préoccupation constante des chanoines, patrons et amis du notaire. Certains des « Messieurs du chapitre » allaient au-delà de cette préoccupation, se livrant à des opérations malhonnêtes. L'évêque Cohon avait lutté contre la pratique consistant à prendre à vil prix, grâce à des prête-noms, la ferme des bénéfices de la mense. Cette prévarication était naturellement occasion de profits substantiels ; Borrelly était, professionnellement, au courant de ces problèmes, mais s'interdit visiblement de leur donner le moindre écho dans son livre. Pourquoi cette auto-censure ? Prudence à l'égard de ses employeurs cléricaux ? Plus probablement volonté délibérée de catholique convaincu d'éviter les jugements négatifs sur le clergé.

Il fut, en outre, modestement associé aux délices rentières du siècle en participant à l'affermage des dîmes. De 1675 à 1682, il entra dans une société qui avait pris la ferme d'une des dîmes du chapitre cathédral, celle du Plan. De 1675 à 1678, cette association était composée du sieur Sommilles receveur du chapitre et de son associé M. Peyronnet pour six portions, d'Étienne Borrelly, son frère Claude et son ami Maimbert pour les six autres portions. La rente à payer était de 550 livres par portion. Sommilles était ensuite chargé de partager le profit provenant de la vente du blé et du vin. Le consortium avait la forme d'une « société de main privée que j'ai dressée, qui est au pouvoir du sieur Sommilles ou de M. Maimbert, que nous n'avons pas encore signée (décembre 1675) à cause de la bonne intelligence et amitié qu'il y a entre nous[36] ». Alors que, de 1675 à 1678, Borrelly avait une participation de deux parts il ne prit qu'une part et demie pour la période 1679-1682, avec les mêmes associés. Cette fois la rente était de 600 livres mais le receveur Sommilles la maintint à 550 pour Borrelly (825 livres par an), soit pour lui une économie de 300 livres sur quatre ans, « Mr. Sommilles me fit cette douceur à ma considération à cause des grandes obligations et services que je luy ay rendus comme notaire et secrétaire du chapitre et je lui ai bien valu plus que la diminution qu'il m'a fait...[37] ». Las ! en 1681, Sommilles fut remplacé par Novy et Étienne fut menacé de payer 900 livres... Il ne tient pas, dans son livre de raison, le compte précis du rapport de sa ferme, attendant toujours que Sommilles dont « les affaires sont en désordre » donne le bilan des quatre années de « société ». C'est seulement en 1681 que le « compte final » put être fait pour la période

1675-78. Borrelly avait gagné 460 livres et obtenait que Sommilles lui tienne en compte les 300 livres de « douceur » escomptées pour la période 1679-1682. Le profit était convenable mais hypothéqué par la folie des grandeurs de la femme de son frère Claude auquel, nous l'avons vu, il fut obligé d'avancer, sur les profits réalisés, 670 livres pour la rose de diamant[38]. Avec un profit annuel de 100 à 200 livres, le notaire est un gagne-petit de la dîme. Il arrive trop tard, peut-être un peu naïvement, dans le monde des profiteurs du triomphe de la rente.

La famille Borrelly n'aura pas connu l'ascension brillante de la tribu Novy, issue de Simon Novy, modeste clerc de notaire en 1601, qui jeta les bases de la promotion familiale en se lançant dans la perception des revenus du chapitre. A l'époque d'Étienne, les Novy, sans abandonner l'affermage des bénéfices, peuplaient le barreau, le présidial et le chapitre... Borrelly, lui, s'estime heureux si son activité de sous-fermier lui permet d'approvisionner en pain sa maison. Cela apparaît dans les bilans annuels. « Dans ladite despance il ni est compris le bled qui s'est mangé dans ma maison... ayant aux dismes deux portions qui montent à 1 100 livres qui est pour chacune 550 livres », écrit-il en 1675 et, en 1676, « je n'ay point mis en recepte le bled que j'ai mangé et que je mangerai jusques à la récolte prochaine de mes deux portions du disme du plan... que j'estime pour le moins 200 livres, ainsi cette provision se trouve gagnée parce que les autres grains et beau bled seront plus que suffizans de paier 1 100 l. pour la rente de mes deux portions » ou, en 1677 et 1678 « non compris dans ladite recepte, la provision de bled qu'il a falu pour ma maison... se portant pour le moins à 12 saumées » (24 hectolitres environ). En 1679 « ne mettant point en despanse ni en recepte le bled que je mange qui provient du disme du Plan dans lequel je suis pour une portion et demi... lequel bled qu'il faut pour ma provision se porte bien à 150 livres pour le moins ce que je ne gagne point au disme et il s'en faut bien »[39].

Borrelly propriétaire terrien

De 1665 à 1669, il fut propriétaire d'une maison, d'une vigne et de quelques pièces de terre acquises dans son terroir originel de Bezouce. Il vendit le tout en 1669 pour 700 livres et en explique les raisons « j'ai vendu ledit bien à cause qu'il m'estoit à charge et me destournoit de mes affaires »[40]. Cette acquisition, au moment où la vigne cessait d'être un « secteur de pointe[41] », a en effet beaucoup occupé le notaire sans pour autant l'enrichir. A la même époque, et à une échelle moins modeste, les chanoines ses amis consacraient une grande partie de leur temps à la gestion des domaines de leur mense[42]... Les nombreuses notations concernant l'exploitation de ce petit domaine concrétisent le lien entre la ville et les campagnes avoisinantes. Pendant toute l'année 1667, il inscrivit le détail des dépenses que lui occasionnaient ces biens[43]. Les salaires en constituent une part importante ; ils correspondent exactement à ceux indiqués par ailleurs par E. Le Roy Ladurie : 10 ou 12 sols par journée de manouvrier, 4 ou 5 sols par journée de femme[44]. Cela représente une dépense supérieure à 80 livres. Il est vrai que son principal employé, Dayon, qui a perçu 56 livres, est par ailleurs son débiteur. En 1669, année de la vente de ses biens familiaux de Bezouce, le notaire indique, sans plus, « 80 livres pour des réparations à la vigne » et au titre des recettes 66 livres de vente de vin, 12 l de vente de blé et 4 l 10 s pour la rente de la maison de Bezouce ; le profit est dérisoire.

Mais il n'y a pas que le profit. Il y a aussi la satisfaction de boire du bon vin et plus encore s'il est à soi. Nous avons vu que le notaire appréciait le vin de Caveirac. En 1678, dans le même secteur à dominante huguenote de l'ouest nîmois, Borrelly en association avec son ami Maimbert, loua puis donna en métayage une vigne « *à cause qu'elle fait d'excellent vin.* » De cep en verre, la vigne transcende les barrières religieuses même pour les dévots... Borrelly conserva cet arrentement comme le montrent les mentions du paiement de 5 ou 6 livres de taille annuelle à l'exacteur local[45]. Outre cette location, le notaire avait hérité, après la mort de son père — comme héritier substitué avec son frère le marchand — de quelques « meschans coings de terre » légués par testament par « Jean Fournier qui avait demuré pendant environ 15 années pour vallet de mon père. » La mention des tailles correspondantes (2 livres annuelles en moyenne) apparaît régulièrement dans le livre[46]. C'est peu de chose, un lien avec le sol natal par l'intermédiaire des « coings de terre » donnés par le vieux serviteur. En outre le second mariage d'Étienne en 1694 lui valut, du fait de Marie Lafont sa femme, de devenir propriétaire de vignes à Nîmes. Il note, en 1695 « j'ay paié 20 livres 8 s pour 24 journées à raison de 17 s. chacune employées à fossoier ma vigne du clos. Je ne parlerai pas plus au long à cause que j'ay un cayer exprès où je mets tout ce que j'en reculie et tout ce que j'y despance. Ainsy dores en avant je n'escrirai rien de la despense ni du profit de mon clos. » Les papiers Borrelly des archives de l'Hôtel Dieu évoquent cette petite propriété suburbaine au titre des biens de feu Jacques Lafont, père de Marie : 8 émines un quart (4 ares environ), de vignes et oliviers sur la colline de Montaury[47]. Jusqu'à la fin de sa vie le notaire resta donc, modestement mais persévéramment, propriétaire terrien.

L'ALIMENTATION

Production agricole et rente foncière étaient donc deux ressorts essentiels de l'activité économique de cette société profondément terrienne, ce qui explique l'attention que Borrelly portait à la météorologie et aux récoltes. Ses tentatives pour se transformer en marchand de blé, sa participation ponctuelle à la ferme des dîmes, aussi bien que la propriété ou la location de terres contribuaient à l'alimentation de sa famille ; celle-ci reposait sur la trilogie méditerranéenne : blé, vin, huile, associée à quelques autres productions de la région, notamment des Cévennes. La viande de boucherie et la charcuterie étaient abondantes chez les Borrelly dont le régime alimentaire était riche comparé à celui de la majorité de leurs contemporains qui vivaient essentiellement de pain ou, pour les cévenols, de châtaignes.

Blé et pain

Le blé tient là une place importante dans le journal. La famille consomme 5 à 6 saumées (12 à 15 hl) par an, provenant d'achat ou d'affermage de dîmes. C'est du froment, de la « touzelle » (ce mot n'est employé qu'exceptionnellement mais les prix montrent qu'il s'agit bien de ce beau blé). Par exemple, en octobre 1685, Borrelly achète une saumée de blé 18 livres et prête 6 livres à son gendre pour acheter demi-saumée de seigle. En 1669, pendant trois semaines il achète son pain chez le boulanger mais habituellement il fait moudre son grain, ce qui lui revient à 5 ou 6 livres par an, comme l'indique une mention d'août 1681 « paié à un homme qui seroit allé avec son couple d'asne me faire farine à la Baume de

16 émynes bled, à raison de deux sols pour chaque emyne »[48]. Le détail de ces dépenses n'est pas noté, pas plus que, sauf exception, le prix, trois fois par mois, du « cuisage du pain » — mentionné par contre lors de son bilan annuel. La dépense du four était équivalente à celle du moulin.

De 1669 à 1676, il précise « pour le cuisage du pain 5 livres 8 sols pour toute l'année à cuire trois fois le mois à raison de 3 sols par fois » mais en 1676 cette somme est dépassée « parce que la table est asture plus grande venant à cuire 4 fois le mois à raison de 3 sols 6 deniers à 14 sols le mois et l'année à 8 livres 8 sols. » A partir de 1677, il ne donne plus le détail mais mentionne le « cuisage du pain » dans un lot de menues dépenses qu'il évalue en bloc à 40 livres « pour le cuisage du pain, chandelles, louage de femmes pour les lissives ou autres frais extraordinaires. » En 1684 et 1685, ce poste budgétaire passe à 100 livres, redescend à 50 livres en 1686, atteint 60 livres en 1687 et 1688 mais en 1689, 1690 et 1691, il n'y a que 15 livres pour four, lessives, chandelles (il n'est pas question de ces « frais extraordinaires » qui avaient assurément gonflé le chiffre total de cette partie du budget borrellien). La dépense annuelle pour la cuisson du pain a dû se maintenir à 5 à 8 livres pendant toute la période. Les dépenses en blé et en panification représentent en moyenne 15 % du budget Borrelly ce qui constitue une part considérable, mais réduite si nous comparons à un budget paysan ou artisan moyen.[49]

Le vin

Borrelly aimait le bon vin. Il en buvait régulièrement, en tout cas dans la période (jusqu'en 1692) où il donne des détails sur ses achats. Faisant son bilan de 1691, il précise en effet « il n'y a que moy quasi qui en boieve. Je mets tout au plus 2 pots par jour... à 1 sol le pot. » Alors presque sexagénaire, il reste un buveur tout à fait honorable : le pot se situant entre 1,19 et 2,86 litres, cela fait une consommation quotidienne entre 2,38 et 5,72 litres. Il devait avoir un bon métabolisme de l'alcool et, sans parler de ce qu'il pouvait ingurgiter chez l'Entre-deux ou dans les jardins de ses amis, on le voit en 1679 acheter « un alamby de verre, pour distiller et faire quelque eau »[50].

A partir de 1689 il précise qu'il « le fait achepter à chaque repas, ne faisant pas provision parce que je suis le seul, les filles en boivent très peu » mais, avant cette année qui est celle du départ des garçons, il faisait régulièrement rentrer du vin dans sa cave. Au début, il s'agissait de vin de sa propriété de Bezouce : en décembre 1668, par exemple, il faisait livrer « un voiage de charrette de vin » en provenant, mais la récolte étant médiocre, il en achète 8 barraux (4,5 hl) de plus, et, l'année suivante, il notait qu'il en avait vendu pour 66 livres et bu pour 40 livres. La vigne de Bezouce avait été vendue entre-temps, mais il lui restait encore du vin puisqu'il notait, en 1670, « j'ay fait de la vente de mon vin 83 livres que j'ai vendu dans ce mois estant ladite somme mise en recepte dans mon petit livre de recepte, me restant encore une tarseirolle et deux carteirolles pour ma provision (234 l) » L'année suivante, sous le titre *Provision de vin faite* est mentionné l'achat de 19 barraux de vin (près de 11 hl) pour un total de 35 livres. A l'automne 1673, 32 livres sont consacrées à l'acquisition d'une tiercerolle et quatre quarterolles (374 l) à Uchaud. Pendant la période 1675-1682, le notaire put compter sur du vin provenant de la dîme du plan ce qui ne l'empêche pas, nous l'avons vu, d'exploiter en métayage, à partir de 1678, une vigne située à Milhaud, à l'est de Nîmes. La vendange de ce petit terroir « qui fait d'excellent vin » (que Borrelly fait « emboutelier »), demandait cinq jours de travail. D'autres mentions d'acquisition de vin sont portées en 1684 et 1686. A la fin de sa vie, il ne mentionne plus ses achats mais les biens en provenance de sa seconde femme comportaient des vignes et, lors de l'insurrection camisarde, le notaire revint à plusieurs reprises sur l'insécurité des travailleurs employés aux vignes du terroir de Nîmes[51].

De l'huile au saindoux

Les achats d'huile ponctuent le livre de raison. La consommation annuelle est de l'ordre de 4 cannes (36 l). Borrelly s'attache à la qualité du produit, notant par exemple en décembre 1673 que Suzanne Liboud, sa belle-sœur veuve du frère avocat, « aiant fait le mois auparavant presser ses olives » lui avait proposé cinq cannes d'huile mais que « elle et ma femme y seroient allé pour la mesurer et ayant fait mesurer deux cannes, à la troisième, l'huile seroit devenue espesse ce qui auroit obligé ma femme de n'en prendre que trois. » En revanche, un an plus tard, l'ami Peyronnet notaire de

Saint-Bonnet lui procure pour 12 livres, trois cannes d'huile « excellente » : « ainsi j'aurai ma provision de bonne huille pour le manger et il m'en faudra achepter d'autre pour le restant du nécessaire pour la maison qui ne soit pas tant chère. » Le « restant du nécessaire » apparaît, le mois suivant, sous forme de l'achat d'« une demy canne d'huille vieux pour la lampe » à 3 livres 14 sols la canne.[52] Parfois, il se faisait livrer la plus grande partie de sa provision annuelle comme en février 1668 où il acheta « de Jonquet procureur jurisdictionnel de Bezouce 4 canes d'huile à 5 livres la cane » ou, en avril 1669, où l'aumônier de l'évêque lui « fit aporter 3 canes d'huile » à 3 livres 8 sols la canne. En décembre 1673 et 1674, il passe également d'importantes commandes à sa belle-sœur ou à Peyronnet.

En revanche, dans les années 1665-1670, la mortalité des oliviers entraîne une hausse de l'huile et les achats s'échelonnent toute l'année. Ainsi, en 1671, le 11 février « paié à la femme de Roux menuisier pour une demi-canne d'huile 34 sols », même achat au même prix de 27 février, le 13 mars, puis respectivement pour 35 sols et 31 sols les 2 et 18 juillet ; en août une demi-canne revient à 37 sols. En octobre et en novembre, la femme Roux vend une canne puis une demi-canne au même prix et Borrelly de commenter qu'il est « obligé de l'achepter ainsi à cause de la mortalité générale des oliviers ». Les prix de l'huile restèrent longtemps relativement élevés et les commandes tout aussi fractionnées. En 1681, une canne et demi d'huile (mesure de Vaunage il est vrai, c'est-à-dire 10 l. 15 la canne au lieu de 91. 19 comme à Nîmes) coûte 6 livres 10 sols. C'est parce que l'ami Peyronnet lui fit bénéficier d'une affaire et lui fit apporter par son valet 8 cannes d'huile à 18 livres (soit 2 livres 5 sols seulement la canne) que Borrelly revint, en février 1682, à une commande aussi massive.[53] Par la suite, les achats concernant une canne ou une demi-canne à 51 sols ou 3 livres la canne, ou davantage en 1691 et 1692 (3 livres 12 ou même 3 livres 16 sols)[54].

Ces achats d'huile fréquents, la cinquantaine de litres utilisée annuellement pour la table — et accessoirement l'éclairage — de la maison Borrelly ne doivent pas nous induire en erreur : l'assaisonnement de base utilisé n'est pas l'huile mais le lard et le saindoux. La preuve en est l'achat rituel, à la fin de l'hiver, de beurre « pour passer le caresme »[55] ce qui serait évidemment inutile si la cuisine était toujours « à l'huile ». La provision de graisse porcine se faisait en décembre ou janvier par l'acquisition d'un cochon et de sel. Le notaire se souciait du poids de cet animal, en général autour de deux quintaux et demi (une centaine de kilos[56]). En 1687, il se contente d'acheter un quintal de viande de cochon et en 1690 « parce que nous sommes peu de gens à la maison », il se procure auprès de « la grosse Margot », bien nommée revendeuse, 66 livres et demi de « pourceau frais pour saler ».[57]

Il était attentif également à la qualité de la viande porcine : le 23 décembre 1669 « j'ay paié 18 livres 4 sols pour un pourceau m'aiant cousté 8 livres 5 sols le quintal, *2 sols pour avoir fait vérifier s'il estoit saing* et 5 sols pour celluy qui l'a tué ». La charcuterie apparaissait sans doute souvent aux repas principaux mais, aussi, au (petit) déjeuner comme le montre cette précision apportée dans le bilan de l'année 1676 où, évoquant les 166 livres dépensées en viande, le notaire écrit qu'il faut en exclure les cochonailles, décomptées à part « aiant encore la plupart du temps, le matin, du salé qu'il ne faut pas comprendre dans la viande parce que le pourceau et sel sont[58] mis en despence ».

La viande

La viande abondait lors des repas pris avec ses amis et des festins exceptionnels comme celui qui marqua l'entrée au couvent de Thérèse Borrelly. Mais la table ordinaire de la place Belle-Croix en était également très honorablement fournie, hormis pendant les temps d'abstinence, scrupuleusemenmt respectés. Cette viande, très souvent absente des tables populaires, tenait même une place très importante dans la nourriture familiale. En dehors du cochon annuel, les bilans de fin d'année (car les acquisitions dans ce domaine ne sont pas détaillées) indiquent une dépense arrondie et précisent parfois « pour la viande de boucherie ou poissonnerie ou herbes » ou bien « pour la viande de boucherie ou jours maigres ». Cette dépense annuelle, d'une centaine de livres dans les années 70, atteint 166 livres annuelles de 1675 à 1678, 183 livres de 1679 à 1684, puis redescend à 144 livres en fonction de la diminution du nombre de convives (mariage de Catherine, mort de Marie et Joseph, puis départ de Charles et de Marc-Antoine). Sans compter la charcuterie, c'est plus de 10 % des dépenses annuelles qui sont consacrés aux achats de viande et de poisson.

Nous n'avons pas de précisions sur la nature de la viande achetée. Il paraît probable que le mouton y tenait une place importante, comme dans l'ensemble du Bas-Languedoc où l'élevage des bovins, relativement important à la fin du Moyen Âge, avait reculé au profit des bêtes à laine.[59] Même absence de précision pour le poisson hormis en 1693 (où Borrelly ne donne pas son bilan annuel), une allusion à un achat de morue (« merlusse pour le caresme »). Le gibier — dont le notaire ne nous parle qu'à propos de repas au cabaret — devait apparaître aussi sur sa table familiale mais il ne nous en dit rien pas plus que de ses éventuels exploits cynégétiques.. La giboyeuse chasse de Bezouce, qu'il afferma dans les années 1680, dut cependant fournir force perdreaux, lièvres et lapins. La volaille est rare : c'est visiblement un luxe que l'on se procure pour réconforter un convalescent ou une accouchée (« deux poules acheptées pour la couche de ma femme », 28 septembre 1675) mais il est quelquefois question d'achat de dinde. Proposition extraordinaire à laquelle Borrelly ne résiste pas, un religieux doctrinaire lui cède, moyennant 3 livres 6 sols « un cartier de derrière (de veau) pezant 46 livres » qui est immédiatement mis au saloir. Cochon, gibier, viandes diverses sans parler des délices de *l'Entre deux*, on n'est pas surpris de lire, en février 1704, sous le titre *Incomodité de la goutte* « si j'écris mal c'est que je suis atain de la goutte aux pieds et aux mains depuis environ le 20e janvier 1704 aiant gardé le lict plus d'un mois[60] ».

Des herbes aux épices

Les achats « d'herbes » sont notés sans autres précisions et seulement dans les bilans annuels. Sont-elles comprises dans la mention « achat de légumes pour le carême » ? Probablement, dans ce cas, s'agit-il de légumes secs comme semble l'indiquer cette précision du 22 mars 1680 « ma femme a acheptè d'une femme de Bernis une demi-emyne (7 ou 8 kilos) de gros pois chiches blancs pour le présent caresme[61] ». En septembre, au moment de la récolte, il est parfois question d'une acquisition d'oignons.[62] Les câpres étaient un condiment visiblement apprécié et Borrelly intervient personnellement dans leur mise en conserve « le mercredy 5e juin (1686) j'ai paié à M. Barjetion 2 livres 6 sols pour onze livres et demi de câpres (plus de 5 kilos) qu'il m'a vendus qu'il recullit à son clos qui est au plus haut de la bourgade des prêcheurs à raison de 4 sols la livre et je les confis à ma mode pour la provision[63] ».

Les châtaignes cévenoles viennent très régulièrement approvisionner la famille. A titre d'exemple, pendant la saison 1680-81, en novembre, il achète trois emines et demi (une soixantaine de kilos) de « châtaignes dauphinenques » — c'est la qualité supérieure — pour 3 livres 19 sols et, plus tard en hiver, à deux reprises demi-émine de châtaignes blanches, c'est-à-dire passées au séchoir et débarrassées de leur bogue.[64]

Autre production appréciée, le fromage de chèvre, de très loin supérieur sur les pâturages silicicoles des Cévennes à ceux produits dans les zones calcaires. Étienne le sait bien et « à la fin du mois d'août (1670) estant à St Jean de Gardonenque en commission pour Mr l'abbé de St Gilles », il n'oublie pas de ramener pour 2 livres 6 sols de « pélardons » cévenols ; d'autres fromages de la région sont mentionnés : celui d'Arles et surtout celui de Roquefort, déjà célèbre jusque sur le marché parisien. En 1676, il achète pour 2 livres 7 sols « un grand fromage de Roquefort pezant huict livres et demi. »[65]

Les desserts reposaient sur des productions locales, notamment le raisin, conservé de plus pour la mauvaise saison et, dans ce cas, la destination en est indiquée : le 27 septembre 1688 « pour une charge de raisins *pour pendre* 1 livre 10 sols ». Il en va de même pour les figues, fort abondantes au terroir de Nîmes « le samedy 29e dudict mois de janvier 1678, j'ai achepté vingt livres de figues sèches de Tramond jardinier de cette ville, estant fort grosses et belles, pour caresme prochain à raison d'un sol 9 deniers la livre. » Des achats de miel sont mentionnés et, en juin 1670, il est précisé « du miel pour confire des oranges et des noix[66] ».

Pour le sucre, le poivre ou les clous de girofle le lieu d'élection des achats est la foire de Beaucaire où l'on achète également du riz et, éventuellement, un baril d'anchois. Le sucre et le poivre proviennent parfois d'un marchand nîmois ainsi que les friandises de Noël, « tourron, noga et bisquit[67] ».

l'essentiel de l'alimentation de la maison borrelly provient donc de la production régionale ; que l'on considère le notaire comme propriétaire, comme rentier ou comme consommateur, sa vie et celle des siens sont étroitement dépendantes de l'agriculture. Cette situation n'a rien d'exceptionnel. La population nîmoise comportait un nombre important de ruraux (ouvriers agricoles, jardiniers), au moins 15 %. Les notables urbains étaient propriétaires de seigneuries dans le plat-pays. Les chanoines de la cathédrale étaient de véritables gentilshommes campagnards et les registres de leurs délibérations accordent une place considérable aux travaux à faire dans leurs domaines. Le lien entre les compatriotes de Borrelly et le terroir était existentiel[68].

5

JOIES ET PEINES

La piété incontestable de Borrelly ne l'empêcha pas de goûter, surtout pendant la première partie de son existence, un certain nombre de plaisirs : il aimait visiblement la parure, la table, la fréquentation de ses amis, pratiquait la chasse et s'associait aux festivités collectives, sacrées et profanes, de sa cité. Peut-être ces joies de l'existence — cette âpre saveur de la vie dont parle Huizinga pour l'automne du Moyen Âge — étaient-elles d'autant mieux goûtées, au XVIIe siècle, que la maladie et la mort étaient sans cesse présentes. Avec les moyens dérisoires de son temps, le notaire dut faire face aux attaques de maladies qui décimèrent sa famille.

LES AGRÉMENTS DE LA VIE NÎMOISE

Étienne Borrelly avait le sens de l'honneur de son nom et il aimait être entouré de la considération générale, recevoir par exemple, « mille bénédictions de tout le monde » pour la sollicitude témoignée à ses neveux. Notaire, secrétaire du chapitre, secrétaire du clergé, greffier de l'officialité, il était fier de ses charges : « c'est un poste le plus honneste de la ville » écrivait-il, en 1692, lorsqu'il se trouva sans successeur pour son office et ses différentes fonctions. La politique protestante de Louis XIV lui permit, en raison du manque de notables catholiques, de gravir un échelon dans l'élite nîmoise : en janvier 1679, lors de la catholicisation du consulat, il enregistra avec satisfaction sa nomination comme conseiller politique « à la seconde échelle, quoyque je ne fus pas de la qualité requise[1] ». Attentif au personnage qu'il jouait sur le théâtre de sa ville, il était un adepte de la « culture des apparences[2] » : très sensible à la mode — notion qui est de son vocabulaire — il s'attachait au décor de sa vie quotidienne et à l'élégance de ses vêtements. La famille, le métier, la représentation sociale, les devoirs religieux eux-mêmes, n'accaparaient pas la totalité de son temps ; il savait se ménager des loisirs.

Le décor de la vie quotidienne

En un temps où la mode se diffuse de la cour à « la ville » et aux villes de province[3] le notaire est attentif à la pénétration des nouveautés en matière de décoration et d'habillement. En 1673, il dépense la somme considérable de 53 livres 12 sols (6 % de sa recette de l'année) pour faire refaire le tour de lit de cadis vert d'une de ses chambres et surtout pour changer le tour de lit de soie et retapisser les chaises de sa propre chambre, car ces garnitures « estoient jaunes et parce que ce jaune estoit devenu tout fumous et tout d'ombrage, ma femme l'a fait teindre de coleur d'or ou coleur de soussy qui est *la coleur qui est présentement à la mode* ». En 1674, nous apprenons qu'il possédait 10 cuillères d'argent dont « six à la mode[4]. »

A l'encontre du parisien Chrysale qui conservait ses rabats bien repassés entre les pages du gros *in-folio* de la traduction Amyot de Plutarque[5], Borrelly, dès 1672, se convertit à la cravate « le mardy dernier dudit mois de may 1672, j'ai achepté du sieur Roux marchand, beau-fils de M. André, hoste, deux cravates pour moy *estant à la mode* ». Sa jeune épouse — elle avait alors 28 ans — devait partager et encourager ce goût puisque, le 3 mars 1674, le notaire note « ma femme m'a achepté deux cravates toutes faites, à trois rans, à 15 sols pièces.. Il y a plus de deux ans que je ne porte plus de rabas à cause que les cravates *sont à la mode*[6] ». Diffusion bien plus rapide, celle de la « redingote ajustée » : c'est dès 1676, peu après son apparition à la Cour et « la ville », que Borrelly se procure un justaucorps et précise « ne se portant présentement aucun pourpoint ». En 1691, à propos d'un habit offert à l'une de ses filles, Toinette, il est précisé « de toille rayee qui est fort à la mode[7]. »

Cette sensibilité aux phénomènes de mode se manifeste parfois comme un désir de conformisme : en mai 1679 « j'ai paié à la nommée Marie 3 livres 12 sols pour un quintal trente livres (une cinquantaine de kilos) de mousse qu'elle a vendu à nostre femme pour faire deux mathelas au lieu et place des mathelas de paille. *Tout le monde* en fait faire maintenant de cette sorte... »

Borrelly prenait grand soin de l'entretien de la maison achetée en 1670, qu'il s'agisse des portes, des fenêtres, cheminées, parquets ou serrures. Il se montra utilisateur précoce du papier peint. Lorsqu'il commença à marquer systématiquement ses dépenses, en 1668, il était marié depuis dix ans et avait, assurément, déjà acheté des meubles mais on le voit continuer à en acquérir ainsi que de la vaisselle. En 1671, lors de la vente à l'encan du mobilier de l'évêque Cohon, il acquiert « un petit tapis de Turquie montant à 4 livres » et, pour 16 livres, « une douzaine de chaises bois de noier garnies de vache de Roussy (Russie) et de clous dorés estant moitié uzées ». L'année 1673 voit d'importants achats de meubles, notamment de literie, près de 20 % des dépenses de l'année. Outre les 53 livres dépensées pour refaire des tours de lit, Borrelly déboursa 100 livres à la foire de Beaucaire pour des « meubles de maison qui consistent entre autres choses en deux vanes (dessus de lit), un traversié plume, une chaudière de fer autrement apelée oule pour servir à laver estaing, dix livres lin, huit livres couton (coton), un quintal de laine pour faire deux matelas, deux pièces de toile rayée pour faire le dessus de deux matelas et autres petites choses. » Dans les mois suivants sont achetés, pour 23 livres 5 sols, des bois de lit et toile à matelas[8]. Par la suite il est question ici ou là d'achats de matelas, de lits de repos, de lit suspendu, de toile peinte pour garnir divers meubles, de racommodage de chaises ou de réfection de matelas.

Lorsque, en 1685, Borrelly loua trois chambres de son premier étage il fut satisfait de pouvoir y laisser « partie de (ses) meubles » qu'il ne saurait où mettre. La maison de la place Belle-Croix était abondamment meublée et, lorsque, en 1690, Charles partit occuper son bénéfice de St Gilles, le notaire lui envoya un matelas de laine après l'avoir fait refaire, une toile pour paillasse, un traversin de plume, un couvre-lit, un chandelier, une lanterne sourde, des livres et « six tableaux de crotesques (*sic*) ». Sans humour — ce n'était pas son style — le père ajouta à ces grotesques « le portrait de Mgr Fléchier ». Charles bénéficia d'autres dons de meubles. Dans la transaction de 1718, partageant les biens qui lui restaient entre Catherine, veuve Séguret et Antoinette, épouse Delon, il est dit que le notaire « a suffisamment pouveu M. Borrelly son fils, prieur de Quilhan au moyen des meubles et effets qu'il lui a baillés. » Autres prélèvements sur le mobilier familial ceux effectués, nous l'avons vu, par sa fille Antoinette, épouse Delon, en 1712[9].

Soucieux de l'ameublement de sa maison, Borrelly se préoccupait aussi de la présentation de sa table. Elle était recouverte, évidemment, d'une nappe. Les achats de toile sont très fréquents. Leur destination n'est, en général, pas précisée (linge de maison ou linge de corps) mais, exceptionnellement, en 1670, nous trouvons les mentions suivantes « ma femme a acheté 8 cannes 5 pans (17, 25 mètres) toille façon de Venise, d'un marchand estranger en aiant fait incontinent douze grandes serviettes et deux napes, montant 12 livres 2 sols. » De même est évoqué l'achat, pour 10 livres 10 sols, de cordat « pour faire des napes ». Il arrive que le linge de table soit acheté tout fait. Le 15 mai 1673 Marie Borrelly achète, d'un « marchand du costé de Grenoble, 6 nappes et 18 serviettes, fasson de Venise, montant 12 livres 12 sols. » En 1668, il donne mission à son frère, le marchand, de lui acheter à la foire de Beaucaire, six grands plats et dix-huit assiettes d'étain. L'année suivante, il fait marquer tout son étain et son argenterie de ses initiales « EB et quatre estoilles à chacun ». Nous apprenons à cette occasion que sa vaisselle d'étain pèse « en tout un quintal (40 kg) d'estaing non compris une aiguière, venegrier, trois escueles, deux salières, deux porte-assietes et quatre chandeliers tout estaing fin sauf deux petits chandeliers. » En 1674, il avait « 10 culières d'argent, 6 à la mode et 4 petites, 6 fourchettes et une gondole et escuelle d'argent ». C'était un luxe, même pour un bourgeois de ce temps[10].

Le vêtement

Les acquisitions d'habits, de linge, de coiffures ou de chaussures, pour le notaire et les siens, correspondent à une nécessité et à un désir de paraître. Coquetterie et esprit d'économie se combinent dans la gestion du budget vestimentaire de cette famille nombreuse. Cela apparaît particulièrement dans l'achat de vêtements d'occasion permettant d'accéder, pour un prix relativement modéré, à des parures aristocratiques, de « paraître ce qu'on ambitionne d'être[11] ».

Les comptes ne sont mentionnés avec précision que de 1668 à 1692. Très vite, les dépenses vestimentaires vont croître en importance. En 1668, (année où le notaire consacrait 60 livres à la vaisselle d'étain) elles ne représentaient que 52 livres pour 801 livres de dépense globale — 4 enfants entre 0 et 10 ans — soit 6,4 % (un peu plus en fait car le notaire ne paya pas les bas achetés cette année-là, le chaussetier Roussel s'acquittant ainsi d'une dette). En 1670, année de l'installation place Belle-Croix, les dépenses en vêtements sont de 54 livres — 4 enfants de 1 à 11 ans — (la dépense totale de cette année étant de 1 366 livres), en 1671, 1672 et 1673, le total des achats de tissus et le paiement aux tailleurs ou aux cordonniers restent de même ordre, (56, 58 livres et seulement 31 livres en 1673, année où avaient lieu d'importants achats mobiliers) mais, dès 1674, nous arrivons à 81 livres, 10 % des dépenses de la maison, en 1675 — 7 enfants de 1 à 17 ans — 60 livres (en fait 71 compte tenu de l'achat d'une robe de chambre qui ne sera payée qu'en 1676) et 129 livres en 1676 (16 % de la dépense anuelle — 8 enfants de 1 à 18 ans —), voire 145 livres l'année suivante. En 1680 (8 enfants de 3 à 22 ans) la dépense pour l'habillement est de 114 livres et, malgré le malheur des temps dont il se plaint amèrement, nous constatons que le poste vestimentaire reste très important : 150 l. sur 752 de dépenses annuelles en 1685 (sa femme est décédée, Catherine est mariée, 4 enfants à charge de 10 à 20 ans), 135 livres en 1686. En 1691, (4 enfants à charge de 16 à 26 ans), dernière année où le détail et le total des dépenses sont portés sur le livre, habits et chaussures ne correspondent qu'à 60 l. sur 977 déboursées, dans un budget lourdement déficitaire malgré les économies réalisées.

Aux difficultés de la conjoncture s'ajoutaient alors les frais entraînés par les études de Marc-Antoine et les débuts de Charles dans la cléricature. L'habillement des deux garçons avait coûté cher à leur père au cours des années précédentes. En 1689, vêtements et souliers représentaient 134 livres sur une dépense de 1 095 ; en outre, dans le trousseau constitué à Marc-Antoine lors de son départ à Toulouse pour un prix de 89 livres, l'habillement comptait pour plus de la moitié. En 1690, les achats destinés à Charles, débutant dans la carrière ecclésiastique, constituaient près de la moitié des 107 livres dépensées, cette année-là pour ce poste budgétaire et il faut y ajouter 24 livres expédiées par lettre de change à Marc-Antoine « pour s'habiller[12] ».

Les dépenses concernant les chaussures reviennent très souvent car les cordonniers sont, non seulement réparateurs, mais surtout fabricants de souliers ; elles ne représentent cependant que 12 à

15 % de l'ensemble. Les vêtements ne sont pas achetés prêts-à-porter, sauf les occasions ou les acquisitions exceptionnelles comme la robe de chambre de la foire de Beaucaire en 1675 ou, éventuellement, les habits des enfants. Borrelly fait confectionner les vêtements souhaités par un tailleur, mais se procure d'abord du tissu. Le tailleur, personnage indispensable, est parfois abusif. Le plus fréquemment évoqué est Louis Montfaucon. Le notaire devint son ami et fut parrain de son fils en 1686. En 1689, ils vont ensemble chez M. Roux, marchand d'indiennes, choisir « une estoffe grise façonnée œil de perdris faite au Levant » pour faire un habit à Marc-Antoine, alors à Toulouse. Mais les relations amicales se tendent parfois au gré des humeurs ou des exigences. En juin 1677, Étienne paie trois livres, encore dues à Montfaucon, et ajoute qu'il ne se sert plus de ce tailleur qui a refusé de lui « faire une paire haudechausse » ; de fait, en novembre 1677, c'est un certain Fustier qui lui coupe une casaque de serge... mais, dès janvier 1679, Montfaucon encaisse 10 livres 15 sols « pour façon et forniture d'habits pour moi et mes enfans ». En 1680, il y a encore une commande d'habits à Fustier, pour les enfants (17 livres), mais Montfaucon revient triomphalement avec « la façon de trois habits ou fournitures pour moy » (16 livres 6 sols). Les contestations continuèrent cependant et même après le parrainage du fils de Montfaucon ; en décembre 1686, le tailleur veut se faire payer un compte de 28 livres 19 sols par Borrelly qui « prétend le réduire à 25 ou 26 livres » et parvient à ne payer que 23 livres au « compère Montfaucon », en trois paiements (14 livres, 6 livres, 3 livres)... En mars 1691, nouvel orage « je ne veux plus me servir de lui, m'aiant fait paier 3 livres de la façon de mon justecorps de drap ». Las ! deux mois plus tard Antoinette Borrelly et l'inévitable Montfaucon vont acheter trois cannes deux pans (6,50 mètres) de droguet pour confectionner un habit d'été pour Étienne. Après la mort de Marc-Antoine, en 1692, le détail des dépenses vestimentaires n'est plus guère mentionné mais on trouve encore, en 1694 et 1695, des paiements à Montfaucon et à Fustier[13].

Si les achats de toile n'entraînent qu'exceptionnellement la précision de leur destination, il arrive qu'on en trouve cependant mention : par exemple, le 5 mars 1672, 10 livres 8 sols sont dépensés pour 4 cannes (8 mètres) de toile « pour me faire des chemises » et quelques jours plus tard, 20 pans de toile (5 mètres) sont achetés dans le même but. En 1680, il est question de « toile indienne » achetée par la fille aînée « pour faire un coutillon » et de toiles destinées à une cravate et à une chemise pour Étienne. En 1685, nouvelles mentions d'achats de toile pour chemises. Lorsque Marc-Antoine part étudier à Toulouse, son père le munit de 14 chemises, deux chemisettes, un bonnet de nuit et cinq cravates. Les armoires de la maison devaient être bien remplies[14] ; dans les doléances de la fin de sa vie, le notaire se plaignait de ses filles qui dérobaient son linge..

Dans ces achats vestimentaires se manifestent, à la fois, un goût pour les nouveautés de la « mode », une réelle coquetterie, un désir de bien-être et une volonté d'économie. La coquetterie s'exprime par exemple quand le notaire achète, chez l'orfèvre Gay, en 1669 des boutons d'argent « pour mettre aux manches des chemises » et, en 1672, une paire de boucles d'argent « pour metre à mes jaretières » ; quand, en 1676, il achète « une paire bas de laine d'Angleterre pour assortir l'habit » de serge de Londres qu'il venait de se faire faire et, en 1684, quand il arbore une « cravate de mousseline à la cavalière. » Mais s'il recherchait l'élégance, il avait aussi — avant la lettre — le sens du confort, celui, par exemple, des manchons : en 1674, il en offre un à sa femme, en décembre 1678 il s'achète « un manchon de chat sauvage », en janvier 1680, c'est Catherine qui en reçoit un et, en 1689, cet accessoire figure dans le trousseau de Marc-Antoine partant étudier à Toulouse. En novembre 1675, il acquiert un bonnet de brocatel (c'est-à-dire de soie rehaussée de dessins brochés d'or et d'argent) « pour porter l'après-souper quand j'escris à mon estude ». En 1677 il remplace de grosses bottes par une paire de petites « fort propres et non importunes come celles que l'avois ». Lorsque Marie Borrelly tombe malade, Étienne lui fait faire, nous l'avons vu, une chemise doublée de peau de lièvre « affin qu'elle fut chaudement dans le lict[15]. »

Le souci de paraître n'était nullement exclusif du désir d'économiser comme le montrent les petits conflits avec le « compère Montfaucon ». D'autres indices le prouvent : en 1671, il fait retourner un habit, en 1675 il fait « racomoder mon habit de l'esté dernier affin qu'il me servît tout le prochain ». L'achat de vêtements d'occasion est plus ambigü, désir d'économie sans doute mais peut-être aussi moyen de porter, à moindre frais, des habits luxueux et « classants ». En mars 1685 par exemple, sont payées « à une couratière (fripière) dont il ne me souvient pas le nom 16 livres pour un habit de beau drap noir presque neuf qu'elle m'a vendu m'aiant dit qu'il avoit apartenu à feu Couret, de Sarnhac, qui mourut d'une pluresie, le bon marché me l'aiant fait achepter ». Il ne reste plus à l'indispensable Montfaucon qu'à mettre le bel habit aux mesures d'Étienne pour 30 sols. Dépense totale 17 livres 10 sols, soit — preuve de sa qualité extraordinaire — presque le prix de la serge de Londres acquise dix ans plus tôt pour un habit élégant, autant ou plus que la plupart des costumes que le notaire se fait habituellement confectionner. L'année suivante, c'est pour Antoinette, alors âgée de vingt ans, que son père, profitant de la conjoncture (« les nouveaux convertis vendent tout » dans l'intention probable d'émigrer) achète pour 16 livres, à une revendeuse, un habit de soie blanche à fleurs noires : ce vêtement « presque neuf » aurait appartenu « à la demoiselle de Fabre » et aurait coûté « pour le moins 30 livres ». Belle occasion pour une fille à marier[16] !

Au soin des apparences, aux nécessités d'une famille nombreuse, s'ajoutent parfois, inopinément, l'obligation de prendre le deuil à la suite du décès d'un proche. La mort du père d'Étienne aura pesé pour 26 livres 33 sols dans le budget de 1676, en habits, coiffes et cravates pour lui-même, sa femme et sa fille aînée. La mort de sa belle-sœur Marguerite, épouse du frère de la première Marie Borrelly, en 1680, entraîna l'achat de « toille pour les filles à l'occasion du dul qu'il faut qu'elles portent de leur tante Vigier » et celui d'un habit de crépon pour Marie « pour faire le dul de sa belle-sœur ». A la mort de Marc-Antoine à l'armée de Flandre, en 1692, son père note simplement « j'ai dépensé pour le dul de ce garçon pour moi, son frère le bénéficier ou pour sa sœur Thoinette en habits, crespe, bas et autres choses environ 20 livres »[17] soit le sixième de ce qu'avait coûté le deuil de sa mère en 1683.

Où Borrelly « charge perruque »

Les perruques, qui tinrent une place importante dans la vie d'Étienne, étaient assurément un signe de distinction. Il l'avoue, en 1680, par un occitanisme savoureux « j'ay acheрté une perruque du sieur Roquerol... l'aiant à mesme *chargée* ». Un demi-siècle plus tard, l'abbé Fabre représentera par la même image la réussite sociale de Truqueto, le père de Jean-l'an-près : « *carguet perruqua*[18]. » Mais Borrelly préférait invoquer l'aspect utilitaire : en janvier 1674, il commente sa première acquisition « j'ay achepté une perruque de

Jason Lalaine perruquier à cause du peu de poil que j'avois et du froid que je créniois » et y revient en décembre 1678 « j'ay paié au sieur Roquerol, marchant perruquier la somme de 11 livres pour une perruque entière assès belle pour le prix, aiant esté obligé de la prendre pour n'avoir presque point de cheveux et pour ma santé. » Le dévot chercherait-il à justifier ce luxe en un temps où les rigoristes comme Jean-Baptiste Thiers critiquaient les perruques des ecclésiastiques[19] ?

En tout cas, il fait preuve d'économie dans la gestion de ces accessoires capillaires. En 1680, il achète une perruque de 10 livres mais fait réparer la vieille pour 2 livres, y faisant « metre des flottes ». En janvier 1683 il achète simplement une petite perruque pour 7 livres. En décembre 1684, le rayon des postiches s'accroît considérablement : il se fait apporter une perruque de Montpellier et en reçoit une, offerte par le troisième archidiacre Jean de la Garde Chambonnas « en considération des affaires que je fais pour lui ».[20] L'esprit d'économie triomphe pendant la période 1688-90 où, dans une conjoncture difficile, le notaire doit financer les études des deux garçons et se contente parfois de perruques d'occasion. Il le précise en février 1688 « le nommé Dubois compagnon chirurgien... m'a vendu une perruque de rencontre qui est encore fort belle et bonne quoiqu'elle ait esté portée quelque temps. Pour espargner de l'argent, j'ai achepté celle-là, ne m'aiant cousté que 4 livres ». En 1690, il acquiert une perruque neuve mais, deux ans plus tard, il est tout content de se procurer auprès d'une « corratière » la perruque de « feu M. de Sauzette » qui est « encores très bonne » et qui ne lui coûte que 5 livres 13 sols alors qu'elle a été achetée pour le moins 18 livres.[21] Après 1692, il ne marque pas régulièrement ses achats mais son second mariage a amélioré sa situation financière et on le voit, en 1705, acheter au sieur Grandchamp maître perruquier, pour 18 livres, deux perruques dont une « légère pour l'esté »[22].

Ainsi Borrelly put-il, jusqu'à la fin, porter cet attribut indispensable du notable urbain ; achat neuf, don ou achat d'occasion — l'aspect apparemment minable de ce dernier type d'acquisition étant peut-être compensé par la satisfaction d'orner son chef dégarni de la perruque d'un membre de l'aristocratie locale comme M. de Sauzette[23] — il put ainsi profiter de la protection que ce postiche, sous lequel il plaçait une calotte[24], assurait à son crâne chauve.

Mimétisme à l'égard des grands, soucis d'élégance et de santé se combinent, dans la gestion difficile du médiocre budget notarial, à l'esprit d'économie ce qui n'empêcha pas Borrelly, pendant les soixante premières années de son existence, de se ménager d'importantes plages de divertissements.

JEUX ET DIVERTISSEMENTS

L'incontestable piété de Borrelly ne se doublait d'aucun rigorisme. Ce membre de la congrégation des Messieurs chez les jésuites paraît un tenant de la dévotion dans le siècle. Certes, il adhérait au système de valeurs de la Réforme catholique mais on sent, à l'arrière-plan du livre de raison, une joie de vivre, une grande aptitude à apprécier les charmes de l'existence. Comme ses maîtres jésuites, il s'efforçait de joindre Dieu au monde et c'est seulement dans le dernier tiers de sa longue vie que celle-ci devint, pour lui, une vallée de larmes. Il joue, chasse, festoie avec ses amis, parfois il voyage. Ce dévot n'est pas un pisse-froid.

Borrelly et le roi du papegai

Avant même le début de son gouvernement personnel, Louis XIV ordonna, en 1660, la suppression des élections de chefs de la jeunesse dans les villes du Languedoc. Ainsi disparut à Nîmes l'usage de désigner un « roi du papegai (le perroquet, cible des jeunes tireurs) », un privilège qui remontait au XIVe siècle et que Henri IV et Louis XIII avaient solennellement confirmé.[25] En 1661, le roi et les officiers du papegai vinrent en délégation trouver le sieur de Sauzette premier consul qui leur donna, après consultation du conseil, la réponse classique des administrateurs embarrassés : il convient de faire une commission « pour voir l'estat de cest affaire et les moyens de continuer la ville en ce privilège par la permission de Sa Majesté. »... C'en était fini d'une institution génératrice de défilés, tambours battants, enseignes déployées, de fêtes, de charivaris, de banquets offerts à la jeunesse par le roi du papegai et ses officiers, à l'occasion de l'exercice de tir à l'arquebuse dont le résultat servait à désigner le roi.

Dans sa jeunesse, Borrelly avait participé à ce joyeux déchaînement printanier « le 18 juin 1658, je paia à M. Tallard, marchand droguiste, la somme de 32 livres dont il me fit quitance au pied de la copie d'un compte que je lui devois *pour de galanteries lorsque j'estois jeune homme pour avoir paru à papeguay*. Il me fist sa quitance au pied dudit compte que j'ay en liasse, lui restant encore débiteur en tout de 5 livres lesquels il lui faudra desduire dudit compte pour estre un peu trop gras. » Hormis cette contestation de la note de Tallard, le notaire ne nous livre aucune appréciation sur le papegai, pas plus qu'il ne donne, les années suivantes, de jugement sur la suppression de la fête de « la royauté de l'oiseau ». Il a « paru à papegay » — le verbe est plein de sens — et a fait une dépense considérable pour son budget. De fait un « Borrelly » apparaît, sans précision de prénom ni de profession, en 1655 dans la liste des conseillers du roi de papegai et, en 1656, parmi les officiers de cette société de jeunesse. En 1658 un Borrelly marchand, sans doute le frère Claude, est conseiller du « roi ».

Les « galanteries » évoquées sont sans doute liées aux largesses que devaient répandre — à l'instar de la royauté réelle et de sa noblesse — le roi de papegai et sa cour. Étienne Borrelly a participé à la fête et sa réflexion ne le porte nullement à considérer qu'il a été complice de cette usurpation symbolique que dénonçait Étienne Pasquier, quelques décennies plus tôt : « Il n'y a dignité temporelle en France qui entre en comparaison avec celle de Roy et, néantmoins, il n'y a parolle en laquelle nos devanciers se soient tant licentieusement débordés qu'en cette-cy en subjets, les uns plus ravalez les autres plus relevez : roy des merciers, roy des poëtes, roy des arbalestriers... » Borrelly a « paru », il a fait la fête, cherché à briller au sein de la jeunesse de sa ville. Quelques jours avant de payer sa note à Tallard, il était entré à la congrégation des Messieurs, chez les jésuites. Cela ne l'amène pas à exprimer un quelconque repentir, ni au titre de la morale, ni au titre de l'ordre public. On aimerait en savoir un peu plus sur sa participation à la gloire d'une royauté éphémère[26]...

La fête civique

Dans sa jeunesse, Borrelly avait « paru à papegai ». Par la suite, il resta sensible, comme acteur ou spectateur, aux festivités urbaines. Il manifestait un très grand patriotisme local, s'associant à la joie de la cité dans ces circonstances qui désormais étaient, le plus souvent, liées à la politique royale (célébration de naissances princières ou de victoires, « entrées »). Les pompes funèbres, les *Te deum*, et les processions étaient aussi l'occasion de somptueuses cérémonies. C'est tout un aspect « baroque » de la religion du notaire sur lequel nous aurons l'occasion de revenir mais, pour nous en tenir à sa participation aux fêtes profanes, il est évident qu'il s'y trouvait en communion avec l'ensemble de ses compatriotes, parfois même oubliant, à cette occasion, la prépondérance du calvinisme. Cet amour de sa ville ne se nourrissait pas d'une connaissance sérieuse du passé de la « Rome française ». Il ne fait pas allusion aux travaux des érudits locaux qui, depuis le XVIe siècle, avaient célébré les monuments antiques de la ville et emprunté à Étienne de Byzance le légende de la fondation de Nîmes par Nemausus fils d'Hercule. Il se contentait de mentionner, sans commentaires artistiques mais attentif aux aspects extérieurs, les visites rendues aux antiquités de Nîmes par les hôtes de marque. En 1660, Louis XIV séjournant à Nîmes les visita et se rendit au pont du Gard. Les seules remarques borrellyennes concernent la « Font de Nîmes » grossie par la pluie et la vitesse des chevaux qui conduisirent et ramenèrent le roi en une matinée auprès du célèbre aqueduc. Le duc de Noailles, le lendemain de son entrée solennelle « alla à cheval voir la fontaine et les arènes, suivi d'une grande quantité de beau monde aussi à cheval. » Le maréchal de Bellefonds faisant en 1684, sur le chemin de la cour et après une peu glorieuse campagne en Catalogne, une brève halte nîmoise — le temps d'une collation — ne laissa pas d'aller voir les arènes et la maison carrée, « qu'il a trouvée fort belle ». En 1702, les ducs de Berry et de Bourgogne firent la visite des monuments sous la conduite de l'évêque académicien Esprit Séguier. Un peu plus tard Borrelly put voir « trois différentes fois » le nouveau roi d'Espagne Philippe V allant à pied visiter les arènes et la maison carrée[27].

Malgré ses lacunes culturelles, le notaire, quoique Nîmois d'adoption, ne manquait aucune occasion de glorifier Nîmes. Il fut très fier, nous l'avons vu, de ce que les États généraux s'y soient tenus en 1686, 87, 88 et 89, en dépit des sarcasmes des montpelliérains. A l'honneur s'ajoutait l'argent apporté par le séjour des États, (à Borrelly tout le premier qui louait des chambres) : « toute nostre ville est en joye parce que cella y apportera du proffit » écrit-il en 1686 et, en 1687, « les gens de Montpellier sont enragés de ce qu'ils n'ont plus les estats », en 1688, sont décrites l'entrée du duc de Noailles lieutenant général et la procession des États et, motif supplémentaire de satisfaction nîmoise, « les messieurs de Montpellier sont dans une consternation espouvantable[28]. »

La seule circonstance qui amena le notaire à une appréciation personnelle sur le patrimoine antique de la cité fut le sauvetage de la Maison carrée par Louis XIV. Ce temple appartenait au XVIIe siècle à une famille de la noblesse locale, les Brueys, seigneurs de Saint-Chaptes. Les augustins dont l'église et le couvent *extra-muros* avaient été ruinés en 1567 l'avaient, vers 1670, acheté ainsi que deux maisons voisines, pour y établir leur communauté, « y voulant habiter et mesme dans le dessein d'abattre ce *superbe et ancien édiffice* » mais, « le Roy leur a deffendu d'y toucher leur aiant permis d'y faire une église et de réparer et assurer ce grand édiffice ». Borrelly apprécie la qualité de la restauration « à la vérité, celà a esté fait le mieux du monde, aiant reffait des piliers entiers » « ... c'est une chose incroyable les peines et soings qu'on a pris et on a donné la couleur au nouveau et réparé comme à l'ancien ». Ces travaux d'aménagement de l'ancien temple des petits-fils d'Auguste, Caïus et Lucius Cesar se firent aux frais des états du Languedoc « il en couste beaucoup à la province ». Le notaire relève la présence, le jour de la bénédiction de la nouvelle église, de l'intendant Basville qui, dans son fameux *Mémoire* de 1698, mentionne son rôle dans cette réfection. Il semble que la caution royale ait attiré l'attention du rédacteur et compensé chez lui l'absence de culture classique ou antique[29].

Le bonheur d'être Nîmois amène même le notaire chroniqueur à oublier, le temps d'une cérémonie, son anti-protestantisme viscéral. En septembre 1682, il décrit avec précision la mise sous les armes de la cité à l'occasion de la naissance du petit-fils du roi, le duc de Bourgogne. Il admire ce défilé, bien que le notariat nîmois en ait été exclu pour cause de conflit de préséance avec les procureurs : « tout le monde suivant son estat s'estoit piqué d'estre propre ». Or, la partie la plus brillante de la parade était formée de religionnaires « il y avoit une compagnie de chaque mestier, chacune fort nombreuse. La première, c'estoit des marchands drapiers vendant en gros et la dernière, c'estoit les marchands de soye ». Sur les 3 000 miliciens, les membres des métiers de la soie représentaient plus de 800 hommes. Cette industrie était absolument dominée par les protestants avant de l'être par des nouveaux convertis « mauvais catholiques » mais « très bons négotians » selon la formule fameuse de l'intendant Basville[30]. Ces opulents formaient le clou du défilé « on ne voioit que de chapeaux neufs à grand bort d'or et d'argent, chasque compagnie estoit assortie de mesme façon surtout les marchands de soye où il y avoit une compagnie de grenadiés chacun portant sa gibissière (*sic*) ou escarselle de taffetas bleu avec une escharpe de mesme ». Le spectacle a visiblement fasciné Borrelly, toujours sensible à la parure, et il consacre quatre pages à le décrire. Son enthousiasme le rend lyrique « on ne voioit que feu, flames, fumée, fuzées et cellà ou les tampours, trompettes, fifres, flajoulets, auboix, violons et musettes faisoit si grand bruict qu'on ne pouvoit pas s'entendre à parler et ces feus et la grande quantité de flambeaux qui estoient dans l'esplanade faisoient une si grande clarté qu'on y voioit quasi comme à plein midy ». Il admire particulièrement l'aspect militaire, le défilé des compagnies chacune sous son drapeau, les pertuisanes, les « mousquetz et fusils for nets » puis l'arrivée à l'esplanade, lieu du feu de joie, où les compagnies « rangées en bataille » firent leur « descharge »...

Énivré de poudre, de fumée, de trompettes guerrières et d'acclamations en l'honneur du roi, du dauphin et du duc de Bourgogne, Étienne en vient à oublier que la prise d'armes était aussi, pour les protestants, occasion de manifester leur richesse et leur puissance. Loyalisme monarchique, certes, mais aussi évocation du passé guerrier de la ville... La communion civique et l'enthousiasme pour le roi, sans oublier les tonneaux de vin généreusement mis en perce, l'emportent. Ébloui (« ci je ne l'avois veu d'un bout à l'autre je ne l'aurois jamais creu »), il conclut, s'appuyant sur une autorité à ses yeux incontestable — l'opinion de ses concitoyens — que les festivités nîmoises étaient les plus belles de toute la France, (Paris excepté peut-être) « on a demuré d'acord que dans cette ville de Nismes, il ci est fait plus qu'en ville de la province » et « on demeure d'acord que, dans le Royaume, put-estre, on n'a pas fait, eu esgard à la ville tant de ci belles choses comme on a fait en celle ici ». Quinze jours plus tard, c'est le prévôt de la maréchaussée de Nîmes, Simon Guiran, qui organisait un feu de joie en l'honneur du duc de Bourgogne, devant sa maison de la rue Dorée « fort bien tapissée à grands tableaux, le portrait du Roy sous un beau dais de jets de vin et d'eau et au milieu de la rue une grande statue en homme sur un pied d'estal tout flurdelizé, tout rampli de pétarts, fuzées, cerpenteaux, à une de ses mains une palme d'où sortit grand feu et de l'autre aussi. Il réussit fort bien... jamais on n'avoit fait dans Nismes tant de réjouissances comme l'on en a fait en cette naissance »[31]... Cette année 1682, un an avant la mort de sa première femme, Borrelly est visiblement au comble de la joie, communiant avec ses concitoyens dans la célébration du pouvoir louis-quatorzien à son zénith.

Un mois après les fêtes célébrant la naissance du duc de Bourgogne, eut lieu la « première entrée de Monseigneur le duc de Nouailles lieutenant général de cette province » et « seigneur extrêmement aimé du roi ». Le notaire semble véritablement saisi, pour la circonstance, par le démon de l'écriture ; sa relation de l'entrée occupe quatre pages, autant que pour les fêtes en l'honneur du futur élève de Fénelon. Ici encore, l'aspect militaire des cérémonies est particulièrement souligné, la milice bourgeoise sous les armes, les hommes des métiers de la soie tous vêtus de bleu parmi lesquels « une compagnie de gros marchands de soye » brille par la richesse de son équipement. Le duc arrive à la nuit et Borrelly est sensible à un effet de clair-obscur auquel n'a manqué que son Rembrandt « parce que la nuict estoit quasi comme venue, on ne voioit que flambeaux dans les troupes et cellà faisoit un effet merveilleux ». Le chroniqueur fait de son mieux : Noailles loge à l'évêché, place Belle-Croix et Étienne peut, de sa fenêtre, admirer « la garde bourgeoise qui fit garde toute la nuict et on ne voioit que tables à cette place, flambeaux, cartes et pipes. Cellà ressemblait à une véritable place d'armes ». Et, le lendemain, ces bourgeois qui jouaient aux soldats de se ranger en bataille sur l'esplanade et le notaire d'admirer leur prestance « et quand il [le duc] estoit à un costé, toutes les troupes faisoient à mesme temps fasse de ce costé où il se trouvoit et en vérité cellà estoit beau et paroissoit à la luur du soleil à miracle » et le duc, chatouillant l'amour-propre des militaires amateurs, de se dire charmé « aiant dit souvent que s'estoit des troupes réglées ».

Une fête des couleurs (bleu des soyeux, rouge des tondeurs, galons d'or et d'argent), des lumières et des sons (*Te Deum* à la cathédrale, décharges sur la place Belle-Croix, tambours, fifres et hautbois faisant « si grand bruit qu'on ne pouvoit s'entendre »). Une fête populaire : le duc refusant que le peuple soit éloigné du spectacle de son dîner « il ne voulut que personne ne die mot à tout ce monde et il prenoit plaisir de le voir jusques là qu'il falut mettre sur la table quantité de bouteilles, verres et aiguières pour que chascun but »[32]...

En des temps plus difficiles où le notaire ne tient plus régulièrement son journal, un événement l'arracha à son « indifférence », l'entrée des petits-fils du roi, les ducs de Bourgogne et du Berry, le 2 mars 1701. Il relate les cérémonies auxquelles il a assisté au milieu d'une foule énorme « il estoit arrivé dans Nismes du monde de toutes parts, des Sévènes, du Gévaudan et de tous les environs de Nismes de telle sorte qu'on fait compte qu'il y avoit quarante mille âmes ». Sur la route de Montpellier, à partir de Milhaud, deux lieues à l'ouest de Nîmes, « les chemins estoient bordés d'une ci grande foule que les uns estoient sur les autres ». Sur l'esplanade non loin de la porte de Saint-Gilles la ville avait fait construire « un arc de triomphe d'une hauteur prodigieuse. Il ni a pas porte de ville qui fut plus haute » et le notaire de se délecter des senteurs dégagées par les plantes qui ornaient l'arc « du romarin, du laurier, de la sauge, d'olivié et d'autres fulhages que tout cellà faisoit une odeur agréable[33] ». Délice pour l'odorat, ce monument ne l'était pas moins pour la vue, « parsemé de ruban de papier paint de plusieurs couleurs et pliés en forme de roze », orné d'oranges et citrons de corail et d'une éblouissante étoile dorée. Borrelly n'évoque, ni les armes du roi et des princes, ni l'inscription latine qui ornaient l'arc mais estime que « tout celà faisoit un effet miraculus ». Il s'était poussé, non sans risque, au premier rang mais, dans le brouhaha, la harangue des consuls lui échappa : « je n'entendis rien parce que nous estions tous les uns sur les autres ; quoiqu'il y eut la garde suisse avec leurs pertuisanes et tant d'autres et chevaux et carrosses qu'il y avoit danger d'estre estropié ou crevé ». Au-delà de l'arc de triomphe, « une sinfonie composée de plusieurs instruments qui joua tant que les princes s'arrétèrent » mais dont on ne nous dit pas si l'on entendit quelque chose, puis jusqu'à l'évêché où les princes logèrent « la milisse bourgeoise bien propre et parée ». On est allé même jusqu'à sabler les rues « à cause que le pavé de Nismes est très mauvais et il y avoit du plaisir à marcher là dessus ». Il y eut ensuite deux feux d'artifice qui avaient coûté 1 500 livres chacun. L'un des deux surtout « reussit en miracle et dura longtemps et il sembloit que la foudre et tonnerre estoit en l'air ». Curieusement, le chroniqueur — est-ce par désir de ne pas laisser à ses successeurs le moindre souvenir qui puisse ternir l'éclat de la journée ? — n'évoque pas l'incendie d'une maison du centre de la ville allumé par une fusée[34].

Les festivités qui marquent les signatures des traités de paix sont mentionnées avec une grande satisfaction : en 1678, il y eut, pour la paix avec la Hollande, feu de joie, « boîtes », fusées et « une griffe ou fontaine de vin et, pour cellà faire, les consuls avoient fait maitre un tonneau de vin sur le couvert du ravelin de ladite porte de la couronne avec un tuieau et un canal sous terre qui alloit sortir bien avant dans l'esplanade et à la sortie il y avoit une cuve ou tine au milieu de laquelle et du tuieau qui y estoit le vin en sortoit et se lancoit aussy haut que sa chutte » et, au début de l'année suivante, d'autres réjouissances — feux de joie, feux d'artifice, boîtes — pour la paix avec l'Espagne. Même après la mort de Marc-Antoine en 1692, il évoque succinctement la célébration du traité de Ryswick (trompettes, violons, tambours, hautbois, « charrois de triomphe », fontaines de vin, feux de joie et d'artifice) et plus longuement les fêtes pour la paix d'Utrecht qui attirèrent « d'estrangers dans Nismes plus de quatre mille âmes » car « s'estoit la chose la plus belle à voir et digne d'admiration » notamment en raison des illuminations et d'un feu d'artifice qui « réussit en miracle »[35].

Ainsi jusqu'à l'année de ses quatre-vingts ans, Étienne vibre-t-il lors des fêtes monarchiques et civiques, à l'unisson de ses compatriotes qui avaient en 1666 créé, comme théâtre des célébrations urbaines, la place de l'Esplanade. Cette « première grande réalisation en matière d'urbanisme » nîmois avait pour but l'aménagement de l'espace proche de la porte de la Couronne, lieu habituel des entrées des souverains ou des grands[36].

Plaisirs de la chasse

Après son mariage et la fin des concours de tir au papegai, Borrelly garda le goût des armes à feu ; il s'adonna, au moins jusqu'à la mort de sa première femme, aux joies qui, à l'époque, passionnaient ses amis chanoines de la région, soucieux de se réserver les garrigues ou les marécages de leur mense, afin que « chacun jouisse du plaisir de la chasse[37] ».

Nous apprenons, en 1668, qu'il possédait un fusil parce qu'il l'avait prêté au second mari de sa belle-sœur, veuve de l'avocat et que celui-ci se l'était fait voler. Il estimait cette arme à 18 ou 20 livres et dépensa lui-même 18 livres en 1671 pour acheter « un beau et bon fusil ». En 1674 il acquérait un carnier et, à plusieurs reprises de 1671 à 1679, de la poudre, de la grenaille ou des « dragées », à Nîmes ou Avignon.

Une preuve de l'importance de ce divertissement dans ses loisirs : l'acquisition, en 1677, d'une paire de souliers de chasse. En avril 1682, sous-arrentant les chasses de Bezouce et St Gervasy qu'il avait louées de l'évêque de Nîmes, il se réserve le droit d'aller y chasser[38]. Cette chasse de la mense épiscopale était louée pour quatre ans moyennant trente paires de perdrix (quarante pour les deux dernières années), quatre douzaines de lapins et douze levreaux de rente annuelle. Elle devait être fort giboyeuse puisque le contrat prévoit un pullulement des lapins dommageable aux cultures si le fermier négligeait ses devoirs cynégétiques et, dans ce cas, il était prévu que l'évêque pourrait « de son authorité faire chasser audit lapin. » Le clou du festin qu'il fit apporter, en 1693, aux hospitalières de Saint-Joseph lors de la profession de sa fille Thérèse, puis du grand dîner qu'il donna chez lui, était constitué par du gibier offert par ses amis « 41 perdrix, deux douzaines lapins, 8 levreaux[39] ».

Jeux et repas amicaux

Un autre divertissement, le jeu, apparaît souvent dans son livre de raison lorsqu'il note ses pertes, d'argent ou de repas. On peut donc supposer de nombreuses autres occasions non mentionnées, lorsqu'il a gagné la partie ou que celle-ci n'est pas intéressée. Telle notation incidente le confirme, en août 1672 « le dimanche 7e dudit, j'ay baillé à M. Ménard chez M. Novi conseiller (Jacques Novy magistrat au présidial), *nous trouvant là jouant aux cartes*, 3 livres 8 sols paiées pour Gévaudan cordonnier qui se trouvait débiteur dudit Ménard... ladite somme me sera tenue en compte par ledit Gevaudan sur les soulliers qu'il fait pour la maison[40] ». Les mentions de dettes de jeu apparaissent le plus souvent le dimanche mais parfois aussi des jours de semaine. Il ne se croit pas obligé de renoncer au jeu en temps de carême puisque, un dimanche de carême 1678, il enregistre qu'il a dû payer 2 livres 5 sols pour un souper perdu en jouant au mail[41]. Les seuls jeux explicitement mentionnés sont les cartes et le mail ; le plus souvent la notation est très succincte « perdu au jeu » ou « perdu le souper ». Les sommes engagées ne sont pas considérables, de 15 sols à trois livres. La période où le jeu tient le plus de place est la décennie 70 ; elle apparaît comme l'époque la plus heureuse de sa vie[42]. La dernière mention de dette de jeu date du dimanche 24 août 1681 « pour ma part d'un souper joué au jardin de M. Jossaud conseiller (François Jossaud, magistrat au présidial), paié 1 livre 14 sols[43] ».

Après 1683, date de la mort de sa femme il n'est plus question de dîners joués. A partir de 1691 il n'invite plus au cabaret « je ne metrai point en despance, la despance extraordinaire que je puis avoir fait chez moi quand j'ai donné à manger à mes amis. Je ne donne jamais (plus) à manger au cabaret[44] ».

Dans les années précédentes, il était souvent question d'argent dépensé pour des repas, ciment des relations amicales. Ces agapes ne sont mentionnées que lorsque le notaire paie et il est certain qu'il participa à nombre d'autres repas amicaux, non portés dans le livre lorsqu'il fut invité ou heureux au jeu. A preuve, cette notation de septembre 1670 « pour un disné donné à quelques uns de mes amis et pour me revancher de quelques repas qu'ils m'avoient donnés, 5 livres, 15 sols »[45]. Il s'agit d'une convivialité souvent cléricale, toujours masculine. Lorsque les noms des convives sont indiqués, il ne s'agit que d'hommes. Lors même des fêtes qui, de nos jours, sont occasion de réjouissances familiales, nous constatons que le notaire peut quitter la ville pour festoyer avec ses amis. La comète nous vaut cette précision « le mardy 24e décembre 1680 estant aller passer feste avec mon beau-frère Vigier et mon neveu Borrelly chez monsieur Chalais, vicaire de Carnas...[46] »

Ces repas ont, le plus souvent, lieu au cabaret, notamment chez Étienne Cadeau dit l'Entredeux (pourquoi ce surnom ? les zélés d'une religion et de l'autre auraient-ils affublé un hôte, dont la profession de cabaretier était assez naturellement œcuménique, de ce sobriquet qui évoque les « *escambarlats* = un pied dans chaque camp » modérés, dénoncés par les protestants les plus militants au début du siècle ?)[47]. Ainsi, le dimanche 31 décembre 1679, réveillon chez l'Entre-Deux « pour un soupé donné à quelques uns de mes amis ».

Parfois, Borrelly faisait préparer le repas chez lui (mardi 7 mai 1675 « pour despance estraordinaire faite à la maison pour un disné donné à quelques uns de mes amis, 1 livre 10 sols » — le dimanche 2 février 1676 « pour un disné donné chez moy à cinq de mes amis 5 livres »), ou le faisait porter à son jardin (10 novembre 1671 « baillé à la femme de Lami, hoste, la somme de 5 livres 14 pour paiement scavoir 3 livres 4 sols d'un soupé que je donna à quelques uns de mes amis à mon jardin fait environ deux mois et 2 livres 10 sols pour un soupé donné ce jourd'hui »). Après la vente de ce jardin, son ami le chanoine Aubert lui prêta parfois son propre jardin, comme le 16 octobre 1674, pour un dîner donné à « M. de Lancon receveur du domaine... messieurs Aubert chanoine, M. le prieur de Bezouce, M. Maimbert advocat, mon frère et un estranger, ami dudit sieur Lancon, paié à M. Daudet pour ledit disné porté au jardin de M. Aubert 6 livres non compris le vin, six pains d'un sol, six perdris et un levreau qui m'avoit esté donné »[48]. Les mentions de ces repas sont aussi nombreuses que succinctes. Leur prix de revient atteint au maximum 20 sols par convive, ce qui, toutefois, est une forte somme en un temps où le salaire des ouvriers agricoles était de 18 sous par jour, où Borrelly lui-même payait ses servantes — nourries il est vrai — 18 livres par an, soit la valeur de 18 repas ou d'une saumée de blé (200 livres)[49] ; en 1675, par exemple, il régale trois chanoines chez Breton pour 4 livres 15 sols mais, en 1686, un repas de six personnes n'est facturé par l'Entre-Deux qu'à 50 sols parce qu'un des convives, le chanoine Lagarde « avoit fourny quelque gibier »[50] ce qui ramène le coût à moins de 10 sols par tête. C'est à peu près ce qui avait été payé, en 1678, « pour un soupé donné à un de mes amis chez la Camusse, 1 livre 2 sols ». En général, le chroniqueur se contente de marquer une dépense de 2 à 6 livres, accompagnée de la mention : dîner ou souper donné « à quelques uns de mes amis »[51].

Il est exceptionnel, hormis si un don de gibier entraîne une diminution du prix du repas, qu'on nous parle du menu de ces agapes amicales. Mais, le dimanche 14 janvier 1674, nous avons le détail de ce qui lui a été fourni, chez lui, « paié à la femme de Me André hoste 3 livres... pour un lapin et une paire de perdris qu'il me vendit dimanche auquel jour je donna à manger chès moi à quelques chanoines de mes amis ». Et en 1675, payé au même 3 livres 12 sols « pour une poule que je lui devois depuis longtemps, pour deux lapereaux et quatre pigeons qu'elle me bailla, mardy dernier, aportés ches M. Sommilles fermier général du chapitre. » Autre mention inhabituelle, celle du paiement, fait le 17 avril 1685 « à la feme de l'Entre deux hoste, 45 sols en trois pièces de 15 sols pour une croustade d'agneau à la sauce douce, l'aprestage d'un chapon, de trois perdris, d'un bizé (pigeon) et d'un lapin ».

Pas de précision sur les boissons servies lors de ces repas mais

Borrelly révèle incidemment qu'il aime le bon vin, en l'occurrence celui des coteaux de Caveirac, à l'entrée de la Vaunage : à l'automne 1675 en ayant fait remplir ses tonneaux (4 quarterolles et une tiercerolle soit 375 litres) pour 34 livres 12 sols, il précise que c'est « le meilleur vin qui se puisse boire, l'aiant goûté, le jour d'hier à Caveirac avec aucuns de mes amis ». En bonne épouse, Marie Borrelly, revenant des eaux de Balaruc, en 1677, rapporte à Étienne « deux bouteilles de clairette de Frontignan[52]. » Dans les rencontres où les amis, clercs et laïques, s'adonnent à l'« honnête volupté » ce qui frappe est l'importance du gibier et de la volaille, mais la croustade d'agneau suggère qu'à Nîmes, comme ailleurs, se manifeste sur les tables de l'élite urbaine une promotion de la viande de boucherie[53].

Le jardin de Me Borrelly

Lo maset de mestré Roumiou
Es un maset come n'i a guaïre
Ben segur din tout lo terraire.

Lorsque, à la fin du Second Empire, le félibre nîmois Louis Roumieux[54] (1829-1894) célébrait ainsi la singularité du petit clos de son père dans la garrigue nîmoise, ses concitoyens étaient à l'apogée de la civilisation du maset. Cette maisonnette du dimanche et son jardin rustique clos de pierres sèches étaient, à la belle époque, au cœur des loisirs des habitants de la Rome française[55]. Le maset (ou mazet) c'est, encore de nos jours, d'abord un jardin. C'est sous ce vocable qu'à Nîmes, notables et bourgeois établirent, comme ailleurs, des clos, refuges d'intimité et de sociabilité.[56] Déjà au XVIe siècle, le magistrat humaniste Jean Poldo d'Albenas, premier historien de Nîmes, faisait fièrement figurer son propre jardin sur le plan qui illustra son fameux *Discours historial*[57].

Les chanoines nîmois du XVIIe siècle possédaient, parfois, maison et jardin aux faubourgs de la ville, modestes répliques des « vignes », prestigieuses résidences rurales des prélats romains. L'évêque Jacques Séguier était propriétaire d'un jardin « hors de la ville près du temple de la fontaine... dont ce prélat faisait sa maison de plaisance », à l'écart de la cité bruyante et malodorante mais tout près d'elle. Dans le livre de raison il est question du jardin du chanoine Aubert voué aux parties de cartes et à la bonne chère, tout comme « le petit mas (d'où le diminutif maset) de la vigne » de l'avocat Maimbert ou le jardin du conseiller François Jossaud[58]. Le quartier, situé au nord-ouest de la ville, sur les premières pentes de la garrigue, au-delà du faubourg des prêcheurs, était le lieu de prédilection de ces jardins et, malgré son admiration pour toutes les réalisations louis-quatorziennes, le notaire déplora en 1687 que, pour construire une citadelle à Nîmes, « l'on (doive) abattre quantité de belles maisons... et beaux jardins de fleurs car c'est là le beau quartier de tels jardins », « tout le monde est dans une consternation espouvantable de voir ces démolitions », « il se fera de grand degât et on prendra de terrain dans lequel se trouve des lieux agréables et récréatifs » ; tous ces adjectifs nous évoquent un Borrelly spectateur attristé et d'autant plus sensible au dégât qui aboutit, en mai 1697, à la destruction de ces enclos fleuris, qu'il avait été lui-même propriétaire d'un de ces jardins suburbains[59].

Le 17 juin 1667, le notaire avait en effet acheté « du sieur André Eyroux habitant de Simiane en Provence, un jardin aux faulxbourgs des prêcheurs ». Cela lui coûta 210 livres dont 150 prêtées par son frère le marchand. Le registre de ses contrats de 1667 contient l'acte de vente et l'indication des confronts de ce petit domaine « clos de petites murailles qui menassent ruyne.[60] »

L'année suivante, dans un souci manifeste de distinction sociale, une somme considérable fut consacrée à des améliorations au jardin : 160 livres furent employées à faire construire un « cabinet » et 7 livres à payer les serrures et fermetures des « portes fenestres et placard du cabinet de mon jardin. » En 1669, de la pierre de Beaucaire « nécessere pour mon jardin » y fut transportée, « quatre gros orangers avec son vase chacun » furent acquis ainsi que « 18 vases vernissés presque tout neufs » ; le jardinier Languedoc fut employé en octobre à planter des arbres dont l'espèce n'est pas précisée ; en décembre, quatre cyprès vinrent orner le clos. En avril 1672, un maçon vint réaliser de « petites banques » (banquettes), tandis que Languedoc établissait un « pavilhon » (c'est-à-dire une tonnelle)[61].

Tous ces travaux et acquisitions sont le signe évident de l'agrément que le notaire trouvait à son jardin, bien qu'il n'éprouve pas le besoin de préciser ses sentiments ni même d'en parler autrement que pour mentionner le coût éventuel des repas qu'il y faisait porter. Étienne avait dû réussir à créer un lieu plein de charme puisque, en

1672, l'année même où il avait fait établir un pavillon, un membre de l'élite urbaine « Mr Joseph de Chabaud fils de Mr de Chabaud seigneur des Îlles conseiller (au présidial) » — et qui devait devenir lui-même conseiller l'année suivante — eut un désir si fort d'acquérir cette résidence suburbaine que le notaire ne put refuser... mais profita de la situation pour réaliser une bonne affaire « j'ay esté obligé de le vendre voiant *qu'il en estoit amoureux et qu'il me le paioit honestement* ». Chabaud paya 750 livres « compris les vases et fleurs qu'il y avoit » ; bénéfice, important : 290 livres puisqu'il avait payé le jardin 210 livres et « pour les réparations, vases et autres choses que je pouvois y avoir mis » dépensé, estime-t-il, 250 livres[62]. La nécessité ne semble pas à l'origine de cette vente mais plutôt l'ascendant social de l'acquéreur. L'excellente affaire réalisée par le notaire qui double sa mise en dix ans est un signe de la force, en ces années de conjoncture économique difficile, de la demande des amateurs de jardins[63].

Les distractions d'Étienne avaient pour cadre la ville et ses environs. Il lui arriva cependant de faire quelques voyages.

Heureux qui comme Étienne a fait un beau voyage...

Le père de Borrelly avait fait des voyages lointains. Ils suscitaient l'admiration de son rejeton qui fut, lui, beaucoup plus casanier. Ses comptes ne font guère apparaître — en dehors des déplacements dans la campagne proche, vers les bourgs où résidaient les nourrices ou, en juillet à la foire de Beaucaire ou dans la région de Bezouce peuplée de parents, d'amis, de clients — que des voyages professionnels ou d'intérêt familial ; en 1693 il alla, avec son beau-frère Vigier, à Coiras dans le diocèse de Lodève pour y préparer la résignation du prieuré du lieu à son fils et dépensa 25 livres, y compris le louage des chevaux[64]. Une fois seulement, en 1677, il se lança avec quelques amis dans un grand voyage en Provence.

Les déplacements professionnels ne donnent lieu qu'à de très brèves notations, accompagnées, en général, de la mention du coût du voyage. Les détails sont plus abondants lors des voyages faits, en 1657 et 1671, au-devant des nouveaux évêques dont Borrelly veut s'attirer les bonnes grâces. En 1657, il se rendit à Bourg-St-Andéol où il attendit, en vain, (« parce qu'il lui arriva quelque contretemps ») pendant quinze jours, en compagnie des notables nîmois, l'arrivée de Cohon. Plus heureux en 1671, il put, après trois jours d'attente à Beaucaire, accueillir Séguier, « je le salua au milieu du Rosne un peu loing de Beaucaire... j'avois un petit bateau qui me mit dans le sien contre lequel le mien alla fort vite, incontinent que je l'aperceu, ainsy j'eus moyen de m'acrocher au sien et d'y entrer » : c'était pousser assez loin l'ingéniosité courtisane[65]... Mais les voyages professionnels sont, en général, beaucoup moins pittoresques : en août 1670, il est dans les Cévennes « à St Jean de Gardonnenque en commission pour Mr. l'abbé de St Gilles » et note seulement qu'il en a rapporté du fromage[66]. En 1672, « estant un des députés pour cette ville », il se rendit deux fois à Montpellier pour y demander aux États provinciaux de défendre les intérêts du corps des notaires nîmois frappés par une taxe extraordinaire. En février 1678, il dut rester cinq jours à Montpellier (et y retourner en avril). Il dépense 15 livres pour ce voyage motivé par une assignation des traitants chargés de percevoir une amende infligée aux notaires pour omissions prétendues dans la recherche des biens ecclésiastiques aliénés au siècle précédent. Il se rendit, en 1692, à Villeneuve-lès-Avignon pour y négocier, au nom des notaires catholiques, un emprunt auprès des chartreux. En 1683, il alla à Uzès comme greffier d'un conseiller au présidial. En 1690 il engagea une dépense relativement importante (6 livres 14 sols) pour un voyage à Montpellier, monté sur le cheval du prieur de Bezouce. Il descendit à l'hôtellerie du Chapeau Rouge : le but de ce déplacement était « de faire solliciter M. l'intendant qu'il m'accorde de recevoir les recognaissances du fief du Roi dans les garrigues de Nismes »[67].

Ce sont là de petits déplacements dans le Bas-Languedoc voisin mais, en 1677, Borrelly fit, à sa mesure, un grand tour au-delà du Rhône[68]. Ce voyage est, d'abord, pèlerinage aux lieux saints de Provence mais il est aussi motivé par un vif intérêt pour des réalités très profanes. Le pieux Étienne se démarque ici de l'idéal du bon pèlerin, selon l'esprit de la Réforme catholique tel que le dessinait, par exemple, le père jésuite Richeôme qui, dans son *Pèlerin de Lorette*, recommandait de se détourner des curiosités mondaines[69].

Borrelly éprouva le besoin — exceptionnel — de consacrer une page entière au récit de cette expédition printanière : il s'agit non seulement de marquer sa dépense mais de laisser aux siens le souvenir d'un périple qui l'a d'autant plus enthousiasmé que « tout ce qui était de curieux à voir » comportait des objets de dévotion ou des manifestations de la puissance royale :

« *Voyage fait à la Ste Baume, St Maximin et autres parts de la Provence.* Le samedy 10e dudit mois d'avril, je suis party de cette ville pour aller faire le voyage de la Ste Baume, St Maximin et par mesme moyen Toulon pour voir l'armée navale, vaisseaux, galères, galiotes et bruleaux qui y sont, y estant allé avec messieurs Maimbert advocat, Peyronnet et le fils de M. Sommilles d'Aramon et nous n'avons esté de retour que le 21e ainsi nostre voiage a esté treize jours, dans lequel nous avons veu Aix et tout ce qu'il y avoit à voir de beau comme la chambre que messieurs du parlement ont fait faire depuis pû dont le seule peinture couste 50 000 livres, la chapelle de la congrégation des messieurs qui est ches les jésuites, l'église des pères de l'oratoire, la chapelle des pénitens bleus et autres belles choses. A la Ste baume, le rocher où la Magdeleine reposoit, la fontaine qui est au derrière du dit rocher et le St Pilon. A St Maximin, la ste ampoule, la teste de la Magdeleine, ses cheveux dans une ampoule, son bras et autres reliques très précieux. A Toulon, tous les vaisseaux et, notamment, le grand Louis ou royal Louis estant il le plus beau vaisseau, riche et armé — car il porte six vingt pièces de fonte — qu'il y ait dans le monde, galères, galiotes, bruleaux, l'arcenal, le parc là où l'on fond les canons. A Marseille, les galères qui y estoient et surtout la Royalle qui est la plus grande, belle et riche qu'il y ait dans le monde, la citadelle, l'arcenal, le parc et tout ce qui était de curieux à voir. Nostre routte a esté d'ici à Aramon, Barbantane, Noves, Ourgon (Orgon), Lambez (Lambesc), Aix, Auriol, la ste baume, st Maximin, Tourbes (Tourves), la Roque (Roquebrussane), Menne (Méounes), La Valette, Toulon, Oulieure (Ollioules), Bausset, bois de Connieu qui deure 3 lieues, Aubanie (Aubagne), St Marcel, St Loup, Marceille, St Chamas, la Crau, le mas du Beau et revenus par Barbentane où M. Chabert grand ami de Mr Sommilles nous a régalés, y aiant couché et disné. De là, nous n'avons pas pu passer à Aramon à cause que le Rosne estoit fort gros et, qui pis est, qu'il faisoit ce jour là une tempeste qu'âme du monde n'auroit ozé s'azarder de le passer, aiant esté obligés d'aller passer à Valabrègue. J'ai despansé pour ce voiage pour ma despence de bouche 22 livres 8 sols et en achapt de chapellet ou médailles 3 livres 10 sols, faisant en tout la some de 25 livres 18 sols, le cheval ne m'aiant rien cousté, Mr le prieur de Bezousse m'aiant de sa grace presté le sien. »

Piété et curiosité sont les deux mobiles de ce groupe d'amis où nous retrouvons l'avocat Maimbert et le notaire Peyronnet. Les monuments religieux admirés à Aix sont surtout des édifices liés à la piété de la Réforme catholique. Il n'est question ni de la cathédrale St Sauveur ni de l'église St Jean de Malte.[70] Les sacralités liées au séjour supposé de Marie-Madeleine en Provence mobilisent la ferveur de Borrelly. Elles sont liées à un culte ancien, renouvelé au XVIIe siècle, et qui a le mérite supplémentaire d'être pèlerinage royal. Dans les villes ce sont les édifices exprimant la puissance du roi-juge, le palais du Parlement à Aix, ou du « roi de guerre », le spectacle de la flotte du Levant à Toulon et Marseille. Aucune remarque sur les beautés du paysage.

Comme les auteurs contemporains de relations de voyages[71], Borrelly — mise à part l'excursion à la Sainte-Baume — va de ville en ville. La nature n'apparaît que par ses dangers potentiels : un bois de trois lieues, le Rhône débordé et la tempête. Les pèlerins — « touristes » avant la lettre — sont un groupe masculin. La pécheresse repentie de la Sainte-Baume est la seule présence féminine du voyage. Sur les chemins comme dans sa ville, la sociabilité borrellyenne est divertissement d'hommes.

Les femmes n'étaient cependant pas cloîtrées dans la maison de la place Belle-Croix. Marie Borrelly allait voir ses enfants en nourrice. Elle se rendit en 1677 et 1679, en compagnie de son beau-frère Claude et de sa belle-sœur, aux bains de Balaruc, munie par son époux attentionné d'un « grand pâté de veau de 30 sols », chef-d'œuvre de l'Entre-Deux. Après la mort de leur mère, c'est Antoinette qui conduisit sa petite sœur Thérèse à Bezouce pour y « changer d'air » ; la même Antoinette avait accompagné, en 1683, son beau-frère Séguret et sa sœur Catherine au pèlerinage de Notre-Dame de Rochefort. A la foire de Beaucaire qui est un temps fort de la vie économique et des divertissements nîmois, Borrelly se rend parfois mais il arrive que ce soit Marie qui, en 1670, y acheta un dessus de lit et « autres choses nécessaires pour la maison », dépensant 30 livres. En 1677, Marie emmène sa fille aînée Catin alors âgée de 19 ans à ce grand marché européen qui se tenait fin juillet, pour la Sainte-Madeleine. Elles y dépensent 34 livres. Après la mort de Marie, Toinette y accompagna parfois sa sœur aînée, mariée à Séguret. Il est regrettable que les notations sur la foire de Beaucaire se limitent à la mention des sommes dépensées et parfois celle d'une partie des achats (tissu, chanvre, meubles, literie, savon, anchois, épicerie, riz, sucre) sans évoquer le joyeux « embarras de la foire de Beaucaire »[72].

Le petit monde borrellyen ne paraît pas un milieu triste et cela jusqu'aux années 80. Dévot, sans doute mais joyeux assurément, tel se révèle le notaire malgré la rareté des notations sur ses sentiments. Du papegai de sa jeunesse aux plaisirs de la chasse puis de la table ou du jeu de son âge mûr, Borrelly a aimé la vie. Ces joueurs de cartes qui festoyaient chez l'Entre-Deux ou dans ces jardins dont ils étaient « amoureux » donnent le spectacle d'une convivialité qui aurait pu tenter un Pagnol grand-siècle : en 1686, on devine tout un commerce de joyeuses plaisanteries derrière une notation relative à un dîner donné « au petit mas de la vigne de M. Maimbert ». Il avait été convenu que chacun paierait son écot mais, finalement, Borrelly dut tout payer parce que « comme se sont tous mes parents ils ont renvoyé à moi la bale ». On croit entendre sous la treille les joyeux propos, les lazzis et les rires des dîneurs. Et au-delà de ces agapes amicales, le notaire vibre à l'unisson lors des festivités civiques. En 1678 lorsque Nîmes fête la paix de Nimégue, la chronique de deux pages relatives à ces festivités n'oublie pas de mentionner, en une phrase truffée d'occitanismes, le joyeux brouhaha des nîmois autour des fontaines de vin que le vent projetait sur les assistants « S'estoit un rire de voir le monde gasté de vin et qui sentoient au vin[73]. »

MORS ET VITA

La peste avait durement frappé Nîmes au XVIe siècle et encore en 1630, au lendemain des guerres de Rohan en 1640 et 1649. Un moment, en 1675, Borrelly parut en craindre le retour et fit son testament « par précaution affin qu'estant atteint de la maladie populaire qui est en règne et qui fait mourir quantité de personnes dans chasque jour et dans quatre ou cinq jours de maladie à cause du subtil venin qu'il y a dans ses maladies, je ne mourus sans testament, Dieu m'en préserve par sa sainte grâce, remettant tout à sa divine volonté ». Il en fut quitte pour la peur : à la fin du XVIIe siècle, Nîmes, comme l'ensemble du Midi, échappa aux grandes épidémies[74].

Néanmoins les annales de la famille Borrelly témoignent de la vulnérabilité de la population du grand siècle face aux maladies, l'insuffisance des thérapies, au beau temps de la saignée et du clystère. Au soir de sa vie, Etienne, à la dernière page de son journal, en 1716, exprimait son scepticisme à l'égard de la médecine du temps. Il commente ainsi la mort de son gendre Séguret, décédé à 61 ans de la maladie de la pierre, « aiant fait beaucoup de remèdes et tout cellà n'a servi de rien[75] ». Si les enfants, mis en nourrice lorsque Marie manquait de lait, avaient pu survivre grâce à la sollicitude de leurs parents, la mortalité juvénile fut une grande épreuve : sur onze, cinq n'atteignirent pas leur dizième année. Le notaire n'est pas très précis sur les causes de ces décès. Son fils aîné Jean dont les frais de scolarité apparaissent en 1667, disparaît l'année suivante âgé de 7 ou 8 ans, victime d'une maladie dont la nature n'est pas mentionnée « détenu dans le lict depuis sept ou huit jours, duquel il ni a rien à espérer suivant l'avis des médecins ». De Mathieu, mort à huit ans en novembre 1677, nous apprenons le mois précédent « qu'il se trouve atain d'une fièvre lente depuis presque deux mois qui me l'a déjà rendu sec comme une bûche, estant dans les remèdes il y a longtemps » ; il s'agissait sans doute d'un mal considéré comme contagieux puisque Borrelly l'éloigna de sa maison, et l'envoya à Bezouce où il mourut « (le 11 novembre) mon fils Mathieu fut enterré dans l'église du lieu de Bezouce et dans le tombeau de feu mon père… il se voit à la fin de ce livre dans l'article concernant son décès le sujet qui m'avoit obligé de l'envoyer à Bezouce. » La disparition des pages finales du livre nous prive le plus souvent de précisions sur les raisons de la mort de ces enfants. Par exemple, celle de Louis, à neuf ans, n'apparaît que par les sept livres dépensées pour son enterrement, en décembre 1681 ; ici encore nous sommes renvoyés à la rubrique terminale absente et nous ne savons pas si le décès de l'enfant est lié à la « tumeur à une jambe », pour laquelle son père l'avait fait traiter, au début de la même année. Même sobriété dans l'évocation du trépas de la petite Marie âgée de six ans « le samedy 12e dudit mois de décembre 1682 pour les frais d'enterrement de ma fille Marie qui décéda hier, précisément à neuf heures après midi, despensé environ 4 livres 12 sols ».

C'est seulement à propos de la mort du plus jeune de ses garçons, Joseph, dans sa sixième année en 1683, que le père exprime sa peine et précise les causes du décès « il estoit atain de la petite vérole. Il ne la put sortir et ne sortit que du pourpre ». Un autre garçon avait dû mourir, sans doute avant 1668, à une date qui n'apparaît pas dans le livre, puisque la mention de la mort de Joseph est suivie de ce commentaire « *c'est le cinquième garçon* que Dieu m'a osté. Dieu soit loué et bény. » Un sixième garçon devait disparaître, neuf ans plus tard, à l'armée de Flandre, Marc-Antoine : il avait 21 ans. Borrelly sait seulement qu'il est « mort de maladie » et dans ses notes sur la famille, Pierre Séguret son gendre évoque un « certificat du père Obert récolet, aumônier de l'hospital » de Dunkerque. Enfin, la mort de Thérèse âgée de 23 ans, après cinq années de vie religieuse, ne suscita d'autre développement paternel que la mention de son âge — et les archives hospitalières de Saint-Joseph ne contiennent pas la lettre circulaire rédigée habituellement après un décès.[76]

Nous avons vu que la mort édifiante de Marie Vigier, la première épouse du notaire, lui avait inspiré le besoin d'une relation relativement longue. Elle mourut, à 48 ans, de phtisie « à ce que l'on croit », mais, plus probablement, son mal « fut reconnu estre dans le bas-ventre. Elle n'estoit point attaquée au poumon ni de la poictrine aiant esté toujours fort dégagée ». La santé de Marie donnait, depuis longtemps, des inquiétudes à Étienne. Les maternités rapprochées avaient éprouvé un organisme fragile (« elle est très peu de chose »). Elle manquait de lait pour nourrir ses enfants. Son mari se souciait souvent de son état physique. Lors des couches, outre les trois livres payées à la sage-femme « qui leva l'enfant dont ma femme s'accoucha », il payait de 30 sols à trois livres une auxiliaire chargée de « servir ma femme dans sa couche » qui restait auprès de Marie, au moins pendant une semaine. Comme nous l'avons vu par ailleurs, il lui faisait donner des drogues diverses, prendre du bouillon de poule, l'envoyait aux eaux de Balaruc et la dernière maladie de Marie lui coûta cher mais il précisa qu'il ne voulait pas le mentionner dans son livre. La seconde épouse mourut, également, avant son mari en 1717 : elle avait alors 66 ans et Étienne 84 ; il ne fait aucun commentaire sur les causes de ce décès[77].

Outre les enfants et ses deux femmes, la mort frappait aussi la famille proche du notaire : son frère aîné dès 1656, le frère de sa femme, marchand, mort à Livourne en 1658, sa belle-sœur Catin sœur de Marie Borrelly en 1673 ; une autre belle-sœur épouse du frère de sa femme : après une fausse-couche en 1681, elle avait voulu sortir trop tôt « cellà fit qu'elle tomba dans une grande fièvre qui l'emporta ». En 1695, la femme de son frère le marchand

« décéda à environ l'heure 8 du matin. Elle avoit demuré dans le lict ou dans la maison sen sortir environ deux ans estant devenue toute sèche ». L'année suivant la mort de sa première femme, Étienne fut — selon un usage courant — parrain du premier fils de sa fille Catherine Séguret, mais cinq jours plus tard il enregistrait le « décès de ce petit enfant[78]. »

Donc, en faisant abstraction de la disparition des représentants de la génération précédente — parents et beaux-parents — à longueur de chronique, disparaissent des contemporains du notaire ou de beaucoup plus jeunes. Un sentiment de l'extrême fragilité de l'existence humaine s'impose, d'autant plus fortement que les moyens de lutte contre les maladies ou les accidents sont le plus souvent dérisoires.

A cause de cela peut-être, Borrelly était soucieux de sa santé et de celle des siens. Lorsque sa femme était souffrante il lui donnait des drogues pour lui redonner « parfaite santé » et lui-même s'efforçait de protéger la sienne : « pour ma santé », c'est le motif qu'il invoquait pour justifier l'acquisition de perruques destinées à protéger son crâne dégarni. Ce même désir de se protéger du froid suscita des achats de bonnets, calottes, manchons. A 50 ans, en 1683, il se procura « deux paires de lunettes ». Bien que d'une constitution robuste qui le conduisit à un âge très avancé pour son temps (il mourut à 85 ans), sa vieillesse fut handicapée par « l'incomodité de la goutte », rançon d'une alimentation trop riche. Il ressentit les premières atteintes à 71 ans : « Ci j'escris mal c'est que je suis atain de la goutte aux pieds et mains depuis environ le 20 janvier 1704 aiant gardé le lict plus d'un mois. Asture que nous sommes à la fin de février je suis debout et suis un peu soulagé par la grâce de Dieu. » En 1712, il évoque encore cette affection « je suis très souvent détenu dans le lict et en danger à cause de ma goutte ». Le livre de raison n'y revient pas mais l'altération, de plus en plus grande, de l'écriture en rend un témoignage éloquent. Lors de ses démêlés judiciaires avec ses filles, il mentionne, nous l'avons vu, l'état lamentable auquel la goutte l'a réduit « ne pouvant se remuer d'une chaise à laquelle il le faut porter du lit à ladite chaise par deux hommes soir et matin » moyennant six sols par jour[79].

A longueur de vie, Étienne Borrelly a donc pu constater dans son entourage et puis subir lui-même l'impuissance de la médecine du temps. Il put du moins enregistrer un des rares progrès de la thérapie du XVIIe siècle, l'utilisation du quinquina, importé d'Amérique du Sud et qui parvint à s'imposer à la fin du règne de Louis XIV malgré la résistance des tenants de la tradition. Cette médication coûtait cher. C'est peut-être la raison pour laquelle, en 1687, son gendre Séguret « aiant les assès (accès) de fièvre » lui demanda — et obtint — le versement anticipé des intérêts de ce qui restait dû de la dot de Catherine. Du moins le quinquina était-il efficace et, en 1690, Borrelly enregistra la guérison de son fils Charles « le mercredy 22e dudit (novembre) j'ay baillé au sieur Razoux apothicaire une pièce de 30 sols pour une demy — once du quinat qu'il bailla fait environ un mois par ordre de M. Dumas, médecin, à mon fils, le bénéficier de St Gilles, à cause des accès de fièvre... aiant baillé autres remèdes à mondit fils dans ledit temps d'environ un mois, ledit quinat lui aiant arresté lesdites fièvres[80]. »

Aux médecins, chirurgiens, apothicaires, pouvaient être substitués des empiriques divers comme un certain Chabrier qui en 1669 perçut 3 livres 15 sols « pour avoir acomodé le bras de ma femme qui s'estoit rompu par une cheutte, estant tombée le long des degrés[81] ». Un représentant local de ces médecines parallèles, le prieur de Cabrières Charles de Trimond, qui traitait ses patients par des décoctions de simples, parvint à une célébrité qui le conduisit à la Cour. L'admiration d'Étienne Borrelly fait écho à l'engouement dont témoigne la correspondance de Madame de Sévigné « tout le monde va à votre prieur de Cabrières et parce qu'il est votre voisin vous n'y songez pas », écrivait-elle à Madame de Grignan en 1679. Avec un mélange d'admiration et d'amusement la marquise mandait, en 1680, les succès de Trimond qu'elle comparaît au Sganarelle du *Médecin malgré lui*. Madame de Montespan aurait voulu ramener le prieur à Cabrières (« et sur les lieux faire traiter ses enfants (parceque) il dit que le chaud de ce pays là est meilleur pour ses remèdes »). La très éphémère guérison de Mademoiselle de Fontanges avait assuré le succès du botaniste guérisseur — (« c'est le *médecin forcé*. Cependant, *en faisant ses fagots*, Madame de Coulanges me mande qu'il a guéri Madame de Fontanges... le Roi veut qu'il s'établisse à Paris ») — qui avait pu envisager une carrière épiscopale (« après avoir fait des fagots, il veut faire des prêtres »).[82]

C'est en octobre 1679 que Madame de Sévigné décrivait l'empressement des courtisans auprès du prieur mais trois ans plus tôt, elle témoignait sur le mode ironique des succès du guérisseur, évoquant « votre prieur qui guérit tous les maux ». Borrelly parle longuement de Trimond, en avril 1679, peu avant le départ du prieur pour la Cour où il devait mourir sept ans plus tard, à propos du décès de François de Rochemore, président du présidial, mort à Cabrières « où il estoit allé pour se faire traicter à M. de Trimond ». Cet insuccès n'entame pas l'admiration béate du tabellion pour l'empirique : « depuis quelques années (le prieur) l'aiant fait vivre par artifice au moyen de ses remèdes ». Si Rochemore est mort, malgré tout, à 53 ans, c'est qu'il devait être atteint d'une multitude de maux « on croit qu'il est mort d'une idropisie. Il est vray que s'il neut eu que ce mal, ledit sieur prieur l'auroit tiré d'affaire parce qu'il n'en manque pas un ». D'ailleurs, l'affluence des personnes de qualité à Cabrières témoigne de l'efficacité des cures « depuis quelques années, il s'est mis en telle réputation pour guérir plusieurs maux où les médecins ne voient goute que le monde y vient de toutes parts, les grands seigneurs viennent de Paris et des plus confins eslognés du Roiaume, mesmes des Roiaumes estrangers »[83]...

Trimond parti à la Cour pour n'en plus revenir, restent les eaux de Balaruc, près de l'étang de Thau, qui attiraient goutteux et rhumatisants. Ici encore le notaire se rencontre avec la marquise de Sévigné, « c'est pour se baigner une heure et demie en trois jours qu'on vient du bout du monde chercher ce remède car on ne boit point de ces eaux[84]. » On se baigne à Balaruc, thérapie redoutable pour les contemporains de Louis XIV. Aussi n'est-il pas étonnant que, revenant de l'un de ses deux voyages dans cette ville d'eaux, Marie Borrelly ait dû s'aliter : le jeudi 23 juin 1679, Étienne achète une poule « pour ma femme qui est détenue dans le lict de maladie depuis son retour de Balaruc qui fut dimanche au soir »... Il est question en 1686 de la location d'une cuve : « J'ai paié à Marie femme de M. Gilibert maître broquier (boisselier) 21 sols pour sept jours d'une cuve fort grande *pour y faire prendre les bains* à Marc-Antoine. » Cet usage ponctuel est certainement thérapeutique en un temps où prédominait la « toilette sèche »[85]...

Aux cures des médecins ou des empiriques, aux bains éventuels et au bouillon de poule revigorant, Borrelly ajoutait les vertus du changement d'air ce qui l'amena à envoyer Thérèse, la future religieuse, chez l'ami Peyronnet à Saint-Bonnet en 1684 puis, en 1690, à Bezouce, deux déplacements fort limités (4 ou 5 lieues). A Bezouce Antoinette accompagne sa sœur et le père se préoccupe de les fournir en pain, sel, lard et donne deux livres pour « achepter de viande de boucherie ». Il s'agit visiblement de parfaire une convalescence par l'effet combiné de l'air de l'est nîmois et d'une alimentation riche[86].

Les pèlerinages vers les sanctuaires de la Vierge ou des saints thérapeutes étaient, pour nombre de ses contemporains, un recours habituel ou ultime face aux infirmités ou aux maladies[87] mais c'est une pratique qui n'apparaît pas dans le livre de Borrelly. Son voyage à la Sainte-Baume est de l'ordre du « tourisme dévot ». Seule et unique mention d'un déplacement peut-être mû par une demande d'intercession, en 1683, « le lundi 29e dudit (mars) paié 21 sols à une femme pour trois journées d'un asne que ma fille Anthoinette avoit pris pour aller à Nostre-Dame de Rochefort, avec sa sœur Borrelly, Séguret son mari et Ségurette la fille qui partirent mercredy dernier 24e du présent mois ». De Notre-Dame de Rochefort les voyageurs devaient se rendre en Avignon. Voyage de noces ? Séguret venait d'épouser Catherine mais sa belle-sœur Anthoinette est du voyage ainsi qu'une Ségurette, sans doute sœur de Séguret. D'autre part une note marginale montre que, pour le notaire, il s'agissait des « frais d'un voiage fait à Rochefort *par ma fille Anthoinette* ». En cette année 1683, Marie Borrelly était gravement malade : l'envoi de la jeune-fille et de ses compagnons à la « Sainte montagne » dans la partie languedocienne du diocèse d'Avignon était, peut-être, motivé par le désir d'obtenir la protection de la sainte patronne de sa première épouse. Cela paraît d'autant plus plausible que Borrelly était un dévot de la Vierge et que le sanctuaire de Notre-Dame-de-Grâce à Rochefort connut, au XVIIe siècle, un grand essor marqué par de nombreuses guérisons. En 1671, quelques années avant ce voyage, le bénédictin dom J. Mège recensait 272 miracles dans un ouvrage intitulé *La Sainte Montagne de Nostre Dame de Rochefort, célèbre par les miracles que Dieu y fait continuellement par les puissantes intercessions de sa divine mère.* La date du départ, le 24 mars, est assurément choisie pour que les pèlerins soient à Rochefort le 25, jour de l'Annonciation où il était possible de gagner une indulgence plénière[88].

Prière dans un sanctuaire marial ou dans la cathédrale de Nîmes, dans la congrégation mariale des jésuites ou dans la maison de la place Belle-Croix, il est certain que c'est essentiellement sur l'intercession des saints et la protection divine que Borrelly compte, en cela très représentatif de la piété du XVIIe siècle. Si Dieu décide de frapper les proches du notaire, il ne reste qu'à se résigner « Dieu soit loué et beny ».

6

UN CATHOLIQUE DÉVOT

Étienne Borrelly, nous l'avons évoqué souvent, était un dévot. Son désir de perfectionnement moral n'avait d'égal que son zèle militant contre le protestantisme. Il était l'incarnation des deux pulsions de l'église catholique du XVIIe siècle : la Réforme catholique, la Contre-Réforme. Lié professionnellement aux milieux dirigeants du catholicisme diocésain, il s'efforça de correspondre à l'idéal du laïque pieux voulu par les « nouveaux prêtres » du renouveau catholique.

Rome. Borrelly et le pape

Du Concile de Trente à celui du Vatican I le catholicisme, soucieux de répondre à l'ecclésiologie réformée fondée sur le sacerdoce universel, avait mis en avant l'ordre sacerdotal d'une façon telle que l'Église apparaissait, d'abord, comme « une société hiérarchique de clercs ». [1] Étienne Borrelly était un fils soumis de l'Église de Rome « hors laquelle il n'y a pas de salut » précisait-il dans son second testament.

Il est parfois question des papes dans le livre de raison, en particulier à l'occasion de leur décès et de l'élection de leur successeur, en 1667, 1669, 1676, 1689, 1691 et 1700. Mais le Saint-Père était assurément une personnalité bien lointaine pour les Nîmois même les plus papistes. Cela ressort d'une curieuse erreur concernant Clément IX : l'élection de ce pontife est bien notée en juillet 1667 et son décès en décembre 1669 « n'aiant régné que deux ans six mois environ. » L'avènement de son successeur Clément X « natif de Rome mesme et d'une famille de peu » est indiquée correctement en 1670 mais lorsque, en 1676, ce pape meurt, le chroniqueur s'embrouille et écrit le 22 août « je obmis de metre, parce que je n'avois pas sceu la nouvelle au vray, que le 22 juillet le pape *Clément IX* décéda. » Il ne s'agit pas d'un *lapsus calami* puisqu'il ajoute « n'ayant régné que *neuf ans un mois*[2] ».

L'annonce d'un jubilé est l'occasion d'évoquer le chef de la catholicité par l'énoncé des motivations qui l'amènent à le concéder : « implorer le secours de Dieu pour le bon gouvernement et exaltation de la sainte église et pour conserver la paix entre les princes chrétiens » (1670), « à cause du ravage que le Turc fait en Poulogne » (1673), « implorer le secours de Dieu au commencement de son pontificat » (Innocent XI, 1676), « implorer le secours du ciel contre les Turcs » (1684), « implorer le secours de Dieu pour la paix entre les princes chrétiens » (1694, 1701, 1707)...[3]

Le pape ne prend une réalité plus concrète que lorsqu'il y a — au grand dam de Borrelly affligé par la joie des huguenots, puis des « nouveaux catholiques » — conflit avec le roi de France. A propos de l'entrée à Nîmes du cardinal Chigi, légat d'Alexandre VII, le 18 mai 1664, l'affaire de la garde corse qui avait tiré sur le carrosse de la femme de l'ambassadeur de France, est brièvement évoquée et le notaire exprime des sentiments ambigus. Tel Janus il présente deux faces : celle ultramontaine du membre de la congrégation des Messieurs chez les jésuites est tout attristée (« les huguenots estoient hors de joye de voir une telle guerre ») mais la face gallicane du notaire royal est toute rayonnante de l'humiliation infligée au successeur de Pierre « il (le légat) va trouver le Roy pour tesmoigner à Sa Majesté que Sa Sainctheté est fâchée du mauvais traitement receu par Monsieur de Créquy ambassadeur du Roy à Rome. » Juste châtiment, les troupes françaises ont occupé Avignon « le Roy de France en fust fort outré jusque là mesme qu'il prit Avignon et en chassa tous les Italiens... Il establit audit Avignon des officiers et se mist en estat de faire une grande armée contre le pape pour tirer raison de cest affron ». Le pape s'est incliné, ce qui réjouit sans réserve Étienne ; il regrette seulement la lenteur apportée par Alexandre VII à s'incliner « le pape voiant qu'il ne pouvoit faire teste au Roy et d'ailleurs considérant l'affront qui lui avoit esté fait en la personne de son ambassadeur se soumit après néanmoins un assez long temps à tout ce que le Roy voudroit. »

La réception solennelle du cardinal Chigi en Provence et Languedoc ainsi que son entrée à Nîmes sont longuement relatées. L'accueil réservé au légat fut, conformément aux ordres de Louis XIV, digne d'une réception royale[4] : « Monsieur le compte de Bioule lieutenant du gouverneur de cette ville (*sic* pour province) le fust recevoir au Rosne de Fourques et parce que ce légat vint du costé de Marceille, M. de Bioule avoit avec luy Monsieur de Bezon intendant de cette province et presque toute la noblesse de cette contrée et come il fust receu par ledit seigneur compte à l'entrée de cette province monsieur l'archevesque d'Arles avec la plus grande partie de la noblesse de Provence le quittèrent, l'aiant acompagné jusques au bort de leur province. Ainsy, on voioit la noblesse de Provence d'un costé du Rosne et, de l'autre, celle du Languedoc. Au vray dire s'estoit quelque chose de beau chacun s'estant picqué d'estre bien mis et bien monté avec grand fanfare de trompetes et tambours. Il fust donques conduit ainsy en cette ville où estant, on le fist monter sur un téatre qu'on avoit bien préparé lequel estoit plassé contre le logis du Luxembourg, hors la porte de la Couronne, ledit téatre fort richement tapissé avec un dais et là il receut la harangue de messieurs du présidial et des consuls, ledit légat estant assis et ceux qui l'harangoient à genoux. Après quoi il descendit du téatre et monta sur [un] petit cheval blanc très beau, bien arnaché et pendant tout le temps qu'il demura sur ledit téatre, on n'entendoit que coups de mousquets, y ayant trois mille hommes sous les armes et les boietes et bombes qui jouent à la platte-forme[5] et estant entré dans la ville messieurs du chapitre qui l'atendoient là, le receurent et estant descendu de cheval, on lui présenta la croix à baiser ce qu'il fit à genoux sur un carreau de velours, la musique toujours chantant, tous les ordres religieux y estant, et après avoir esté harangué, il remonta à cheval, les consuls tant de l'une que de l'autres religion portant ou soustenant un fort beau dais sur sa teste avec leurs robes rouges et on le conduisit ainsy prossessionelement jusques à la grande église par des rues qu'on avoit tapissé. » Borrelly peut satisfaire son goût pour les belles « entrées » et savourer le spectacle des consuls protestants obligés de figurer dans la procession : « tout le monde feust esbay de ce que les consuls de la Religion portoient le dais et assistoient à cette sérémonie. Celà leur fust assurément très rude mais avec tout cellà ils n'osèrent reffuzer (d'assister) à toutes les sérémonies atandu l'ordre exprès qu'il y avoit du Roy. Ils n'osoient lever la teste de tant ils estoient confus et trouplés de se voir parmi des gens d'Église en procession ». Tout à la joie de se remémorer cet épisode, il en oublie de s'interroger sur le sens de l'absence de l'évêque : Anthime Cohon était alors en tournée pastorale. Il ne l'interrompit pas. Zèle apostolique ou humeur gallicane ?

Le grand pape Innocent XI suscita, de même, des contradictions significatives sous la plume du chroniqueur. Visiblement il approuvait, écho probable du milieu clérical qu'il fréquentait, l'intransigeance du Saint Père qui refusait l'extension au midi de la France du droit de régale, c'est-à-dire du pouvoir, pour le roi, en cas de vacance d'un évêché, de nommer aux bénéfices dépendant de l'évêque et d'encaisser les revenus de la mense épiscopale. Cela ressort des appréciations portées sur la nomination d'Esprit Fléchier à l'évêché de Nîmes en 1687[6] qui fut, comme un peu plus tard François Chevalier de Saulx premier évêque d'Alès — une des nombreuses victimes de la décision romaine de ne pas donner d'investiture spirituelle aux prélats nommés par Louis XIV : « Le jeudy 16° du mois d'octobre 1684, monsieur l'abbé Fléchet [*sic*], nommé à l'archevesché de Lavors [Lavaur] et, présentement, à celluy de Nismes est arrivé en cette ville sur les heures du soir... Il n'est pas encores sacré ni bullé [c'est-à-dire muni des bulles pontificales d'investiture], le Pape qui est un grand homme et qui ne relâche rien pour ce qui est des inthérêts de l'Eglise, ne craignant pour cellà aucun Roy, ne baille aucunes bulles [de nomination] depuis longtemps à cause du droict de régale, y aiant plusieurs evesques dans cette province qui n'ont aucunes bulles. » C'est le seul développement consacré à la grande crise qui avait donné lieu à la fameuse déclaration des quatre articles gallicans de 1682. Certes, le chroniqueur note que « la ville fit honneur audit sieur abbé comme s'il estoit actuelement evesque » mais on sent bien, dans ce bref commentaire, qu'il est hostile aux empiétements de la puissance temporelle sur le spirituel : le pape est « un grand homme », il ne craint aucun roi ; Fléchier, privé de pouvoir exercer ses attributions religieuses, n'est que l'ombre d'un évêque même si les Nîmois font « comme s'il » en était un... En revanche, le notaire ne comprenait pas du tout les réserves, ou l'opposition, à la politique du Roi très chrétien, d'Innocent XI qui mesurait, lui, les risques qu'elle faisait courir à la catholicité européenne[7].

Loin d'accéder à cette vision d'ensemble qui prévalait à Rome, Borrelly attribuait l'hostilité romaine à l'influence d'un entourage pervers sur un pape sénile. La guerre de la ligue d'Augsbourg est soutenue par Louis XIV « pour la religion catholique, apostolique et romaine » ; or, aux côtés de l'Empereur, des Provinces-Unies, de l'Angleterre et de l'Espagne, ne trouve-t-on pas « le Pape mesme » !... C'est une attitude qu'il juge aberrante et, à la mort d'Innocent XI, en 1689, il s'interroge sur le salut éternel du pontife « Dieu lui aie fait miséricorde. Il avoit bien causé du trouble depuis environ deux ans puisqu'il s'estoit déclaré contre la France. [...]. Il s'estoit ligué avec l'Empereur, le roi d'Espagne et qui pis est avec les protestans [...] cellà a fait un désordre pour la religion catholique espouvantable [...] il faut croire que le pape ne s'estoit pas déclaré pour ses motifs contre la France et que ses courtisans lui faisoient croire tout autre chose ». Heureusement (pour Borrelly) à ce trublion irresponsable allait succéder un pape acquis à la France, Alexandre VIII « celui-ci a esté fait par les intrigues de France en dépit de toutes les autres nations et il nous donnera la paix s'il plaît à Dieu et les affaires changeront de face. Dieu lui donne vie et santé. » L'avènement d'Innocent XII suscita les mêmes espoirs « on croit qu'il sera beaucoup dans les inthérêts de la France de quoy tous les aliés de l'Europe quasy contre la France seront bien fachés. Il est âgé d'environ 76 ans. Dieu lui communique s'il lui plaît son Saint Esprit pour bien gouverner l'Eglise[8] ».

Ultramontain avec des humeurs anti-romaines, congréganiste marial chez les jésuites, Borrelly était un bon adepte du catholicisme tridentin, fils soumis d'une église gallicane romanisée depuis un siècle. Même à l'époque où, après l'enrôlement de son fils Marc-Antoine, il tient moins fidèlement son livre de raison, il note les changements de pontife (en 1691 et 1700)[9]. Ses lamentations sur les éventuelles discordes entre « Monsieur de Rome » et les fils aînés de l'Église sont comme un dégradé des envolées de Bossuet, lors de la fameuse assemblée du clergé de 1681-82 qui soutient le roi dans son conflit avec le pape et affirme « les libertés de l'église gallicane » mais célèbre l'union de la catholicité romaine : « Sainte Église romaine, mère des Églises et mère de tous les fidèles, Église choisie de Dieu pour unir ses enfants dans la même foi et la même charité, nous tiendrons toujours à ton unité par le fond de nos entrailles[10] ».

Les évêques

Le concile de Trente avait fait des évêques les principaux responsables de la réforme catholique[11]. Très conscient de l'importance du pouvoir épiscopal, Borrelly fit de son mieux, nous l'avons vu, pour s'assurer la protection des évêques, source d'honneurs et de profits, espérant toujours entrer dans leur clientèle, leur confiance voire leur amitié, et y réussissant avec Anthime Cohon qu'il appelle toujours « mon bienfaiteur ». Celui-ci, rappelons-le, le fit nommer greffier de l'officialité en 1658, secrétaire du chapitre cathédral en 1663, greffier de l'assemblée du clergé diocésain en 1665. Ces charges lui assuraient respectivement une vingtaine de livres, 100 livres et 120 livres de gages annuels, part appréciable de ses revenus. Le registre des délibérations capitulaires contient sa nomination et montre l'intervention efficace de Cohon : le 2 mai 1663 l'évêque, présidant le chapitre, demande au syndic Maigne (toujours le cousin Charles) de proposer l'approbation du choix fait, deux jours plus tôt, pour remplacer le secrétaire Charles Ménard décédé de « Maître Estienne Borrelly notaire habitant de cette ville. » Les chanoines approuvent « la compagnie (étant) pleinement informée (de ses) bonnes vie, mœurs, capacité, conversation et religion catholique, apostolique et romaine[12] ».

A partir de 1673, il fut privé par le successeur de Cohon, Jacques Séguier, du greffe du clergé et de l'officialité « à cause que comme il a procès avec le chapitre et que je suis secrétaire d'icellui, ne pouvant à cause, dit-il, (de celà) se fier à moy. » Lorsque Séguier quitta Nîmes, en 1687, Borrelly confia ses rancœurs à son livre « je n'ai pas grande obligation à cet évesque puisqu'il m'a osté plus de 2 400 livres en me tirant de la charge de secrétaire du clergé et de greffier de l'officialité [...] cause des grands procès qu'il eut avec son chapitre [...] disant qu'il ne pouvoit pas se fier de moi, meschante raison et tout le monde le blasma. » L'entêtement épiscopal fut le plus fort « c'est un homme qui ne revient pas trop facilement »... Sous Fléchier, en 1692, il ne récupéra que le greffe de l'officialité, la moins rémunératrice de ces charges mais considéra cette réintégration comme une réparation morale : « C'est une charge de très peu de profit mais il faut conter l'honneur pour quelque chose[13] ». Les jugements de Borrelly sur les évêques sont naturellement influencés par les vicissitudes de sa carrière de porte-plume du clergé nîmois. Ils constituent cependant un témoignage rare : celui d'un laïc vivant en relation constante avec le monde ecclésiastique qui représente, nous le savons, une partie importante de sa clientèle.

L'évêque préféré du notaire est, sans conteste, Anthime-Denis Cohon dont il avait pu apprécier la combativité lors de la réaction protestante des années 1650 et qui l'avait pourvu de charges honorables et rémunératrices. Borrelly admire surtout les talents oratoires de son « bienfaicteur », qui étaient à l'origine de la carrière épiscopale de ce roturier angevin. Le jour de la publication de la paix entre la France et l'Espagne, en mars 1660, « messire Antime Denys Cohon évesque de Nismes, duquel j'ai l'honneur d'estre greffier, sur les trois heures du soir fist une très belle prédication au sujet de la paix. Toute la grande église estoit remplie tant de catholiques que d'huguenots, le monde s'empressoit ci fort pour entendre ledit seigneur evesque qui est un des plus grands prédicateurs du siècle que jamais on n'a veu tant de presse[14]. » L'activité bâtisseuse de Cohon retient son attention : en 1660, bénédiction de « l'église St Jacques de l'hospital de cette ville nouvellement construite à la bourgade (faubourg) de St Antoine », en avril 1662 de la chapelle de l'hôtel de ville, en 1663 de l'église des capucins et de celle, provisoire, des dominicains, en 1667 achèvement du retable du maître autel de la cathédrale (« monseigneur de Nismes mon bienfaicteur l'a fait faire, lui aiant cousté 3 000 livres. J'en ai le prix fait et dans quelque temps il le veut faire dorer »). L'année suivante, c'est la reconstruction de l'église de St Césaire dépendant de la mense épiscopale, dont le financement avait été obtenu le 28 février 1667 par un arrêt des « grands jours » (session judiciaire exceptionnelle par une commission du parlement de Toulouse), tenus à Nîmes : « Monseigneur Antime Denys Cohon évesque de Nismes obligea les consuls à la bastir à cause qu'elle fust démolie du temps des guerres civiles. » La « chapelle royale » que l'évêque avait fait construire derrière le chœur de la cathédrale, chapelle dédiée à la Vierge et ornée des statues de Charlemagne, saint Louis, Henri IV et Louis XIII n'est pas évoquée. Il ne parle qu'incidemment de l'œuvre pastorale du prélat, mentionne succinctement la création du séminaire, confié aux doctrinaires, en 1667, et l'établissement de deux couvents d'ursulines. Ce n'était évidemment pas le propos de Borrelly de raconter l'épiscopat de Cohon dont il était l'obligé, le notaire et l'homme de confiance « aiant desmuré dans sa chambre pendant toute la nuit qu'il estoit agonisant[15] ». Il avait enregistré les

« très belles fondations » laissées par l'évêque. De fait, lors de sa dernière maladie, en octobre-novembre 1670, l'évêque avait fait d'importants legs (16 000 livres), en faveur de la confrérie des dames de miséricorde, de l'hôpital, de l'orphelinat de la Providence et des dominicains de Craon, son pays natal. Ces fondations se trouvent dans le registre de Borrelly et celui de son confrère Pons Ferrand[16]. Cohon dont Étienne fut, à ses débuts dans le notariat, le protégé et le collaborateur est une personnalité majeure de la Contre-Réforme autant que de la Réforme catholique nîmoise. Il avait été à Paris au temps de la Fronde l'agent dévoué du pouvoir royal. Il le fut en Languedoc, en particulier aux États provinciaux. Politique et religion étaient pour lui inséparables et il est significatif qu'il ait placé son tombeau dans cette « chapelle royale » où étaient exaltées conjointement les sacralités monarchiques et mariales. Si Borrelly ne se réfère pas explicitement à son premier protecteur ecclésiastique, il semble certain que, pour la mise en place du système de valeurs qui devait être constamment le sien, associant le loyalisme monarchique au papisme le plus intransigeant, l'exemple de son protecteur ait compté.

En revanche, les appréciations du notaire sur Jacques Séguier sont, dans l'ensemble, fort négatives. Il avait été lésé par cet évêque ce qui rend son témoignage relativement suspect mais ses remarques aigres-douces ne sont en contradiction, ni avec les sources manuscrites, ni avec l'historiographie catholique locale représentée un demi-siècle plus tard par l'érudit et honnête Léon Ménard. Jacques Séguier de la Verrière qui occupa le siège épiscopal de Nîmes de 1671 à 1687 était cousin du chancelier, alors fort âgé et malade — au point qu'à Nîmes, on le considérait apparemment comme mort. Borrelly relatant l'arrivée de Séguier en mai 1671, précise sa parenté avec « *feu* monsieur le chancelier », anticipant de six mois le décès de ce grand officier de la couronne. Docteur de Sorbonne, chanoine de Chartres puis de Paris, c'est à la protection de son cousin qu'il dut sa carrière épiscopale, à Lombez puis à Nîmes. Jacques Séguier fut un administrateur sérieux, visitant avec soin son diocèse mais ses rapports avec son chapitre furent médiocres et les débuts de son épiscopat marqués par des procès avec ses chanoines et avec les héritiers de son prédécesseur. Borrelly fut victime des premiers procès et évoque les seconds (« il avoit fait procès aux successeurs de feu messire Antime Denis Cohon »)[17]. L'historien nîmois Ménard, dont l'oncle avait été le collaborateur de Séguier, loue sa douceur et sa bonté, tout comme Mme de Sévigné qui parle du « bon évêque de Nîmes si bon et si honnête homme[18]... » La marquise qui avait le sens de ses intérêts pécuniaires aurait sans doute modifié son appréciation si elle avait été escroquée comme le fut Étienne Borrelly.

Dans les conflits de protocole avec ses chanoines et dans l'affaire du palais épiscopal que Séguier fit construire, jugeant indigne de lui la « médiocre maison » acquise par Cohon se manifestait cet « orgueil de porter le nom de Séguier qui apparaît également dans toutes les branches de la famille », évoqué par Denis Richet, historien de la *gens* Séguier[19]. Ce prélat ombrageux était âgé déjà de soixante ans à son avènement, ce qui pesa sur son activité pastorale. Ménard en convient « le grand âge et les infirmités habituelles de l'évêque Séguier ne lui permirent pas de vaquer plus longtemps aux fonctions de son ministère devenues plus pénibles par les circonstances de la conversion générale[20]. » Borrelly, quant à lui, enregistre le départ de l'évêque Séguier avec presque autant de joie que la révocation de l'édit de Nantes « Le jeudy 4° dudit mois de septembre (1687) environ l'heure de trois après midy, messire Jacques Séguier évesque de Nismes est party de cette ville pour aller coucher à Remoulins. Il s'en va à Paris pour ne revenir plus, pour faire sa démission entre les mains du Roy. Celà vient de ce que dans le temps que ceux de la religion prétendue refformée se firent tous catholiques, comme j'ay marqué ci-devant, ledit seigneur evesque n'agissait pas avec ardeur dans son diocèse à cause de sa vielhesse aiant 75 ans ou environ et d'ailleurs quoique très scavant et grand Sorboniste, n'aiant pas le talant de prêcher ni guière bien exhorter, le roy aiant sceu qu'il ne pouvoit pas bien agir et que c'est un grand fardeau que d'estre evesque dans un temps comme cellui-ci qu'il faut incessament agir, lui auroit donné à connoistre qu'il se devoit retirer ». Par la suite, « voiant... que tout estoit assez dans le calme », l'évêque « auroit eu fantasie de rester » mais il n'était plus temps. Pour Borrelly qui s'efforce de rendre justice à la science de Séguier « grand Sorboniste », M. de Nismes était inférieur à sa tâche, « fort lant et pu agissant »[21], précise-t-il un peu plus tard. Quelles que soient les humeurs et les rancunes, ces appréciations correspondent aux impressions que donnent les archives ecclésiastiques : un évêque plus administrateur que pasteur, un procédurier qui perdit beaucoup de temps dans des querelles mesquines et nuisibles à l'œuvre de restauration catholique.

Avec Esprit Fléchier, Borrelly retrouva un évêque selon son cœur « le Roy a nommé à sa place Monsieur l'évesque de Lavors [Lavaur] ci-devant nommé abbé Fléchet, natif du lieu de Perne dans le Contat d'Avignon, de bonne maison mais non pas d'une grande naissance. Cet un grand homme s'il y en a un en France et un des scavan et grand prédicateur qu'il y ait. Il nous est très nécessaire d'avoir un homme de cette force car les nouveaux convertis sont toujours obstinés[22]. » Le nouvel évêque était, en fait, une personnalité bien connue dans le monde ecclésiastique, à la Cour et dans la république des Lettres. Il avait prêché devant le roi, appartenait à l'Académie française et avait écrit plusieurs ouvrages notamment la vie de Théodose. A l'égard des protestants, Fléchier ne mérite pas la réputation de modération que le XVIIIe siècle lui a abusivement fabriquée : « la charité et l'utilité de la fin justifient abondamment la petite sévérité des moyens », écrivait-il en 1698, en réponse à la consultation royale sur le problème des nouveaux convertis. Il n'est nullement l'homme d'une tolérance qui aurait scandalisé le notaire. Comme ce dernier, il ne tarda pas à constater que les convertis restaient fidèles au calvinisme « l'hérésie semble tous les jours se roidir contre nos soins et contre la piété du Roy ». Évêque sérieux, rationaliste paisible, sa pastorale humaniste et moralisante n'était, d'ailleurs, pas de nature à séduire les réformés[23].

Quant à lui, le notaire resta un fervent admirateur de l'évêque qui l'avait rétabli greffier de l'officialité et lui avait adressé « une lettre très obligeante » lorsque, en 1693, Thérèse Borrelly fut reçue novice chez les Hospitalières. L'année suivante, Fléchier aurait reçu, lui-même, la jeune-fille à la profession s'il s'était trouvé à Nîmes « de quoi je suis bien assuré, estant mon amy comme il est et moy lui faisant ses affaires. Il est, depuis quelque temps, à ses abbayes qui sont du costé de la Sainte Onge[24] ». Lorsque, en 1690, le notaire avait installé son fils Charles dans son bénéfice de St Gilles, il l'avait pourvu d'un portrait de Fléchier. La mort de l'évêque donna lieu à une page et demie de commentaires en un temps où le livre de raison n'était tenu que de façon intermittente « le dimanche 16e février 1710, monseigneur Esprit Fléchier... un des plus grands hommes de son siècle pour la prédication et pour des ouvrages qu'il a fait imprimer — on l'appeloit la plume d'or — mourut dans son palais épiscopal environ l'heure de huict du soir... »

Du successeur de Fléchier, Jean César Rousseau de la Parisière nous n'avons que la description de « l'entrée » en 1711, la mention des cérémonies de pose de la première pierre de l'église des carmes en 1713 et une allusion à un séjour de l'évêque à Paris en 1714 « pour procès contre le chapitre. » Le zèle de La Parisière pour la constitution *Unigenitus* n'est pas plus mentionné que la bulle elle-même ou les options théologiques de ses prédécesseurs Fléchier, Séguier et Cohon, tous adversaires du jansénisme. Les débats sur la grâce échappaient à l'attention et sans doute à la compréhension d'Étienne. En revanche, les structures administratives de l'Église l'intéressaient beaucoup. Toute innovation dans ce domaine lui paraissait fâcheuse. Lorsque, en 1688, la partie cévenole du diocèse en fut détachée pour constituer celui d'Alès, le notaire ne fut pas satisfait, bien que ce démembrement eût eu pour objectif de permettre aux nouveaux convertis « ces branches jeunes encore de la vigne évangélique qui est le Christ [de] se nourrir davantage de la vraie foi. » Pour lui, la cause de cette fâcheuse réduction du territoire du diocèse était l'incapacité de Jacques Séguier « c'est un changement fort surprenant de voir qu'on a démembré l'évesché de Nismes et depuis que le monde est monde on n'avoit pas veu tel changement. Celà vient de ce [que] l'évesché est trop grand et que l'évesque est trop fatigué mais pour moi, je crois que comme messire Jacques Séguier, ci-devant évesque de Nismes et dans le temps de la conversion généralle des huguenots, estoit homme fort lant et peu agissant, que cellà a esté la cause que le Roi a voulu partager le diocèse ». Borrelly revient quelques années plus tard, en 1694, sur l'amputation subie par le diocèse quand il relate le sacre de François Chevalier de Saulx premier évêque d'Alès « ainsi le diocèse de Nismes se trouve présentement partagé chose qu'on n'avoit jamais veu[25]. »

Borrelly dans un microcosme clérical

Borrelly connaissait bien le clergé du diocèse avec lequel il était en relations constantes, comme notaire, comme greffier du chapitre et de l'officialité, comme membre de la bourgeoisie catholique. Il vivait à l'ombre de l'évêché ce qui n'est pas une simple clause de style puisque, jusqu'à la fin de l'épiscopat de Séguier, la résidence de l'évêque était située place Belle-Croix. Le notaire était dans l'orbite du chapitre cathédral où il prenait séance tous les mercredis pour rendre compte de la délibération hebdomadaire du corps. Plusieurs des Messieurs étaient des amis, commensaux, compagnons de jeu d'Étienne. En dépit des préventions de Séguier, il apparaît que ces amitiés capitulaires coupaient au travers des factions qui divisaient le chapitre : le second archidiacre, Philippe de Fabrique — « mon intime amy » note Borrelly à son décès en 1682 — apparaît le plus souvent dans le camp épiscopal, lors des débats qui opposèrent en 1673-74 la majorité des chanoines à l'évêque. Il en va de même pour Aubert et l'inévitable Charles Maigne. Le chef du parti hostile à l'évêque, François de Georges sieur de Laugnac et deux de ses partisans, Rozel et Jossaud, soupent aux frais du notaire en 1675. Le chanoine et vicaire général Causse, homme de confiance de Séguier, est qualifié d'ami, en 1682[26].

Borrelly entretenait aussi des relations amicales dans le petit clergé diocésain. Il qualifie de bons amis Manuel, prêtre à Saint-Gilles, Vernette vicaire perpétuel de Sauve, Codurc maître de musique à la cathédrale, le curé de Saint-Gilles, Despieds, qui avait été le précepteur de ses garçons, puis chargé de consolider le latin de Charles lorsqu'il débuta dans la carrière sacerdotale. En 1680, Borrelly festoie pour Noël chez le vicaire de Carnas. Il est certain qu'il devait également fraterniser avec le clergé de sa région originelle, l'est nîmois, Bezouce en particulier. Visitant cette paroisse, Cohon y avait enregistré avec plaisir l'absence de protestants et prescrit l'établissement d'un vicaire secondaire. Au XVIIIe siècle l'abbé Fabre, dans son roman *Jean l'an près*, donnait Bezouce comme l'archétype de la gloire d'être papiste. Margot, mère de son héros, fille de protestant, délaisse les garçons nouveaux catholiques de son village de Solorgues et choisit pour époux le rouergat Truquette, ce qui la rend « raide et fière comme la gouvernante du curé de Besouce ». Borrelly revient souvent à Bezouce et, signe de ses relations étroites avec le curé du lieu, il lui emprunte son cheval à plusieurs reprises — et parfois pour des voyages particulièrement longs (en Provence pour lui-même en 1677, à Béziers pour son fils en 1689)[27]. Ces notations incidentes suggèrent des relations nombreuses et fréquentes qui n'ont pas à apparaître dans le registre quand elles n'entraînent pas de dépenses.

Qu'il s'agisse des chanoines ou des desservants, leur histoire au XVIIe siècle est celle d'une difficile intériorisation des exigences de la Réforme catholique. Englués dans l'aisance que leur confèrent les revenus et les prébendes, à l'âge d'or de la rente, les chanoines menaient une vie douillette de notables urbains, mâtinés de gentilshommes campagnards. Ils se conforment davantage, il est vrai, au programme réformateur défini à Trente un siècle plus tôt, se font ordonner prêtres plus rapidement, font plus souvent des études théologiques et parfois donnent l'exemple d'une vie très édifiante comme le provençal Honoré Hospitaléry, bienfaiteur du séminaire. Mais le tableau du chapitre cathédral à la fin du siècle comporte beaucoup d'ombres : manque d'assiduité au chœur, absences injustifiées, nominations de dignitaires ou de chanoines plus ou moins scandaleux.

Les registres des délibérations capitulaires sont une mine extrêmement riche qui permet de mesurer la lente et imparfaite pénétration de l'idéal tridentin à longueur de siècle[28]. De 1663 à la fin du règne de Louis XIV, Borrelly avait rédigé les comptes rendus des réunions capitulaires. Il avait par exemple, en 1667, transcrit une délibération prévoyant des privations de prébende pour ceux des chanoines qui « mènent une vie débauchée et escandaleuse en se soulant et faisant cognoître au public leur ivronierie » ou, en octobre 1667, une intervention du cousin Charles Maigne disant que « monseigneur l'évesque fait grand bruit contre le chapitre de ce qu'on ne fait point observer la pointe (des retardataires ou des absents) » ou la mercuriale de Cohon lors du chapitre général de novembre : « a dit entre autres choses que c'est une cérémonie fort vaine et inutile de renouveler tous les ans la solennité de ces assemblées qui par leur institut sont des conciles abrégés pour maintenir la discipline dans les églises cathédrales si les réglements et les lois que l'on y establit demeurent sans observance et exécution... » Lors des débuts de Séguier, il avait pu enregistrer un véritable pugilat entre le chanoine de Georges et le vicaire général Pierre Causse qui se précipita sur son adversaire « à dessein de le battre et lui auroit déchiré son colet » tandis que de Georges traitait Causse d'« espion qui y cause (dans le chapitre) depuis qu'il y est tous les troubles dont il est agité[29] ».

Rien de tout cela ne passe dans le livre de raison. Dans une seule circonstance apparaît, très discrètement, une désapprobation scandalisée à l'égard du chapitre, lors de l'éphémère établissement par Jacques Séguier, en 1681, d'un petit séminaire destiné aux pauvres clercs « qui n'ont pas de quoy fournir à la pension qu'on paye dans les séminaires ordinaires ». Aux contributions de l'évêque et de l'assemblée diocésaine du clergé, devait s'ajouter une subvention annuelle de 1 000 livres versée par le chapitre cathédral. Les chanoines cherchèrent le moyen le moins douloureux de se procurer cette somme : « Pour cela il [le chapitre] prend un expédient que je n'approuve point qui est qu'on veut tirer des prestres de cinq paroisses du chapitre parce qu'il ni a nul catholique ». A 200 livres de gages par desservant, les finances capitulaires restaient intactes, mais Borrelly « n'approuve point » cette décision qui traduit, outre le goût des « messieurs du chapitre » pour les biens de fortune, une totale absence de volonté de reconquête. De ce point de vue, d'ailleurs, la Révocation de l'Édit de Nantes allait être une catastrophe pour les bénéficiers qui, avant 1685, tout en percevant la dîme aux termes de l'article 25 de l'Édit de Nantes, pouvaient réduire au minimum leurs devoirs, concernant l'entretien des lieux de culte et la desserte, dans les secteurs à dominante protestante. L'édit de Fontainebleau affecta sérieusement ce confort en contraignant les décimateurs — et d'abord le chapitre cathédral — à un effort financier considérable[30]. Les délices rentières des prébendes languedociennes reposaient bien souvent, dans le diocèse de Nîmes, sur des « sinécures » au sens étymologique du terme[31]. Étienne n'était pas dégagé de la recherche des bénéfices ; il était fier d'avoir pu hisser son fils Charles dans la catégorie des bénéficiers. Le système était une institution qu'il ne mettait pas en cause mais il était assurément, pour lui, un moyen au service de la pastorale. La vocation lui paraissait nécessaire pour faire carrière ecclésiastique : nous l'avons vu respecter l'absence de vocation de Marc-Antoine et prendre acte de l'absence de goût des deux filles aînées pour la vie conventuelle.

Bien placé pour connaître, de l'intérieur, les pesanteurs qui rendaient si difficiles la réforme des chapitres, Borrelly pouvait également connaître les insuffisances du clergé paroissial. Les délibérations capitulaires étaient souvent consacrées aux vicaires perpétuels desservant les paroisses dépendant du chapitre et aux prêtres auxiliaires des chanoines, le « bas-chœur ». Il fut, par ailleurs, greffier de l'officialité. Les archives de ce tribunal ecclésiastique diocésain sont malheureusement perdues mais Léon Ménard, qui les a consultées, écrit que pour le début du siècle « les informations et les registres de l'officialité font foi d'une infinité de poursuites faites contre des prêtres accusés de crimes les plus monstrueux ». A la fin du XVIIe siècle des progrès avaient été réalisés mais les visites pastorales et les statuts épiscopaux montrent la persistance de nombreuses fautes morales et professionnelles.[32] Ménard avait « vu avec douleur les preuves et les monuments authentiques de ces indignes déréglements ». Borrelly ne trahit pas les secrets de l'officialité. Le seul cas où il évoque l'activité de ce tribunal concerne une ursuline du grand couvent qui avait quitté son monastère pour se convertir au protestantisme, avait été rattrapée et condamnée à la prison à vie. C'est seulement par peur d'ennuis judiciaires éventuels que le notaire relate cet épisode sinistre :

« *Descharge à moi faite par les religieuses du grand monastère* : le 23 avril 1668, les officières du premier monastère de Ste Ursule de cette ville m'ont faict une descharge de leur main, couchée dans mon petit livre de quitances pour raison d'une procédure que j'ai faite comme greffier de l'officialité en l'évesché de Nismes contre une religieuse nommée sœur Catherine de St Joseph de Bimard laquelle à cause qu'elle s'était enfuie fait environ dix neuf ans et sortit de nuit dudit monastère et s'en alla à Orange faire huguenote. Et parce que cette procédure pour bien des considérations, les religieuses n'ont vouleu qu'elle fust veue de personne, elles, par moyen de monseigneur de Nismes [Cohon] m'obligèrent à leur délivrer en original. Je crois que, quant cette religieuse sera morte, qu'elles veulent brûler cette procédure et ordonnance. Elle se trouve condamnée à tenir prison le reste de ses jours dans une chambre dudit couvent où est détenue cy bien qu'il est nécessaire de bien conserver ladite descharge parce qu'un jour moy ou les miens pourroient estre recherchés de ladite procédure et ordonnance[33] ». Le greffier est, évidemment, complice de la décision de son évêque mais redoute d'éventuelles poursuites judiciaires devant la chambre de l'Édit, à la requête des amis protestants de l'ex-sœur Bimard... Il ne nous introduit pas plus avant dans les coulisses — qu'il connaît bien — de la Contre-Réforme et de la Réforme catholique nîmoises. Du moins son livre est-il un témoignage sur les caractères originaux de la pratique religieuse d'un dévot du grand siècle.

La piété d'un congréganiste et confrère du Saint-Sacrement

Dans une ville où, jusqu'en 1629, la majorité protestante avait pu espérer la prochaine extirpation de « Babylone » c'est-à-dire de l'Église romaine, la religion diffusée par les évêques et les réguliers de la Contre-Réforme — principalement les jésuites et les capucins — était un catholicisme totalement renouvelé. Le livre de raison nous apporte de nombreux éclairages sur la vie religieuse de son auteur, exemplaire presque caricatural de l'« Europe des dévots » étudiée par Louis Chatellier. Et pourtant il ne contient ni prières, ni méditations, ni considérations théologiques, ni examens de conscience. Les développements concernant le catholicisme s'attachent surtout à décrire les pompes de l'Église, mais des notations incidentes et des jugements de valeur prouvent combien la piété de son auteur était sincère, tournée vers le perfectionnement moral. Ses maîtres spirituels, les jésuites, ne l'ont nullement orienté vers la facilité. Son livre est une réfutation, involontaire mais convaincante, des critiques qu'à la même époque Pascal portait contre eux, accusés de ne pas conduire leurs dirigés dans les voies de la conversion.[34]

Étienne appartenait à la congrégation mariale établie dans le collège de la compagnie de Jésus : « Le 30ᵉ may 1658, jour de l'Ascension, je fus receu congréganiste dans la congrégation des messieurs, aux pères Jésuites ». Comme à Toulouse, il y avait à Nîmes, à côté de celle élitaire des messieurs, une association à recrutement plus populaire, la congrégation des artisans. Selon Cohon, cette dernière était le fleuron du catholicisme nîmois ; on comprend bien son succès auprès des artisans papistes dans une ville où ils subissaient, parfois durement, la pression des bailleurs d'ouvrage protestants. Selon Borrelly, en 1679 — année de lock-out de nombreux ouvriers catholiques par les marchands huguenots — le cortège funèbre du président du présidial, François de Rochemore, était ouvert par « quatre ou cinq cens artisans de la congrégation rangés deux à deux portant chacun son sierge. » Compte tenu d'une exagération possible — péché mignon du notaire — c'est la plus grande partie de l'artisanat catholique nîmois qui aurait été regroupée dans la sodalité mariale.

Les confrères devaient se confesser et communier tous les mois et visiter les prisonniers et les malades. Étienne n'évoque qu'incidemment sa participation à ces pieux exercices « le dimanche 28e dudit (mars 1677) en sortant de la congrégation, M. de Cabrières m'auroit demandé 4 escus à prester » ou « le dimanche 7 décembre 1687, la première messe a esté ditte à la congrégation des Messieurs au collège des P. Jésuites par M. Esprit Fléchier nommé à l'évesché de Nismes dont j'ai parlé ci-devant. Cette congrégation est à présent en bas à plain pied de la sacristie. Ci-devant, elle estoit à la salle d'en haut. Ce jour-là Monseigneur le duc de Nouailhe (Noailles) lieutenant-général de cette province ci [s'y] est fait recevoir estant en cette ville, les estats ci tenant »[35]. Le notaire ne parle pas de ses activités et ferveurs congréganistes. Sa dévotion à la Vierge que les confrères se reconnaissaient pour « dame et maistresse, patronne et avocate » apparaît dans d'autres écrits de sa main. Dans ses testaments de 1675 et 1682, il prie « humblement la glorieuse et bienheureuse Vierge Marie à laquelle le testateur a une confiance très particulière comme il a dit d'estre son advocate et procuratrice envers son très cher fils Jésus, en toutes ses actions et principalement à l'heure de la mort croiant fermement qu'il ne put estre sauvé sans son intercession comme estant un très grand pécheur ». Sa première femme mourut un samedi (jour marial) « comme elle avait toujours dit ». A la fin de ses registres de notaire, il inscrit dans un cœur « Dieu soit loué et la glorieuse Vierge Marie sa mère[36] ».

Dévotion mariale et culte eucharistique allaient de pair dans la piété du XVIIe siècle. Étienne n'achappe pas à la règle. Il mentionne incidemment son appartenance à la confrérie du St Sacrement à propos du passage à Nîmes, en août 1658, du prince de Conti gouverneur de la province « il logea chez monseigneur l'evesque et le lendemain, jour de l'Assomption, il communia dans la cathédrale de la main dudit seigneur évesque qui luy dit la messe et après acompagna de St Sacrement qu'on porta à un malade. J'eus l'honneur de porter un flambeau parce que j'estois thrésorier de la confrérie du St Sacrement. » Cette confrérie avait été réorganisée, en 1602, par l'évêque Pierre de Valernod qui la dota de statuts. Ses membres, outre une confession générale à leur admission, devaient se confesser et communier à Pâques, Pentecôte, Noël, Toussaint, Assomption et, bien entendu, pour la Fête-Dieu (fête du Saint-Sacrement). Outre une permanence d'oraison devant le reposoir du jeudi et du vendredi saints, les confrères devaient participer à la procession de la Fête-Dieu et accompagner avec dais et torches de cire le viatique porté aux malades[37].

Un ciel tridentin

Hormis son patron saint Etienne, invoqué dans son testament, les saints à l'égard desquels Borrelly manifeste la plus grande dévotion sont ceux qui sont particulièrement exaltés par l'Église tridentine. Le choix des prénoms de ses trois derniers enfants est révélateur à cet égard, les premiers ayant reçu selon un usage fréquent le prénom de leur parrain ou marraine : Antoinette était la filleule d'Antoinette Maigne, Charles avait été tenu sur les fonts baptismaux par l'inévitable chanoine Charles Maigne, cousin de sa mère, Mathieu par son cousin Mathieu Borrelly, Marc-Antoine par Antoine fils de son oncle l'avocat. En revanche, en juin 1672, le garçon suivant ayant pour parrain un autre cousin Antoine (fils du marchand). La liberté de choix permit au notaire, tout à la joie de la guerre qui venait de commencer contre les protestantes Provinces-Unies, de le prénommer Louis comme son souverain bienaimé. Les trois derniers enfants furent parrainés par leurs jeunes frères et sœurs et le choix du prénom reflète beaucoup plus clairement le paysage religieux des parents[38] : Thérèse (1675), Marie (1676), Joseph (1677). Choix significatifs : Marie, bien sûr, mais aussi Joseph culte masculin complémentaire et compensatoire de l'essor de la dévotion mariale, protecteur de l'enfance et des moribonds. Depuis le XVe siècle, l'époux de la Vierge réalisait une tardive et discrète montée, mais surtout dans une élite mystique. Le renouveau religieux du XVIIe siècle connaît ainsi un aspect joséphite double, lié d'une part à l'orientation de la piété vers l'enfance de Jésus et d'autre part au développement du thème de la bonne mort. A Nîmes la confrérie des agonisants, érigée en 1654 dans l'église des dominicains, était placée sous le titre de saint Joseph. Les deux se retrouvent chez Borrelly : avec la Vierge et son patron, le martyr Etienne, saint Joseph est le seul dont il demande l'intercession dans son testament de 1675. Le choix du prénom de Joseph pour son dernier fils se rattache plutôt au thème de la Sainte Famille, modèle de la famille chrétienne, exaltée à travers le père nourricier de l'Enfant-Jésus.

Le culte de saint Joseph comptait un autre dévot dans l'entourage de Borrelly : le chanoine Charles Maigne qui fit construire une chapelle dédiée au patron de la bonne mort dans l'église des capucins. Le notaire enregistre la bénédiction de ce lieu de culte le 19 mars 1692, jour de la fête du saint, et précise que le fondateur est « parrain de mon fils le prestre et parent (cousin germain de leur mère) de mes enfants ». Le livre archivial des capucins de Nîmes mentionne deux inhumations, dans cette chapelle, de membres de la famille Maigne, par autorisation du général de l'ordre, en 1697 et 1708 mais la dévotion n'exclut pas l'esprit d'économie et, en 1708, dans une période où Etienne se plaignait de la pingrerie de Charles Maigne, les capucins faisaient chorus par une litote vengeresse sur l'enterrement de Guillaume Maigne prieur de Dions « dont les funérailles ont esté faites avec une extrême économie les héritiers n'ayant même donné aucune rétribution pour la messe qu'ils firent dire en présence du corps[39] ». L'avant-dernière fille d'Etienne fut prénommée Thérèse, choix important car l'influence de la carmélite d'Avila, canonisée en 1622, sur la spiritualité française fut déterminante.

Le seul « voyage » de dévotion mentionné par le livre de raison avait conduit le notaire en Provence, sur les pas supposés de sainte Marie-Madeleine ; il avait vu ses reliques à Saint-Maximin et à la Sainte-Baume. Le culte de la Madeleine, pécheresse repentie, fut important au XVIIe siècle : il met en valeur la nécessité pour l'homme pieux de se convertir c'est-à-dire, étymologiquement, de changer radicalement sa vie pour la conformer à l'idéal chrétien[40].

Pratique, morale, modèles

La conversion est le but de la vie chrétienne. Pour se détourner du mal et s'orienter entièrement vers Dieu, il est nécessaire de travailler sur soi. Fils spirituel des jésuites, Borrelly croit au rôle de la volonté dans l'économie du salut. Rien de plus significatif à cet égard que le commentaire dont il accompagne la mention de l'embauche d'un précepteur, en 1677 « je me veux forcer à eslever mes enfants à la vertu autant que je pourray »[41]. Les verbes expriment la résolution devant une tâche difficile : vouloir, forcer, élever. Dans ce processus volontariste nous trouvons deux éléments essentiels de sa religion : la pratique, la morale.

En tant que membre de la congrégation des Messieurs, le notaire devait se confesser et communier mensuellement. Sa première femme « se confessoit et communioit tous les samedis »[42]. Mais, encore plus efficace que la confession fréquente est la confession générale précédée d'une « introspection sans concessions qui met en valeur les vices dominants, qui oblige à reparler de fautes graves plus ou moins ensevelies dans l'oubli et accentue finalement la conscience de la situation de pécheur[43]. » Lorsque mourut le président du présidial François de Rochemore, assisté « jusques à son dernier » par le père Bernard jésuite, Etienne précise, avec admiration, « on m'a dit qu'il fit sa confession générale[44]. » Borrelly, lui-même, fit à plusieurs reprises sa confession générale, à l'occasion du jubilé en octobre 1670, en mars 1673. En 1677, il était arrivé tout juste à temps de son voyage à la Sainte-Baume pour gagner l'indulgence jubilaire « le jubilé estant encore ouvert (dernier jour) en cette ville et aiant jeuné comme il estoit prescrit j'ai fait ma confession générale et me suis communié ». En 1684 où le jubilé dura un mois, au lieu des quinze jours habituels, afin que les missionnaires royaux qui venaient d'opérer dans les Cévennes « pendant que les dragons et troupes y étoient » aient à Nîmes « plus de temps à faire du fruit », Borrelly marque qu'il a fait sa confession générale avant de jeûner, de faire des aumônes, visiter les églises et communier. Il signale que l'évêque avait fait imprimer « un petit livre [...] qui coste un sol » contenant les prières requises et explique : « J'escris le temps de ma dite confession non pas par autre motif que celui de scavoir le temps en cas à l'avenir Dieu me face grâce d'en faire d'autres. » Ses héritiers, futurs lecteurs, doivent savoir qu'il s'agit d'un aide-mémoire et non de pose pharisaïque. En 1690, 1692, 1694, 1700 et 1701, 1709 les jubilés sont mentionnés sans référence explicite aux pratiques du notaire. Quoi qu'il en soit, il reste quatre confessions générales certaines et cinq autres probables, auxquelles il faut ajouter celles qu'il avait dû faire à sa réception dans la confrérie du Saint-Sacrement et à la Congrégation des Messieurs.[45] Confessions générales, confessions ordinaires, le temps du notaire est scandé par une série d'épisodes introspectifs, application à lui-même de l'effort vers la vertu auquel il appelait ses enfants.

Le corollaire de ce travail intérieur est évidemment une tendance moralisante. Borrelly ne nous parle pas de ses péchés, ni de ceux de son entourage. Les allusions à la vie de sa belle-sœur après la mort du frère aîné Antoine, suggèrent une conduite qui choque le pieux Etienne « une coquine par une mauvaise vie qu'elle a mené depuis son vefvage. Je ne metrois pas cella sur le papier si cella n'estoit public. » La sensibilité au péché de chair se manifeste lorsque, en 1714, la servante Antoinette du Bois, « cette coquine... cette maudite », enceinte, est expulsée. C'est une attitude au demeurant courante dans les cas de grossesses ancillaires[46], mais dans la véhémence de langage se manifeste ce déplacement des centres d'intérêt des moralistes et des dévots vers un contrôle plus strict des pulsions de la libido qui caractérise le XVIIe siècle.[47] Borrelly avait été plus indulgent pour la servante voleuse et s'était contenté de la renvoyer sans la livrer à la justice, c'est-à-dire possiblement à la mort. Il a également de l'indulgence pour les dettes de jeu : Maigne, jeune magistrat de la viguerie (neveu de Charles) « me demanda les larmes aux yeux 2 escus à prester, m'aiant dit qu'il avoit perdu tout son argent et qu'à sa maison il n'avoit ni pain, ni huille, ni viande pour disner. » Borrelly prête les deux écus avec un commentaire modéré : « C'est un très pauvre mesnage, mangeant et jouant tout. » Pense-t-il à ses propres (et modestes) pertes de jeux ? mais quelques mois plus tard, évoquant les convoitises du jeune magistrat sur l'héritage avunculaire, il le qualifie sévèrement de « perdu et débauché et le (son oncle) traitant fort cruelement »[48].

Dans le cheminement moral qu'il souhaite, Etienne attend que le pécheur se convertisse, à l'instar de l'enfant prodigue. Cette attente a pesé sur ses relations avec son second fils Marc-Antoine : lors d'une fugue de l'écolier (il avait 16 ans) avec un camarade, le père note « je ne ferai pas un pas pour courir après eux parce que quand un enfant fait de telles choses, il faut qu'il pâtisse et que les souffrances le fassent revenir[49] ». Ses attentes furent déçues mais il est manifeste que, pèlerin de sainte Madeleine, il admire les convertis à l'instar du prince de Conti, gouverneur de la province. Insoucieux ou plutôt ignorant de l'influence janséniste qui s'exerçait sur le prince, le notaire ne voit que le radical changement de vie du jeune frère du grand Condé :

« Son altesse sérénissime Monseigneur Armand de Bourbon, prince de Conty, prince du sang, gouverneur et lieutenant général dans cette province de Languedoc est décédé dans ce mois de février 1666 dans sa Belle Grange à Pézenas, lors de la tenue des Estats au dit Pézenas. C'est une perte pour cette province surtout, que jamais on ne la scauroit comprandre, et principalement pour la Religion Catholique, de laquelle il estoit le protecteur et le soustien des catholiques contre les huguenots qui sont puissans. Jamais il ne s'est veu un ci bon prince, fort charitable et dévot. Il se confessoit et communioit tous les huict jours et entendoit tous les jours la messe. Le mesme, il le faisoit faire à toute sa suite, il terminoit tous les différents entre les plus grands et entre les plus petits de cette province. Il a esté enterré dans la chartreuse de Villeneufve d'Avignon le 19e de mars 1666. Il faut noter qu'il est mort à ce que je puis cognoistre de 35 ans ou environ et que, quant il estoit plus june et qu'il estoit général des armées il estoit débauché autant qu'il se pouvoit et qu'il avoit, à ce qu'il disoit, fait des grands maux surtout du costé de la Guienne. Ce qui l'auroit obligé, depuis quelques années, de faire des grandes espargnes et de vivre médiocrement pour avoir moyen de restituer le bien mal acquis et de réparer les maux qu'il avoit fait et pour cellà il avoit escrit à toutes les personnes les plus califfiées pour qu'elles prissent un soin exact pour scavoir le tort qu'il pouvoit tenir aux uns et aux autres affin que sur leurs mémoires il acquita ce qu'il avoit pris injustement ce qu'il fit pendant plusieurs années. J'ay apris par deux gentilhommes de sa suite que je logea ches moi que Son altesse avoit achevé de s'acquitter l'année dernière seulement. Ainsy il est à remarquer qu'il y a peu de gens de cette force dans ce siècle.[50] »

Ce long développement, à une époque où les notations du livre de raison sont particulièrement succinctes, traduit l'importance du modèle constitué par Conti. Borrelly avait pu admirer, lorsqu'il accompagna avec lui le viatique porté à un malade, la piété eucharistique de ce Prince, archétype du dévot, militant de la Contre-réforme « le soutien des catholiques contre les huguenots » — et zélateur de la Réforme catholique « charitable et dévot ». Ce portrait insiste sur la conversion. De fait, Conti, après avoir hésité à se faire d'Église, jaloux des lauriers de son frère le grand Condé, s'était lancé à corps perdu dans la Fronde. Il était amoureux de sa sœur, la belle duchesse de Longueville, au point, à en croire Pierre Lenet homme de confiance du grand Condé « qu'il ne songeoit qu'à faire des choses extrêmes pour lui en donner les marques[51]. » Il ne révéla pas un grand talent, ni politique, ni militaire. L'appréciation portée sur lui par le cardinal de Retz : « ce chef de parti était un zéro qui ne multipliait que parce qu'il était prince du sang » est peut-être un peu dure[52]... mais il ne fut sans doute pas la personnalité exceptionnelle que voit en lui le pieux Etienne. Les « grands maux surtout du costé de la Guyenne » correspondent bien au rôle joué par Conti dans la « guerre condéenne » de 1652 où, autour de Bordeaux révolté, les armées ravageaient les provinces du sud-ouest. Réconcilié avec le pouvoir, époux d'une nièce de Mazarin, Conti avait obtenu le gouvernement du Languedoc. Châtelain de la Grange des prés, il avait avec ses émoluments de gouverneur joints à la rente de nombreuses seigneuries, un revenu annuel de 300 000 à 400 000 livres, un pactole pour Pézenas, pour son entourage souvent libertin, pour sa maîtresse Mme de Calvimont, pour Molière et ses comédiens... C'est seulement après 1655 que Conti s'était converti sous l'influence du rigoriste évêque d'Alet, Nicolas Pavillon. Dès lors, membre de la compagnie secrète du Saint-Sacrement, il s'était efforcé, en effet, de réparer les maux qu'il avait faits. Dans son testament il demanda d'indemniser les victimes des guerres injustes qu'il avait menées[53].

Aux exemples vivants, à l'influence déterminante des jésuites, s'ajoutaient sans doute des lectures pieuses. Borrelly ne nous en parle pas et nous ignorons quels ouvrages il possédait quand il commença à tenir son livre. Ses acquisitions ont surtout un caractère professionnel ou sont liées aux études de ses enfants. Il est néanmoins très révélateur de constater qu'il donna à Marc-Antoine, lors de son départ pour Toulouse, en 1689, l'*Office de la Vierge* et l'*Introduction à la vie dévote* : ce choix manifeste la piété mariale du congréganiste et l'idéal de sanctification dans le siècle de saint François de Sales. La spiritualité qu'il voudrait bien insuffler à ses enfants est à base de volontarisme et d'humanisme dévot, pour reprendre la formule de l'abbé Brémond. C'est la même année qu'il achetait, à la foire de Beaucaire, une série d'ouvrages pieux à l'intention de Charles, alors au séminaire. A-t-il lu ces ouvrages ? Il se contente d'un bref commentaire : « ce sont de bons livres. » Le notaire n'a apparemment ni goût ni compétence pour le débat théologique. Il n'évoque pas les débats sur la grâce... Il reste que son jardin spirituel, dessiné par les pères de la compagnie de Jésus, était tout imprégné d'un certain optimisme chrétien, de confiance dans les possibilités des hommes à coopérer à leur salut.[54]

Nîmes baroque

Roma triumphans, tel est le titre d'un chapitre du beau livre de Victor-Lucien Tapié sur le baroque[55]. N'y aurait-il pas quelque artifice à appliquer cette notion glorieuse à une ville et un diocèse où l'Église catholique n'en finit pas de se relever de ses ruines ? C'est pourtant bien de triomphalisme qu'il s'agit, au sens le plus littéral du terme : après les guerres de Rohan où les protestants avaient pu croire, pour la seconde fois, qu'ils allaient venir à bout du papisme, le premier épiscopat de Cohon avait marqué une véritable résurrection. Malgré les épreuves du temps de la Fronde et de l'après-Fronde, la seconde promotion de cet évêque sur le siège nîmois vit, grâce au soutien actif de la royauté, la consécration de la victoire papiste. Ce fut pour Borrelly, habitué à la domination protestante, une divine surprise. Il ne manque pas de mentionner les manifestations extérieures de cette victoire telle, nous l'avons vu, l'humiliation des consuls huguenots obligés de porter le dais du légat Chigi. Amateur de spectacles, il adhère de tout cœur à l'affirmation ostentatoire et provocatrice des croyances catholiques dans la conviction que la puissance de l'Église ou de l'État n'est accomplie que si, selon les termes de V.L.Tapié, « elle se manifeste aux yeux de tous par l'éclat du décor où elle s'exerce ». La sensibilité du notaire fait de lui le spectateur vibrant du théâtre baroque. Il enregistre l'installation du décor : le rétablissement des églises et des croix, d'abord la « Belle-Croix » restaurée en 1661, un siècle après sa démolition par les réformés. Croix de marbre dont la bénédiction fut faite par le grand vicaire le 20 octobre « où tout le chapitre et la musique assista processionelement » et fut suivie par l'érection de trois autres croix aux entrées principales de la ville.[56]

De même, la cathédrale ayant été rebâtie de 1636 à 1645, il note avec admiration les constructions de Cohon et la reconstruction d'un palais épiscopal par Séguier ainsi que la conversion de la maison carrée en église des augustins. La première messe dite par l'évêque dans l'église des jésuites, bâtie « aux despens de la ville et non aux leurs » le 4 septembre 1678, cinq ans après le « posement de la première pierre » par Séguier « aiant avec luy tout son chapitre et la musique, assistant messieurs du présidial et les consuls catholiques » est naturellement mentionnée. Il en va de même de la bénédiction avec « un grand concours de peuple » de la première pierre de l'église des carmes en 1713, des dominicains en 1714 et de « l'église ou chapelle que les bénédictins ont de nouveau fait construire »[57].

Le dimanche 26 août 1668 d'importantes cérémonies eurent lieu à Nîmes en l'honneur de Rose de Lima, béatifiée la même année, cinquante ans après sa mort. Les dominicains furent les maîtres d'œuvre de ces fêtes en l'honneur de la jeune mystique créole : « on fit grande solennité dans l'église des pères prêcheurs de cette ville à l'honneur de sainte Roze religieuse du tiers ordre, laquelle notre saint père Clément IX a cette année béatifiée. Le Saint-Sacrement fust exposé à leur église et, après que les vespres de la cathédrale furent dites, le chapitre avec le bas-chœur se rendirent à l'église desdits pères où tous les ordres religieux se rendirent aussy et en après tous vindrent à la cathédrale et à l'entrée de la grande porte le chapitre receut lesdits pères prêcheurs et après M. de Trimond chanoine y prêcha faisant le panégérique de cette sainte et ensuite on fit la procession par la ville et on s'alla rendre à l'église desdits pères où la bénédiction fut donnée par M. de Fabrique archidiacre. Après quoi tous les ordres religieux accompagnèrent ledit chapitre dans la cathédrale et chacun se retira. »[58] Affirmation solennelle donc de la validité du culte des saints et reconnaissance joyeuse de ce pouvoir pontifical de canoniser qui indignait si fort les réformés, témoin Agrippa d'Aubigné qui faisait dire à la « beste de Rome » :

Je fais les saints, sous moi obéissent les anges
Je puis (cause première de tout cet univers)
Mettre l'enfer au ciel et le ciel aux enfers.[59]

Borrelly a participé, « on fit procession », aux défilés en l'honneur de la future patronne de l'Amérique du Sud : de la cathédrale à l'église provisoire des dominicains — non loin de l'actuelle porte Auguste — puis de cette chapelle à la cathédrale, enfin la procession « par la ville ». Procession, exposition du saint sacrement, panégyrique, la ville est sillonnée de clercs, abreuvée des thèmes les plus honnis des religionnaires et remplie de chants et de musique.[60] Il n'est pas difficile d'imaginer combien cette mise en scène pouvait être ressentie désagréablement par les protestants qui, au début du siècle, organisaient des cortèges parodiques pour tourner en dérision les processions récemment rétablies.[61] Le notaire qui avait éprouvé le besoin de garder « mémoire des solempnités faites à l'honneur de sainte Rose » avait curieusement oublié d'indiquer, l'année précédente, la célébration de la canonisation de Saint François de Sales marquée par une semaine d'exposition du sacrement de l'autel, une prédication quotidienne suivie du salut du saint Sacrement et une procession générale le 24 avril 1667, pour transférer des reliques de M. de Genève de la cathédrale au couvent des Visitandines, hors les murs, entre la porte de la Madeleine et la Fontaine.[62] Il est vrai qu'à cette date, le livre de raison n'est tenu que de façon très lacunaire. Il est néanmoins étonnant que l'admirateur de l'*Introduction à la vie dévote* ne dise rien de ces cérémonies. Elles avaient été faites à l'initiative de son maître Cohon et, en qualité de secrétaire du chapitre, Borrelly avait transcrit une délibération concluant que ce corps ferait « tous les honneurs que faire se pourra à l'honneur du bienheureux François de Sales »[63]. De même, en avril 1670, il n'est pas question des fêtes en l'honneur de saint Pierre d'Alcantara qui donnèrent lieu, entre la cathédrale et le couvent des récollets, à des cérémonies analogues à celles faites deux ans plus tôt pour sainte Rose.[64] Mais l'intérêt du notaire, en ce mois d'avril 1670, était particulièrement absorbé par l'acquisition de la maison de la place Belle-Croix, sujet auquel il consacre six pages entières !

A la fin des annés 60 où les développements du livre de raison commencent à s'étoffer, les processions, phénomènes surprenants et incongrus au début du siècle, sont devenues des manifestations normales à Nîmes. Il n'éprouve pas le besoin de parler de celles des Rogations ou de la Fête-Dieu dont les délibérations capitulaires montrent le caractère habituel à cette époque.[65] En revanche, il mentionne brièvement les processions extraordinaires : en mai 1683, c'est après « beaucoup de processions et de prières » que la pluie a fini par tomber. Pour l'ouverture des jubilés il est seulement indiqué que la quinzaine jubilaire a été ouverte par une procession mais, en 1690, est précisé « pendant la quelle on a chanté le *Veni Creator*, ensuite a été célébrée une messe du Saint-Esprit. Ladite procession à 8 heures du matin où tous les ordres religieux et corps de ville y ont assisté »[66].

Si pieux qu'il fût et ami du spectacle sacré, Borrelly, saturé de cortèges, concentre son attention sur ceux qui présentent une originalité. En octobre 1682, dans la série des célébrations (prise d'armes et feux de joie) marquant la naissance du duc de Bourgogne, les dominicains avaient dépassé les jésuites qui s'étaient contentés d'un feu de joie et d'un feu d'artifice au son des « tambours, pétars, fusées et serpenteaux ». Les jacobins avaient, eux aussi, donné dans les prouesses pyrotechniques mais, en plus, le dimanche 4 octobre — trois jours avant l'anniversaire de Lépante — c'est-à-dire le jour de la fête d'action de grâces en l'honneur de la Vierge, proposée par le pape dominicain Pie V et instituée par son successeur Grégoire XIII, « les frères prêcheurs firent une procession par la ville, y aiant eu à leur église grande dévotion, vespres, sermon et bénédiction. Ils avoient fait habilher une vingtaine de jeunes garçons en ange et grands violons marchaient à la dite procession ». Cette mise en scène baroque qui évoque celle réalisée, la même année, à Eyragues par les dominicains d'Avignon rassemblait, dans une exaltation commune, la Vierge du Rosaire, l'ordre de saint Dominique et, bien entendu, le roi Très Chrétien[67].

Autres festivités dominicaines évoquées, celles organisées, « le dimanche premier de may 1689 le chapitre provincial des R.P.Prêcheurs se tenant dans leur Convent à Nismes cellà n'estant put estre jamais arrivé, [ils] firent une procession par la ville environ les 9 heures du matin, se rendirent à la grande Église le chapitre les aiant receus à la porte, dirent une grande messe et chantèrent leur plain-chant fort bien. Le chapitre leur bailla des ornements les plus riches, le chœur et l'autel bien parés. Ils [les chanoines] en firent monter aux hautes chères autant comme il s'en put metre, Mr l'évesque y estant, et après la messe un de leurs pères prêchat fort bien et tout l'auditoire en fut très content. L'église estoit toute remplie. On fait compte qu'ils sont 70 religieux. Ils firent hier leur provincial »[68]. Borrelly, comme les chanoines, admirait la prestigieuse province dominicaine de Toulouse. Il avait, dans son second testament, en 1682, demandé « aux frères prêcheurs ses bons amis qu'il a l'honneur de servir il y a plus de 20 ans, de lui dire un annuel en considération des services qu'il a rendus audit couvent ». Dans sa propre famille l'influence de l'ordre de saint Dominique était forte, peut-être développée sous l'influence de la famille Séguret : Pierre Séguret son gendre et Catherine Borrelly-Séguret étaient tertiaires dominicains. Le père de Pierre Séguret était membre de la confrérie des agonisants, érigée en 1654 dans l'église des frères prêcheurs. Borrelly lui-même qui avait fait enterrer sa première épouse dans « la vieille église » (c'est-à-dire l'ancien réfectoire des chanoines qui avait tenu lieu de cathédrale avant sa reconstruction en 1646) fit inhumer sa seconde femme, le 4 octobre 1717, « dans le cloître du couvent des frères prêcheurs » où, depuis l'année précédente, reposait Pierre Séguret « dans le cavot des frères du tiers ordre ».

Catherine Borrelly devait y rejoindre son mari, en 1725, « dans le cavot des sœurs du tiers ordre »[69].

Parmi les cérémonies extraordinaires mentionnées dont les *Te Deum*, extrêmement nombreux et sur lesquels nous aurons à revenir car ils sont liés aux triomphes du roi, c'est le rétablissement du feu de la Saint-Jean, protecteur des moissons, en 1680, un an après la catholicisation de l'entier consulat qui frappa particulièrement le chroniqueur : « le dimanche 23 dudit mois de juin, veille de Saint-Jean Baptiste, messieurs les consuls firent faire un feu de joye à l'Esplanade, hors la porte de la Couronne. Ils y mirent le feu aiant leurs robes rouges, M. de Servas lieutenant principal estant à leur teste en l'absence de M. Le juge mage. Homme vivant n'avoit veu en cette ville qu'à cette veille les consuls fissent aucun feu de joye et, parce que les consuls sont tous catholiques depuis l'année dernière, les consuls de cette année ont vouleu commencer à establir cette costume comme elle est par toutes les bonnes villes catholiques. Ils firent encore tirer les boietes [fusées][70]. » En 1694, dans la période qui suit la mort de son fils cadet et où il « n'est plus exact », selon sa propre expression, à tenir son livre, Borrelly consacre un développement à la réception du général de l'ordre des capucins de passage à Nîmes pour y « tenir une congrégation où seront les religieux des couvents des lieux circonvoisins et des autres assez eslognés ». Ce sont quatre-vingt-treize réguliers qui sont rassemblés au couvent de Nîmes et qui vont accueillir, « vers la porte Saint-Gilles processionnelement, chantant le *Te Deum* », le général monté sur une mule blanche et suivi de nombreux frères[71].

De la « bonne mort » aux liturgies funéraires

Un des éléments importants de la religion baroque, c'est le « grand cérémonial » analysé par Michel Vovelle, mise en scène de la phase ultime de la vie des hommes et orchestration des honneurs rendus à leur corps dans la solennelle supplication de l'Église pour le salut de leur âme[72]. Nous avons pu voir combien le thème de la « bonne mort » était présent dans le livre, avec le trépas exemplaire de la première Marie Borrelly qui vit venir la mort « avec joie » et les derniers instants édifiants du président de Rochemore : « Il fit une exhortation à M. son fils que j'ay apris par des gentilshommes qui y estoient que tout le monde plura[73]. » Étienne quant à lui était à l'unisson du développement multiforme des liturgies et célébrations funéraires au temps de la Réforme catholique, dans la ligne du concile de Trente qui avait rappelé l'efficacité des prières pour les défunts[74]. Dans son propre testament, il fondait pour lui et sa femme une messe anniversaire « à perpétuité sous le bon plaisir de Messieurs du chapitre », à célébrer dans la cathédrale, et effectuait des dons à l'hôpital et aux cinq couvents de religieux mendiants à charge pour chacun de célébrer neuf messes de *requiem*[75]. Lorsque, en 1676, il fit refaire le testament paternel, il se flatta d'avoir suscité la prévision d'un *obit*, « je lui fis faire une fondation d'une messe par semaine pendant 20 ans et pour cella il y a 12 livres par an paiable à chacune fin d'année à compter du jour de son décès. » Le testament enregistré, comme le sien, par le notaire de Marguerittes, Honoré Durand « mon ami et auquel j'ai confiance », précisait que ces offices seraient célébrés à l'autel de la confrérie du Rosaire pour le repos de l'âme du vieil Antoine, de sa femme et de leur bien-aimé fils aîné, l'avocat, décédé vingt ans avant son père[76].

En réaction appuyée aux négations protestantes, les services pour les âmes du Purgatoire sont restés en honneur chez les catholiques nîmois jusqu'à nos jours. En 1858, dans son approbation de la confrérie de Notre-Dame-du-Suffrage fondée pour développer la prière pour les morts, l'évêque Henri Plantier opposait cette dévotion à « la négation du Purgatoire proclamée par l'erreur qui nous entoure[77] ». Deux siècles avant Plantier, Borrelly exprimait sa satisfaction de noter l'institution par le vicaire général, le chanoine Jacques de Mérez de l'« octave des morts (j'ai esté bien aise de mettre cellà en mémoire) ». Ce chanoine avait consacré 1 000 livres à l'établissement d'une semaine de prédication après vêpres, à partir du 2 novembre. En mai 1666, exposant à ses confrères du chapitre les raisons de sa fondation, il précisait le but des prédications qu'il suppliait l'évêque et les chanoines de confier aux jésuites : « exciter les fidèles à soulager les âmes du Purgatoire par prières, bonnes œuvres et notamment par le saint sacrifice de la messe ». Et Mérez d'ajouter que cette octave, qui remplissait d'aise Borrelly, lui paraissait particulièrement nécessaire à Nîmes « à cause du nombre des hérétiques dont elle est infectée, qui combattent cette dévotion, la descriant comme une invention humaine, introduite par l'avarice des prestres et l'ont prise pour prétexte de leur séparation de l'Église »[78]. Le faste baroque, les cortèges pompeux, les lumières, la musique, les catafalques, tous éléments du lent renouveau des liturgies funèbres dans la France du XVIIe siècle bercent la douleur et nourrissent l'espérance, d'où le lien entre l'évocation de la mort chrétienne de Marie et son enterrement « très beau » avec tout le corps du chapitre, la croix d'argent, 13 pauvres, porteurs de flambeaux et « beaucoup de monde »[79] : l'Église militante est ici, en puissance, triomphante.

Dans une société d'ordre aussi hiérarchisée que l'était la société française du XVIIe siècle, on se devait de tenir son rang, jusqu'au tombeau inclusivement et les testateurs demandaient couramment à être enterrés « selon leur qualité ». Certes, par humilité chrétienne, on pouvait souhaiter des obsèques simples : Étienne lui-même tout au moins dans son premier testament, en 1675, demandait que « ses funérailles soient faites à petits frais ». Dans son second testament il se contentait de vouloir que « son misérable corps soit enterré en la forme de sa religion »[80]. Il n'en était pas moins sensible au faste de quelques obsèques de personnalités de la ville, évêques ou magistrats. En 1670, il relate celles de Cohon « un des plus beaux enterrements que jamais se soit fait à évesque. Il falut qu'il fust bien beau et riche puisqu'il cousta 5 000 livres »... Le notaire qui, la même année, fit une recette de 1 584 livres est visiblement ébloui par cette prodigalité. En tête du cortège qui fit le « grand tour par la ville... cent un pauvres, chacun portant une grande pièce de drap et un cierge de cire blanche pezant quatre livres » suivis des ordres religieux et d'un grand nombre de prêtres et des « officiers » du défunt.

Pour Fléchier, en 1710, « à la teste il y avoit un hermite tenant une cloche et une armoirie à son estomac et, par derrière, 80 pauvres [Ménard en dénombre seulement 50] portant chacun une pièce de cadis et un cierge blan du pois de 2 livres, 84 paisans de Millaud, Bezousse, St Gervasy et Garons [villages de la mense épiscopale] et les officiers », puis des prêtres, la musique, des députés du chapitre de Saint-Gilles et l'évêque d'Uzès officiant. La relation est plus détaillée que pour Cohon, elle évoque la totalité du cortège. Après les officiers de l'évêque, « quatre chanoines portant le drap de velours et des prêtres portant le corps du défunt avec sa mitre blanche et noiere, messieurs du présidial, les consuls en robe rouge et grande suite de monde. » En fait les deux cortèges furent analogues : il y avait aussi, pour Cohon, en tête un ermite portant les armoiries du défunt, dans le cortège des députés des collégiales, l'évêque officiant et, derrière le corps, les magistrats du présidial et les consuls. Seule différence : en 1670 il y avait deux consuls religionnaires qui attendirent à l'évêché le retour du convoi. Dans les deux cas, les funérailles n'eurent lieu qu'une semaine après la mort du prélat qu'on « emboma » et plaça sur un lit de parade, dans une chambre de l'évêché où étaient célébrées des messes — « peut estre plus de trente messes par jour », précise Borrelly pour Cohon. La messe des funérailles fut, pour les deux évêques, célébrée par un prélat voisin, Alexandre Fabri évêque d'Orange pour Cohon, Michel Poncet de la Rivière évêque d'Uzès pour Fléchier. « Il y avoit une fort belle chapelle ardente », précise le notaire pour Cohon ; pour Fléchier il ajoute qu'il y avait deux rangées de *litres* (ornements noirs aux armes du défunt) tout autour de la nef de l'église. Dans les deux cas est mentionnée l'oraison funèbre prononcée par un jésuite pour Cohon et, pour Fléchier, par le prévôt de la cathédrale et vicaire général, Philippe Robert, ancien chanoine de Chartres, « qui fit très bien et tout le monde en fut fort content ». Cortèges, lits de parade, chapelles ardentes, ces « belles et longues cérémonies » marquent le triomphe du catholicisme restauré et exaltent, au-delà de l'évêque défunt, l'institution épiscopale[81].

Les funérailles du premier consul catholique François de Teste, sieur de la Motte, en 1675, et quatre ans plus tard, celles du président du présidial François de Rochemore sont décrites avec soin. « J'ai dessein d'en parler au long [de l'enterrement de La Motte] parce que le cas peut estre n'estoit jamais arrivé dans Nismes » de la mort d'un premier consul en exercice. Pour Rochemore, le chroniqueur est encore plus abondant [deux pages et demie au lieu d'une et demie] « voilà toutes les principales particularités. J'ai bien voulu escrire ainsi, escrire la chose parce que j'ai perdu un bon ami et parce aussi qu'il est bon de scavoir qu'en pareil cas arrivent ». De plus, dans une ville où l'élite était protestante, on comprend qu'il ait voulu, d'autant plus, marquer la disparition de personnalités papistes de premier plan. Comme pour les évêques, sont évoqués les cortèges, les offices religieux et les « particularités ». Pour La Motte, l'hôtel de ville et le domicile du consul défunt furent, aux frais de la ville, tendus de noir tandis que deux chapelles ardentes étaient établies, l'une sous le porche de sa maison d'où partit le convoi, l'autre chez les dominicains où le consul fut enterré, après avoir marqué une étape à la cathédrale pour une grand' messe.

Le consulat étant encore mi-parti en 1675 on dut faire « prendre la robe » de consul à deux gentilshommes catholiques, MM. de Cabrières et de Lédenon. Les obsèques de Rochemore qui, lors des troubles de la mi-siècle, avait été le chef du parti catholique furent marquées quant à elles par la participation massive des papistes locaux[82].

Par ailleurs, Borrelly rend compte des services célébrés en l'honneur des membres de la famille royale : du service solennel à la mémoire d'Henriette d'Angleterre, duchesse d'Orléans, il ne retient que l'oraison funèbre. L'émule local de Bossuet (« Madame se meurt, Madame est morte ») était le jésuite Mathieu Mourgues. Deux mois avant le décès de sa femme, le notaire consacra une page au service célébré à la mémoire de la reine Marie-Thérèse « par ci devant, on en avoit fait un incontinent la lettre circulaire avoir esté receue par le seigneur evesque de Nismes sans pompe, seulement une grande messe des morts en musique mais aujourd'hui le service a esté fait avec pompe » et Borrelly détaille : les tentures noires, la chapelle ardente « en forme d'une tour quarrée à cinq degrés estant fort haute », le luminaire, la musique « très bonne portée au jubé » tous les ordres religieux, l'oraison funèbre par le chanoine Trimond « qui fit merveille » et l'église « ci remplie de catholiques et de ceux de la religion qu'il ne se pouvoit davantage ». A l'autre bout du règne de Louis XIV, les honneurs funèbres du grand dauphin, en 1711, donnèrent lieu à un service solennel dans la cathédrale où une chapelle ardente avait été dressée et où, *sede vacante*, le prévôt Robert fit l'oraison comme peu auparavant pour Fléchier. Borrelly évoque un immense concours de peuple qui n'aurait pu tenir dans la cathédrale. En revanche, en 1712, il ne parle pas des services qui eurent lieu à l'intention du duc et de la duchesse de Bourgogne mais seulement des célébrations versaillaises « on dit qu'on n'a jamais veu une pompe et munifissance ci grande et ci belle »[83].

Les protestants, quant à eux, étaient partagés entre des sentiments contradictoires que révèlent les délibérations des consistoires et des synodes. Elles contiennent des condamnations contre la tendance à faire « des cérémonies extraordinaires aux sépultures des morts » ou contre certains pasteurs qui « s'émancipaient à faire des oraisons funèbres ». Des étudiants en théologie ont été censurés par le consistoire de Nîmes pour avoir assisté aux obsèques de Cohon[84]. Les protestants nîmois étaient nettement sur la défensive face aux cérémonies funéraires. En revanche, même avortées, leurs tentatives de « détruire Babylone » ont eu des conséquences durables sur la religion des nîmois.

Confessionnalisation : un fidèle remodelé

Tandis que l'église réformée au XVIIe siècle — les registres du consistoire en témoignent — agissait très fortement pour déraciner les « superstitions de la papauté », la renaissance du catholicisme se faisait lentement sous l'action des évêques et des ordres religieux, notamment les récollets, les jésuites, les capucins. Ce renouveau se plaçait dans le cadre tridentin. Pour les papistes comme pour les huguenots, la notion de « confessionnalisation » empruntée à l'historiographie allemande paraît bien s'adapter : la vie publique et privée des Nîmois fut durablement affectée par la révolution religieuse des XVIe-XVIIe siècles qui sépara par une frontière invisible les fidèles des deux religions. L'appartenance confessionnelle devait devenir identitaire, plus que l'adoption ou le refus des idées de 89. Les crises révolutionnaire et post-révolutionnaire furent, avec des nuances, des avatars du conflit religieux, les « patriotes » protestants s'opposèrent aux « aristocrates » catholiques. La sociologie électorale des XIXe et XXe siècles a, ici, pour infrastructure la géographie religieuse. Étienne Borrelly est un exemple particulièrement caractéristique du processus de confessionnalisation catholique[85].

Son appartenance militante à la minorité catholique aurait pu l'amener à exalter les cultes originels de sa ville, à considérer leur renouveau comme une sorte de retour à l'âge d'or après la souillure hérétique. En fait, sa religion est un catholicisme renouvelé, une dévotion sans enracinement local, sans références aux sacralités nîmoises anciennes.

Le passage du livre de raison relatif au culte de St Baudile, martyr local, protecteur des récoltes et guérisseur des humains, est très révélateur. Au début du XVIe siècle, saint Baudile était très honoré à Nîmes et, vers 1517, le conseil de ville avait dû faire garder son tombeau puis décider de l'entourer d'une grille pour mettre le corps à l'abri des larcins pieux[86]. Les troubles du XVIe siècle avaient entraîné la destruction du couvent, de l'église des bénédictins de la Valsainte et du tombeau du diacre martyr qui s'y trouvait. En 1657, une chapelle avait été reconstruite mais c'est seulement en 1672 que les moines de la Chaise-Dieu, dont dépendait le prieuré de la Valsainte, envoyèrent un religieux pour rétablir le service de Nîmes. Ce retour tardif des fils de saint Benoît donna lieu à un procès, au présidial, puis au grand conseil, contre un prieur commendataire qui dut accorder au moine, responsable local, une pension de 300 livres sur les fruits du bénéfice[87]. A la Saint-Baudile le 20 mai 1675 le culte parut renaître. Voici comment Borrelly en rend compte : « J'ai obmis de mettre suivant la date que le lundy 20e mai, jour de la feste de St Bauzille et le premier jour des Rogations, il y eut une grande dévotion à la chapelle qui est dans l'enceinte de l'église de St Bauzille, y aiant dit plusieurs messes. Le St Sacrement exposé, on donna la bénédiction sur le soir. La dite chapelle était fort bien hornée et tapissée, mesme y avoit une grande tente au dehors de ladite chapelle pour faire que le monde ne fut pas incomodé. Il y eut quantité de monde qui alla à cette dévotion *à cause de cette nouveauté, y ayant put estre plus de deux cens ans qu'on n'y avoit pas veu cette dévotion.* Tout cellà s'est fait par les soings d'un certain M. Laudemare, prestre et moine de l'ordre de St Benoît auquel ordre autres fois le dit prieuré de St Bauzille a apartenu, le dit Laudemare étant sacristain et a de nouveau obtenu contre M. de Lionne, prieur dudit St Bauzille quelle (sic pour quelque) arrest qui lui adjuge une certaine somme. *Il prétend remettre ou du moins réparer cette église*[88]. » On sent un net scepticisme à l'égard de l'entreprise et une ignorance complète des fastes baudiliennes du siècle précédent.

De fait, les bénédictins se réinstallèrent à Nîmes un peu plus tard, non pas à la Valsainte mais *intra-muros* où ils achetèrent, en 1689, l'ancienne résidence de l'évêque, place Belle-Croix. Ils essayèrent de relancer le culte de St Baudile et l'exposition de ses reliques, le 20 mai 1692, fut célébrée par le supérieur du monastère dom Louis Tardy comme un signe de victoire sur l'hérésie : « Ne doit on pas juger par les pieux empressemens que cette ville a témoigné de se remettre sous la protection de St Baudile, son premier martyr et apôtre qu'elle a embrassé avec sincérité la religion dont elle s'étoit éloignée[89] ». Ce récit de circonstance témoigne d'un optimisme bien éloigné de la réalité sur la conversion des protestants et exagère la ferveur des Nîmois pour St Baudile. Borrelly qui évoque plusieurs événements religieux de 1692 (sacre de Fléchier, nouvelle chapelle des capucins, jubilé, *Te Deum*...) ne dit rien de la cérémonie des reliques. Le dévot notaire n'avait pas participé aux « pieux empressemens » supposés de ses concitoyens. Son intérêt pour les strates sacrales anciennes ne se manifeste que lors de son voyage à la Sainte Baume, envers « la Magdeleine », « le rocher où elle reposoit » et « la teste de la Magdeleine et ses cheveux dans une ampoule » à Saint-Maximin. Il est vrai qu'il s'agit là d'un culte majeur.

Aussi révélatrice que son attitude à l'égard de saint Baudile est l'appréciation que porte Borrelly sur le culte de la croix qui avait, nous l'avons vu, mobilisé les foules, au début du XVIe siècle, autant que saint Baudile. Il avait cependant enregistré, avec satisfaction, le rétablissement des croix à Nîmes, en 1661. Cette croix qui était au cœur des refus protestants de l'« idolâtrie » papiste devait, en revanche, cristalliser les ardeurs religieuses de la masse catholique. En 1706, la croix plantée par un berger provençal sur une colline de l'est nîmois, à Saint-Gervasy, suscita une épidémie de miracles présentant ce caractère irrationnel et grégaire de « participation quasi païenne à toutes les forces du cosmique » qu'Alphonse Dupront qualifiait de « culture panique »[90]. Au lendemain de la révolte camisarde, le petit peuple catholique de la région y vit un signe céleste. Comme dans le « psaume des batailles » de l'adversaire huguenot, « Dieu se montrait » en faveur de la cause papiste. D'où un afflux désordonné de pèlerins des deux sexes, de jour et de nuit. Rationaliste paisible, l'évêque Esprit Fléchier ne pouvait comprendre cette dévotion et le mandement qu'il rédigea pour la circonstance est une mise en garde contre « les acclamations des peuples [qui] ne sont qu'une impulsion légère. Une impétuosité de foy leur fait presque voir ce qu'ils ne voient pas » et contre le danger pour la morale que constituaient les pèlerinages nocturnes « il y a des bienséances que la religion et le monde ont établies... la réputation du sexe est très délicate etc. »[91].

La prudence de Borrelly est à l'unisson de la réserve de Fléchier qui décida d'éloigner le berger initiateur de la dévotion, considéré par la foule « comme un saint et un prophète ». Il est vraisemblablement influencé par la vision cléricale de l'événement : « depuis environ le mois de mars 1706, le nommé Bertoumieu ci-devant berger, qu'on dit estre homme de bien, par la permission de Mgr Esprit Fléchier évesque de Nismes, planta une croix de bois à une montagne ou puech appelé Puech Icart tout proche le lieu de Saint-Gervasy. Cette croix ne fut pas plutost arborée qu'il y a eu un concours de monde espouvantable ci faisant des grands miracles qu'on ne croit pas encores. Il faut que monseigneur l'evesque fasse fere des enquestes et pruves de tant d'estropiés et aveugles qui ont recouvert la veue de telle sorte qu'on vient de Marceille, de toute la Provence, de tout le comtat d'Avignon, de Montpellier, de Beziers et de toutes parts en dévotion à cette croix. On fait compte que, jour et nuit, il y a les deux milles personnes et dans les villages voisins y vont en procession à pieds nus. On ne scauroit dire ni exprimer la grande foule de monde qu'il y va. Dans la suite du temps, Dieu nous aprandra s'il lui plait tout ce qui en sera[92] ». A la même époque, Borrelly était particulièrement abondant sur la guerre des camisards mais ne fait aucun écho aux activités de la contre-guérilla catholique de l'ermite de Primecombe ou des « cadets de la croix ». Sa dévotion, de type tridentin, redoute les dérives populaires.

Renfermer les pauvres

Le notaire ne parle pas beaucoup des pauvres. Occasionnellement il exprime de la pitié. En mars 1670 la rigueur de l'hiver avait réduit au chômage les nombreux ouvriers agricoles « tous les travalheurs ont esté réduits à la mendicité. Il a fallu que les consuls aient fait une cottité sur chasque maison pour les nourir ». En février 1684 « tout le monde souffre et surtout les pauvres ». En 1709 « les pauvres ont souffert d'une manière espouvantable et bien d'autres gens et il a falu que tous ceux qui pouvoient fere l'aumosne aient esté taxés ». Le notaire ne nous donne pas d'indications sur les aumônes qu'il a pu faire, hormis à propos des œuvres pies qu'il devait accomplir pour gagner le jubilé « on fera quelque aumosne ». Elle est assurément, pour lui, une pratique normale : lorsque Charles, son fils aîné, perçoit pour la première fois en 1687 de l'argent d'origine bénéficiale, il écrit : « je veux qu'il fasse quelque aumosne ou fasse dire quelques messes pour le fondateur »[93].

Les pauvres suscitent la pitié mais ils sont aussi ressentis comme une menace. Lorsque, en 1668, après la paix d'Aix-la-Chapelle, les effectifs de l'armée furent réduits on assista à un essor conjoint du paupérisme et de l'insécurité « on ne voit que des soldats mendians partout, y aiant dangé d'aller présentement en voiage ». En 1709 la misère est si grande que les pauvres constituaient une menace constante, décrite avec emphase « les pauvres tant de la ville que les estrangers nous assassinoient, tout le monde aiant fermé leurs greniers ». S'il ne s'agit que d'une image pour évoquer l'insistance quémandeuse des mendiants, le vol de nourriture évoqué ensuite a toute chance de correspondre à une réalité concrète, peut-être expérimentée par le notaire, « ceux qui avoient moyen de cuire n'estoient pas bien assurés qu'on leur rendit leur pain venant du four ches eux, apréhendant l'enlèvement du pain par les pauvres »[94].

Objet de pitié et d'assistance mais menace potentielle pour l'ordre social, le pauvre devrait être séparé des autres habitants de la ville pour être à la fois secouru et contrôlé. Le « grand renfermement », dessein des dévots et du roi, fut tenté à Nîmes en 1679 et 1686[95] ; Étienne y adhéra de tout son cœur. « Le dimanche 16e dudit (juillet 1679) on a enfermé les pauvres mendians qui se sont trouvés dans la ville, dans l'hospital général establi par ordre du roi... ledit jour a esté faite une procession où tous lesdits pauvres trouvés ont assisté et ensuite y ont esté mis » : l'aspect religieux du phénomène est souligné. Ainsi sera réalisée la volonté royale « qu'on ne vit plus à l'avenir des pauvres aux portes des maisons et dans les églises ». Une difficulté subsistait, le financement « l'entretien d'icelle (la maison achetée par le diocèse civil pour y enfermer les mendiants) n'est pas encores bien establi » et Borrelly évoque les projets d'unir à l'hôpital général les rentes des autres hôpitaux du diocèse et la quête générale « pour voir ci l'on pourra faire un fonds des aumosnes que les gens de bien donneront ». Le dimanche 13 octobre 1686, une nouvelle tentative est enregistrée « cesthuici [l'hôpital général] aiant esté mieux conserté par ordre du Roi et l'on croit qu'il subsistera. On si prend comme il faut. Le P. Chaurand, jésuite en a establi par ordre du Roi dans beaucoup de provinces car le Roi veut qu'on ne voye pas des pauvres dans les villes et lieux. C'est un grand œuvre ». Ce second renfermement fut réalisé, à Nîmes, huit jours avant l'ouverture de États provinciaux, sans doute pour améliorer l'image de la ville. Comme en 1679, il y eut d'abord « une procession, après vespres à laquelle estoient tous les pauvres de cette ville pour entrer dans l'hospital général, les hommes et garçons vestus de blu et un bonnet de mesme et les femmes et filles de mesme marchant deux à deux ». Après cette cérémonie religieuse « on leur donna à soupé à la basse cour de l'évesché nouvellement basti... le tout bien en ordre y ayant grand concours de peuple et ensuite on les alla enfermer dans l'hospital général. » Nous sommes dans la « seconde phase de l'enfermement français » marquée par l'action du jésuite Chaurand (son confrère Guévarre, auteur de *La Mendicité abolie*, devait également agir dans la région). Elle fut en effet « mieux consertée » que la tentative de 1679 et, quatre ans plus tard, un arrêt du conseil royal procurait à l'hôpital un financement annuel de 3 000 livres que la ville prélèverait sur la ferme de la boucherie. En 1694 l'évêque Fléchier visita l'hôpital général où il trouva 121 pauvres enfermés, il les jugea bien catéchisés et pratiquants zélés puisqu'ils communiaient au moins sept ou huit fois par an. Le « grand œuvre » n'eut cependant qu'un succès limité puisqu'en 1709, les mendiants menaçaient les bourgeois stockeurs et faisaient main basse sur le pain.[96]

*

Étienne Borrelly, dévot du Saint-Sacrement et de la Vierge, pratiquant régulier et, au-delà, homme désireux de perfectionnement moral est un bon exemple de la pénétration des exigences de la Réforme catholique parmi les fidèles.

Ce chrétien accepte avec humilité et résignation les malheurs domestiques dont est jalonnée son existence. Nous avons évoqué la douleur du père à la disparition de son fils Joseph. Cet « enfant que Dieu m'a donné » dont il avait évoqué le baptême en 1677, il en mentionne le décès cinq ans plus tard « c'est le cinquième garçon que Dieu m'a osté. Dieu soit loué et béni. » On ne peut s'empêcher d'évoquer Job, « le Seigneur avait donné, le Seigneur a repris. Que le nom du Seigneur soit béni »[97]... L'autre aspect de la religion de Borrelly, c'est le militantisme antiprotestant. Plus que l'incontestable piété de son auteur son antiprotestantisme se manifeste dans le livre de raison. C'est un militant, ce qui fait de lui une personnalité représentative de la frange la plus intransigeante du milieu catholique nîmois. Au cours du livre monte une intense jubilation devant le nouveau cours de la politique royale, après 1661, et devant la volonté d'extirpation progressive du protestantisme.

7

« CETTE MAUDITE RASSE »
Un anti-protestantisme viscéral

Etienne Borrelly apparaît, à longueur du livre de raison, comme un dévot combatif, un « zelante » de la Contre-Réforme. L'hostilité à l'égard du calvinisme se nourrit, chez cet homme aux horizons étroits, d'un esprit de revanche contre des gens qui avaient dominé sa ville jusqu'à la mi-siècle et au-delà. Cette intransigeance anti-protestante n'était pas partagée, loin de là, par tous les catholiques de Nîmes où la frontière religieuse était souvent perméable. A partir de 1661, le nouveau cours pris par la politique royale fut une divine surprise pour le notaire. Son enthousiasme monarchique ne cessa de croître au diapason des restrictions successives apportées aux libertés des réformés. Sa joie, lors de la révocation de l'Edit de Nantes, laissa vite place au désenchantement devant le spectacle de la résistance protestante et, surtout, du soulèvement camisard.

Coexistence pacifique ?

Originaire d'une région religieusement homogène, l'est du diocèse de Nîmes, Borrelly n'était pas représentatif de l'ensemble du catholicisme nîmois. Des liens multiples s'étaient tissés depuis un siècle entre les deux communautés qui ne comportaient pas que des zélés ou des fanatiques. Des liens de sociabilité, de parenté (malgré les interdits des responsables protestants et catholiques, les mariages mixtes étaient nombreux), des liens économiques, intellectuels et, bien sûr, politiques dans le cadre du consulat mi-parti, caractérisaient ce microcosme nîmois[1]. Si la ville avait connu des épisodes violents de 1621 à 1629 ou dans les années 50, la coexistence pacifique était la norme. Borrelly lui-même notait la présence de protestants à la cathédrale lors de telle prédication exceptionnelle. Il admirait les cérémonies urbaines dont les réformés, plus riche partie de la population, étaient le plus bel ornement. Nous avons vu son esprit de corps notarial et la confiance qu'il plaçait en ses confrères protestants. Il lui arrivait de prendre des servantes ou des nourrices protestantes.

Dans l'exercice de sa profession, le gros de sa clientèle était catholique et, qui plus est, clérical. Il arrive cependant que des calvinistes apparaissent dans les contrats. En 1670 il enregistre des acquisitions réalisées par une personnalité protestante en vue, le médecin Pierre Formi, gendre et biographe de l'éminent théologien Samuel Petit[2]. Il reçoit même des testaments religionnaires. Certes, cela ne représente qu'une très faible partie de son activité notariale (par exemple un testament sur dix dans son registre de 1654-56, trois sur quinze pour la période 1657-1664) mais il s'agit d'actes qui impliquaient des prises de positions religieuses nettes. Par exemple, en septembre 1654, le procureur Pierre Vareille et sa femme, « après avoir invoqué le nom de Dieu et supplié icelluy leur faire pardon et rémission de toutes leurs fautes et péchés par le mérite et intercession de Jesus-Christ son fils bien-aimé, leur unique sauveur et rédempteur », demandent à être enterrés à la façon « de ceux qui font profession de la religion réformée » et prescrivent la distribution de 100 livres d'aumônes aux pauvres de leur religion « et non aux autres »[3]. Il était impossible de mener une vie professionnelle à Nîmes, où au XVIIe siècle les protestants étaient les plus nombreux et les plus riches, sans avoir des contacts avec eux. S'il a eu ainsi des confrères, des clients, des fournisseurs ou des serviteurs de « la religion », Borrelly a assurément souhaité avec ardeur le retour à l'unité confessionnelle. Les confidences qu'il fait à son livre de raison ne laissent aucune hésitation à ce sujet.

Terreurs borellyennes. Réalités et fantasmes

Le premier sentiment exprimé à l'égard du protestantisme local est la peur devant un groupe social puissant. Borrelly avait pu craindre pour sa vie dans les troubles politico-religieux qui, en 1657, avaient ensanglanté Nîmes, moins d'un siècle après le massacre de la « Michelade ». Il avait pu mesurer la puissance des religionnaires locaux qui avaient été amnistiés par le roi... Incapable d'apprécier justement la situation sur le plan national, il resta obsédé par ce qui, en fait, constitue l'exception française : la puissance maintenue du protestantisme en ses bastions méridionaux et, singulièrement, à Nîmes. Même sous le gouvernement personnel de Louis XIV et, malgré la politique nettement, et de plus en plus, anti-protestante du roi, Borrelly restait hanté par les peurs de sa jeunesse. A la mort du prince de Conti, en 1666, une des raisons de ses regrets était que ce gouverneur de la province était « le protecteur et le soutien des catholiques contre les huguenots qui sont puissans ».

Encore en 1677, deux ans avant l'exclusion des réformés de la municipalité, il exprimait la peur d'un retour de leur mainmise sur l'hôtel de ville : « Le mardi 23e dudit (février 1677) environ l'heure de quatre l'après-midi, monsieur d'Aguesseau intendant de cette province auroit fait les consuls de cette ville en conséquence de la lettre de cachet du roi... Lorsqu'on voulut procéder à l'élection des consuls le samedy d'après la feste de St André dernier (soit le 5 décembre 1676) il y eut ordre de Sa Majesté de surseoir à les faire. Tout ce trouble et embarras que celà a causé et causera à l'avenir provient du seigneur évesque de Nismes qui a pratiqué cette lettre en cour par moyen de Mme de Vernul (la femme du duc de Verneuil gouverneur du Languedoc était Charlotte Séguier, fille du défunt chancelier et cousine de l'évêque) à ce que l'on dit et l'on craint qu'il n'arrive de fâcheuses suites à cause des partis qui se forment. Tout ce qu'il y a à dire c'est *que les catholiques sont à plaindre à cause que l'on ne craigne aussy que les religionneires ne se rendent maistres de la maison de ville comme ils ont fait par le passé.* Dieu nous en préserve ». En fait, Borrelly se trompait totalement sur la situation réelle : la raison de la décision de Louis XIV était le peu d'empressement du conseil de ville à participer au financement des bâtiments du collège de la compagnie de Jésus et le désir d'imposer à la direction de la ville « des sujets dont la soumission à ses ordres fût assurée[4] ». Le roi, sans doute informé par l'évêque Séguier, ami et protecteur des jésuites, avait ordonné, à la fin 1676, de surseoir à l'élection des consuls et demandé à l'intendant de procéder lui-même à la nomination. Bien loin d'impliquer un quelconque renforcement des protestants, l'intervention royale assujetissait la municipalité, encore mi-partie.

Borrelly et le « grand dessein » du roi

(« Une restauration pour les catholiques de Nismes qui avoient demuré dans l'esclavitude depuis longtemps. »)

Dès le début des années 60, le notaire avait pu apprécier le durcissement de la politique gouvernementale à l'égard des protestants, l'application stricte ou comme on disait « à la rigueur » de l'édit de 1598. Nous avons noté sa satisfaction devant le rétablissement des croix ou l'arrivée de commissaires chargés de sanctionner les infractions à l'édit de Nantes commises par les réformés[5]. En 1667, il enregistrait que les « grands jours », tenus à Nîmes, avaient « dépossédé les religionnaires de l'hospital qu'ils avoient. » Le 1er janvier 1673, c'est une franche jubilation qui s'exprime parce que l'élite protestante est atteinte dans l'utilisation des signes extérieurs du pouvoir « il faut scavoir que par arrest de sa Majesté les consuls faisant profession de la RPR ont estés inhibés de porter le chaperon ni robes que lorsqu'ils seront avec les consuls catholiques faisant les fonctions de leurs charges. Ainsi ils sont allés au presche ce dimanche premier janvier 1673 sans chaperons et par conséquent sans robe. Tous les religionnaires ont esté dans une consternation la plus grande du monde mesme il faut notter qu'il leur a esté enjoint de faire oster du preche toutes les fleurs de lix qui estoient au banc des consuls ce qu'ils ont fait »[6]. Cette humiliation, considérable dans une société où les préséances et les rangs étaient de la plus grande importance, avait dû frapper les Nîmois des deux confessions.

Borrelly pour sa part était particulièrement sensible à ces aspects extérieurs : les fleurs de lys et les chaperons désertent le temple ; quelques années plus tôt les consuls réformés avaient dû porter le dais sur la tête du légat du pape. En 1679, il se réjouissait de noter « l'abatement des bancs du temple de cette ville de tous les corps de ville qui estoient eslevés plus que ceux du commun en telle façon que tous les bancs présentement sont unis et tous égaux »[7]. Unis et égaux, c'est le comble du ridicule, pour l'auteur et pour la plupart de ses contemporains qui ne raisonnent qu'en termes de hiérarchie. Ces images et ces symboles attiraient davantage son attention que d'autres manifestations plus importantes de la lutte contre le calvinisme. Il est muet sur les efforts déployés par son maître Cohon, associé au prince de Conti, pour susciter le ralliement pacifique des réformés et sur l'échec de cette tentative dite de l'« accommodement des religions », fermement condamnée par le synode protestant du Bas-Languedoc. De même la suppression de l'Académie protestante de Nîmes, en 1664, ne retint-elle pas son attention[8]. Les aspects théologiques du problème lui échappent — sans doute à tous les sens du mot.

En revanche, les mesures concernant les municipalités sont soigneusement relevées. En 1676, la catholicisation du consulat d'Uzès suscitait ce commentaire « les huguenots sont tellement consternés dans tout ce pays ici de voir que les deux consuls de la RPR ont esté déchaperonés qu'il ne se put pas voir une chose plus estonnante, ni aiant eu aucune contestation. » La même année, à Nîmes, le « premier ouvrier », c'est-à-dire l'agent de la municipalité chargé de veiller à l'entretien des rues et des murailles — « qui est ordinairement de la RPR a esté fait catholique ». Borrelly surpris — c'est au moment où il en était encore à redouter une reprise en main de l'hôtel de ville par les calvinistes — répond à la « consternation » qu'il prête aux protestants[9] par l'enthousiasme avec lequel il relate l'installation à Nîmes, par l'intendant Henri d'Aguesseau, le 1er janvier 1679, de quatre consuls catholiques « scavoir noble Claude de Rouvérié seigneur de Cabrières, sieurs Geoffroy Iccard bourgeois, Denis Temple notaire et Jean Bresson facturier (en l'occurrence maître serger) ».

Revenant sur son propre passé et sur l'histoire de sa ville, Borrelly décrit en termes lyriques la situation de Nîmes après le déchaperonnement des magistrats municipaux huguenots « cella fut une si grande consternation à nos religionnaires quoy qu'ils eussent bien soupçon de la chose depuis assez long temps (de fait les protestants avaient des raisons de se méfier : outre le précédent uzègeois, ils pouvaient considérer comme de mauvais augure la lettre de cachet qui avait interdit, à la fin de 1678, de procéder à l'élection consulaire) que presque de tout ce jour là on n'en vit aucun dans les rues, s'estant tenus cachés dans leurs maisons ou dans leurs presches et ça a esté un si grand coup de foudre pour ses gens là qu'il est de tout impossible de pouvoir croire combien ils en sont enragés n'aiant pas osé dire aucune chose et ci autres fois on eut entrepris la chose, ils auroient mis tout à feu et à sang. Nostre très puissant souverain et très chrestien monarque Louis XIVe que Dieu bénisse et conserve, est en estat de les metre bien bas et assurément dans quelques années il ne se parlera plus d'eux. Ils avoient gardé le consulat tout de la religion environ 80 ans et, en l'année 1631, ils feurent faits à mi-partit et, maintenant, par la grâce et bonté divine tous catholiques. C'est *une restauration pour les catholiques de Nismes qui avoient demuré dans l'esclavitude depuis longtemps* ledit arrest (l'arrêt du conseil nommant les consuls) faisant mention de toutes les folies et céditions qu'ils avoient faites tant contre les personnes du Roi que contre les pauvres catholiques et je n'ai pas de termes assès forts pour m'en servir pour faire voir les murtres, violences et oppressions qu'ils nous ont faites. Dieu soit bénit. »

Borrelly se laisse entraîner par sa passion. Il est évident que les catholiques, dans les années 70 du XVIIe siècle, n'étaient pas — ou n'étaient plus — « dans l'esclavitude. » Mais ils devaient garder le souvenir des émotions sanglantes de la mi-siècle ou de la domination religionnaire sur la ville, lors des guerres du temps de Louis XIII, en 1621-29. Le sentiment de fureur prêté aux protestants « enragés » d'être chassés de la mairie correspond à une réalité qui les amena, la même année 1679, année de pain cher, à un lock-out, non mentionné par Borrelly, d'ouvriers catholiques par les patrons religionnaires. Quant à la « restauration » dont les catholiques étaient bénéficiaires, Etienne lui-même en profita. Il fut l'objet d'une promotion flatteuse due sans doute à son zèle papiste mais, aussi, au vide que créait, dans l'élite nîmoise où ils étaient prépondérants, l'éviction brutale des protestants : la nouvelle municipalité le nomma « conseiller au conseil extraordinaire à la seconde échelle *quoique je ne fus pas de la qualité requise* ». Le conseil extraordinaire, comme le conseil ordinaire, était formé de 24 membres, 6 pour chacune des quatre échelles (ce « conseil extraordinaire permanent » à la dénomination curieusement contradictoire était une spécialité nîmoise : il n'existait dans aucune autre ville du Languedoc). Il fallait être de la 2e échelle pour y participer, or en 1679 les notaires n'étaient admis qu'à la 3e échelle, comme les artisans ; ce n'est qu'en 1684 qu'ils rejoignirent, nous l'avons vu, leurs rivaux, les procureurs, à la 2e échelle (celle des bourgeois et des marchands)[10].

C'est à partir de cette date, 1679, que les développements concernant l'essai royal d'extinction du protestantisme se multiplient. En regard du passage, consacré en mars 1680, à la caisse des conversions Borrelly rajoute, en 1686, une notation marginale « il faut voir les folios suivants pour scavoir à pu près tout ce qui s'est passé touchant les religionnaires[11] ». Dans ces passages, il mentionne, commente et transcrit parfois *in extenso* les décisions royales concernant la RPR. En août 1679, la suppression de la « chambre de l'édit » — c'est-à-dire la section du parlement de Toulouse, séant à Castres puis à Castelnaudary, formée de juges des deux religions pour les procès concernant des réformés — enthousiasma le chroniqueur « voilà un coup mortel pour les huguenots qui sont dans une consternation espouvantable ». Et de noter, la même année, l'exclusion des commis protestants des douanes, la préparation de l'éviction des « notaires, procureurs et sergens de la religion » dont « on croit qu'ils seront cassés au premier jour ». Deux ans plus tard, en août 1681, cette attente aboutit à l'arrêt du conseil portant « que les notaires et procureurs seront tenus de se demetre de leurs offices » : les protestants en sont « estourdis ci furieusement qu'ils ne scavent où ils en sont ». Borrelly quant à lui est émerveillé : « Notre bon Roy, que Dieu lui donne longue et heureuse vie les mène ci doucement batant que celà est merveilheus et quasi tous les jours il donne des édits, déclarations ou arrests contre les huguenots, tous équitables et il veut pour les ramener à l'église les metre ci fort à l'estroit qu'à peine pourront ils reffuser de se faire catholiques ». En janvier 1681 les protestants sont « consternés » — il affectionne ce mot — par la déclaration prohibant l'usage des sages-femmes de leur confession et le notaire espère bien que l'on mettra fin à toutes les ruses employées pour éluder l'ordre royal « on se doute que lorsque les femmes de ladite religion font leurs enfants il ny ait dans leurs maisons des sages-femmes (*protestantes*) que l'on fait entrer en cachette »[12].

Si Borrelly estime que la « mise à l'estroit » des huguenots pourra susciter leur conversion, c'est qu'il sait l'inefficacité des missions ou de la corruption pour venir à bout d'une communauté vivante et fière. Certes, en 1680, il avait eu un moment d'espérance à propos de la « caisse des conversions » qui avait systématisé la pratique ancienne de donner de l'argent aux convertis : « il s'est converty un nombre infiny des religionnaires de cette ville ou du diocèse, put estre en considération de l'argent que nostre grand Roi donne car il a destiné les rentes des abbayes de Cluny et St Germain des Preds (elles étaient vacantes, leurs revenus perçus par le roi au titre du droit de régale) ». Il notait le prix payé (25 ou 30 livres), ayant pu être informé de première main « par ce que j'ai fait toutes les quitances que je remets à Monseigneur de Nismes ». Mais, ce faisant, il avait pu constater l'inaccessibilité de l'élite protestante à la conversion par l'argent « ces dons là ne sont que pour le petit puple et ce petit secours fait que toute cette sorte de gens font abjuration de l'hérésie. » Par ailleurs, l'exagération du notaire est manifeste, le « nombre infini » de convertis se réduit en fait à un demi-millier de pauvres diables, bien moins d'un pour cent du total des réformés du diocèse, comme l'attestent les archives ecclésiastiques. Inversement, si les protestants résistent aux tentatives de conversion, le notaire ne peut pas ignorer l'existence d'un courant d'abjuration du papisme, maintenu pendant tout le siècle, puisqu'il prend la peine de transcrire *in extenso* l'édit royal qui prohibait la conversion à la Réforme, le considérant comme « le coup le plus rude » infligé aux calvinistes[13].

Puisque les religionnaires ne veulent pas entrer de bon gré, ni à prix d'argent dans la bergerie des élus, il paraît tout à fait légitime de les « mettre à l'estroit », de les contraindre et le notaire exprime, naïvement, avec une simplicité passionnée ce qu'un peu plus tard l'évêque Fléchier devait formuler avec une onction tout ecclésiastique « il ne faut pas regarder si on les pousse mais où on les pousse ». Cette œuvre sainte qui enthousiasmait Borrelly, c'était l'extinction de l'hérésie « notre grand monarque a dessain d'anéantir petit à petit la dite Religion. Il n'a plus pires (sic) ennemis que les religionnaires quelles façons qu'ils fassent. Aussy Dieu le bénit. »[14] Il ne vient même pas à l'idée du notaire, *pater familias* imbu de l'autorité des parents sur leurs enfants, de subodorer quelques risques de pressions indiscrètes, de séductions douteuses ou, comme l'on disait au XVIIe siècle, de « subornation » en conséquence de l'édit de 1681 « portant que les enfans qui auront sept ans pourront faire abjuration de l'hérésie. Cellà est contre les huguenots directement. Ci-devant il faloit que les enfans eussent quatorze ans. Ainsi nostre grand Roy veut peu à peu exterminer les religionnaires et la raison de se grand Roy est que les enfans qui ont sept ans peuvent discerner le bien et le mal. Ainsi ils peuvent estre sauvés ou damnés. » Borrelly est tranquille et le milieu d'extrémistes catholiques, dont il exprime les dures certitudes, ne connaît visiblement pas les scrupules des magistrats français, si scandalisés par l'aberration juridique d'un édit qui permettait de se convertir à un âge où on ne pouvait ni tester, ni signer un contrat qu'« on ne peut citer un seul exemple de son application »[15].

Tout aussi naturellement, *ad majorem Dei gloriam*, il approuve, et il célèbre, en 1683, les « dragonnades », cette utilisation à des fins convertisseuses de la pratique du logement des gens de guerre. Cette même année, il évoque la lecture par l'intendant, en plein consistoire, d'une lettre royale « très belle et touchante » invitant les protestants à revenir dans l'Église catholique et marque avec jubilation que « depuis quelques années on ne voit que des arrests ou déclaration pour la démolition des temples, destitution de toutes sortes d'officiers... et autres choses semblables ». Il n'ignore pas la tentative de résistance non violente à l'initiative du pasteur nîmois Claude Brousson mais il n'y voit que sédition « nous sommes sur la veille de voir de grandes et fâcheuses choses en cette ville et province, car les huguenots contrevienent journelement aux ordres de Sa Majesté et font des assemblées dans les Sévènes, y préchant cédisieusement, mesme que depuis que le Roi a fait abattre le temple de St Hipolite ont préché en plaine plasse nonobstant l'interdiction de cette religion dans ce lieu là... » et il ajoute « nous ne sommes pas quasy assurés dans cette ville hormis qu'il vienne des gens de guerre[16] ».

Les soldats ne devaient pas tarder à venir mais, auparavant, le notaire enregistre leur activité répressive en Vivarais : en octobre 1683, le duc de Noailles, lieutenant général du Languedoc, entra à Nîmes, allant à Montpellier tenir les états provinciaux avec un retard dû à l'obligation de rétablir l'ordre en Vivarais où les protestants s'étaient, selon Borrelly, soulevés « disant qu'ils vouloient prêcher aux lieux où on leur avoit interdit de prêcher et qu'ils feroient teste et qu'ils se moquoient des ordres de Sa Majesté ». Il s'agissait, selon lui, d'un soulèvement armé « ces malheureux ont voulu prendre les armes contre le roi » et « ils s'estoient si fort mutinés et ils le sont encore qu'il ne s'est tenu de guière qu'il ne se soit fait un souslevement général dans tout ce pays ». Il s'agit, en fait, de la dérive d'un mouvement initialement pacifique mais devenu violent à la suite de l'agression des fidèles huguenots par les papistes du voisinage. Ce mouvement qui préfigure l'insurrection camisarde inquiéta les autorités ; elles envoyèrent 3 000 soldats « dans le Vivarais et Boutières...qui estoient quasy tous des dragons » et se livrèrent à « un carnage horrible suivant ce qu'on nous a dit et ses dragons escapoient *(escaladaient)* ses montagnes et détestable pais comme des démons. Tous ceux qu'on pouvoit atraper estoient pendus à des arbres. Les ministres de tout ce pais là, mesme du Dauphiné se sont espoustés *(enfuis)*. Il y en a eu qui ont esté condamnés par Mr d'Aguesseau, intendant qui est actuellement à Tournon avec nos messieurs de la chambre du présidial de Nismes, à estre roués ».

La répression se double d'une occupation militaire aux dépens des protestants « l'on poursuit ces coquins qui se sont sauvés dans ce pais là et on en descouvre tous les jours quelques uns, les troupes qui y sont et qui ne logent que ches les habitans de la RPR ruynent entièrement ce pais là car ils sont à discrétion et font contribuer et bailler des sommes immenses à tout le pays »... Le résultat est commenté sans ironie « on fait compte qu'il y a des conversions en grand nombre, mesmes des communautés entières et *il ni a point de mission qui en fasse tant faire que font les dragons* ». Le missionnaire botté est l'instrument de Dieu contre des gens « qui se sont eux mesmes précipités dans cette extrémité de révolte ». Ainsi peut-on espérer « qu'il n'y aura que la religion catholique »[17]. La vision borrellyenne des dragonnades annonce, la légèreté mondaine en moins, celle de Madame de Sévigné deux ans plus tard : « Les dragons ont été de très bons missionnaires »[18].

Peu après, le 29 octobre 1683, « 300 dragons entrèrent dans Nismes environ 5 heures du matin, aiant marché toute la nuict, estant partis d'Anduze... Les Sévènes sont toutes remplis de troupes affin de chatier ce peuple. St Hipolite print les armes et autres lieux. Aussi on la châtié vivement. Ils ruinent entièrement tout ce pays là, les religionnaires surtout car c'est pour eux que les troupes y sont allées. Il ni a nul village qui ne contribue l'un y est pour 500 livres par jour, l'autre pour 300 livres et d'autres plus ou moins ». Les dragons, à Nîmes, vécurent aux dépens des protestants dont « ils emportèrent 9 000 livres ». Aux dépens des protestants mais non chez eux : il en coûta en fait 7 400 livres à la communauté réformée pour les loger « dans les cabarets ». En outre, les soldats confisquèrent les armes détenues par tous les nimois y compris les catholiques ce qui affligea le notaire « on désarma en cette ville tous les habitans le jour de tous les saints, 1er novembre ; cellà continua pendant 3 jours, tant catholiques que de la religion. Ils faisoient diverses bandes pour avoir plutost fait ». Ce désarmement était assorti de menaces très dures à l'égard des contrevenants, contenues dans une ordonnance du duc de Noailles, lieutenant général « portant condamnation en l'amende de 300 livres et aux galères contre ceux qui ne rendroient les armes et qu'on les trouveroit ».

Cette sévérité porta des fruits, au moins en apparence : les dragons emportèrent « onze charrettes d'armes qui furent conduites à la citadelle de Montpellier ». En fait « il en resta, et les plus belles beaucoup plus parce que chacun les cacha, au moins la plus part des gens ». Il est probable que Borrelly fit comme « la plupart des gens », d'autant plus qu'il désapprouvait l'aspect universel de cette décision « les catholiques furent estonnés de ce désarmement à leur égard parce que nous n'estions pas la cause de ce châtiment. On visita même les couvents et monastères ».

La raison de cette répression, c'était la recherche des pasteurs associés au projet de Claude Brousson « les dragons furent ici de bon matin affin de prandre Peirol et Icard, ministres qui avoient trop parlé et mal agi mais on ne put les prandre parce que ledit Icard s'estoit espousté depuis 5 ou 6 jours sur des nouvelles qu'il eut, estant allé à Genève et Peirol on tient qu'il se cacha dans la ville n'aiant pu estre trouvé. » Comme plus tard Javert dans *Les Misérables*, Noailles avait fait chou blanc : les pasteurs recherchés échappent, les réformés — moyennant finances — évitent la dragonnade proprement dite, les armes sont loin d'être toutes saisies. Borrelly se console par l'espérance d'une répression plus forte dans l'avenir « nous cr(o)ions qu'il leur arrivera quelque chose de pis ».

L'épisode révèle, en fait, les divisions des protestants : aux pasteurs résistants Icard et Peirol s'opposaient leurs confrères modérés Cheiron et Paulhan. L'affaire montre aussi, une fois de plus, la grande diversité du catholicisme local. Beaucoup de catholiques désapprouvaient la répression dont étaient victimes les réformés d'où la confiscation générale des armes, voire la perquisition dans les maisons religieuses : on sait par exemple que le pasteur Peirol fut caché par le chanoine François Rozel qui le fit échapper travesti en lavandière, accomplissant ainsi un « devoir de charité » pour reprendre les termes de l'historien catholique — mais aussi homme des Lumières — Ménard. Charité et, sans doute, esprit de famille : le chanoine était cousin d'un pasteur et sa cousine, Marie, devait mourir au refuge à Londres en 1715[19].

« Il y a du miracle et ouvrage de Dieu »

Après 1683, l'activité des dragons donna encore plusieurs fois à Borrelly l'occasion de se réjouir. Au printemps 1684, il marqua la relève par d'autres cavaliers de ces soldats qui étaient dans les Cévennes « logés chez les huguenots... le Roi veut mettre fin à cette religion. Dieu lui en fasse la grâce. » Un peu plus tard le jubilé est prolongé de quinze jours à un mois : pour permettre à « la mission royalle que le Roi avoit envoié aux Sévènes pendant que ses dragons et ses troupes y estoient et y en aiant encores... tous logés chez les huguenots » de venir à Nîmes. Les missionnaires prêchent sur les places publiques « ci autres fois on eut préché comme celà... les huguenots auroient tout assommé. » En septembre il s'entretient avec le marchand Rastouin, du « régiment de la Fère qui est arrivé en ville, du moins la moitié, l'autre moitié devant arriver demain pour aller à St Hippolite et aux Sévènes ». En octobre, il bénit le roi qui « va à abolir entièrement la RPR. » En 1685 il a la joie d'enregistrer « l'abatement des temples ».

Le 26 septembre de la même année, le duc de Noailles arriva de la Cour pour la tenue des États « à l'avance par ordre du Roi, pour donner la dernière main à cest grand œuvre de metre fin en cette province à la religion prétendue réfformée ». Noailles convoqua « le sieur Cheiron ministre et les plus aparens du consistoire ». Cheiron représentait la tendance la plus modérée. L'entretien avec le lieutenant général se limita à la présentation d'un ultimatum, menaçant les religionnaires de devoir héberger trois régiments d'infanterie, faute de conversion dans les huit jours et Borrelly conclut « il doit arriver de jour à autre dans cette contréee 8 000 hommes de guerre pour les châtier »... Il sait la terreur de ses concitoyens protestants et la menace que les « missionnaires bottés » faisaient courir aux biens des familles et à l'honneur des femmes. Il note froidement que les protestants ayant « eu connaissance que les troupes avançoient, auroient depuis douze ou quinze jours débagagé et baillé *à des catholiques leurs amis* quantité de meubles. On fait compte qu'il est sorti de Nismes plus de 4 000 âmes *et surtout des femmes et des filles* dont la plupart sont à des villages *catholiques* qui sont d'ici à Avignon et quantité d'autres à Orange ». Ainsi des papistes nîmois ou du secteur rural catholique à l'est de Nîmes ne partageaient pas l'enthousiasme convertisseur de Borrelly qui saluait, le 1er octobre 1685, l'entrée du nouvel intendant Basville, spécialiste de la méthode forte déjà employée efficacement en Poitou « où il a fait des merveilles car il a converti tous les huguenots ». Quant au « débagagement » des religionnaires nîmois « on croit que ces fuites ne serviront de rien »[20].

Le lendemain, 2 octobre, arriva en ville « quantité de troupes qui venoient de Montauban où tous les huguenots de ce pais là se sont convertis, ceux de Béard (Béarn), ceux de Rouergue et ceux de cette province depuis Tholose jusques ici. » Le même jour, le notaire fait le compte de cinq cents abjurations faites à l'évêché et, le 3 octobre, il eut la grande joie d'assister à la conversion générale. Cette cérémonie eut lieu à la cathédrale parce que « comme à l'evesché ni aux autres parts on ne pouvoit survenir à faire faire abjuration aux huguenots à cause de la grande foule, monseigneur le duc de Noailles et les autres puissances trouvèrent bon qu'on les receut en général. » La cathédrale était si pleine de monde que les catholiques durent sortir, sauf Borrelly (« je me cacha ») et j'ai reproduit son récit qui est un véritable reportage[21].

Tout paraît aller pour le mieux, dans le sens du grand dessein royal. Chez les quelques récalcitrants qui reçoivent garnison, les soldats « font le diable à quatre. » Les deux pasteurs Cheiron et Paulhan se convertissent suscitant la fureur de leurs anciennes ouailles. Borrelly semble se méprendre sur le sens de cette colère « les religionnaires sont enragés de leur conversion, que s'ils pouvoient ils les tailheroient tous en pièces, *disant qu'ils avoient esté trompés par eux* et que s'estoient des maudits et des misérables d'avoir ainsy abbusé le peuple »[22]. Cette indignation, motivée par la conviction que les pasteurs apostats n'étaient pas fermement ni sincèrement calvinistes, le chroniqueur paraît, dans un premier temps, l'attribuer à ce que les yeux des anciens fidèles protestants s'étaient ouverts à la croyance catholique, en découvrant la fragilité des convictions de leurs anciens ministres, « trompeurs » et « abuseurs ».

Le problème protestant semble, ainsi, si bien résolu que Borrelly n'éprouve pas le besoin de mentionner l'édit de Fontainebleau qui, le 18 octobre 1685, révoquait celui de Nantes. Visiblement heureux et soulagé par l'imminente « réunion » des protestants, il écrivait en septembre 1685 « que Dieu nous en fasse la grâce »... « et cellà est à soueter bien tost soit pour la gloire de Dieu tout premièrement, soit que toutes les affaires sont entièrement perdues car il ne se fait rien, tout le pays estant ruyné »[23]. C'est pour lui, comme l'a noté justement Le Roy Ladurie, le prix à payer[24], car il était très conscient de l'influence de la persécution des protestants sur la vie économique mais il a dû avoir, pendant quelque temps, l'illusion d'une reprise possible à la suite de la conversion des religionnaires.

Les voies de la Providence sont impénétrables. Borrelly a paru croire un instant que la pression des dragonnades, jointe aux prédications des missionnaires, avait abouti à la réunion sincère de tous les Français dans une même religion. Au-delà de l'action de la soldatesque, les religionnaires ont pu, estime-t-il, être illuminés par le spectacle de la toute-puissance du roi très chrétien mise au service de la religion romaine. « Il y a du miracle et ouvrage de Dieu quoy qu'on die » écrit-il lors des conversions massives d'octobre 1685 et il ajoute « Véritablement, ses grandes troupes portent bien la terreur mais, avec tout cellà, il y a plus de la force de nostre grand Roy. » Avant Bossuet, le modeste tabellion nîmois célèbre le roi charismatique et le « miracle de nos jours » qu'est la conversion des protestants. Il ne devait pas tarder à être lourdement déçu.[25]

« Ils se feroient plutôt Turcs s'ils pouvoient que de vivre dans la religion romaine »

La résistance protestante fut immédiate et durable. Les nouveaux catholiques ou nouveaux convertis ne l'étaient pas du tout, Borrelly dut rapidement l'admettre et la reprise économique qu'il espérait ne se produisit pas. « Tout vient du changement de religion », commente-t-il après avoir enregistré la misère à la fin 1686. Cette double constatation ne le conduit nullement à s'interroger sur le bien-fondé de la politique royale. Il reste un bloc de certitudes et il invoque l'aide divine « Dieu par sa grâce donne santé et vie à nostre grand Roy et le favorise dans son grand dessein »[26].

Très peu de temps après la révocation, Borrelly réalisa le caractère massif du refus huguenot. Dès le dimanche 2 décembre il put voir les soldats du régiment de La Fère qui, en exécution des ordres du duc de Noailles, « menoient à la messe les familles entières et les faisoient tenir à genoux ». Nullement choqué par l'intervention de ces singuliers bedeaux, il commente « le roi l'a vouleu ainsi parce que ses gens là vivent comme des atées et sans religion et il y aura des grandes précautions pour les mettre dans leur devoir ». Peu après, en janvier 1686, il est précisé que « les nouveaux convertis mal intentionnés dont le nombre est très grand » sont furieux de la nomination, imposée par le lieutenant général, de leur ancien pasteur Cheiron au poste de premier consul. Les autorités durent lui donner des gardes. Considéré par ses anciens fidèles comme un Judas, Cheiron est l'objet — en raison de son zèle de néophyte — de l'admiration de Borrelly, ainsi que le second consul, Teissonière, également nouveau converti : (ils) « se confessèrent samedy dernier et se communièrent dimanche (30 décembre 1685) a la grande messe quoiqu'ils ni feussent pas obligés car ils n'estoient d'obligation de communier que la feste de pasques ».

Le nombre de ceux qui vont à la messe est très faible, « les autres sont de diables, n'allant ni en messe ni en sermons » et, remarque-t-il, les familles de ces opiniâtres enterrent leurs morts sans avoir reçu les sacrements « tout de nuict dans des crottes (caves) » ou les passent également de nuit par-dessus les murailles de la ville « pour les enterrer dans un champ ». Borrelly est choqué par « ce désordre » et espère des sanctions « nous verrons bien des corps jetés à la voierie... leur opiniatreté leur coutera cher. » Il réserve sa pitié aux « pauvres anciens catholiques » qui souffrent de la situation économique, « le pais tout ruyné, le négosse et tous les affaires ont cessé ». La tenacité protestante lui paraît incompréhensible et il évoque avec attendrissement l'activité des missionnaires royaux et avec tristesse l'insuccès de leurs efforts « il y a dans la cathédrale trois sermons par jour. Ils sont seize et tout cellà ne fait pas plus à ces malheureux comme si on ne prêchoit pas ». Or ces prédicateurs venus « du costé de France » (c'est-à-dire de la région parisienne) sont éloquents « ils prêchent fort bien ». Borrelly n'émet aucune réserve à l'égard de ces théologiens dont l'échec, auprès des nouveaux convertis, fut patent. Le comportement de ces nouveaux venus suscita, cependant, les critiques acerbes de leurs rivaux, les capucins, établis dans la province depuis les guerres de Rohan : ils leur reprochaient leur orgueil, leur cupidité voire leur libertinage[27]. L'abbé Tribolet, lui-même missionnaire et laudateur inconditionnel de la révocation de l'édit de Nantes, porte sur ses confrères une appréciation qui est une litote suggestive : « il y a eu de dignes ouvriers apostoliques et, pour quelques uns qui ont avili leur caractère, il s'en est trouvé beaucoup qui ont honoré leur ministère »[28]. Quant au notaire, il ne sait rien, il ne voit rien ou il ne veut ni voir, ni savoir.

En avril 1686, la maison du chirurgien Trentignan (ou Trentinien) qui avait quitté Nîmes avec sa famille, malgré une ordonnance du lieutenant général, fut abattue. Les nouveaux convertis désertent les prédications de Carême malgré la présence d'un des plus grands prédicateurs de France, le père Gaillard, jésuite, et, mesurant la violence de leur refus, le notaire s'écrie : « ils se feroient plutost Turcs s'ils pouvoient que de vivre dans la religion catholique.[29] »

Non seulement les anciens protestants refusent d'accomplir les gestes de catholicité mais ils essaient de ranimer secrètement le calvinisme. En février 1686, Claude de Rovérié seigneur de Cabrières[30] signalait des célébrations clandestines de la Cène dans la garrigue et dans les Cévennes et des coups de feu tirés sur les soldats. Borrelly qui, en mars 1686, notait que seulement quelques nouveaux catholiques étaient sincères dans leur conversion, les autres ne faisant « les fonctions » (de catholiques) que par la force et célébrant clandestinement leur culte « il fait quinze jours que du costé de Lasale (Lasalle paroisse cévenole à deux lieues d'Anduze) se soulevèrent des gens nouvellement convertis qui entreprindrent d'aller en une metherie prêcher et chanter des psaumes. Aussi cellà fit que M. l'intendant, des conseillers du prédidial et M. le marquis de la Trousse (commandant militaire en l'absence du duc de Noailles) y furent en aiant fait pendre quelques uns de cette canalie (canaille) tirant sur des soldats qui furent pour les reconnoistre, en blessant 4 et un office (officier) »[31].

Mesures de répression

Un développement de deux pages est consacré, en juillet 1686, à l'exécution du « proposant », c'est-à-dire étudiant protestant en théologie, Rey, fils d'un marchand de Nîmes qui avait « preché en diverses assemblées secrètes qui se faisoient du costé des Sévènes ». La relation traduit la conscience nette du refus protestant : « Les nouveaux convertis qui ne le sont qu'en aparance » sont si nombreux à Nîmes que le procès a été fait dans la catholique Beaucaire « on dit mesme qu'on le voulut juger de dellà et non point ici, comme *toute la ville est infectée de tous ces malheureux convertis* afin que les raisonnements de ce malheureux ne les pervertissent davantage ». L'arrestation de Rey n'a d'ailleurs pas mis fin à la résistance « il se fait toujours des assemblées secrètes aussi cellà fait qu'il y a ordre que les troupes qui sont par tout pais... de tirer dessus quand ils les trouveront et les pendre sans autre formalité, cellà estant déjà mesme arrivé en plusieurs endroicts ». Du moins, la capture de Rey permettra-t-elle, estime Borrelly, de limiter la propagande protestante « nut esté qu'il fut vendu il auroit assurément régné plus longtemps et auroit fait des ravages espouvantables. » Outre l'action des prédicants, l'influence des pasteurs du Refuge s'exerce et Borrelly se permet de se faire l'écho d'une critique de l'excessive mansuétude du Roi qui permit aux pasteurs de s'exiler : « les ministres qui se sont retirés aux pais estrangers font courir des lettres qui les (les nouveaux convertis) rendent obstinés comme des diables, et ci le Roi n'ut pas permis comme il a fait aux ministres de son royeaume de se retirer où bon leur sembleroit cellà ne seroit pas arrivé à ce que l'on dit ».[32] De fait cette appréciation devait émaner du cercle clérical, conscient du rôle que le Refuge exerçait par les correspondances et la littérature clandestine sur la résistance huguenote[33].

L'exécution de Rey était ressentie par les nouveaux catholiques nîmois comme un test, contre-épreuve de l'apostasie de Cheiron et Paulhan. Le notaire le note avec colère comme il relate sans aucune pitié le supplice du jeune proposant, en des termes que le dr. Puech n'osa pas reproduire dans sa publication partielle[34] du livre de raison. Sur l'échafaud, le condamné qui « ne voulut jamais se faire catholique quelles remonstrances que des prestres séculiers et religieux lui firent », s'est adressé à la foule « *le plus effrontément du monde* ». Heureusement les tambours ont « *picqué* » (battu) pour couvrir la voix de « *ce misérable* » mais « *ces maudits curieux* », « *cette maudite rasse* » des N.C. ne le considèrent pas moins comme un martyr. Quelques mois plus tard, en janvier 1687 une scène analogue se produisit à Nîmes même. Il s'agissait de l'exécution « pour servir d'exemple » du cardeur Barbut et d'un de ses compagnons, trois autres étant « condamnés a la gallère ». Ils avaient été arrêtés avec d'autres protestants, surpris « à une assemblée qui se fit il y a environ un mois, dans la nuict, dans le terroir de Nismes quartier appelé Canlinié (actuellement Camplanier, au nord-ouest de Nîmes entre la route de Sauve et celle d'Anduze) composée tous des nouveaux convertis en nombre de trois cens ou environ y chantant des psaumes et mesme y voulant faire la Cène, tout ce monde la estoit tout de petit peuple ». Les soldats du régiment de Soissons qui avaient dispersé les participants à ce culte clandestin n'avaient pu en arrêter qu'une partie (« on en prit tant que l'on put ») car « tout ce *maudit peuple* s'enfuit de çà et de là par les champs *comme de bestes féroxes* ». L'exécution se fit à la nuit tombée — « environ l'heure de 7 après midy, estant tout à fait nuict et gellant à pierre fendre » — ce qui n'empêcha pas visiblement l'affluence populaire. Le compagnon de Barbut se convertit mais celui-ci « ne voulut jamais mourir catholique. » Aussi, comme pour Rey à Beaucaire « parce que *la justice voulut que le peuple n'ouit pas ce qu'il diroit quand il seroit à la potance crainte de quelque impression au peuple nouveau converti*, on fit battre la caisse aux soldats qui y estoient rangés en bataille »[35].

Les multiples formes de la répression royale sont mentionnées « galère pour toute leur vie » frappant ceux qui facilitent l'exode des protestants, déportation aux colonies pour les obstinés. Ce dernier procédé (« le Roi fait aller toutes ses sortes de gens en Madagascar ou à la Martinette » [La Martinique]) impressionne Borrelly « on fait compte que depuis Paris jusques ici il y en a environ cinq mille qu'il faut qu'ils partent. Tous les jours il en arrive des villages circonvoisins et des Sévènes ». Ces déportations « donnent l'espouvante à tous les nouveaux convertis » et suscitent l'espoir du notaire qui enregistre avec satisfaction que les nouveaux catholiques terrorisés « vont en foule à la confirmation, aux instructions, à confesse, à la communion ». Voilà enfin un procédé efficace : « nostre grand Roy que Dieu le bénisse, n'aiant pu venir à bout quels autres expediens qu'il ait pris, le susdit estant l'unique qui les fait aller comme il faut[36] » ! En fait, cette méthode, si elle produisit d'abord une grande peur, ne procura pas les résultats escomptés : ceux des déportés qui arrivèrent vivants aux Antilles y trouvèrent un climat religieux plus détendu qu'en métropole ou rejoignirent les Antilles anglaises. Au bout de trois ans, le gouvernement renonçait à cette méthode « unique » qui avait frappé un millier de protestants[37].

L'activité des missionnaires, la présence des soldats, les galères perpétuelles pour les obstinés ne suffisent pas. En janvier 1686, Borrelly souhaitait voir jeter à la voirie les cadavres de ceux qui refuseraient les derniers sacrements. Une déclaration royale d'avril 1686 le prévoyait bien mais comme elle obtint le résultat opposé au but recherché, c'est-à-dire « une bien fâcheuse publicité à la résistance huguenote », elle ne fut guère appliquée[38]. Une autre mesure attendue par le notaire en janvier 1687 (« on parle de faire en ville et dans d'autres endroits du diocèse des forts comme espèces de citadeles pour tenir le peuple soumis ») fut réalisée, dès le printemps 1687, par la construction de citadelles à Nîmes, Alès et St Hippolyte[39].

De mai 1687 à juillet 1688, Borrelly s'intéressa beaucoup à l'établissement de celle qui domine encore Nîmes sur une colline au nord de la ville « au quartier de la Lampesse (ou Lampèze, lieu jadis occupé par une olivette du chapitre cathédral, fournissant l'huile de la lampe du St Sacrement), proche la porte de la ville apellée la Boucarié (ou Bouquerie, du nom d'un des cinq quartiers de Nîmes et au dessus du faubourg des prêcheurs). » C'est une position stratégique, un « endroict qui prend la ville de tout son long », nécessaire à cause des « nouveaux convertis (qui) ont donné lieu par leur mauvaise conduite à cette citadelle[40] ». Cette construction qu'il juge nécessaire, le notaire en regrette la réalisation nous l'avons vu, car elle entraînait l'expropriation de belles demeures et de beaux jardins : « tout le monde est dans une consternation espouvantable de voir ces démolitions précipitées de cette façon car à peine on donne du temps à ceux qui sont aux maisons de ce quartier de se pouvoir changer et il semble qu'on soit à la guerre de voir tel dégat. »

L'importance du chantier et la rapidité de la construction le consolèrent bientôt et il notait en octobre 1687 qu'il allait « quasy tous les jours, pu ou prou, voir travalher tout ce monde y aiant du plaisir. » Sous le titre « anotation pour le fort » il consacre deux pages à décrire le chantier « il y travalhe actuellement deux mille hommes, cellà est beau de voir travalher tout ce monde, les uns bastissent, les autres posent la pierre de taille, les autres charrient du mortier, les autres le font mais en divers endroicts, les autres taillent la pierre de taille, les autres la charrient et la rassière (les moellons), les autres crusent, les autres font les mines et ça esté le plus grand travail... il s'est bien tué des gens en faisant jouer ces pétarz qui surprennent souvent les gens... incontinent que le tambour bat vous voiés que tous les ouvriers prennent la fuite à toutes jambes ». Impresionnante également l'importance des charrois mobilisés : « il y a parfois les deux, les trois cents charettes employées à charrier la pierre de taille de Beaucaire, par jour, beaucoup encores pour charrier le charbon de pierre qui vient du costé d'Allez ». Ce grand chantier est à la mesure du souverain qui l'a décidé « il n'apartient qu'au Roy de France de faire faire de tels forts ». C'est l'accomplissement dans la pierre d'une aspiration continue de Borrelly : manifester le pouvoir royal pour abaisser les religionnaires. Soixante ans après la paix de 1629 qui démantelait le système fortifié nîmois, il applaudissait à la domestication de Nîmes comme un exorcisme du souvenir de la fière république protestante : « cette ville avoit vescu dans une grande liberté, nos consuls aiant esté seuls gouverneurs »[41].

Les protestants nîmois et l'Europe

« Tous les jours nous entendons dire que des familles toutes entières du royaume s'en vont dans des pays estrangers y aiant emporté des sommes immenses en telle sorte que le pays est entièrement ruiné ni aiant que misère et pauvreté... on ne voit dans les rues que corratières (revendeuses) pour vendre de mubles et argenteries ». Borrelly enregistre ces départs et, d'ailleurs, il profita lui-même de cette circonstance pour acheter un habit « quasy tout neuf » pour sa fille Antoinette, à moitié de sa valeur car « les nouveaux convertis vendent tout »[42].

Bien entendu il ne s'attendrit pas sur le sort des exilés. Il évoque seulement la triste situation économique de la ville qu'il attribue à la fuite des capitaux protestants : « la misère du temps est ci grande qu'elle tient tout le monde dans l'espouvante. Tout vient de ce changement de Relligion que nostre grand Roy par la grâce et assistance de Dieu a fait dans son royaume ». D'autre part, l'existence du Refuge le conduit à accuser les N.C. de trahison, à l'époque de la guerre de la ligue d'Augsbourg, « s'ils pouvoient faire entrer dans le royaume les ennemis les plus envenimés ils le feroient. Ils s'en vont tousjours dans les pais estrangers,... tout ce pais là (l'Angleterre) en est farci. Aussi le Roy a bien tesmoigné qu'il ne se fie pas d'eux puisque les milisses sont composées et le banc (pour le ban) et arrière banc, des catholiques anciens »[43]. Un peu plus tard, toujours à propos des nouvelles d'Angleterre dont la « glorious Revolution » de 1688 avait autant réjoui les calvinistes que l'avènement du catholique Jacques II les avait « consternés d'une manière incroiable » : « autant de nouveaux convertis qu'il y a en France, autant nostre Roy a d'ennemis. Ils font plus mal leur devoir que jamais. Dieu les convertisse. » L'année suivante, le duc de Savoie ayant rejoint la coalition anti-française, le notaire redoute une invasion du Dauphiné car « les nouveaux convertis sont des diables mal intentionnés » et les Vaudois, irréductibles protestants des villes piémontaises, devaient faciliter cette « conspiration » : « les barbés autrement appelés les Vaudois qui s'estoient mis et retranchés aux montagnes du Piémont devoient favoriser la descente audit pays (le Dauphiné) des estrangers... et tout estoit perdu si celà eut réussi »... C'est un point de vue appelé à une fortune durable chez les catholiques nîmois : à la veille de la révolution de 1789, les adversaires de l'Édit de tolérance de Louis XVI accuseront les protestants de complicité avec l'Angleterre lors des guerres du XVIIIe siècle. En 1870, des ecclésiastiques nîmois soupçonneront les réformés locaux de souhaiter la victoire de la Prusse calviniste[44].

Visiblement au début de la guerre de la ligue d'Augsbourg (1689-1697), elle-même causée en partie par la politique religieuse de Louis XIV, cinq ans après le « miracle » de 1685, Borrelly n'a plus d'espérances ni d'illusions sur les N.C. Ils sont véritablement étrangers à la communauté nationale. Évoquant la victoire remportée à Fleurus, en juillet 1690, par le maréchal de Luxembourg, le notaire établit une opposition significative : « toute la France est en joye et cellà mortifie tous nos nouveaux convertis par ci devant de la religion pretendue réformée qui sont ennemis de nostre Roy autant que l'on peut estre... L'on dit que parmi les susdits prisonniers (les 9 000 Hollandais capturés à Fleurus) il y a beaucoup de François ». En 1691, relatant la revue, passée sur l'esplanade, des huit compagnies de la milice bourgeoise formées d'anciens catholiques, il ajoute que les N.C. « ennemis mortels » du roi voudraient faire « un soulèvement s'ils pouvoient, continuant à faire des assemblées tantost d'un costé tantost de l'autre, prêchant et faisant la sène en des endroicts cachés. Ainsy on en pend beaucoup et ils sont obstinés comme le démon... » A partir de novembre 1692, la mort de son fils Marc-Antoine à l'armée de Flandre conduit le notaire à abréger ses commentaires sur la « justice de la cause du Roi » qui combat, selon lui, « pour la religion catholique, apostolique et romaine »[45]. Mais, au lendemain du deuil qui le frappait, son second mariage présente un arrière-plan nettement confessionnel.

Le second mariage d'Étienne Borrelly, un des rares succès de la Contre-Réforme nîmoise ?

En 1694, à peine 7 % des N.C. nîmois firent leurs Pâques[46]. A la fin de la même année, Étienne épousait Marie Lafont, fille d'un défunt marchand religionnaire. Nous avons vu que ce remariage, avec une fille plus jeune que lui et plus riche, lui permit d'améliorer ses affaires, la promise le rendant « vrai maître absolu de ses biens[47]. »

La préparation de ces épousailles fut menée avec habileté, discrétion et rapidité : « le 23 octobre 1694, je passa des pactes de mariage avec demoiselle Marie Lafon receus en liasse par Me Montfaucon, notaire, *à petit bruit*, ny aiant que nous deux, le notaire et Me Maigne chanoine et M. Blanc son nepveu pour tesmoins. S'estoit à cause que ci le voisinage qui sont tous des nouveaux convertis eussent sceu la chose, *ils auroient dissuadé ladite Lafon* sur ce qu'elle prenoit un ancien catholique qui avoit des enfans... » Le texte est éclairant sur la cohésion du bloc N.C., sur le maintien, voire le renforcement, de la frontière confessionnelle dans une volonté de soustraire femmes et biens à l'emprise papiste. Il s'agissait là de ne pas attirer l'attention des voisins, ni sur les projets du notaire, ni sur les sentiments de Marie Lafont qui, à 44 ans, n'ayant à peu près plus d'espoir de se marier, était toute prête, pour devenir Mme Borrelly, à lui abandonner son héritage. D'où la présence, en dehors des futurs époux, du seul notaire — fils du tailleur préféré de Borrelly — et de l'inévitable cousin Charles Maigne, intéressé d'ailleurs à l'opération en sa qualité de créancier. Un mois plus tard, le 22 novembre, le mariage était célébré[48].

La fortune de Marie Lafont devait permettre de « marier ma fille Anthoinette Borrely avantageusement, d'acquitter le prix de ma maison, et de paier à M. Maigne chanoine 800 livres qu'il me presta pour parfaire la dot et constitution de ma fille la religieuse ».

Marie Lafont paraît avoir sincèrement adhéré à la religion de son mari. Dans son testament de 1704 « comme vraye chrétienne et catholique elle a fait le signe de la ste Croix, recommandant son âme à Dieu, le suppliant de lui faire miséricorde, priant la bienheureuse Vierge Marie et tous les saints de paradis d'intercéder pour elle ». Par ailleurs, elle donne 20 livres à l'hôpital général pourvu que l'on y célèbre neuf messes pour le repos de son âme. Lorsqu'elle mourut, un an avant lui, en 1717, son époux nota qu'elle avait reçu tous les sacrements et qu'elle avait été inhumée dans le cloître des dominicains[49]. Nous n'avons aucun témoignage direct de la seconde femme de Borrelly — elle était d'ailleurs illettrée. Elle a consenti à faire profiter ce catholique de sa fortune, à accomplir à l'article de la mort les actes de catholicité nécessaires : on pense que le notaire y veilla. C'est en tout cas un comportement peu fréquent chez les convertis. Tambour battant, le tabellion sexagénaire s'assurait du corps, de l'âme et des biens de Marie Lafont. Modeste succès pour la Contre-Réforme nîmoise.

La révolte des camisards

Étienne Borrelly vécut assez vieux pour voir se développer la révolte des camisards. Il suivit avec une curiosité passionnée et inquiète cette insurrection à laquelle sont consacrées 11 pages sur les 22 qu'occupe dans le livre de raison la période 1702-1705. Il détaille les violences des révoltés et la sévérité de la répression. Il constate le soutien rencontré chez les N.C. par les insurgés. Cette situation ne le conduisit toujours pas à s'interroger sur le bien-fondé de la politique du roi. Les supplices infligés aux camisards le laissent froid mais la négociation, menée avec le plus prestigieux des chefs du mouvement, Jean Cavalier, suscite son indignation.

Plus de trois mois après le début des troubles, marqué par l'assassinat, en juillet 1702, de l'abbé du Chayla inspecteur des missions des Cévennes, Borrelly consacra une page et demie (« avec douleur je mets cette annotation ») à relater ce qu'il appelle le « soulèvement des fanatiques »[50]. Ce terme renvoie au prophétisme, aliment spirituel de la prise d'armes « on nous appelait des fanatiques à cause de nos inspirations[51] », devait écrire Abraham Mazel qui avait suscité le meurtre de l'abbé du Chayla. Le notaire ne sait comment expliquer le mouvement : « depuis environ trois mois il s'est formé comme espèce de nouvelle religion de fanatiques qui sont tous de nouveaux convertis, autres fois de la religion prétendue réformée suscitée par Calvin..., nostre grand Roi que Dieu conserve et bénisse, aiant aboli avec l'assistance de Dieu cette religion dans tout son royaume ». A partir de février 1703, le chroniqueur appelle les révoltés soit « fanatiques » soit « camisards » sans donner d'explication sur ce second terme. Il évoque incidemment la présence du prophétisme, lors d'un combat donné en février 1703, sur la route d'Alès à

Barutel, tout près de Nîmes « une femme et une jeune fille tuées aussy qu'on disoit estre prophétesses. »

La cruauté et les destructions des révoltés sont constamment dénoncées « lesquels fanatiques ou nouveaux convertis ont fait jusques ici dans ces diocèses de Nismes et Uzès (Borrelly oublie le nouveau diocèse d'Alès) et mesme dans ceux de Mende et Montpellier mais pas tant que dans ceux de Nismes et Uzès, des choses les plus exécrables et barbares actions qui se puissent faire. Car, de cette heure que j'escris cette anotation (novembre 1702) on fait compte qu'ils ont brûlé une trentaine d'églises et tué une quinzaine de prestres » et trois mois plus tard, en février 1703, « ils ont brûlé 133 églises dans le pays, brûlé et égorgé autant de prestres et une très grande quantité de catholiques. » Aussi « toutes les églises (sont) abandonnées par les pasteurs », réfugiés à Nîmes. Nombre d'anciens catholiques ont également été massacrés « avec des cruautés que le diable n'en scauroit inventer de plus crueles » ou « avec tant de cruautés que les barbares n'en feroient pas la vingtième partie[52] ». Parmi les violences du début de l'insurrection est particulièrement ressentie la mort du baron de St Cosme « gentilhomme qui alloit de Vauvert à Boissière dont il estoit le seigneur », tué à coups de bâtons et de pierres. Ici, Borrelly omet de préciser qu'il s'agit d'un ancien protestant, devenu zélé papiste, dénonciateur d'assemblées secrètes de ses anciens coreligionnaires et la bête noire des N.C. qui le considéraient comme un traître et un apostat[53].

Le mouvement camisard inquiéta Borrelly et réveilla en lui de vieilles craintes, parce qu'il savait que les révoltés pouvaient compter sur le soutien des populations, restées secrètement huguenotes « comme tout le pays est pour eux, c'est-à-dire les nouveaux convertis, ils font main basse sur les pauvres catholiques », note-t-il dès le début de la guerre. En septembre 1703, tandis que les troupes royales faisaient « le dégât » dans les Cévennes, les insurgés s'en prenaient dans la plaine aux biens ecclésiastiques et aux anciens catholiques : « la nuit du 24e septembre... les Camisars ou phanatiques ou pour mieux dire les nouveaux convertis ou catholiques faux catholiques ont brûlé le château de Campagne apartenant au chapitre et ils y ont brûlé 8 valets qui estoient anciens catholiques, brûlé aussi Campagnolles apartenant à l'abbé de Franquevaux et Estagel (métairie de l'abbé de Saint-Gilles) tout dans la même nuit... Tous les anciens catholiques des vilages et métairies portent dans les villes et grands bourgs leurs meubles et denrées et c'est une désolation... Tous les nouveaux convertis sont pour ces gens atroupés qui sont présentement environ 1 000 hommes tant à pied qu'à cheval dans ce pays c'est-à-dire autour de Nismes ». Borrelly signale d'autres meurtres (notamment celui d'un commandeur de l'ordre de Malte « tué et escorché avec tous ses gens ») et incendies et conclut en soupirant : « quoi qu'il y ait dans le pays 1 500 hommes de troupes réglées neanmoins on n'en put pas venir à bout, dans les Sévènes et partout y aiant quantité de troupes de ces malhureux qui font teste parce qu'ils sont suportés et secourus par les religionnaires ». Mêmes évocations de violences contre les anciens catholiques en février 1704 et même constat désabusé : « il y a beaucoup de troupes dans ce pays mais, comme tout le pays est pour ces maudits, il y aura de la peine à réduire ses célérats ci Dieu par sa grâce ne les châtie[54]. »

Ces révoltés pratiquent spontanément une tactique appelée à un grand avenir : se fondre dans les populations sympathisantes et attaquer par surprise des troupes qui ne sont pas habituées à ce type de guerre. Borrelly voit bien cette stratégie « tous les villages qui ont esté huguenots sont pour ces gens-là, leur donnant la retraite et à manger... Il sera difficile d'en venir à bout estant impossible de les pouvoir surprendre parce qu'ils ont des espions partout et sont avertis de tous les mouvements des troupes. » Il est obligé d'admettre leur valeur militaire, même s'il voit en eux des suppôts de Satan. Au début, les Camisards eurent à faire seulement aux milices provinciales, ces troupes supplétives, levées par tirage au sort dans les paroisses, pour compléter en cas de besoin les troupes du roi, selon l'organisation mise sur pied, en 1688, par Louvois « les milisses des susdits diocèses (Nîmes, Alès, Uzès) se sont mises en campagne par ordre des puissances pour arester ce désordre »[55]. Mais cela ne suffit pas « On fait compte qu'il y a plus de 3 000 hommes de milisse sous les armes... et avec tout cella on n'en peut venir à bout et on ne le pourra à moins d'avoir quantité de troupes réglées. » Deux mois plus tard, en janvier 1703, l'appréciation portée sur les miliciens est sévère « ses maudits et malheureux (les insurgés) ne craignent point les soldats de la milisse. Au contraire, ils en tuent beaucoup ». Quant aux troupes réglées, c'est-à-dire les soldats du roi, elles étaient peu nombreuses au début de la révolte, en raison du début de la guerre de succession d'Espagne « le roi a ses troupes en Italie, Flandre et Alemagne »[56].

Avec l'arrivée du maréchal de Montrevel venu, en février 1703, commander les troupes du Languedoc à la place du comte de Broglie, les soldats du roi remportèrent un succès à Barutel au nord-ouest de Nîmes et les dragons tuèrent plus de 100 camisards sur 500, ne perdant que quatre hommes « et nut esté que la nuict survint et faisoit fort obscur, il n'auroit pas escapé aucun de ses malhureux ». En avril, l'arrivée de 22 bataillons venant du Milanais permet d'espérer qu'enfin « on exterminera tous ces coquins et rebelles »... En fait, après avoir énuméré pendant tout l'automne 1703 et l'hiver suivant les incendies et attaques camisardes, le notaire dut noter, en mars 1704, que les soldats du roi ne tenaient pas toujours, face aux révoltés : le maréchal de Montrevel, alors à Uzès, avait appris la concentration de 1 200 camisards dans la plaine du Gardon, entre Saint-Chaptes et Vézenobres et « détacha environ 300 hommes tous soldats de la marine et quatre ou cinq compagnies de dragons de St Sernin pour les attaquer mais au lieu, par les soldats de la marine et par lesdits dragons de fere fasse et bonne contenance, ils eurent une ci grande peur de voir un ci grand nombre de camisars qu'ils prirent la fuite, les officiers n'aiant jamais pu les relier (rallier) ci bien que lesdits camisars taillèrent tous en pièces lesdits soldats de la marine. Il y resta 18 officiers d'une grosse distinction, lesdits camisars aiant fait un gros butin d'armes comme fussils, baïonettes, munition de guerre, habits et quantité d'argent... ».

Cet épisode peu glorieux pour l'armée royale conduit Borrelly à ironiser : « pour les dragons, n'eurent pas grand déchet parce qu'estant à cheval, ils se tirèrent de leurs mains. » Les soldats de marine quant à eux « avoient pilhé les villages de Brignon et Cruviers et autres qu'ils s'estoient telement chargés et avoient cy fort bu qu'ils estoient hors d'estat de combattre ». Cette défaite de Martignargues causa « une consternation pour les catholiques la plus grande du monde et cellà donna un cy grand cœur à ces malheureux et à tous les nouveaux convertis de cette ville et de tout ce pays que nous estions tous dans une grande apréhension ». Et, tout aussi consterné que Borrelly, Montrevel écrivait à l'intendant : « on les a tous (les soldats de marine) égorgés comme des moutons et presque tous tués à coup de fourches par derrière[57]. »

Le notaire devait être bientôt rassuré, et en avril 1704, il avait la joie de rendre compte du grand succès remporté par Montrevel, peu avant son départ pour la Guyenne, à Nages à l'ouest de Nîmes « cette action vaut, pour le moins, quatre fois autant et plus que celle qu'ils firent dans la contrée de St Chatte (Saint-Chaptes) dont j'en ai parlé ci devant. Aussy, nos religionnaires sont mortifiés d'une manière estrange et (celà) donne du cœur aux pauvres catholiques. » De fait, les « pauvres catholiques » de Nîmes avaient connu de grandes angoisses lors des succès camisards à la fin de 1703 et au début de 1704. Borrelly lui-même écrit, en juillet 1703, qu'il n'osait pas sortir de la ville pour « aller à nostre clos où sont mes fours à chaux qui ont cessé de travailler depuis plus de six mois, les vallets aiant quitté ».

Il constate, à maintes reprises, que les travailleurs agricoles, particulièrement nombreux chez les anciens catholiques, redoutaient d'aller hors les murs : en juillet 1703 « il ni a personne des anciens catholiques qui osent aller à leurs pièces (de terre) », au début de septembre, « il est à remarquer que ses coquins de phanatiques ou Camisars font un grand ravage dans ce pays et sont ci crains qu'on fait fermer les portes de la ville environ les huit heures et il ni a personne au moins des anciens catholiques qui osent aller à leurs pièces et vignes estant tout à l'abandon » et, à la fin du mois « personne, au moins des anciens catholiques de Nismes n'osent point aller à leurs pièces pas même dans ce temps de vendanges et tous nos fruicts et biens sont abandonnés. » En mars 1704, il parut nécessaire d'intervenir pour protéger les travailleurs catholiques « il a falu pour que les vignes ne demurassent sans culture que Monsieur le maréchal à la prière et remonstrances des consuls et habitants catholiques donna des détachemens de 200 hommes par jour pour servir d'escorte aux travalheurs et l'ordre estoit de fere facturer de cartier en cartier, c'est à dire, quant un cartier du terroir estoit parachevé d'estre cultivé et facturé on alloit dans un autre et pendant la journée, les 200 hommes voltigeoient dans le cartier où les travalheurs estoient pour empescher que les camisars ne tuassent les catholiques car pour les travalheurs nouveaux convertis n'avoient rien à craindre »[58].

Dans les zones catholiques de la région, les attaques camisardes avaient suscité la formation de bandes de partisans, tout aussi féroces que leurs ennemis mais infiniment plus efficaces, sur le plan militaire, que les milices : tels ces volontaires, dirigés par un ancien officier devenu ermite, dans la garrigue près du Vidourle, à N.-D. de Primecombe. Borrelly ne parle pas de l'activité de ces supplétifs catholiques qu'évoquait par exemple l'ursuline nîmoise de Mérez, ni de la personnalité de l'ermite Gabriel de La Fayolle autorisé par l'évêque Fléchier à reprendre les armes[59]. Ces partisans — notamment les cadets de la croix ou « camisards blancs » — qui s'en prenaient aux N.C. sans s'embarrasser de savoir s'ils étaient liés aux Camisards — et qui parfois glissaient au banditisme — eurent des rapports conflictuels avec les autorités civiles et militaires. Le maréchal de Montrevel s'était efforcé de limiter les violences des Cadets de la croix. En février 1704, c'est sans doute à cela que Borrelly fait allusion « les pauvres catholiques ne font rien (contre les camisards), n'osant pas à cause des deffenses des puissances » ; le même mois l'évêque écrivait « il faut donner courage à frère Gabriel. On tâche à le décrier lui et sa troupe »[60].

Pour le notaire la guerre contre les camisards doit être menée dans le but de « les châtier et les réduire ». Il applaudit à toutes les mesures de répression et se scandalise de tout essai de négociation. Borrelly approuve, par exemple, sans réserve le massacre dit du moulin de l'Agau, le 1er avril 1703 jour des Rameaux. Il s'agissait d'une tentative d'un groupe de 100 à 200 N.C. nîmois qui, escomptant l'indulgence du maréchal de Montrevel nouveau commandant militaire en Languedoc, avaient entrepris de célébrer leur culte dans un moulin à eau, situé « hors et proche la porte des carmes ». Informé de cette célébration, le maréchal ordonna d'investir le moulin, de tirer sur les assistants et de tout incendier. La relation du notaire montre le retentissement de l'affaire dans toute la ville « cette nouvelle vint jusques à la grande église (la cathédrale) qui estoit toute remplie de monde pour entendre vespres et le sermon ce qui causa un désordre espouvantable. Tout le monde sortit et personne ne pouvoit sortir de la ville — grand garde partout par les troupes qui sont en ville... On fait compte qu'il est resté sur place hommes et femmes environ 40 », ce qui est sans doute inférieur de moitié à la réalité. Surtout il exhale son indignation : « ses coquins ont bien mérité cette punition, fere telle entreprise à plein jour et à la barbe dudit seigneur maréchal, homme du Roy. »

Il approuva de même, en juillet, la mise au pillage du petit bourg protestant de Saint-Césaire à une lieue à l'ouest de Nîmes « les habitans estant accusés du donner retraite et vivres aux phanatiques. »

Cette opération suscita cependant quelque compassion chez le notaire cette fois-ci témoin direct « les soldats ont porté en ville de toutes sortes de meubles et bestiaux. Ça esté une grande désolation mais quoi faire. Ils le méritent ». Le mois suivant mêmes réactions pour le pillage de Vestric dans la même région N.C. que « M. le maréchal de Montrevel fit metre au pilhage et brûlement des maisons... par ce que les phanatiques et rebelles y alloient de temps en temps se réffugier et vitalier (ravitailler) ». Toute la population est conduite à la citadelle de Nîmes et Borrelly paraît sensible à ce spectacle « on emmena au fort de cette ville tous les hommes, femmes et enfans qui (se)trouvèrent audit lieu. Il y avoit deux charrettes des femmes et enfans, les hommes estant à pied conduis par un grand nombre des soldats hirlandois et dragons, l'un portant de chaudrons, les autres d'autres choses, conduisant aussi des mules et asnes enfin s'estoit la chose la plus déplorable du monde, jusques là même que les bleds qui estoient dans les maisons enfermés depuis peu de la récolte pendante furent brûlés » — mais immédiatement, évoquant la solidarité des N.C. avec les camisards, il conclut « le Roi est forcé ou ceux qui commandent de faire de telles exécutions ». S'il n'en parle pas directement, Borrelly a dû se réjouir de la décision approuvée par le roi en octobre 1703 de dévaster les Cévennes. Il écrit, le même mois, à la nouvelle du « brûlement » des faubourgs de Sommières par Cavalier : « ci les troupes ne brûlent tous les vilages des Sévènes et des environs de Nismes ou n'enlèvent tous les habitans, il sera difficile d'en venir à bout. » C'est un remède nécessaire mais « véritablement très violent et ruinus pour tout le pays »[61].

Les supplices de camisards à la place du marché ou à l'esplanade sont mentionnés succinctement, en précisant le type de mise à mort : le 14 juillet 1703, « on roua au marché 2 hommes, on en pendit deux autres et on pendit 2 femmes. Cellà se fit dans le même temps ». En juillet également, un jeune nîmois fut roué et « on coupa la teste à deux gentilshommes complisses de ses désordres ». Le 7 août il donne une précision sur la cruauté du supplice de la roue : ce jour-là, les magistrats du présidial firent pendre trois femmes « soi disant profetesses » et rouer quatre hommes. L'exécution commença à trois heures et ne s'acheva qu'à la nuit parce que « les roués tout vifs fallut qu'ilz espirèrent sur la roue ». Le 12 août on brûla à l'esplanade « deux coquins de ses scéléras rebelles au Roy ». L'un des deux exécutés fait, pour Borrelly, figure de bon larron « l'un appelé La Plume chef de parti n'a jamais vouleu entendre à mourir catholique et l'autre est mort bon catholique, s'estant confessé comme un véritable catholique, le P. Fosse jésuite qui l'exhortoit la ainsi certifié et en a esté très content suivant qu'il m'a dit ». La longueur, voire le raffinement des supplices lui paraissent la juste rançon de la violence camisarde. Lorsqu'en août 1704 le fameux chef Pierre Laporte dit Rolland fut tué par des soldats qui étaient venus le surprendre au château de Castelnau-Valence dans la Gardonnenque, cette mort trop rapide affligea Borrelly « le dessein estoit de le prendre en vie pour le faire chanter, pour ensuite estre exécuté d'une des plus crueles morts que l'on se put imaginer ». Le cadavre de Rolland fut ensuite embaumé et transporté à Nîmes où on l'exposa sur une claie « à la place des casernes où tout le monde l'aloit voir comme par miracle ». Le corps resta trois jours exposé jusqu'au jour de l'exécution sur la roue de cinq compagnons de Rolland arrêtés le jour de la mort de leur chef « on le brûla en veue de ses cinq roués qui *restèrent en vie longtemps* après (le corps de Rolland) estre brûlé, toute l'esplanade estoit bordée de gens de guerre »... Cette lenteur satisfait d'autant plus le notaire qu'ils « moururent comme des enragés et des diables, n'aiant pas vouleu escouter ni prestres, ni religieux. Au contraire, il y en eut de ses malhureux qui maudirent et repoussèrent avec rage lesdits prestres et religieux »[62].

Le 11 août 1704 et en avril 1705 des exécutions sont encore mentionnées. Les premières sont celles de deux officiers protestants pris en mer par les vaisseaux du roi. Ils étaient envoyés avec des renforts de religionnaires français venus d'Angleterre et de Hollande et des armes fournies par le duc de Savoie « on coupa la teste à un gentilhomme (un protestant poitevin Charles de Goulaine) et on pendit un nommé Martin de cette ville qui auroit esté roué n'eut esté les grandes sollicitations ». La seconde relation concerne le début du commandement en Languedoc du duc de Berwick, fils naturel de Jacques II (Borrelly l'appelle « M. le prince Berbin »). Elle est très succincte et concerne la découverte, suivie de 24 exécutions, d'un complot camisard visant à une insurrection générale des religionnaires languedociens appuyés par un débarquement de troupes anglaises « ils devoient masacrer tous les catholiques suivant leur complot et il se devoit faire une descente sur les cottes des pays estrangers mais leur entreprise a esté descouverte »[63].

Laudateur convaincu de la répression, Borrelly désapprouva les négociations menées en mai 1704 par le maréchal de Villars avec Jean Cavalier. Il fut scandalisé par la réception en ville le 16 mai 1704 de ce chef, « bolanger de son mestier et, auparavant, goujard (goujat) gardant les troupeaux » et surtout responsable de la mort d'« une infinité d'anciens catholiques et quantité de prestres ». Il ressasse sa rancœur au spectacle de cet homme « fort petit, n'aiant qu'environ 22 ans et n'aiant pas grand mine » ce qui ne l'empêche pas de susciter l'enthousiasme des N.C. locaux « suivy de toute la populasse comme s'il eut esté un des plus grands seigneurs du royaume ». Il est encore plus horrifié par les concessions faites au chef camisard « par politique on lui accorda tout ce qu'il pouvoit souéter à l'exclusion de l'exercice de la religion ». Particulièrement choquante est la promotion accordée à Cavalier dans l'armée royale « le Roy lui accorda un brevet de colonel d'un régiment, à un marot qui a esté berger »... « Par politique », c'est-à-dire dans l'espoir — qui paraît assez chimérique (« ses troupes fanatiques et rebelles au Roy traitent ledit Cavalier de traître ») au notaire — d'entraîner la soumission des autres camisards ; Étienne gémit « cella surpasse l'imagination que ledit Cavalier estant convaincu de mille massacres et incendies... ait été pardonné et récompensé de ses crimes[64] ».

Paroissien modèle, dévot exemplaire, fidèle docile aux exigences réformatrices d'un catholicisme rénové, Borrelly fut, à longueur de vie, préoccupé par la présence en nombre des protestants dans sa ville. Des adeptes de la R.P.R. aux N.C., le bloc religionnaire ne cessa d'être présent dans les soucis, les espérances, les fureurs du notaire. Son livre de raison s'ouvre sur les « émotions » politico-religieuses de la mi-XVIIe siècle. En 1658, il déplorait l'amnistie royale accordée aux responsables de « l'émotion » populaire du 31 décembre 1657 et de l'assassinat du vicaire général. En 1704, il se lamentait sur le pardon dont bénéficia Jean Cavalier. La « restauration » que fut à ses yeux la politique de rigueur anti-protestante de Louis XIV le satisfit pleinement. Il soucrivit, sans réserves, aux mesures les plus aberrantes comme la faculté donnée, en 1681, aux enfants de sept ans d'abjurer l'hérésie ou aux procédures les plus violentes comme les dragonnades. A l'encontre de certains de ses coreligionnaires qui, comme le chanoine Rozel, déploraient visiblement la violence exercée sur les consciences, Borrelly, fasciné par le rétablissement de l'unité religieuse par le roi, salua la conversion massive de 1685 comme un « miracle ». Il ne tarda pas à déchanter et à mesurer — en le jugeant diabolique — l'importance du refus d'un papisme imposé. Du moins, au lendemain de la révocation de l'Édit de Nantes comptait-il sur les enfants « ils (les N.C.) ne seront jamais bon catholiques mais leurs enfans le seront s'il plaît à Dieu », écrivait-il en 1687[65]. Au soir de sa vie, vingt après la révocation, l'insurrection camisarde — un mouvement de jeunes — marqua la fin de cette espérance.

8

LA GLOIRE DU ROI ET SON PRIX

La politique de Louis XIV à l'égard des protestants est la cause principale de la fidélité monarchique passionnée exprimée à longueur de livre du raison mais l'enthousiasme du notaire est, aussi, conscience de la grandeur de la France louis-quatorzienne. Il a vibré aux victoires et aux conquêtes royales et a payé cher cette gloire : il a accepté, avec discipline, le « tour de vis fiscal » de la fin du siècle. En revanche, il n'a pas tenu à lui que son fils et successeur désigné aille mourir, au service du prince, dans un lointain hopital de Flandre.

Un roi à Nîmes

A 27 ans Borrelly put voir, dans sa ville, son jeune roi. Il note, à la date du vendredi 9 janvier : « nostre souverain prince et monarque Louis XIV, roy de France et de Navarre, entra dans cette ville environ l'heure de quatre après-midy »[1]. Mazarin était arrivé, la veille, sous une pluie battante, si forte « qu'il fut impossible qu'on luy peut faire aucune entrée ». Le roi et la cour séjournèrent à Nîmes jusqu'au lundi 12. Louis XIV « se fist porter en chaise et alla voir les arènes, la maison carrée, le temple de Diane et la fontaine qui faisoit beau à voir parce qu'elle estoit débordée ». Il se rendit aussi au Pont du Gard « et ne demura pour aller et venir que trois heures en carrosse à six chevaux crevates (croates) qui aloient toujours grand galop ».

Aucune description du monarque ni de sa suite ; seule évocation, celle du poids matériel de cette présence pour une ville de 20 000 habitants dont la population se trouvait doublée « il y avoit dans Nismes suivant le compte qui en a esté faict, quinze mille hommes et dix mille chevaux ». Premier problème, abreuver les chevaux du roi alors que l'aridité estivale, exceptionnellement prolongée en automne et en hiver, avait provoqué une sécheresse dont aucun homme vivant ne connaissait d'exemple. Tous les puits de la ville étaient asséchés et les consuls avaient dû faire garder la fontaine jour et nuit pour empêcher qu'on y lave le linge. Seule la pluie diluvienne du 8 permit l'abreuvement « des chevaux du Roy et de sa suite ».

« On fit tout ce qu'on peut à l'arrivée du Roy » : de fait, la municipalité avait emprunté 2 000 livres pour faire face aux dépenses, soit largement le double des gains annuels du notaire, ou la valeur de 200 hectolitres de froment[2]. Le souverain et les principales personnalités de la cour sont hébergés à l'évêché, chez le juge-mage ou les conseillers du présidial. Choix ironique ou coïncidence pleine d'un sel, apparemment ignoré du chroniqueur, c'est chez l'évêque Cohon que descendit « Mademoiselle fille de Monsieur d'Orléans ». L'héroïne de la Fronde était ainsi reçue chez l'un des principaux hommes de plume au service de Mazarin[3] tandis que le notaire, plus modestement, logeait « deux gentilshommes de Mademoiselle ». La même année il mentionne plusieurs épisodes glorieux du début du règne : d'abord la proclamation solennelle de la paix avec l'Espagne, ensuite l'entrée du roi à Marseille, par la brèche « pour n'estre pas obligé de signer entre les deux portes de la ville les privilèges de Marseille comme les rois ses prédécesseurs » ; il est frappé par l'humiliation de l'orgueilleuse cité dont les habitants, désarmés, sont contraints d'accepter une citadelle alors qu'on avait pu croire qu'« il y auroit guerre parce que les marceillois menassoient de se donner aux Turcs plutôt que de souffrir une citadelle »[4].

Revenant de Provence, le roi marqua une brève étape à Nîmes sur la route de Saint-Jean-de-Luz « pour consommer son mariage avec l'Infante d'Espagne ». On peut présumer que le spectacle du jeune roi, vainqueur de l'Espagne et de la Fronde, maître de Marseille, éphémère conquérant d'Orange, a dû produire une impression forte sur l'esprit du notaire mais Borrelly — sans doute sous le coup de l'amnistie accordée aux séditieux de 1658[5] — n'exprime pas une admiration démesurée et ses notations sont sobres. C'est surtout après 1661, au diapason de la politique anti-protestante de Louis XIV, qu'il devait devenir un véritable adulateur de Louis

Dieudonné, consignant avec ferveur les informations relatives à la famille royale et, surtout, célébrant sans relâche la gloire militaire du souverain.

La famille royale

L'intérêt pour la famille royale ne faiblit pas pendant toute la longue période où Borrelly tient son livre de raison, même pendant les 25 dernières années où les notations sont plus succinctes. Les naissances princières donnent lieu à des festivités : le 22 novembre 1661, en l'honneur de la naissance du dauphin, de brillants feux d'artifice furent tirés avec un dragon volant qui vint enflammer un château fleuri de statues et de devises et, le 22 septembre 1682, pour la naissance du duc de Bourgogne, fils du dauphin[6]. Il est significatif de la montée de l'enthousiasme monarchique de Borrelly qu'il ait consacré quatre pages à ces dernières et seulement huit lignes à la célébration de 1661. Avant de relater les cérémonies de 1682, il avait exprimé sa joie d'avoir eu l'honneur, en tant que secrétaire du chapitre, de « faire lecture d'une lettre de nostre grand Roy Louis XIV dressante à Monseigneur l'évesque » annonçant l'heureux événement : « on dit qu'il y a bien longtemps qu'on n'avoit pas veu que les Roys de France eussent de petits-fils comme nostre Roy qui est à la fleur de son aage, monseigneur le Dauphin son fils estant très jeune. C'est une grande nouvelle pour la France ». Sa jubilation grandit peu après, à la naissance du duc d'Anjou, en décembre 1683 « ce qui affermit bien la couronne à la maison de Bourbon » et il souhaite que « Dieu nous fasse la grasse (*sic*) que madame Dauphine en fasse un autre ». Trois ans plus tard « Madame Dauphine » fit un duc de Berry et le notaire put se réjouir de la naissance d'un troisième petit-fils mâle de son souverain[7].

La curiosité affectueuse portée à la famille royale est parfois alimentée par des relations imprimées : en juin 1660 des opuscules « se vendent par toute la ville par lesquels on peut scavoir toutes les sérémonies » du mariage de Louis XIV et Marie-Thérèse. Lors des épousailles du Dauphin et de la sœur de l'électeur de Bavière, en mars 1680, l'information lui vient de ce que « les nouvelles portent » et de témoignages directs. Il en tire un récit édifiant où il insiste sur la déférence de la jeune bavaroise qui se met à genoux dans la boue devant le roi, sur la bienveillance du souverain qui la releva « à l'estant », sur l'émotion générale (« s'embrassèrent tendrement assez longtemps »... « toute la cour plura de joye »), sur les charmes de la future dauphine (« l'on m'a dit que madame la duchesse de Bavière est fort agréable, la taille et le tain très beaux »).

L'informateur était-il myope ou mal renseigné ?... quelques jours plus tard, Mme de Sévigné écrivait à Mme de Grignan : « Je vis Madame la Dauphine dont la laideur n'est point du tout choquante ni désagréable... » Plus charitable, Fléchier, dans son oraison funèbre de la dauphine, devait dire qu'elle parut à la Cour « avec une grâce plus estimable que la beauté même[8] ».

La santé du roi est une préoccupation constante de Borrelly qui multiplie, surtout à l'époque de la révocation de l'édit de Nantes, les prières à cette intention : « Que Dieu donne santé et vie à nostre grand roy » revient alors comme un véritable leit-motiv. C'est précisément à cette époque que Louis XIV fut atteint d'une fistule à l'anus dont il se fit courageusement opérer en novembre 1686 : « on lui a coupé beaucoup de chair et l'on apréhendoit » (janvier 1687) mais « par la grâce de Dieu il en est guéry » et de relater le *Te Deum* chanté en action de grâces dans la cathédrale[9]. Naturellement le notaire affligé n'omet pas de mentionner les services religieux et les prédications auxquels donnent lieu les décès survenus dans la famille royale. La reine Marie-Thérèse mourut en juillet 1683, quatre mois avant la première épouse de Borrelly, « d'un clou qu'elle avoit sur le cœur ». Sa piété lui vaut une mention particulière : « la France a fait une perte très considérable, surtout la religion catholique. Elle haïssoit les huguenots. Aussi ils sont contents dans leurs âmes de cette mort. » Dans la série des deuils qui frappèrent la famille royale en 1711-1712 (le grand dauphin puis le duc et la duchesse de Bourgogne et leur fils le duc de Bretagne), le duc de Bourgogne, dauphin pendant un an à la mort de son père et espoir du « parti dévot » est particulièrement regretté : « s'estoit un grand prince qui promettoit beaucoup... la France perd beaucoup et ses deux morts (le duc et la duchesse de Bourgogne décédés à une semaine d'intervalle) affligent extrêmement le Roy et toute la cour. On les a enterrés tous deux dans le même caisse à St Denis. » En 1712 on peut même craindre la mort du dernier arrière-petit-fils, le duc d'Anjou futur Louis XV ; faisant sans doute réflexion sur la série de deuils qui avaient frappé sa propre famille, le notaire se lamente « nostre grand roy aiant fructifié une nombreuse lignée il ne reste (en cas de décès du duc d'Anjou) que le duc de Berry, fils de feu monseigneur le dauphin ». (Charles duc de Berry mourut en 1714[10]).

A la fin de sa vie, Borrelly a vu passer à Nîmes les princes du sang : le 2 mars 1701 il a assisté personnellement, au risque d'être « estropié ou crevé », à la réception des ducs de Bourgogne et de Berry. Les princes revenaient de St Jean de Luz où ils avaient accompagné leur frère Philippe, duc d'Anjou, allant prendre possession de la couronne d'Espagne. Ce dernier vint à Nîmes l'année suivante, retour de l'armée d'Italie ; ce passage fut qualifié d'« incognito pour que le peuple ne fut pas fatigué par la despense qu'il faudroit fere et cellà est aparamment par l'ordre du Roi de France son grand-père »... Par *incognito*, le notaire veut dire que la ville n'eut pas à préparer une réception solennelle comme pour ses frères l'année précédente, « les canons n'ont point tiré ni à son arrivée ni à son départ point d'arangues ni aucune sérémonie » mais cent soldats de la garnison l'escortent et il est « suivy d'une grande quantité de seigneurs d'Espagne et de France ». Naturellement, Étienne se place sur son passage lorsqu'il va visiter les monuments romains : « j'eus l'honneur de le voir à la passade 3 différentes fois. Il est beau, bien fait, le visage fort blanc et le tain fin et blond[11]. »

Contemporain de Borrelly, l'artisan lillois Pierre-Ignace Chavatte, devenu « français malgré lui », consignait avec intérêt et affection dans sa chronique, avant l'annexion de sa ville, en 1667, les événements heureux ou malheureux concernant la famille royale d'Espagne. Après 1667 il s'abstint de tous commentaires sur les naissances ou décès au sein de France, hormis lors de la mort de la pieuse Marie-Thérèse parce qu'elle était infante espagnole. La dévotion rapproche le lillois et le nîmois mais le loyalisme monarchique les sépare. Chavatte ne cesse de regretter la monarchie espagnole et considère le roi de France comme un mauvais chrétien[12]. A la différence de Chavatte, Borrelly survécut à Louis XIV, ce qui lui permit de donner son appréciation sur le souverain défunt : « il a esté ci puissant qu'il a fait trempler toute l'Urope » et d'exprimer, sans pouvoir la formuler clairement, une certaine appréhension des temps nouveaux qui se profilent (« Monseigneur le duc d'Orléans est déclaré régent. Il y a aparence qu'il y aura de grands changemens »).

Un roi qui « donne à penser à tous les potentats »

Le roi est considéré comme un véritable croisé du catholicisme par Borrelly qui, par son adhésion enthousiaste aux objectifs militaires de son souverain, est un exemple remarquable du succès de l'entreprise de célébration du monarque guerrier qu'a analysée Joël Cornette, en s'interrogeant sur son efficacité. En l'occurrence, il n'y a pas seulement propagande venue d'en haut mais correspondance entre les tableaux, gravures, publications ou almanachs à la gloire du roi guerrier et aspirations de la collectivité, « la force d'une attente et d'une demande populaires, largement partagées, identifiant la royauté à une conscience patriotique »[13].

Les proclamations de paix par les consuls à cheval, en chaperons et robes rouges, leurs conseillers politiques chevauchant derrière eux, précédés de « trompettes montés aussi », les *Te Deum*, les feux d'artifice, les prédications triomphales sont occasions de célébrer la puissance et la gloire du roi[14] ; en 1668, à propos de la victoire dans la guerre de Dévolution, « le Roy est cy puissant qu'il est redouté et craint de tous les autres. Je prie Dieu qu'il lui maintienne et augmente ses forces et puissances » et, en 1672, au début de la guerre de Hollande, « les potentats sont estonnés de scavoir cette entreprise contre un pais où jamais aucun n'a pu vaincre ». En 1673, « il (le roi) fait trempler tout le monde et donne bien à penser à tous les potentats ». En mai 1675, « il n'y a jamais eu Roi qui ait fait teste à toutes les nations et potentats comme il fait » et au printemps suivant, « le Roy fait des merveilles car il fait tous les jours de progrès quoiqu'il eut l'Espagne, l'Empereur, l'Olande et toute l'Allemagne contre luy et depuis cinq ou six ans qu'il fait la guerre, il les désole ». L'année suivante, en Flandre « le roi fait des conquêtes qu'il est presque incroiable qu'il les ait faites dans ci peu de temps... d'ici à cent ans on aura toutes les peines de croire tout ce qui sera dans l'histoire de ce grand monarque » et un peu plus tard, « jamais Roy n'a eu tant de conduite et de cœur que le nostre. Dieu le conserve ». A la paix de Nimègue, en 1678, le notaire conclut, contre toute exactitude historique, à une victoire complète de la France alors que la Hollande restait invaincue, l'Espagne faisant seule les frais de la négociation : « nostre Roy très chrestien, que Dieu nous le conserve par sa sainte grâce, a donté et abattu tout ce pais là... » et « il est force à tous les potentats de la faire (la paix) parce que nostre souverain monarque les a tous ruynés et fatigués d'une telle manière qu'ils sont en estat de lui accorder tout ce qu'il demande ».

Lors de la guerre de la ligue d'Augsbourg (1688-1697) les mêmes formulations se retrouvent : le roi a « quasy tous contre luy », « toute l'Europe est contre nostre grand Roy ». « Nostre grand Roy Louis XIVe à qui rien ne résiste, par moyen de la divine bonté remporta cette place comme par miracle », tel est le sentiment exprimé lors de la prise de Nice par Catinat en mars 1691. Presque aussi miraculeuse est la capitulation de Montmélian ville « qu'on disoit imprenable ». Après la mort de Marc-Antoine, les commentaires du père sont plus succincts mais il évoque encore les victoires et « la justice de la cause du Roi »[15].

Le regard que porte Borrelly sur les adversaires de Louis XIV est, évidemment, hostile mais avec des nuances. Lorsque le pape est en conflit avec le roi, le notaire est un peu moins sévère : Alexandre VII avait reconnu ses torts, en 1664 et plus tard, au temps de la ligue d'Augsbourg, Innocent XI avait l'excuse de la vieillesse qui le rendait influençable. En revanche, l'exécration pour les Hollandais se nourrit d'une évidente hostilité religieuse contre cette république calviniste : « les hollandois n'ont jamais vouleu souffrir dans leurs estats l'exercice de la religion catholique, apostolique et romaine »... « ils se sentent si forts et son ci orgulhus qu'ils se moquent de tous les rois ». Aussi est-ce à bon droit que « le Roy pour chastier cette meschante nation qui depuis longtemps ont fait teste au Roy et fait des mocqueries, a fait une armée de deux cent mille hommes ». Autre république peu aimée de Borrelly, celle de Gênes. En 1684 le bombardement de cette ville, « la plus superbe (au sens d'orgueilleuse) du monde », ainsi punie de son alliance avec l'Espagne est commenté sentencieusement « tant que le monde sera monde, (elle) se souviendra de sa faute de s'en estre pris au roi de France ». Quant à l'Espagne, son intervention est, naïvement, imputée à la seule jalousie : « l'Espagne a fait ligue avec les Hollandois et l'Empereur aussy contre nostre Roy... voyant que nostre Roy depuis desjà deux ans a fait contre tout sentiment tant de progrès dans la Hollande ». Le duc de Savoie quitte le camp du roi, de 1690 à 1696 puis pendant la guerre de succession d'Espagne : « ce malhureux duc de Savoie s'estant joint avec l'Empereur, le roy d'Espagne, l'Angleterre et l'Holande, lui que le Roy estoit son soutien » ne peut être que malheureux et ridicule. Sa défaite à Staffarde en 1690 est la punition de l'ingratitude et sa campagne manquée en Provence en 1707 en est le témoignage : « (il) a fait une incacade la plus grande qui se puisse fere. Il avoit cru et tout le monde l'a cru que toute la Provence se révolteroit contre le Roy à cause des impôts mais les Provençaux ont esté fidèles » et de dauber sur la retraite de Victor-Amédée II, pourchassé par l'armée du maréchal de Tessé et « plus de douze mille paisans provençaux pour bailler une descharge sur la rière garde de ce duc ».

Lors de la révolution d'Angleterre, Borrelly avait bien espéré le retour du catholicisme ; il consacre trois pages à cette « glorious revolution » qu'il exècre et voit dans la fuite réussie du roi déchu, Jacques II Stuart, un « miracle » qui permet au souverain d'échapper au « peuple barbare d'Angleterre », coutumier de la mise à mort de ses souverains. L'accueil réservé, en France, au fugitif devient « le plus bel endroit de la vie de nostre roy »[16].

Le notaire voit, en effet, dans la lutte de Louis XIV contre la coalition européenne « une guerre que nostre grand roy soutient pour la religion catholique, apostolique et romaine ». Il ne s'interroge jamais sur l'excès éventuel de l'ambition royale. La « paix rongeante » du début des années 80 ne lui pose pas de problème de conscience. Au contraire, l'annexion de Strasbourg et de Casal, en 1681, suscite l'admiration la plus béate : « ses villes quoiqu'imprenables, voyant que le Roi avoit cent mille hommes et qu'il ni avoit point de quartier et que le Roi fait trembler tous les potentats de l'Europe se rendirent de la manière que le roi voulut. » Les analyses de Borrelly tournent court mais ses convictions sont entières : « toutes ces guerres, écrit-il à la fin 1688, ne sont proprement que des guerres de religion quoiqu'il y ait des catholiques comme le pape et autres ». Le pape et autres ! ! « Tant de fiel entre-t-il dans l'âme des dévots » écrivait peu auparavant Nicolas Boileau. Le vrai défenseur de la cause catholique c'est Louis XIV, protecteur de Jacques II, les autres, « pape et autres » catholiques compris, ne sont que des complices objectifs de l'internationale protestante. Peut-être le notaire n'est-il pas absolument satisfait de cette interprétation naïve mais, convaincu que le Roi Très Chrétien, plus catholique que le pape, a raison, il renonce à analyser la situation et conclut : « il y auroit trop à escrire s'il faloit dire les motifs et sujets pour quoi et comment mais cellà se conoistra par les suites »[17]. S'il avait été latiniste, Borrelly aurait pu, paraphrasant l'historien de la première croisade Guibert de Nogent, intituler « Gesta Dei per Ludovicum » la chronique discontinue qu'il nous donne des exploits louis-quatorziens.

Le roi de France est aussi, comme il se doit, le défenseur de l'Europe chrétienne contre le péril ottoman : le pieux notaire, sensible à la tradition de croisade, est formel sur ce point, quitte à malmener parfois la vérité historique. Certes, au début de son gouvernement personnel, Louis XIV chercha le prestige que conférait la lutte contre l'Infidèle ayant, pour reprendre la stylisation de l'historien du mythe de Croisade, Alphonse Dupront, « reçu avec le règne, cette lointaine tradition que la gloire consacre le combat de croisade ». D'où l'intervention en Hongrie en 1664 et en Crète en 1669. Borrelly qui ne tenait encore à cette date qu'un journal assez succinct, ne parle pas de la campagne de 1664 mais il évoque l'expédition de 1669, au secours de la forteresse vénitienne de Candie, précédée du départ de nombreux volontaires : « on ne parle présentement que de l'armée du roy préparée pour faire marcher en Candie pour faire oster le siège que le Turc y a posé et employé presque toutes ses forces. On fait compte que, depuis 24 années, il combat peu ou prou ladite ville de Candie et il y a à craindre qu'il (le Turc) ne l'emporte. L'année dernière il y alla mesme quantité de françois et quantité de jeunesse de cette ville, duquel pays il y en a fort peu qui reviennent soit à cause des sanglantes batailles soit à cause des grandes souffrances qu'il y faut endurer ». Ce témoignage montre l'intérêt des Nîmois pour cette expédition (« on ne parle présentement que de l'armée... »), commandée par le duc de Beaufort. Ce fils de César de Vendôme, bâtard d'Henri IV et de Gabrielle d'Estrées, rêvait-il de rivaliser de gloire avec un autre bâtard illustre, Don Juan d'Autriche, fils naturel de Charles Quint et vainqueur de Lépante ? En fait, cette intervention fut un échec et Beaufort fut tué au combat, dans une guerre qui fut, comme le note justement Borrelly, sanglante (« il y en a fort peu qui reviennent ») : 100 000 morts dans les deux camps en 24 ans[18]. Il serait intéressant d'avoir la liste des volontaires nîmois pour voir (« quantité de jeunesse de cette ville ») quelle fut la part des deux religions dans un « voyage » auquel participèrent des gentilshommes protestants comme Montbrun Saint-André[19].

La guerre sainte a une manière de vertu œcuménique qui s'impose même au fanatisme catholique de Borrelly. En 1683, il célébrait la victoire sur les Barbaresques remportée par un grand amiral huguenot : « l'armée navale de nostre grand Roy commandée par M. le marquis Duquesne a contraint les Algériens de luy rendre tous les esclaves françois et autres qui ont été pris sous la bannière de

France. »[20] La même année, l'offensive turque en Europe centrale et le siège de Vienne, débloquée enfin par l'armée impériale et la cavalerie du roi de Pologne Jean Sobieski, paraissent avoir suscité à Nîmes une attente anxieuse et une jubilation générale : le notaire écrit, à la date du 23 septembre — deux semaines après la bataille du Kahlenberg — « la ville fut *toute remplie* de cette grande nouvelle *désirée depuis longtemps* qu'on avoit fait oster le siège qu'avoit formé le Turc à Vienne, en Autriche ». La nouvelle de ce triomphe, comme un bref retour de flamme de l'esprit de la Chrétienté médiévale, réunit un instant dans une ferveur commune l'ensemble de la population nîmoise et Borrelly consacre une page entière à raconter la bataille, s'appuyant sur les relations qu'il a pu consulter[21]. La joie des Nîmois des deux religions est d'autant plus intéressante à noter que le Roi très chrétien avait été, cette fois, non seulement absent de l'effort commun mais que sa diplomatie avait poussé les Turcs à attaquer l'Empereur. Il s'agissait, malgré l'intervention du pape qui l'appelait à « prendre la défense de la Chrétienté », de susciter à Léopold Ier une menace telle, à l'est, qu'il devrait accepter le fait accompli des annexions françaises en pleine paix[22].

Naturellement Borrelly se refuse à admettre défaillance et, *a fortiori*, malveillance de son roi à l'égard de la *Respublica christiana,*. Il en a bien quelque soupçon et note, par exemple, que la reine Marie-Thérèse, peu avant sa mort en juillet 1683 « se mit dans une colère estrange sur le reproche que l'on faisoit au Roy de n'avoir pas voulu secourir l'Empereur sur le ravage que le Turc lui fait ». La reine, dans sa piété et son esprit de famille, était très sensible au danger qui menaçait son beau-frère Léopold Ier. Dans son oraison funèbre, prononcée au Val de Grâce le 24 septembre 1683, Fléchier futur évêque de Nîmes précise que « lorsqu'on ouit gronder l'orage qui vient de fondre sur l'Empire et sur la Hongrie », la reine avait ajouté une heure d'oraison par jour à ses « dévotions ordinaires ». Mais, malgré son extrême attachement à sa pieuse souveraine, Borrelly n'accepte pas les remontrances qu'elle adresse au roi : « se reproche n'estant pas fondé parce que le roi avait offert à l'empereur un secours de 40 000 hommes qu'il n'auroit pas vouleu accepter crainte que la Roy ne s'emparat de l'Empire. » A l'autre extrémité du royaume, le tisserand Chavatte lisait bien différemment l'actualité et dénonçait la politique française : « au fin du mois d'août (1683), les Français ont levées leurs armes pour aller pillier en Flandre tandis que l'Empereur et le roy de Pologne et l'Espagne estoient affligèrent *(sic)* des Turcs et que le siège était devant la ville de Vienne. » De fait, sans attendre la libération de la capitale de Leopold Ier qui eut lieu le 12 septembre, une armée française avait envahi les Pays-Bas espagnols. Le but de cette brutale intervention était de contraindre le gouvernement espagnol à accepter une série d'annexions, prononcées par la « chambre de réunions » du Parlement de Metz. Cette juridiction française était chargée d'interpréter, dans le sens le plus favorable à la France, les cessions consenties par l'Espagne lors des traités précédents. A Lille, Chavatte était bien placé pour constater le « dégât » fait par les troupes du Roi très chrétien dans la proche Flandre espagnole. Plutôt que de secourir l'empereur, Louis XIV « avoit mieux (préférait) de pillier en Flandre et tout ruiner sans s'estre guerre déclarée »[23]. Borrelly se trouve à 200 lieues du « dégât » de Flandre et l'image de son souverain n'est nullement affectée par ce qu'il peut savoir d'une politique turque, ambiguë, au service d'une volonté d'accroissements territoriaux. Pour lui, le roi de France n'a pas sauvé Vienne mais il aurait pu aisément le faire — quitte à s'emparer accessoirement de l'Empire — et d'ailleurs il est plus efficace que les escadrons de Sobieski car « l'on dit que le Roi n'a qu'à parler pour faire retirer le Turc »... Si Fléchier avait été sur le siège épiscopal de Nîmes, qu'il occupera quatre ans plus tard, il aurait pu suggérer à Étienne un autre aspect de l'efficacité française, qu'il développa dans l'oraison funèbre de Marie-Thérèse : du haut du ciel où elle était arrivée un mois plus tôt, l'intervention de la reine de France a pu être décisive : « Peut-être que ce coup du ciel qui vient de dissiper ce gros nuage et d'arracher la couronne des empereurs des mains... des infidèles est un effet des intercessions de cette princesse »[24].

Myopie ou ignorance, les échecs louis-quatorziens sont le plus souvent occultés ou inconnus. Il est vrai que les revers du roi se produisent dans une période où Borrelly tient moins bien son livre de raison puisqu'il omit aussi de grandes victoires comme Villaviciosa ou Denain. Il ne voit pas, ou ne veut pas voir, l'échec de la campagne éclair contre la Hollande, en 1672, et considère à tort que ce pays est vaincu, en 1678. La bataille de la Boyne où s'ensevelirent, en juillet 1690, les espérances des partisans de Jacques II Stuart, n'apparaît pas, alors que les problèmes anglais suscitaient habituellement son intérêt. Il note seulement, en septembre, « en Irlande on se deffent très bien » ajoutant qu'« on dit » que le prince d'Orange est mort ainsi que le duc de Schomberg. Cette rumeur avait couru au mois d'août 1690 à Paris, où des feux de joie avaient été allumés. En fait Guillaume avait été blessé au cours de la bataille. La nouvelle n'était exacte que pour Schomberg qui avait, comme protestant, émigré en 1685 et était mort, dans les rangs orangistes, à la bataille de la Boyne[25].

Les revers de la guerre de succession d'Espagne apparaissent à peine, avec la mention des défaites à Turin et en Catalogne[26]. De longue date, les opérations militaires en Catalogne l'intéressaient à cause de la proximité de la frontière et du risque d'invasion du Languedoc. En mai 1674 on dut précipitamment lever le ban « pour la Cathalogne à cause que l'Espagnol est dans la plaine de Perpignan. Véritablement le Roi y a des troupes mais elles ne suffisent pas, ses armées estant occupées dans la Flandre, Franche-Comté et autres parts où il fait de grandes conquêtes ». En juillet « il y a nouvelle que (en Catalogne) nostre armée y a esté bien batue. Elle est commandée par M. de Chomber (Schomberg) »[27]. Lors du bref conflit franco-espagnol en 1684, Borrelly fait état de la défaite du maréchal de Bellefonds. L'épisode le frappe parce qu'il contraste avec les succès aux Pays-Bas où « l'armée du Roi a fait merveille » mais aussi parce qu'il a vu passer l'armée : « il (Bellefonds) n'a pas esté hureus en cette campagne car l'armée de Cathalongne qu'il commandait estoit composée des plus belles et bonnes troupes que le Roi ait. Il y avait 8 000 hommes d'infanterie et 4 000 chevaux, la cavalerie estoit de même très belle et bonne, nous avons vu toute cette infanterie et cavalerie passer en cette ville. *Voilà pourquoi je le puis dire* »... Néanmoins cette armée a été « batue devant Giroune (Girone) à platte couture », perdant presque toute sa cavalerie. Peu avant l'entrée de Bellefonds à Nîmes, Borrelly avait revu les débris de son armée traverser la ville pour aller en quartier d'hiver en Provence : « les troupes d'infanterie sont repassées depuis pu de jours en cette ville et, au lieu que les batalions quant ils passèrent estoient de 800 hommes de 16 companies de 50 hommes chacune, maintenant ils n'estoient que de 400 hommes, encore la pluspart malades ou blessés »[28]. Cet épisode fait apparaître, pour une fois, dans le champ visuel de Borrelly la réalité concrète de la guerre. Le passage de ces fantassins déconfits révèle un envers du décor guerrier qui ne suscite chez lui aucune réflexion critique sur la politique royale.

Le livre de raison, modeste écho de la « culture de guerre », retentit souvent du son des fanfares militaires. Outre les mentions de passage des troupes, ce sont les récits de prises d'armes par la milice bourgeoise et l'évocation des victoires du roi, à partir des relations imprimées ou de lettres, notamment celles que le roi adressait à l'évêque pour demander la célébration d'un *Te Deum*[29]. En tant que secrétaire du chapitre, Etienne avait connaissance de ces documents qu'il transcrit parfois *in extenso*. Signe de l'intérêt porté aux questions militaires, la transcription « mot à mot », en 1689, d'un « imprimé qui court par toute la France pour faire voir la grandeur et magniffisance de nostre grand et invinsible monarque ». Ce texte donne les effectifs et les noms des chefs de corps et le commentaire est édifiant : ayant porté le total, y compris les troupes de milice, de 663 000 hommes, Borrelly ajoute qu'il n'y a « aucun potentat » (il aime visiblement ce terme) qui puisse réunir autant de monde « pas mesme le Turc ». Ce document incluait les compagnies de cadets, créées par Louvois pour les futurs officiers, ainsi que le ban et l'arrière-ban, c'est-à-dire la levée des possesseurs de fiefs appelés, en cas d'urgence, à verser « l'impôt du sang » en vertu du droit de commandement (*bannum*) du roi, suzerain éminent (il évalue cet effectif à 10 000 hommes). La même année 1689, Borrelly s'intéressa, à la levée des régiments de milice d'où les N.C. étaient exclus, au financement d'un régiment de dragons par la province et à la convocation du « banc et de l'arrière-banc ». Il admira le 17 mai, sur l'esplanade, la revue des cinquante gentilshommes de la sénéchaussée « tous portans justecorps d'escarlate avec grands galons d'or et plumets blancs et bien montés ». Ces fringants cavaliers se rendirent ensuite à Montpellier où — opération assurément délicate — « les officiers se feront en présence de M. de Broillie (Broglie) commandant en chef en cette province et M. l'intendant ». Une addition marginale relate le retour peu glorieux des écarlates empanachés qu'on avait envoyés en Guyenne (l'année suivante ils iront en Béarn) : « ne s'estant jamais batus dans la Guyenne ou pays circumvoisins ». A Nîmes, comme ailleurs, le ban, appel du roi à ses vassaux, était conservé pour des raisons psychologiques, comme symbole de l'unité nationale autour du roi, mais son apport militaire restait faible[30].

Parmi les victoires relatées avec complaisance, celle du maréchal de Luxembourg sur les Impériaux et les Hollandais, à Fleurus, le 1er juillet 1690 est un peu un succès familial. En effet Claude

Borrelly, frère d'Étienne, reçut la première nouvelle de la bataille le 16 juillet par une lettre d'« Antoine Borrelly son fils, cornette (officier subalterne porte-étendard d'un escadron de cavalerie)… dans le régiment de Locmaria, la campagne dernière estant maréchal des logis de la compagnie de M. Poussac de cette ville de Nîmes ». Le jeune officier avait pris une part active à la bataille, ayant eu ses vêtements percés en divers endroits sans avoir été blessé. Le résumé qu'Etienne fait de la lettre de son neveu rend compte de l'acharnement du combat : « il se fit quatre attaques bien rudes du costé des nostres. On demura au premier choq une grosse heure meslés avec les ennemis à faire boucherie » et l'oncle ébloui de commenter par une de ces amplifications qui lui étaient chères : « l'on dit que depuis que les guerres sont guerres, la France n'avoit pas emporté une bataille si belle et entière »[31].

Un contribuable exemplaire, un sujet obéissant *(« Il ne se faut jamais rendre rebelle » — « Il est juste de se saigner »)*

« Contribuable malheureux mais exemplaire », pour reprendre la formule de Le Roy Ladurie[32], Borrelly vit s'accroître la part des impôts dans son budget, à la fin du XVIIe siècle, alors que la crise économique, aggravée par la révocation de l'édit de Nantes, entraînait une baisse de ses revenus professionnels[33]. Il gémit beaucoup à cette époque sur la misère allant même, en 1690, jusqu'à y voir un prélude à la fin du monde — écho des prophéties apocalyptiques qui travaillaient, à la même époque, les Nouveaux Catholiques — « si Dieu ne nous donne la paix tout est perdu et le monde prendra fin »[34].

La pression de la fiscalité royale suscitait parfois les plaintes du notaire. En 1673, il achète du papier timbré, imposé par l'édit du 22 avril pour tous les actes officiels mais constate que « tout le monde a esté fort surpris de cette nouveauté » et il insiste « cellà donne bien aussy d'estonnement soit à cause de sa nouveauté que parce que tout le monde est très misérable ». Nous avons vu également Borrelly exprimer des critiques contre la fiscalité frappant les notaires et participer à une députation en vue de son allégement. En revanche, lorsque la capitation fut établie en 1695, il se contente d'en indiquer le principe : « tout le monde par tout le royaume a esté taxé, c'est-à-dire chasque chef de famille. On a commencé par

Monseigneur fils de nostre Roi ». Il mentionne la venue à Nîmes de l'intendant Basville qui, à l'évêché « où il y avoit divers bureaux », avait en compagnie de l'évêque et de la municipalité « commencé à travalher à la capitation de la ville, le diocèse aiant esté fait auparavant ». Il ne commente pas le nouvel impôt, ni pour se plaindre d'une contribution supplémentaire ni pour en admirer le caractère universel. Il indique seulement la finalité de cette taxe : « pour que le Roi puisse soustenir la guerre »[35].

En fait le notaire soupire mais est résigné à payer : en 1696, en plus de la taille et de la capitation, il acquitte 40 livres pour la construction des casernes, signale l'établissement d'« une subcide sur tout le bois qui entre dans la ville et charbon de bois et pierre » et constate qu'il est « juste que nostre grand Roi soit secouru ». Il parle même, plusieurs fois, de « se saigner », formulation hautement symbolique, comme une inversion roturière de « l'impôt du sang » aristocratique : « il est juste que la province se saigne », « il faut d'argent à nostre grand roi et il est juste de se saigner », « il faut que tout le monde se saigne. » Pendant la guerre de succession d'Espagne, le livre de raison n'est tenu qu'irrégulièrement et l'attention du rédacteur est accaparée par la guerre des Camisards. Une remarque incidente, en 1708, révèle néanmoins la persistance de la résignation « nous sommes dans un temps misérable par les grands impôts et charges et on a peine de vivre à cause des grandes guerres, toute l'Europe (ce qui n'est pas exact pour ce conflit) estant contre notre grand Roy à qui Dieu donne vie et santé »[36].

Les révoltes anti-fiscales sont, pour Borrelly, le comble de l'horreur. La brève relation, aussi inexacte que moralisante, de la rébellion dirigée en 1670 par Jean-Antoine Du Roure en Vivarais en est un excellent témoignage : « ledit jour 30e (octobre 1670) a esté roué et mis à quatre cartiers à la ville de Montpellier, le nommé Roure, natif de La Chapelle en Vivarès, aiant esté pris proche de St Jean de Luz sur les frontières d'Espagne. Cest homme-là avoit fait soulever tout le pais de Vivarès et fait metre tous sous les armes, sous prétexte qu'il faloit tuer tous les partisans (c'est à dire tous les financiers qui avaient pris à ferme par un contrat appelé "parti" la perception de taxes indirectes) qui prenoient un *certum quid* (une somme fixée) sur ceux qui vendoient du vin et sur autres choses, aiant fait tuer quantité de monde, en telle façon que le Roy fust obligé d'y envoier deux compagnies de gardes et toutes les troupes du pais pour ranger tout ce pais là dans l'obéissance et n'eut esté que Sa Majesté y alla de bon pied, il y avoit à craindre que ce pais-là par le moyen de son entreprise n'eut esté la cause que toute la France ne se fust souslevée sous prétexte de la grande quantité de partisans qu'il y avoient et qui régnoient partout, mais le Bon Dieu pour faire voir qu'il ne se faut jamais rendre rebelle contre la volonté de son prince auroit justement puni ledit Roure et ses consorts ».

En fait Roure, propriétaire aisé et ancien officier des troupes du roi, avait été forcé par les artisans d'Aubenas et les paysans du Vivarais de se mettre à leur tête. C'est un réflexe constant dans les insurrections populaires et on le retrouvera encore dans la révolte vendéenne. Si Roure fut le chef de la révolte, il n'en avait nullement été l'instigateur comme l'affirme Borrelly. En revanche, son arrestation à la frontière d'Espagne correspond à la réalité, de même que la succincte évocation de la répression : Roure fut bien roué et « ses consorts » également. Selon un pasteur du Vivarais, Isaac Meissonnier, 500 personnes auraient péri dans ce mouvement.

Meissonnier, comme Borrelly, se réjouissait de la punition de Roure ; il savait pourtant qu'il avait été forcé « avec même quelque mauvais traitement et menace de lui ravir ses biens » mais il n'en restait pas moins coupable d'avoir « goûté cet air de libertinage et de souveraineté imaginaire ». C'est donc à juste titre qu'il a été roué, sa tête apportée à Aubenas et placée sur la porte St Antoine et son corps « à la voierie jusqu'à une entière pourriture ». Quant à Borrelly, sa conclusion est éclairante sur sa mentalité : c'est Dieu lui-même qui punit ceux qui se révoltent contre la volonté du souverain[37]. L'année même où le notaire écrivait ces lignes, Bossuet commençait l'éducation du dauphin, d'où devait sortir la *Politique tirée des propres paroles de l'Écriture sainte* où le théologien pédagogue exalte l'unité du peuple lorsque chacun « renonçant à sa volonté, la transporte et la réunit à celle du prince ». Vibrant de ferveur monarchique Borrelly réalise, avant la lettre, cet idéal du sujet modèle.

Un peu plus tard son attitude à l'égard de la citadelle, à la construction de laquelle « les nouveaux convertis ont donné lieu par leur mauvaise conduite », reflète le même état d'esprit. Certes, le notaire regrette « les beaux jardins de fleurs » qu'il fallut détruire, en 1687, mais cette réalisation est l'accomplissement, dans la pierre, de son aspiration ancienne et continue : manifester le pouvoir royal pour empêcher le retour de celui des religionnaires. Soixante ans après la paix de 1629 qui démantelait l'État protestant dans l'État, il célèbre une seconde mort, symbolique cette fois, de la fière république calviniste. Au-delà même des N.C., Borrelly enregistre, sans le regretter, l'affaiblissement des libertés locales « nos messieurs du présidial ne seront pas tant considérés à l'avenir comme ils ont esté par le passé car un gouverneur (de la citadelle) sera maître de la ville » et « il y a bien des gens dans une grande consternation et les choses changeront bien de fasse et l'autorité du présidial, consuls et d'autres diminuera d'une manière à ne s'en parler jamais plus car cette ville avoit vescu dans une grande liberté, nos consuls aiant esté seuls gouverneurs »[38]. Comme Montpellier depuis 1622, comme Marseille depuis 1660, Nîmes était placée sous surveillance et sous tutelle militaire.

Le drame du fils

Malgré son loyalisme monarchique, Borrelly ne cherchait pas à orienter ses enfants vers des carrières militaires : l'Église, le notariat et, éventuellement, le barreau, tels étaient les emplois auxquels il destinait ses garçons. Il en alla différemment et le cadet, Marc-Antoine, qui aurait dû reprendre l'étude paternelle s'engagea et mourut à l'armée. Ce fut le drame de la vie d'Étienne qui ne se demanda pas, pour autant, si sa constante célébration de la gloire militaire et des victoires du Roi-Soleil n'avait pas pesé sur la décision de son fils.

Nous avons rencontré déjà Marc-Antoine, ce « beau garçon, blon et bien tourné », objet, comme son frère Charles, de la sollicitude de ses parents, bénéficiant d'une nourrice à domicile et, plus tard, d'un précepteur. Son père avait fait des sacrifices financiers considérables pour lui permettre de compléter sa formation, auprès d'un procureur en Parlement, puis à l'université, mais l'engagement de Marc-Antoine vint « couper toutes (les) mesures » d'Étienne que la mort de son fils, à 21 ans, plongea dans une grande douleur[39].

Nous n'avons presque pas de renseignements, dans le livre de raison, sur la carrière militaire de Marc-Antoine. Une mention marginale précise les conditions de son engagement qu'Étienne a appris, en janvier 1691, par une lettre du procureur chez qui son fils logeait et par une conversation avec un de ses confrères : « Monsieur Aguier notaire de St Gilles m'a dit que son fils et le mien s'estoient enrollés avec M. d'Esguilly, capitaine au régiment de cavalerie de M. de Molac ». Il semble que le jeune Aguier ait poussé Marc-Antoine à s'engager si l'on en croit une brève mention du livre « ledit Aguier me l'aiant débauché à Tholose où il demeuroit aussi ». A la nouvelle du décès de Marc-Antoine, Borrelly rappelle brièvement la carrière de son fils : « ce pauvre garçon avoit déjà fait deux campagnes, l'une en Piémont (sur le chemin du Piémont, son régiment avait fait étape à Nîmes) dont il s'en estoit tiré et l'autre en Flandre ». C'est en Flandre qu'il mourut, de maladie, à l'hôpital de Dunkerque, selon la lettre envoyée par son camarade Aguier à Charles Borrelly, le frère aîné de Marc-Antoine. Dans les papiers de Séguret, le beau-frère du défunt, est précisé qu'après la campagne en Piémont il avait eu quartier d'hiver à Villefranche de Rouergue et qu'un certificat de décès aurait été envoyé de Dunkerque par le « Père Obert, récollet, aumônier de l'hospital »[40].

En dehors de la possible influence de son ami Aguier, Marc-Antoine avait pu être sensible aux exemples familiaux de carrière militaire. Son cousin Mathieu, le fils de l'avocat, s'était engagé comme cavalier, en 1674, « dans la compagnie de M. de Montenard de Montfrin », un gentilhomme de la région. Nous avons vu qu'Étienne avait aidé son neveu à s'équiper et que Mathieu après avoir fait campagne en Catalogne avait quitté le service pour reprendre l'étude grand-paternelle à Bezouce, en 1679. En 1677, un autre cousin dont le prénom n'est pas indiqué, fils du marchand Claude Borrelly, s'enrôla à la satisfaction générale « tous ses parens ont été bien aise qu'il s'en soit allé parce qu'il ne faisoit ici que le fénéant ». Le cornette de cavalerie Antoine Borrelly qui apporta en 1690 la nouvelle de Fleurus était-il le « fénéant » de 1677 ou un de ses frères ? Outre ces deux (ou trois) cousins qui l'avaient précédé dans la carrière militaire, Marc-Antoine pouvait penser au sieur Thomas, second mari de sa tante Suzanne veuve de l'avocat et au fils qu'il en avait eu : le père était officier, lieutenant de cavalerie et, en 1684, le fils partit pour la Flandre rejoindre le régiment où se trouvait son père... Le goût familial pour les emplois de Mars survécut au décès de Marc-Antoine : en 1706, Étienne prêta 109 livres à son gendre Séguret « pour désenroller son fils qui s'est enrollé à l'estourdie » et était en garnison à Perpignan[41].

Pourquoi Étienne qui a pu « désenroller » son petit-fils n'avait-il pas essayé d'obtenir le « désengagement » de son fils en négociant avec le capitaine de Marc-Antoine[42] ? Il s'en explique au moment de la mort de ce dernier : « je prétendois le retirer à quel prix que ce fut dans ce qartier d'hiver et je l'aurois fait plutost mais comme il s'estoit enrollé avec M. de Guilli (d'Esguilly) capitaine de cavalerie dans le régiment de Mollac que personne de cette province ne connoit point à cause qu'il estoit du costé d'Orléans, je n'ai pu le faire ». La lettre (du 30 décembre 1690) du procureur au Parlement Sauze chez qui logeait Marc-Antoine parvint à Nîmes le 9 janvier. C'était déjà un voyage considérable et cher d'aller à Toulouse, témoin l'organisation qu'avait exigée la préparation de celui de Marc-Antoine, deux ans plus tôt, mais gagner le « costé d'Orléans », en plein hiver, représentait une expédition devant laquelle recula Étienne dont le budget, de surcroît, était en déficit de 203 livres, fin décembre 1690. De plus, les recrutements de ses neveux avaient eu — conformément à un usage très répandu au XVIIe siècle — un caractère nettement local ; M. de Monteynard seigneur de Montfrin, capitaine de Mathieu appartenait à une vieille famille de noblesse catholique de l'est nîmois. Le fils du marchand servit sous les ordres du second mari de sa tante Suzanne, « M. Thomas cornette dans la compagnie de M. de Montfrin-St Privat ». En 1689, Antoine Borrelly avant de passer au régiment de Locmaria, avait été « maréchal de logis de la compagnie de M. de Poussac de ceste ville de Nismes ». Il n'en va pas de même avec Sébastien de Rosmadec marquis de Molac qui devait devenir gouverneur de Nantes en 1694, ni avec d'Esguilly, les colonel breton et capitaine manceau de Marc-Antoine. La distance, la saison, la dépense, la gêne de négocier avec des officiers inconnus, tout cela avait contribué à paralyser le père, mais il semble aussi que, dans un premier temps tout au moins, il se soit raidi dans une attitude de refus. Le jour où il reçoit la lettre annonçant ce qu'il appelle « enrollement de mon coquin (au sens fort du XVIIe siècle : scélérat, canaille) Marc-Antoine », il commente : « je prétens l'abandonner ; il m'en a trop fait. »[43]

A l'arrière-plan du départ de Marc-Antoine se profile en effet un vieux conflit entre le père et le fils. Homme de certitudes religieuses, politiques et morales, Etienne exprime clairement son idéal éducatif : « se forcer à eslever à la vertu ses enfants. » Son ordre du monde était celui qu'a si clairement exprimé Bossuet dans sa *Politique tirée de l'Écriture sainte* : « les hommes naissent tous sujets et l'empire paternel qui les accoustume à obéir les accoustume en même temps à n'avoir qu'un chef. » Étienne avait obéi à son père, pater familias assez égoïste et tyrannique. Il obéissait totalement à son roi. Il était dans l'ordre des choses qu'il attendît une attitude analogue de ses enfants. Charles semble avoir partagé les conceptions paternelles. Garçon obéissant, sans doute moyennement doué puisque son père lui fait donner des répétitions « afin d'estre fortifié au latin avant son entrée au séminaire », lorsqu'il vit que son cadet ne voulait pas être d'Église, il décida de se faire prêtre puisque son père souhaitait que l'un de ses garçons prît sa succession et que l'autre devînt ecclésiastique. Marc-Antoine, au contraire, selon son père « avoit l'esprit si vif que rien ne l'intimidoit »[44]. Il avait douze ans à la mort de sa mère et, visiblement, se heurta à la rigidité des principes paternels. Révélatrice la fugue qu'il fit, à 16 ans, alors qu'il était au collège : « le mardy 19 aoust 1687 mon fils Marc-Anthoine composant pour monter en philosophie, estant en rétorique, il seroit venu à la maison pour desjeuner, aiant dit qu'il s'en retournait au collège et qu'il ne sortiroit que fort tard. Cependant il s'est enfuy, sans mot dire, avec le fils de M. Temple notaire et cellui du sieur Colomb exempt (sous-officier de maréchaussée). Je ne sais où ils sont allez ». Nous avons vu que Borrelly s'était figé dans une attitude de père offensé, attendant que les souffrances amènent le fugitif à se convertir, à revenir et à expier (« il a fait une action qui mérite châtiment ») alors que son confrère Temple « y est après », son fils lui ayant dérobé 50 écus[45].

La fugue n'avait pas duré longtemps car, dès le 28, son père l'envoyait à Sauve « pour aprandre à faire des bas de laine à la manufacture que le cousin Mercier y fait ». Borrelly explique les raisons de ce placement : Marc-Antoine a refusé de poursuivre ses études, « tous les parens et amis qui se sont employés ne l'ont jamais pu gagner ». Ce qu'il refusait, c'est la carrière ecclésiastique où son père espérait encore, en 1687, l'engager : « ce misérable perd sa fortune car j'estois en estat moyennant l'aide de Dieu de le pousser et le rendre honeste homme et lui faire metre sur sa teste des bons beneffices. Il avoit desja 4 chapelles desquelles je lui ai fait faire démission »... Le refus de Marc-Antoine afflige d'autant plus son père que son cadet est intelligent : « je connois sa portée, qu'il n'est pas capable de grand chose *hormis l'estude* ». D'où la mise en apprentissage : « je l'ai mis de se mestier pour lequel il ne faut pas grand science et d'ailleurs *je l'ai vouleu par là mortiffier*. Il s'est gasté d'une manière espouvantable. Dieu lui face la grâce de revenir. »

Un mois et demi plus tard le pécheur, apparemment repentant, est de retour dans la maison de la place Belle-Croix : « Le vendredy 10e octobre ce coquin, je l'aurois receu chez moi à la persuasion du sieur Mercier qui m'a assuré qu'il feroit ma volonté, n'aiant peu compatir (se supporter) à se mestier, ledit sieur Mercier m'aiant dit qu'il ne fesoit que plurer ». Borrelly envisage de dédommager Mercier car Marc-Antoine « aparamment n'a pas gagné sa vie » mais les larmes et les bonnes dispositions de son fils semblent l'avoir touché : « je veux qu'il poursuive ses estudes et le rendre honeste homme. » Marc-Antoine avait fait, semble-t-il, d'autres fugues puisque dans les commentaires qui accompagnent la mention de sa mort, son père indique : « ce pauvre garçon m'avoit fait, par cidevant, deux ou trois escapades. »

Le souvenir des affaires antérieures dut contribuer à la position intransigeante du père qui persista quelque temps après l'enrôlement de son fils. Encore en mars 1691, il notait lors de l'étape du régiment de Molac à Nîmes, « le 17e du mois de mai mon coquin de Marc-Anthoine arriva en ville... et le lendemain il partit avec ledit régiment s'en allant servir en Piémont ». Et si Borrelly accepta de la voir, à la persuasion de sa famille, il conclut « cette veue fut fort stérille, ce coquin m'aiant joué cette pièce qui me rompt toutes mes mesures mérite que je l'abandonne ». C'est seulement l'année suivante qu'il projeta de « dégager » son fils. A sa mort, il invoque la miséricorde de Dieu « pour ce pauvre deffunt qui est la seule cause de sa perte » et il ne lui vient pas à l'esprit de mettre en cause, ni ses certitudes éducatives, ni ses enthousiasmes militaires.

« Il me rompt toutes mes mesures », Étienne avait un profil de carrière précis pour son fils : « je prétendois qu'il demeurât à Tholose six ans, scavoir trois ans sous un procureur et trois autres à l'Université et le faire passer ensuite advocat, le faire néanmoins recevoir à ma charge de notaire, à celle de secrétaire du chapitre, à celle de greffier en l'évesché ou officialité... c'est un poste le plus honeste de la ville ». Ainsi Marc-Antoine reviendrait à Nîmes pour occuper dans la hiérarchie sociale une situation analogue à celle du défunt frère aîné de son père, joignant la possession d'une étude au statut prestigieux d'avocat qui ouvrait à ses membres l'accès à la « première échelle » du conseil de ville. Cette promotion sociale dans la continuité devait paraître prodigieuse à Borrelly père. Il est probable que Marc-Antoine a envisagé sans enthousiasme l'avenir tracé d'une existence provinciale, aux horizons étroits, entre l'étude de la place Belle-Croix, la salle de délibérations du chapitre et le présidial, voire les agapes amicales dans les jardins des collines ou le cabaret de l'Entre-Deux...

Le jeune homme rêvait de mobilité, ses fugues en témoignent. Son départ de Nîmes pour Toulouse, à cheval, l'épée au côté, revêtait un aspect militaire ou aristocratique, marche à la gloire ou aux aventures picaresques. Nous ignorons tout de son existence à Toulouse. Quel usage faisait-il de l'argent que son père lui envoyait périodiquement ? La destination n'en est qu'exceptionnellement précisée ; un mois avant son engagement, il reçoit par exemple 24 livres pour s'habiller. Il était, en tout cas, soumis à un certain contrôle de la part du procureur pour qui il travaillait. Mais la pratique de la sanctification dans le monde, idéal du grand livre de saint François de Sales que son père lui avait donné avant son départ, l'attirait peut-être moins que le libertinage des mœurs, servi par le laxisme des aumôniers régimentaires[46]. Par ailleurs, en entrant dans l'armée, il engageait sa propre existence au service d'un prince dont, depuis l'enfance, il n'avait cessé d'entendre louer la gloire et la puissance. En un temps de grandes victoires, le prestige de l'armée a dû rendre Marc-Antoine réceptif aux projets de son ami Aguier ou au discours des recruteurs. Préférence significative, c'est vers un régiment de cavalerie que se porta son choix : cette arme avait gardé un caractère aristocratique et était beaucoup mieux considérée que l'infanterie. Il rêvait peut-être du destin de son jeune cousin Antoine, portant l'étendard de son escadron dans les charges de la bataille de Fleurus... De toute façon, les rêves de gloire du jeune écolier aussi bien que les « mesures » de son père disparaissaient tristement à l'automne 1692 dans l'hôpital de Dunkerque. A l'échelle micro-historique, comment ne pas évoquer, à propos de ce conflit entre la stabilité paternelle et le mouvement de ce fils « si vif que rien ne l'arrestoit », les grands balancements de la psychologie collective qu'a dégagés, il y a quelques décennies, le grand ouvrage de Paul Hazard[47] ?

ÉPILOGUE

1. *S'Anric cinc veniá deman*
A quanta fèsta, a quanta fèsta !
S'Anric cinc veniá deman
A quanta fèsta que fariam !
2. *I anarem totes, i anarem totes*
I menarem nòstres enfants
E la jornada serà pagada
Coma se travalhaviam
3. *Las irondèlas aurián d'ombrèlas*
Los parpalhons de cotilhons,
Las marmòtas aurián de bòtas
*Los grapauds de grands fondaus**.

Deux siècles après Borrelly, sous la IIIe République, les catholiques nîmois chantaient ces trois couplets de farandole. Ils y exprimaient leurs nostalgies et leurs espérances, teintées de désenchantement ironique, de restauration monarchique.

C'est qu'en effet, bien après l'époque du notaire, l'association catholicisme-royalisme intransigeant resta une force vivante et mobilisatrice dans le peuple papiste de Nîmes, témoin le cri de guerre des militants de la Terreur blanche, en 1815, « Vive le Roi, vive la Croix. » Ils sont les continuateurs de Borrelly comme, un quart de siècle plus tôt, les gardes nationaux patriotes de la Bagarre

* 1. Si Henri V venait demain, Ah ! quelle fête nous ferions. 2. Nous irions tous, nous emmènerions nos enfants, notre journée serait payée comme si nous avions travaillé. 3. Les hirondelles auraient des ombrelles, les papillons des cotillons, les marmottes auraient des bottes et les crapauds de grands tabliers.

de Nîmes se trouvaient dans le droit fil des religionnaires « forts et puissants » qui inspiraient tant de peur à Étienne, au temps de sa jeunesse[2].

Ces troubles politiques de la mi-XVIIe siècle étaient aussi un phénomène de « queue de Fronde » où les protestants profitèrent de l'affaiblissement du pouvoir royal pour reprendre une partie du terrain perdu depuis 1629. Le spectacle du rétablissement de l'autorité du souverain et d'une politique de plus en plus restrictive des libertés des calvinistes entraîna une adhésion enthousiaste du notaire aux volontés de Louis XIV. S'y ajoutait la fierté des triomphes militaires du Roi-Soleil. Totalement réceptif à la « culture de guerre », le tabellion lisait les relations imprimées sur les victoires françaises sans aucun esprit critique. A l'échelle modeste d'un bourgeois provincial, nous pouvons répondre à la question pertinemment posée par Joël Cornette sur « l'accueil de tous ces messages, de toutes ces représentations à la gloire du roi[3]. » Jamais, pas même après la mort de son fils à l'armée, il ne blâmera Louis XIV, estimant toujours juste de « se saigner » pour lui permettre de mener la guerre.

Obéissant à son souverain, Borrelly était aussi un fils respectueux de l'Église catholique. C'était un dévot qui intériorisait les exigences spirituelles et morales de la Réforme catholique, témoin son appartenance à la congrégation des Messieurs, ses confessions générales, si importantes au XVIIe siècle comme « début et instrument de la conversion désirée à une vie authentiquement évangélique[4]. »

Le comportement d'Étienne à l'égard de ses contemporains présente un vif contraste. Bon époux, bon père, bon maître, assez joyeux compagnon au temps de sa jeunesse et de son âge mûr, il exprime une violente intolérance et même une cruauté extraordinaire quand il s'agit de la persécution des protestants ou de la répression qui s'abattit sur eux, en 1685 et après. Bien évidemment, nous ne le jugerons pas. Il peut paraître banal de rappeler ici le BA BA de la méthode historique mais, en cette fin de millénaire, certains historiens — peut-être poussés par les politiques, toujours avides du fameux « jugement de l'Histoire » — n'ont pas toujours renoncé à être des « manières de juges des Enfers chargés de distribuer aux héros morts l'éloge ou le blâme », oublieux de la salutaire leçon de Marc Bloch : « pour pénétrer une conscience étrangère que sépare de nous l'intervalle des générations, il faut presque dépouiller son propre moi. Pour lui dire son fait, il suffit de rester soi-même[5] ». Nous ne tresserons pas plus de couronnes à Borrelly pour ses vertus privées que nous ne lui donnerons les étrivières pour son fanatisme intolérant. Si nous nous efforçons de le comprendre, c'est la cohérence de son discours qui frappe. La Réforme catholique et la Contre-Réforme y sont, comme dans le monde qui l'entourait, inséparables. Il est un véritable prototype du chrétien remodelé selon les idéaux tridentins et, conjointement, imprégné de l'esprit de lutte contre le « venin de l'hérésie ». Étienne est, naturellement, intolérant et d'autant plus qu'il s'agit de revanche après des temps d'« esclavitude ». La haine du protestantisme est, pour lui, vertu cardinale. Ne s'agit-il pas du salut éternel ? En sens inverse, ses adversaires huguenots n'étaient pas moins intolérants : le pasteur Claude avait condamné les tentatives d'union des Églises comme un essai dérisoire d'unir « Dieu et Bélial ». Borrelly est convaincu que la religion protestante conduit, immanquablement, ses adeptes à l'enfer et il le dit explicitement lors de l'édit abaissant à sept ans l'âge où peut avoir lieu une abjuration. La véhémence de ses propos est issue directement de l'enseignement de son Église. Au XVIe siècle, l'éloquence enflammée des « prédicateurs paniques » avait préparé la violence populaire[6]. Au temps de Borrelly, le clergé ne cessait de tonner contre « une malheureuse liberté de conscience qui détruit la véritable liberté des enfants de Dieu[7] ». Tel était, à Nîmes même, le discours de Cohon. Fléchier approuvait, en invoquant St Augustin, la coercition à l'égard des convertis : « la charité et l'utilité de la fin justifient abondamment la petite sévérité des moyens[8]. » C'est parce qu'il est un catholique discipliné, c'est parce qu'il est un sujet fidèle qu'Étienne a intégré toute une éducation de la haine et a applaudi à la politique du Roi très chrétien, bras séculier de l'Église gallicane, réalisant les vœux implicites des Assemblées du clergé. Sur son lit de mort, Louis XIV lui-même a rappelé aux cardinaux de Bissy et de Rohan qu'il avait agi, en matière de lutte contre les hérésies, conformément aux vœux de l'Église[9]. Borrelly a été témoin de la résistance invincible des protestants. Il n'en tire pas d'autre conclusion que celle d'une obstination diabolique de leur part : son absence de pitié pour les religionnaires suppliciés est celle du clergé qu'il côtoyait. A la même époque le missionnaire Tribolet voyait, chez les protestants emprisonnés à Aigues-Mortes, un « esprit de vengeance » fruit d'une obstination coupable[10]. Comme son roi, le notaire se sentait la conscience en paix.

Mais les obligations de la vie professionnelle, les stratégies familiales peuvent le mettre en contradiction avec l'anti-protestantisme, avec l'idéal religieux issu de la réforme catholique ou le culte monarchique. La détestation des religionnaires est une constante pour Étienne et il ne blâme la politique royale que lorsqu'elle doit transiger avec eux. Néanmoins il manifeste de la confiance à l'égard de ses confrères de la religion et n'hésite pas à employer du personnel calviniste. Dévot selon l'idéal tridentin, il n'en adhère pas moins, à l'encontre du concile, aux positions des juristes français sur le rôle déterminant des parents pour les mariages des moins de 25 ans. Admirateur des victoires et conquêtes royales, il déplore de n'avoir pu « racheter » son fils engagé contre son gré. Papiste convaincu il n'admet pas, cependant, que le souverain pontife ne suive pas en tous points la politique du Roi très chrétien et en vient presque à considérer Innocent XI comme un lamentable complice des puissances protestantes. Sans qu'il éprouvât le besoin d'en faire la synthèse, coexistaient dans l'esprit du notaire plusieurs discours, véhiculés par les sermons, les lectures, les conversations ou l'exercice de son métier : enseignements pieux et moraux des Pères de la Compagnie de Jésus, théorie politique de l'absolutisme, pratiques des juristes gallicans — auxquels il donne une formulation parfois véhémente, servie par une tendance naturelle à l'exagération.

La personnalité de Borrelly, au physique comme au moral, ne se révèle qu'indirectement, au fil du récit. Son but n'était pas autobiographique, il cherchait seulement à laisser aux siens mémoire de ses dépenses et des événements familiaux, locaux ou nationaux. C'est parce qu'il acheta une perruque à 45 ans que nous apprenons qu'il avait été chauve de bonne heure. C'est parce que la rédaction du livre s'est poursuivie jusqu'à la veille de sa mort — elle-même consignée dans les papiers de son petit-fils Séguret — que nous savons qu'il atteignit, comme son père, l'âge de 85 ans, âge fort avancé pour le grand siècle où les octogénaires étaient « entourés du respect superstitieux qui monte spontanément vers les champions[11] ». Les attaques de goutte, il est vrai, l'handicapèrent de plus en plus, après 70 ans, mais nous ne le savons que parce qu'il l'invoque pour justifier la mauvaise écriture de la fin du livre ou pour souligner sa position de victime dans les démêlés judiciaires avec ses filles. Ses deux femmes le précédèrent au tombeau ; seuls trois de ses enfants, sur onze, lui survécurent : Antoinette et Charles pendant vingt ans,

Catherine seulement huit ans. De ses deux gendres, Pierre Séguret mourut deux ans avant lui et J.F. Delon moins d'un an après, « d'un accident d'apoplexie »[12].

Le caractère de Borrelly, tel qu'il ressort du livre, est fait d'un mélange d'arrivisme, de prudence, d'honnêteté parfois un peu naïve ou complaisante. Il recherche la protection des évêques afin d'obtenir « des grâces » pour lui et les siens... Très attaché à son rang, à son corps notarial, il déplore les mésalliances comme celle de sa belle-sœur. Sa prudence se manifeste, par exemple, par le souci d'avoir une « décharge » lorsque l'évêque l'oblige à remettre aux ursulines l'original d'une procédure d'officialité ou par son objurgation à ses enfants de n'être jamais caution, pour quiconque. Ses principes, ses passions, son système de valeurs apparaissent dans ses commentaires mais, sauf en matière d'anti-protestantisme, il ne développe pas. Il invoque Dieu à longueur de livre, témoigne une résignation chrétienne devant les coups qui le frappent mais ne transcrit jamais ni une méditation, ni une prière personnelle. Il mentionne ses confessions générales mais nullement ses péchés, pas même ses tentations, à la différence de son contemporain le pasteur Ralph Josselin dont le livre de raison présente, par ailleurs, de nombreuses analogies avec le sien[13].

Cette discrétion s'étend à sa vie privée et à celle de ses parents et amis. Il évoque bien, à propos des ennuis financiers de sa belle-sœur, sa « mauvaise vie » mais ajoute immédiatement qu'il ne mettrait pas cette appréciation sur le papier si le scandale n'était pas public. En tant que greffier du chapitre et de l'officialité, il eut naturellement connaissance de nombreuses affaires concernant l'Église ; rien n'en filtre dans son livre de raison.

Père de famille nombreuse, Étienne aima ses enfants, contrôla leurs nourrices, finança leur éducation jusqu'à faire appel, éventuellement, à un précepteur ; il voulait, selon sa propre expression, les conduire à la vertu. La rigidité de ses principes se heurta à l'esprit d'indépendance et d'aventure, au désir de gloire de Marc-Antoine. Ce fut le drame de sa vie dont les dernières années furent assombries par son conflit avec ses filles. Son second gendre lui témoignait du « mépris » et le vieillard paraît désorienté par cet irrespect : « Dieu la punira », écrit-il de l'ingrate Antoinette. La dernière mention du livre, le 7 décembre 1717, deux mois après la mort de sa seconde femme, est écrite d'une main tremblante. Le 26 juillet 1718,

Étienne mourait, à Quilhan chez son fils Charles, le seul de ses enfants survivants qui ait correspondu aux attentes paternelles[14]. Dans cette petite paroisse de la garrigue, il put faire le bilan de sa vie. Triste fin d'une longue existence. Il avait vu l'anéantissement de ses deux grandes espérances : l'ascension sociale de sa famille et la disparition du protestantisme. Le microcosme familial avait vécu, par l'« ingratitude » des filles et par la révolte du fils, la « crise de conscience » de la fin du siècle de Louis XIV. Des grandes attentes des années 1670 aux échecs éducatifs sur fond de malheur des temps, s'était consommée la chute de la maison Borrelly.

NOTES

AVANT-PROPOS

1. A.D. Gard — 1 E 451, XIX-274 fol° (abrégé dans les notes en E.B. ms fol°.)
2. A. PUECH, « La vie de nos ancêtres d'après leurs livres de raison », *Mémoires de l'Académie de Nîmes*, (abrégé M.A.N.), 1884, p. 143-221, 1185 p. 222-298, 1886, p. 331-433.
3. M.A.N., 1886, p. 331.
4. En 1908, E. Hockliffe publiant le journal du pasteur anglais Ralph Josselin contemporain de Borrelly, en excluait ce qui lui paraissait dénué d'intérêt, notamment les développements sur la vie quotidienne. A. MACFARLANE, *The family life of Ralph Josselin. A seventeenth century clergyman*, Cambridge Univ. Press, 1970, p. 10. Il en va de même pour le livre de famille, rédigé à la fin du XVIe siècle, par le bourgeois de Cologne Hermann Weinsberg. Les éditeurs successifs (de 1886 à 1926) ont « sélectionné les informations qui leur paraissaient dignes d'intérêt et délaissé les *répétitions* et les remarques (jugées) *insignifiantes* », G. CHAIX, *De la cité chrétienne à la métropole catholique. Vie religieuse et conscience civique à Cologne au* XVIIe *siècle (1450-1650)*, thèse d'État dactyl., Strasbourg 1994, p. 576.
5. E.B. ms fol° 184.
6. E.B. ms fol° 263v°.
7. Le détail des gains était donné dans « un cayer séparé », E.B. ms fol° 242v°.
8. E.B. ms fol° 57, 69v°, 149v°, 240. Ces mentions de baptême (et peut-être de décès) ne figurent plus dans le registre.
9. J. TRICARD, « Qu'est ce qu'un livre de raison limousin du XVe siècle », *Journal des savants*, juillet 1988, p. 263-276. C. de RIBBE, *La société provençale à la fin du Moyen-Âge d'après des documents inédits*, 1898.
10. E.B. ms fol° 242v°, 244.
11. E.B. ms fol° 190v°.

12. P. LEJEUNE, *L'autobiographie en France*, 1971, p. 14.
13. E. LE ROY LADURIE, *Le siècle des Platter (1499-1628)*, 1995.
14. A. FILLON, *Les trois bagues aux doigts. Amours villageoises au XVIIIe siècle*, 1989 et *Louis Simon villageois de l'ancienne France*, 1996 — D. ROCHE, *Jacques Louis Ménétra compagnon vitrier au XVIIIe siècle*, 1982.
15. E. LEROY LADURIE et O. RANUM, *Pierre Prion scribe*, 1985.
16. A. LOTTIN, *Chavatte ouvrier lillois. Un contemporain de Louis XIV*, 1979, p. 33. François LEBRUN, *Marie du Bois, gentilhomme vendômois valet de chambre de Louis XIV*, Rennes, 1994, p. 25.
17. E B ms fol° 260.
18. A. MAC FARLANE, *op.cit.*
19. E.B. ms fol° 11 et 136v°. Voir R. MOUSNIER, *Les institutions de la France sous la monarchie absolue*, t. I, 1974, p. 349 — J.P. POISSON, article « notaires » in *Dictionnaire du Grand Siècle* (dir. F. BLUCHE) (sera abrégé *D.G.S.*), 1990, p. 1099-1100 et *Études notariales*, 1996 — M. GRESSET, *Gens de justice à Besançon 1674-1789*, 1978 et « le journal du notaire Barbier 1773-1776 », *Mélanges Richard Gascon*, Lyon, 1980, p. 347.
20. E.B. ms fol° 40, 239. Sur le *Dictionnaire* de RICHELET, le « premier en date des recueils modernes de lexicographie », cf G. MATORE in *D.G.S., op.cit.*, p. 1337.
21. E.B. ms fol° 3v°, 245v°, 259v°, 260v°.
22. Cf. tableaux (Annexe XII).
23. *Aventures du baron de Foeneste* in *Œuvres* (édit. H. WEBER, Pléiade), p. 1348. Dans *Le rouge et le noir*, Stendhal fait dire à Julien Sorel, empruntant « une gaîté et un accent gascons : ceci devient sérieux mon garçon, il y va de l'honur » (chap. 45)
24. E.B. ms fol° 2v°, 3v°, 6, 6v°, 17v°, 20, et *passim*. Je remercie Patric SAUZET, professeur de linguistique à l'université de Paris VIII pour ses remarques critiques.
25. E.B. ms fol° 31v°, 87v°, 142, 254v°.
26. E.B. ms fol° 182v°, 227v°.
27. E.B. ms fol° 5, 95v°, 153v°, 187, 215, 216, 227, 227v°, 228, 233, 243.
28. E.B. ms fol° 217.
29. E.B. ms fol° 161v°.
30. E.B. ms fol° 176, 180v°, 218, 241v°.
31. E.B. ms fol° 1v°, 2v°, 173-188v°, 199v°, 255.
32. Sur « l'importance exceptionnelle » des livres de famille pour la recherche historique, cf A. QUONDAM, « Un assenza, un progetto. Per una ricerca nella storia di Roma tra 1465 a 1527 », *Studi Romani*, vol. 27, 1979, p. 174.
33. G. CHAIX, *op. cit.*, p. 578 sq.
34. Cf M. VOVELLE, *Idéologies et mentalités*, 1982, p. 13.
35. J. REVEL, « L'Histoire au ras du sol », introduction à G. LEVI, *Le pouvoir au village. La carrière d'un exorciste dans le Piémont au XVIIe siècle*, 1989, p. XVII. A. FARGE, *Des lieux pour l'Histoire, 1997*, C. GIMZBURG, C. PONI, « La micro-Histoire », *Le Débat*, 1981, fax. 17, p. 134.
36. E. LE ROY LADURIE, *Les paysans du Languedoc*, 1966, L. TEISSEYRE-

SALLMANN, *L'industrie de la soie en Bas-Languedoc* XVIIe-XVIIIe *siècles*, 1995, R. SAUZET, *Contre-Réforme et Réforme catholique en Bas-Languedoc : le diocèse de Nîmes au* XVIIe *siècle*, 1979.

CHAPITRE I

1. Le Dr A. PUECH, M.A.N., 1887, p. 461 a retrouvé les provisions de Borrelly qui avait acheté l'office de son frère Antoine Borrelly, gendre et légataire de Mathieu Liboud.
2. Cf. J.A. CLARKE, *Huguenot warrior, the life and times of Henri de Rohan 1579-1638*, La Haye, 1966. R. SAUZET, *Contre-Réforme et Réforme catholique en Bas-Languedoc. Le diocèse de Nîmes au* XVIIe *siècle*, Paris — Louvain, 1979.
3. AD Gard G 447.
4. AD Gard — Consistoire de Nîmes- B 91 (12)- 263 abjurations de catholiques en 1621 et 1622, cf P. CHAREYRE, *Le consistoire de Nîmes 1561-1685*, thèse dactyl., Montpellier, 1987, t. 2, p. 784, et t. 3, p. 144.
5. E.B. ms, fol 96.
6. P. GACHON, *Quelques préliminaires de la révocation de l'édit de Nantes en Languedoc*, Toulouse, 1899, p. XXX-XXXIV.
7. J. GARRISSON, *Les protestants du midi 1559-1598*, 2e éd., Toulouse, 1991, p. 54.
8. R. SAUZET, « Le refus de la réforme protestante. La fidélité catholique en Bas-Languedoc calviniste », in *Les Réformes, enracinement socio-culturel* (actes du 25e colloque du CESR, 1982), Paris, 1985, p. 355-361.
9. G. CHOLVY, *Religion et société au* XIXe *siècle. Le diocèse de Montpellier*, Thèse Paris I, 1972, Lille, 1973, p. 853 sq. P. FALGAIROLLES, *Notes historiques et généalogiques sur la famille de Cabrières*, Montpellier, 1890. M. BRUYÈRE, *Le cardinal de Cabrières évêque de Montpellier*, 1956.
10. E. LE ROY LADURIE, *Les paysans du Languedoc*, Paris, 1966, 2e éd., t. I, p. 344.
11. *Relation de la prise de Bezouce par le sieur de Chastillon* (citée in *Preuves de l'Histoire du Languedoc*, t. I, col. 1273 d'après un manuscrit de la bibliothèque de Toulouse). La bibliothèque de Nîmes possède une copie de ce document (ms 198, fol. 101).
12. J.M. LAMOUREUX, *Bezouce*, 1901, p. 25.
13. A.D. Gard G 447.
14. J.M. LAMOUREUX, *op. cit.*, p. 28 L. MÉNARD, *Histoire civile, ecclésiastique et littéraire de la ville de Nîmes*, 1744, 2e éd. 1873, t. V, p. 505.
15. Cf. E. LE ROY LADURIE, *L'argent, l'amour et la mort en pays d'oc*, 1980, p. 266-267.
16. Sur les institutions languedociennes au XVIIe siècle, cf l'édition critique du Mémoire de l'intendant Basville en 1698 par F. MOREIL, *L'intendance de Languedoc à la fin du* XVIIe *siècle*, Paris, 1985.
17. E.B. ms fol. 188. et 208v° Transcription erronée in R. Puech, éd. cit, M.A.N. 1886, p. 360 et 373.

18. B. VOGLER, article *Villes* in D.G.S., p. 1602-1606.
19. Jacques PINETON, *Ode descouvrant sommairement les antiquitez de Nismes* in Jean POLDO d'ALBENAS, *Discours historial de l'antique et illustre cité de Nismes en la Gaule narbonnaise*, Lyon, 1560, deux ans après la parution du livre de du Bellay.
20. E.B. ms fol 123v°.
21. E.B. ms fol 220.
22. Un pan carré correspond à 0,06 m^2, cf. P. CHARBONNIER (dir.), *Les anciennes mesures locales du midi méditerranéen*, Publ. de l'Université de Clermont-Ferrand, 1994, p. 185.
23. Anne RULMAN, *Harangues prononcées aux entrées de plusieurs princes et seigneurs à la réception des consuls et présentation d'advocats*, Paris, 1612, p. 88 (harangue adressée aux consuls de Nîmes le 1er janvier 1605.
24. Line SALLMANN-TEISSEYRE, *Recherches sur les structures sociales et urbaines. Nîmes, de l'édit de Nantes à sa révocation 1598-1685.*, Thèse de l'École des chartes, dactyl, 1974, p. 17. L'auteur a reconstitué avec précision le plan de Nîmes en s'appuyant sur les documents détaillés conservés aux archives communales, d'une part « le canage des maisons de la ville de Nismes, fauxbourgs et taillable d'icelle », réalisé en 1596, d'autre part le « dérivaire » compoix terrier dressé en 1602, pour l'assiette des impôts.
25. J.C VINCENS et BAUMES, *Topographie de la ville de Nîmes et de sa banlieue*, Nîmes, an X, p. 20 cité par L. SALLMANN, *op. cit.*, p. 15. C'est seulement en 1871 que le problème de l'eau fut résolu par le pompage de l'eau du Rhône à Comps, cf R. HUARD in *Histoire de Nîmes*, Aix, 1982, p. 282.
26. A. CORBIN, *Le miasme et la jonquille. L'odorat et l'imaginaire social*, 1982, p. 71.
27. L. SALLMANN-TEISSEYRE in *Histoire de Nîmes* s. la dir. de R. HUARD, Aix, 1982, p. 185. À Lyon au XVIIIe siècle, 150 000 habitants pour 364 hectares. M. GARDEN, *Lyon et les Lyonnais au XVIIIe siècle*, 1970, 1re partie, La démographie lyonnaise.
28. P. GOUBERT, *Beauvais et le Beauvaisis de 1600 à 1730, contribution à l'histoire sociale de la France au XVIIe siècle*, 1960, p. 224.
29. J. CHAGNIOT, *Nouvelle Histoire de Paris. Paris au XVIIIe siècle*, 1988, p. 172.
30. E.B. ms. fol. 7 et 204. Sur l'architecte Dardalhon, gévaudanais autodidacte, une note intéressante du Dr A. PUECH in *M.A.N.*, 1886, p. 371.
31. L. SALLMANN-TEISSEYRE, *Recherches sur les structures sociales.. op. cit.*, p. 8-11.
32. E.B. ms fol 24v°.
33. Cf. E. LE ROY LADURIE, *Paysans..., op. cit.*, p. 341 sq.
34. L. SALLMANN-TEISSEYRE, *Recherches sur les structures sociales..., op. cit.*, p. 65 sq et in *Histoire de Nîmes, op. cit.*, p. 187.
35. L. SALLMANN-TEISSEYRE, *op. cit.*, p. 73 *sq.*
36. R. SAUZET, *Contre-Réforme..., op. cit.*, p. 362.
37. L. SALLMANN-TEISSEYRE, *Recherches sur les structures sociales...*,

op. cit. ; p. 135 sq et « L'industrie lainière à Nîmes au XVIIe siècle. Crise conjoncturelle ou crise structurelle ? », *Annales du Midi*, 1976, t. 88, p. 383-400.

38. Édition critique par F. MOREIL, 1985, p. 245.
39. L. SALLMANN-TEISSEYRE, *Recherches..., op. cit.*, p. 127.
40. Cf. R. SAUZET, *Contre-Réforme..., op. cit.*, p. 151-3, 258-61, 266, 399 et « Religion et rapports de production dans la région nîmoise au XVIIe siècle » in *Lyon et l'Europe. Hommes et société. Mélanges Richard Gascon*, Lyon, 1980, t. II, p. 235-244.
41. E.B. ms fol. 103 v°. En 1686 il note l'établissement définitif de l'Hopital général, ibid., fol. 187v°.
42. E.B. ms fol. 57.
43. Sur Cohon, cf R. SAUZET, *Contre-Réforme...*, passim.
44. E.B. ms fol° 2.
45. E.B. ms fol° 36v°.
46. E.B. ms fol° 7 et fol° 31.
47. R. SAUZET, *Contre-Réforme, op. cit.* p. 275 sq.
48. R. SAUZET, *Contre-Réforme..., op. cit.*, p. 255 sq. et La conversion au protestantisme à Nîmes au XVIIe siècle » in Actes du colloque de Rome 1996 *Conversioni -nel Mediterraneo* (dir. A. FOA et L. SCARAFFIA), Milan, 1996, p. 229-237, P. CHAREYRE, *op. cit.*, p. 778 *sq.* L'ancienne interprétation du protestantisme « démobilisé » était notamment celle de E.G. LÉONARD, « le protestantisme français au XVIIe siècle », *R.H.*, 1948, p. 153-79, et *Histoire générale du protestantisme*, 1961, t. II, p. 312 sq. Sur Moïse Amyraut, cf F. LAPLANCHE, *Orthodoxie et prédication. L'œuvre d'Amyraut et la querelle de la grâce universelle*, 1965.
49. E.B. ms fol. 118v°. Le consistoire nîmois continue à enregistrer des conversions jusqu'en mai 1680.
50. F. FELIX DE LA FARELLE, *Études historiques sur le consulat et les institutions municipales de la ville de Nismes*, Nîmes, 1841, p. 70-73.
51. Cf. A. GUGGENHEIM, *Calvinism and political elite of XVIth century Nîmes*, Ph.D., Univ. New-York, 1968, p. 336.
52. Cf. R. SAUZET, *Contre-Réforme..., op. cit.*, p. 275, 290.
53. A. LUBLINSKAIA, *Lettres et mémoires adressés au chancelier Séguier*, Moscou, 1966, p. 103. J. SOLÉ, « Le gouvernement et les protestants du Languedoc à la veille de la Fronde d'après la correspondance du chancelier Séguier », *B.S.P.F.*, 1968, p. 21.
54. Cf. E.G. LÉONARD, *op. cit.*, t. II, p. 332.
55. A. COCHIN, « Les conquêtes du consistoire de Nîmes pendant la Fronde », *Revue des études historiques*, 1903, p. 478-614. E. KOSSMANN, *La Fronde*, Leyde 1954, p. 247. J. SOLÉ, art. cit., *B.S.H.P.F.*, 1968, p. 5-32.
56. A.D. Gard G 448 (pièce 69).
57. R. SAUZET, *Contre-Réforme..., op. cit.* p. 298.
58. R. SAUZET, *op. cit.*, p. 260, 300-309. Sur les académies protestantes cf. D. BOURCHENIN, *Études sur les académies protestantes en France au XVIe et au XVIIe siècles*, 1882.

59. Cf. informations d'un conseiller au présidial sur l'émeute du 25 juin et d'un commissaire de l'intendant sur celle du 31 décembre 1657. A.D. Gard G 448.
60. E.B. ms fol. 1.
61. Lettres à son père, A D Gard 1E 376.
62. E.B. ms fol° 1v°. Arrêt du conseil d'État du 28 août 1656. Cf. *Histoire générale du Languedoc*, XII, 1876, p. 12. La situation de Montpellier, ville démographiquement équivalente à Nîmes (22 500 habitants en 1679), où les protestants étaient minoritaires (au maximum 30 % de la population), est évidemment fort différente de celle de Nîmes, cf. Henri MICHEL, *Montpellier du milieu du XVIIe siècle à la fin du XVIIIe (Économie, société, culture)*, thèse d'État, dactyl, Paris, 1992, p. 89bis, 146.
63. E.B. ms *ibid.* AD Gard G 448 (dans l'enquête du 28 juin 1657 des témoins accusent les consuls huguenots d'avoir déclaré que si l'on voulait catholiciser le consulat il fallait « mettre des têtes à bas et tout tuer »). Borrelly est l'un des onzes témoins interrogés par Cassagne.
64. Cf. R. SAUZET, *Contre réforme..., op. cit.*, p. 313 sq.
65. E.B. ms. fol° 2.
66. *Ibid.*
67. Archives des Affaires étrangères. Mémoires et documents France ms 1636.
68. EB ms fol° 2 et 2v°. AD Gard G 448.
69. *Mémorial de la congrégation de Ste Geneviève*, Bibl. Ste Geneviève, ms 720.
70. E.B. ms fol° 3.
71. AD Gard G 1348.
72. Archives des affaires étrangères. Mémoires et documents France, 1637. Sur le républicanisme prêté aux protestants, cf. Y. DURAND, *Les républiques au temps des monarchies*, 1973, p. 54, 67 sq.
73. R. SAUZET, *Contre réforme..., op. cit.*, p. 322.
74. E.B. ms fol° 3 v°. La force financière des réformés ne leur avait pas été inutile comme le notait un magistrat protestant du présidial : « ces horribles tonnerres qui nous menaçoient ont été convertis en une petite pluie d'argent qu'on est obligé de donner à ceux qui ont pris de la peine à pacifier cette affaire », *Recueil Conrart*, X, bibl. Arsenal, ms 5419, p. 39.
75. E.B. ms fol° 5v°-6. Orange fut rendue à son prince en 1665, occupée à nouveau en 1672, restituée en 1685, cf. J. VIENOT, *Histoire de la réforme française de l'édit de Nantes à sa révocation*, 1934, t. II, p. 447.
76. E.B. ms fol° 5 sur les miracles par lesquels « Dieu manifesta sa toute puissance à une croix qui était placée en un des quartiers de la ville appelé Curaterie » en 1528 cf. L. MÉNARD, *op. cit., t. IV, p. 106.* Sur le « sacral objet », cf. A. DUPRONT, « Anthropologie religieuse » in *Faire de l'histoire* s.s. la dir. de J. LE GOFF et P. NORA, t. II, p. 109. Sur l'iconoclasme bas-languedocien, R. SAUZET, « L'iconoclasme dans le diocèse de Nîmes au 16e et au début du 17e siècle » *R.H.E.F.*, 166, 1980, p. 355-61 et *Contre réforme..., op. cit.*, p. 196. Contrat de construction du socle (150 livres) payé par les consuls catholiques pour y planter la croix offerte par l'évêque

et le chapitre, 17 juin 1661. Pons Ferrand notaire, AD Gard IIE 36-5/40. Le chapitre avait fait venir de Gênes cette croix de marbre (délibération du 11 mai 1661), AD Gard G 1348.

77. E.B. ms fol° 5v°.
78. Cf. L. MÉNARD, *op. cit.*, t. VI, éd. de 1744, Preuves, 74.
79. A. LOTTIN, *Chavatte ouvrier lillois*, 1979, et *Lille citadelle de la Contre-réforme ? (1598-1668)*, Dunkerque, 1984.

Chapitre 2

1. E. LE ROY LADURIE, *Montaillou village occitan de 1294 à 1324*, 1975, p. 65.
2. Cf. A. COLLOMP *in Histoire de la vie privée*, t. III, 1986, p. 125.
3. E. LE ROY LADURIE et O. RANUM, *Pierre Prion scribe*, 1985, p. 12 et 44.
4. A. MOLINIER *in Histoire des pères et de la paternité*, 1990, p. 119-120.
5. E.B., ms fol° 1 et 1v° et E. Guion, notaire à Sernhac, registre 1647, AD Gard II E 12-478. Sur la relation dots/apports masculins en terre d'oc, cf. E. LE ROY LADURIE, *L'argent, l'amour et la mort en pays d'oc*, *op. cit.*, p. 166 sq.
6. BM Nîmes, recueil 11 450. Sur la coexistence souvent pacifique, des élèves catholiques et protestants au collège cf. R. SAUZET « Une expérience originale de cohabitation religieuse : le collège mi-parti de Nîmes au XVIIe siècle » in *Les frontières religieuses en Europe du XVIe au XVIIIe s* (colloque, Tours 1987), 1992, p. 283-290.
7. E.B. ms fol° 1 et fol° 10v°. Antoine Borrelly fut enterré dans l'église des Carmes.
8. Testament du 23.9.1656 et codicille du 19.02.1660, EB ms fol° 1, 4 et 5.
9. E.B. ms fol° 4. Sur la solennité de la procédure d'émancipation en pays de droit écrit, cf. A. MOLINIER, *op. cit.*, p. 119.
10. E.B. ms fol° 66 v° et 74. Le testament de Mathieu Borrelly (25.02.1677) se trouve dans le registre de Pierre Séguret (1676-1680) AD Gard II E 36-727 fol° 108 v° 109. Celui d'Antoine Borrelly père (13 juin 1676) fut reçu par Me Durand, notaire de Marguerites. AD Gard II E 34-66. Étienne devait recevoir 2 000 livres mais, déduction faite de 1 000 livres que son père lui avait avancées pour acheter en 1654 l'office de Mathieu Liboud, c'est seulement 1 000 livres qu'il devait percevoir « incontinent le décès dudit testateur ».
11. E.B. ms fol° 59. AD Hotel Dieu H 103 et H 109.
12. E.B. ms fol° 1.
13. E.B. ms fol° 2v° voir Anne FILLON, *Les trois bagues au doigt. Amours villageoises au XVIIIe siècle*, 1989.
14. Registre de 1658 de Pierre Seguret, notaire à Nîmes, A.D. Gard IIE 36^{717}, fol° IV-VII. Sur « l'augment de dot », équivalent méridional du douaire, cf. E. LE ROY LADURIE, *L'argent, l'amour et la mort en pays d'oc*, *op. cit.*, p. 67.

15. E.B., ms fol° 3.
16. E.B. ms fol° 3v° et 5. Sur la montée du port franc de Livourne depuis la fin du XVIe siècle, cf. F. BRAUDEL et R. ROMANO, *Navires et marchandises à l'entrée du port de Livourne (1547-1611)*, 1951. Jean Vigier mourut le 27 novembre 1660. Il avait fait un testament un an plus tôt, le 17 février 1659 AD Gard, Hôtel-Dieu de Nîmes, H103. Il instituait héritière sa femme, lui donnant faculté de vendre ses biens pour payer ses dettes.
17. E.B. ms fol 8, 9v° et 23. En 1670 toutes les dettes n'étaient pas payées et pour rassurer l'acquéreur contre un éventuel recours de créanciers, Borrely dut se porter caution pour lui !
18. L. SALLMANN-TEISSEYRE in *Histoire de Nîmes op. cit.* ; p. 189.
19. F. LEBRUN, *La vie conjugale sous l'Ancien Régime*, 1975, p. 25.
20. L. MÉNARD, *Histoire de Nîmes*, 2e éd., 1875, t. VI *Successions chronologiques* (consuls p. 17-43). Marchands, notaires et apothicaires alternent pour ce 3e consulat.
21. E.B. ms fol° 121 et AD Gard II E 37-215 fol° 309.
22. Sur le roman de l'abbé Fabre et le « carré d'amour occitan » cf. E. LE ROY LADURIE, *L'argent, l'amour, la mort..., op. cit.*, p. 67 sq.
23. E.B. ms fol° 45 et 46v°. Le notaire écrit Barthélémy. C'est un lapsus. Barthélémy Vigier était mort en octobre 1658. Le testament que fit Jean Vigier un an avant de mourir en 1659, évoque un seul garçon : Balthazar. AD Hotel Dieu, H 103.
24. Y.-M. BERCÉ in *Guerre et paix dans l'Europe du XVIIe siècle*, 1991, tome II, p. 156. Contrat de Tiphaine Vigière et Claude Fabre, qualifié de « marchand orlogeur », AD Gard II E 37-215 fol° 309v°.
25. *Essais*, ed. Pléiade, p. 950-952. Sur cette question, cf. R. MANDROU, *Introduction à la France moderne, essai de psychologie historique (1500-1640)*, 1961, p. 116. F. LEBRUN, *La vie conjugale sous l'Ancien Régime, op. cit.*, p. 21.
26. E.B. ms 154v°.
27. E.B. ms fol° 21v°-33v°. À titre d'exemple, en 1670, 5/01 « J'ai baillé à ma femme pour paier la façon et forniture d'une robe pour un de mes enfans 15 sols », 16/01 « pour acheter du chanvre 10 sols », 18/01 « 2 livres 5 sols pour achepter le coton qu'elle veut mettre au bout d'une toille qu'elle fait faire », 20/01 « ma femme a achepté une charge de ramilhe pour la lissive », 10/02 « ma femme a acheté du chanvre pour 9 sols », 20/02 « j'ay baillé à ma femme pour faire un cotilhon 7 livres 10 sols », 25/02 « une livre pour acheter du légume pour le Caresme », 25/02 « ma femme a achepté 9 sols de chanvre », 22/03 « même achat, 8/04 « j'ay baillé à ma femme 2 livres 15 sols pour faire une robe à Mathieu », 26/04 « 9 livres pour paier la façon d'une toille », 5/05 « pour quelque chose que ma femme a achepté pour les enfans, 8 sols », 11/06 « ma femme a achepté du chanvre à 8 sols », 16/06 « ma femme a achepté pour 35 sols du miel pour confire des oranges et des noix », 2/07 « ma femme a pris 15 pans (3 m, « 60) de toille grise chez Reinaud marchand lesquels 15 pans de toille ont été compensés avec les 3 livres que ledit Reinaud me devoit », 10/07

« ma femme a achepté du chanvre 15 sols », 23/07 « j'ay baillé à ma femme 30 livres pour aller à la foire de Beaucaire achepter une vane (courtepointe) commune et autres choses nécessaires pour la maison », 1e/08 « ma femme a achepté au marché 3 saumées 2 eymines (6 hl 29) de bled à 19 livres la saumée, monte 63 livres 3 sols 4 deniers païcées incontinent à un paisan de Galargues », 26/09 « ma femme a achepté d'ognon pour 18 sols », 30/09 « j'ay baillé à ma femme 5 livres pour faire une ganache (en occitan : jupon) y en aiant 20 pans (4 m, 80) à 5 sols le pan », 20/11 « j'ay baillé à ma femme pour faire quelque chose pour les enfans 3 livres », 18/12 « j'ay baillé à ma femme 17 sols pour paier la façon de quelque robe pour les enfans. »

28. E.B. ms fol° 13v°, 15, 19v°, 33, 94.

29. E.B. ms fol 49 et 53. Sur l'hygiène au XVIIe siècle cf. J. REVEL in *Histoire de la vie privée*, t. III 1986, p. 190 G. VIGARELLO, *Le propre et le sale. L'hygiène du corps depuis le Moyen-Âge*, 1985.

30. E.B. ms fol° 57v°. En 1682, « ma femme et les filles » apprennent à une candidate servante « qu'il y a tantost trois ans que nous n'en tenons point parce que les filles suffisent à faire ce qu'il faut dans la maison », E.B. ms fol° 144v° N. CASTAN in *Histoire de la vie privée op. cit.* t. III, p. 418.

31. E.B. ms fol° 78 et 78v°. Sur le muscat de Frontignan qui, dès 1520, avait supplanté les emblavures dans son terroir, cf. E. LE ROY LADURIE in *Histoire du Languedoc*, s/ la dir. de P. WOLF, 1969, p. 277.

32. *Théâtre de l'agriculture et mesnage des champs*, 1600, cité par F. LEVESQUE, *Olivier de Serres agronome et soldat de Dieu*, 1983, p. 168.

33. E.B. ms. 155v°-156.

34. Cf. R. TAVENEAUX, *Le catholicisme dans la France classique*, 1980, p. 359. M. VOVELLE, *Mourir autrefois*, 1974.

35. J. LE BRUN, « L'institution et le corps lieux de mémoire d'après les biographies spirituelles féminines du XVIIe siècle » *Corps écrit*, n° 11, 1984, p. 111-121 et « Conversion et continuité intérieure dans les biographies spirituelles françaises du *XVIIe* siècle » in *La conversion au* XVIIe *siècle*, Marseille, 1983, p. 317-334.

36. *Oraisons funèbres et sermons*, éd. B. Velat et Y. Champailler, Pléiade, 1961, p. 1080.

37. E.B. ms fol° 70v° (en 1676).

38. Cf. P. GOUBERT, *Beauvais..., op. cit.*, B. BONNIN « L'alimentation dans les milieux pomulaires en France au XVIIe siècle. Essai de mise au point », *Actes du colloque sur la qualité de la vie au XVIIe siècle*, in revue *Marseille*, 1977, n° 109, p. 78.

39. E.B. ms, fol° 22v°, 31, 57v°, 103v°.

40. M. LAZARD, « Nourrices et nourrissons d'après le traité de Vallambert (1565) » et la *Paedotrophia* de Scévole de Sainte-Marthe (1584) », *in Pratiques et discours alimentaires à la Renaissance*, colloque de Tours 1979, 1982, p. 75.

41. E.B. ms fol° 155 et 156.

42. E.B. ms fol° 59v° et AD Gard II E 42/27, fol° 304-306. Cf. Annexes.

43. Les églises des rectories avaient été démolies par les protestants. Celle de Ste Eugénie avait été reconstruite en 1657. La desserte des faubourgs était assurée depuis 1667 par les doctrinaires. Le service paroissial de la ville fut rétabli dans la cathédrale en 1741, cf. L. MÉNARD, *op. cit.*, t. 6, p. 272-508.
44. E.B. ms, fol° 246v°.
45. À la même époque, un curé — il est vrai janséniste — celui de Cour-Cheverny refusait de marier des quinquagénaires, estimant qu'à leur âge ils devaient penser plutôt à la mort qu'au mariage. J. FERTÉ, *Histoire religieuse de l'orléanais*, 1983, p. 204.
46. Cf. chap. 7.
47. N. de BASVILLE, *Mémoire sur la province de Languedoc*, éd. critique par F. MOREIL, 1985, 245.
48. A.D.Gard-Hôtel-Dieu H 103 et E.R.ms fol.266 et 273v°.
49. E.B. ms fol 247, 248 et A.D. Gard II E 42/36, fol 315v°/316.
50. E. LE ROY-LADURIE, *Les paysans du Languedoc, op. cit.*, 2e partie, chap. I « chemins de l'Écriture ».
51. E.B. ms fol 274 v° A.D. Hotel Dieu, H 109.
52. E.B. ms fol 257. Quittance de Jean Lafont dans le registre notarial 1693-98 II E /42-36 fol 277.
53. E.B. ms fol 248v°, 250 ; v°, 251v°, 253-255v°, 266.
54. Testament reçu par Me Blanc dans la maison de Borrelly. Marie Lafont « illitérée » ne signa pas. A.D. Gard-Hôtel-Dieu H 103.
55. E.B. ms fol 274v°.
56. F. LEBRUN, *La vie conjugale..., op. cit.*, p. 104 sq.
57. E.B. ms fol. 242v°.
58. E.B. ms fol. 70v° (21 octobre 1676), fol. 112v° (31 décembre 1679).
59. E.B. ms fol. 149v°.
60. Archives communales, Nîmes UU5, UU6, UU7.
61. Cf tableau (nous n'avons ces intervalles avec précision que pour la période 1667-1677).
62. F. LEBRUN, *La vie conjugale, op. cit.* p. 126. E. SHORTER, *Naissance de la famille moderne*, trad. 1977. J. GELIS, M. LAGET, M.F. MOREL, *Entrer dans la vie. Naissances et enfances dans la France traditionnelle*, 1978, p. 158 sq.
63. E.B. ms fol. 70v° (en 1676).
64. E.B. ms fol° 12 et 17.
65. J. GELIS, M. LAGET, M.F. MOREL, *op. cit.*, p. 129.
66. E.B. ms fol. 70v° et 83.
67. « (Les nobles et les grands bourgeois) font venir de préférence une nourrice à domicile », F. LEBRUN, *op. cit.*, p. 127. Sur les nourrices de Ch. Borrelly cf ms. fol. 12 à 17.
68. E.B. ms. fol. 34 à 39v°.
69. Charles, à 8 mois, coûte à son père 5 livres 10 sols par mois chez sa première nourrice, et à 14 mois, 6 livres 10 sols chez la seconde E.B. ms. fol. 12 et 15. Le salaire des nourrices de Mathieu et Louis, de 1669 à 1672,

est de 5 livres pour le premier, de 4 livres 15 sols (à 1 mois) puis de 5 livres 10 sols chez une nouvelle nourrice (à 1 an) pour le second. De 1675 à 1678 les nourrices de Thérèse, Marie et Joseph perçoivent 4 livres mensuelles. E.B. ms fol. 17, 18, 39v°, 44v°, 57v°, 82, 88v°.

70. E.B. ms fol. 77v°. Sur les lents progrès de l'hygiène du nourrisson, cf. GELIS, LAGET, MOREL, *op. cit.*, p. 119. Sur la conjoncture voir P. GOUBERT, *Louis XIV et vingt millions de Français.*, 1966, p. 107.
71. M. LAZARD, *art. cit.*, p. 74 F. LEBRUN, *op. cit.*, p. 125. GELIS, LAGET et MOREL, *op. cit.*, p. 167.
72. E.B. ms fol. 13 et 90.
73. E.B. ms fol. 15, 28, 44v°.
74. E.B. ms. fol. 83, 84v°, 86v°, 89v°, 90, 98, 100, 108, 110, 111.
75. E. SHORTER, *op. cit.*, p. 209 sq.
76. Cf. E. BADINTER, *L'Amour en plus. Histoire de l'amour maternel* XVIIe-XIXe *siècles*, 1980 qui reprend, en les stylisant, les interprétations d'E. SHORTER et de P. ARIÈS, *L'enfant et la vie familiale sous l'Ancien Régime*, 1960. Sur la prétendue indifférence du Moyen Âge à l'égard de l'enfant, cf. D. LETT, « La mère et l'enfant au Moyen Âge », *L'Histoire*, février 1992, p. 6-14.
77. E.B. ms fol. 12 (Jean), 81 (Mathieu), 137 (Louis), 148 (Marie), 252 (Thérèse).
78. E.B. ms fol. 149v°. Ce texte est évoqué par M. FOISIL in *Histoire des pères et de la paternité* (s/la dir. J. DELUMEAU et D. ROCHE) 1990, p. 186.
79. « Consolation à M. du Périer » 1598, in *Œuvres* ed. A. ADAM, Pléiade p. 41 MONTAIGNE, *Essais*, ed. A. THIBAUDET, Pléiade, p. 425.
80. En 1718, cf. ci-dessous note 122.
81. E.B. ms fol°77, 133 et 141 (il renouvela le contrat qui se termina à la Saint-Luc 1682).
82. A. COHON, *Ordonnances synodales*, Nîmes, J. Plasses, 1670, p. 80. R. SAUZET, *Contre Réforme..., op. cit.*, p. 381, 386, 387.
83. L'évêque Cohon y avait, pour cette raison, installé une desserte, délibération capitulaire du 7 décembre 1660, A.D. Gard G 1348.
84. E.B. ms. fol° 32 et 89v°.
85. E.B. ms. fol° 28, 31, 33, 33v°, 39v°, 42, 50v°, 58, 64v°.
86. R. SAUZET, *Contre Réforme..., op. cit.*, p. 288.
87. E.B. ms. fol° 196, 196v°, 205v°.
88. E.B. ms. fol° 9v° à 39v° *passim.*
89. J. de VIGUERIE, *L'institution des enfants*, 1978, p. 143 et 150 sq.
90. E.B. ms fol° 42v° cf. R. CHARTIER, M.M. COMPERE, D. JULIA, *L'éducation en France du* XVIe *au* XVIIIe *siècle*, 1976, p. 231-232. Sur le creusement de l'écart entre les sexes et l'enfermement de la femme du second XVIIe siècle dans son rôle domestique et mondain, cf. L. TIMMERMANS, *L'accès des femmes à la culture (1598-1715)*, 1993, p. 352 sq.
91. E.B. ms fol° 79. cf. F. LEBRUN, M. VENARD, J. QUENIART, *Histoire générale de l'enseignement et de l'éducation*, t. II, 1981, p. 360 sq. J. de VIGUERIE, *op. cit.*, p. 161.

92. E.B. ms fol° 42, 50v°, 54, 58, 64v°, 79r° et v°, 81, 89v°, 93, 99v°, 109v°, 124, 137, 240.
93. Sur l'utilisation du précepteur-répétiteur au XVIIe siècle dans les élites sociales, cf. J. de VIGUERIE, *op. cit.*, p. 34-35, R. CHARTIER, M.M. COMPERE, D. JULIA, *op. cit.*, p. 172-4.
94. *Journal de J. de Beauvoir du Roure*, publié par G. PAYSAN, Banne, 1985, p. 41.
95. E.B. ms fol° 108v°, 121, 129, 132v°.
96. E.B. ms, fol° 123 et 14& (8 août 1682).
97. E. BADINTER, *L'amour en plus, op. cit.*, p. 121.
98. E.B. ms fol° 214-231v°. Le brandeboug en « barranquan » est une casaque en camelot, tissu de laine mêlée de poils de chèvre.
99. A. CORBIN, *Le temps, le désir et l'horreur*, 1991, p. 24-25.
100. E.B. ms fol° 215, 221, 223v°, 224v°, 226, 226v°, 228v°, 230, 236.
101. E.B. ms fol° 135v° et 159v°. Sur la paroisse de St Jean de Roque, aujourd'hui simple annexe de Quissac et la collégiale N.D. de Pitié près de Sauve cf. E. GOIFFON, *Dictionnaire topographique, statistique et historique du diocèse de Nîmes*, 1881, p. 206 et 304.
102. E.B. ms. fol° 215, 217v°, 218. Sur le séminaire de Nîmes, cf. R. SAUZET, *Contre-Réforme... op. cit.*, p. 420 sq.
103. E.B. ms, fol° 220 et 225. Sur les prescriptions épiscopales concernant les bibliothèques du clergé, cf. R. SAUZET, *Contre-Réforme...* op. cit., p. 425 sq et, sur les livres de Cohon, « Une bibliothèque épiscopale au XVIIe siècle » in *Mélanges Jean Lafond*, Tours, 1988, p. 229-239. Pour *L'instruction familière*, cf. D. JULIA in *Aux origines du catéchisme en France*, 1988, p. 160-187.
104. E.B. ms fol° 220, 223v°, 224, 228, 236, 242, 244v°, 246, 247v°. En février 1695 est effectuée une liquidation de dette contractée par Charles « dans le temps qu'il estoit beneficier mà St Gilles » partiellement acquittée grâce à « quelque argent qui apartenoit à mondit fils de reste du service qui lui estoit deu ».
105. E.B. ms fol° 248v°.
106. Sur les « deux vocations » cf. Y. KNIBIELHER, M. BERNOS et alii, *De la pucelle à la minette*, 1983, p. 43 sq.
107. E.B. ms fol° 130v°. Sur la question de la vocation et sur l'attitude des familles beaucoup moins contraignantes qu'on ne le dit parfois, cf. J. DELUMEAU, « Regard à l'intérieur des congrégations religieuses » in *La mort des pays de cocagne*, 1976, p. 189 sq. et actes du colloque *La vocation religieuse et sacerdotale en France XVIIe-XIXe siècles*, sous la dir. de J. de VIGUERIE, publ. Université d'Angers, 1979.
108. Délibération capitulaire du 4 septembre 1692, Archives des Hospitalières de St Joseph de La Flèche. Renseignement aimablement communiqué par sœur D. Péron archiviste générale des Hospitalières.
109. Son père l'avait envoyée plusieurs mois à St Bonnet « changer d'air » en 1684, à Bezouce en 1690, cf E.B. ms. fol° 160v° et 225v°.
110. E.B. ms. fol° 268, et cf ci-dessous Ch.3.

111. AD Gard IIE 37-246 fol° 118.
112. E.B. ms. fol° 139v°, 243v°, 244, 245v°, 252. Sur les Hospitalières de St Joseph à Nîmes cf. R.S. *Contre-Réforme..., op. cit.*, p. 451-452. Sur le problème de l'ensemble des hospitalières, cf. M.C. DINET-LECOMTE, « Les religieuses hospitalières dans la France moderne : une même vocation dans une multitude d'instituts », *Revue d'Histoire de l'Église de France*, 1994, n° 205, p. 194-216. R. BONS, *Les communautés religieuses de femmes au temps de la Réforme catholique dans le Haut-Maine et l'Anjou Fléchois*, thèse dactyl, Univ. du Mans, 1996, p. 98, p. 349 sq.
113. E.B. ms fol° 240. Madeleine FOISIL évoque, d'après l'édition Puech, la mort de Marc-Antoine relatée par son père (confondu avec un avocat nîmois contemporain de Borrelly, Annibal François Puech), parmi d'autres excellents témoignages sur l'affliction des pères devant la mort de leurs enfants, in *Histoire des pères, op. cit.*, p. 185-189.
114. E.B. ms. fol° 247v° et 248v° et également *in* transaction du 19/03/1718 où Borrelly déclare qu'il a « suffisamment pourveu M. Borrelly son fils prieur de Quilhan au moyen de meubles et effets qu'il lui a baillés » in Arch. de l'Hôtel-Dieu de Nîmes H103.
115. Registres de catholicité d'Orthoux, Sérignac et Quilhan (1676-1789) — le 9 avril 1747, décès de Charles Borrelly GG3. Nous n'avons pas trouvé dans ces registres qui sont dans le plus grand désordre, la date de la mort du notaire, mentionnée pour 1720 par PUECH « La vie de nos ancêtres », *Mémoires de l'Académie de Nîmes*, 1886, p. 433. En fait les papiers de son petit-fils Louis-Antoine Séguret donnent la date exacte de ce décès (26-7-1718) à Quilhan.
116. E.B. ms. fol° 149v°.
117. E.B. ms. fol° 166v°, 252v° et 257. Contrat de mariage Delon-Antoinette, A.D. IIE 42/36, fol° 500.
118. Multiples mentions de paiement d'intérêts, E.B. ms fol° 166v° à 239v°, caution pour son gendre fol° 237v°, « désenrollement » du petit-fils fol° 265 morts de P. Séguret fol° 274v°, appréciation sur son caractère fol°259v°. Sur l'effort financier des Français au début de la guerre de la Ligue d'Augsbourg, cf. P. GOUBERT, *Louis XIV et vingt millions de Français*, 1966, p. 158 sq., F. BLUCHE, *Louis XIV*, 1986, p. 675 sq.
119. E.B. ms fol° 272, (le 27 août 1712) — transaction Delon-Vianès (13 septembre 1709), AD Hôtel-Dieu, H 103.
120. E.B. ms fol° 272.
121. Sur cette juridiction ressortissant au Parlement de Toulouse et spécialisée dans les contestations relatives aux créances cf. *Mémoire de Basville, op. cit.* (ed. MOREIL), p. 170-171.
122. Testament de Marie Lafont passé au domicile de Borrelly par-devant Me Honoré Blanc notaire, 12 janvier 1704. Supplique de Borrelly au juge des conventions royaux s.d. (1718). Transaction du 19 mars 1718. A.D. Gard, Hôtel-Dieu de Nîmes-H 103. En 1728, Antoinette Borrelly veuve de Delon et Blanche Séguret donataire de Catherine Borrelly vendent pour 600 livres une terre à Montaury, *ibid.*

CHAPITRE 3

1. Pour reprendre les termes appliqués par Gérald CHAIX à la « domus Weinsberg » à Cologne in *De la cité chrétienne à la métropole catholique. Vie religieuse et conscience civique à Cologne au* XVIe *siècle, 1450-1650*, thèse d'État dactyl., Strasbourg, 1994, p. 579.
2. E. LE ROY LADURIE, *Montaillou village occitan*, 1975, p. 51 sq.
3. E. CLAVERIE, P. LAMAISON, *L'Impossible Mariage. Violence et parenté en Gévaudan*, 17e, 18e et 19e siècles, 1982, p. 35 sq.
4. E.B. ms fol° 1v°, 46v°, 133v° et 144v°.
5. E.B. ms fol° 112v°
6. E.B. ms. fol° 1v°
7. E.B. ms. fol° 3 et fol° 27.
8. E.B. ms fol° 30v°
9. E.B. ms. fol° 24v°, 25, 25v°, 26.
10. L. SALLMANN-TEISSEYRE in *Histoire de Nîmes* s. la dir. de Raymond HUARD, Aix, 1982, p. 185. Pour Paris, Annick PARDAILHÉ-GALABRUN, *La Naissance de l'intime*, 1988, p. 34 note que les 2 664 foyers qu'elle a étudiés correspondent rarement à des maisons entières. La maison de Borrelly est mentionnée dans la révision du compoix en 1671, A.C. Nîmes QQ43, fol° 273 pour un « présage » (évaluation fiscale) de 8 livres ; à titre de comparaison, la maison de son confrère Jean Deleuze, rue Corcomaires, est « allivrée » à 4 livres 7 s. La moyenne du quartier Corcomaires est de 5 l., celle de l'ensemble urbain de 8 1.13 s., L. SALLMANN-TEISSEYRE, *Recherches sur les structures urbaines...*, *op. cit.*, p. 37.
11. L. SALLMANN-TEISSEYRE, *Recherches...*, *op. cit.*, p. 41
12. J. P. BARDET, in *Le Bâtiment. Enquêtes d'histoire économique* XVIIIe-XIXe *siècles*, Paris, La Haye, 1971, p. 333, 414.
13. A. D. Gard, registres notariaux Firmin Deleuze-II E 36/645-fol° 709 (1634) vente de D. Laurens à M. Liboud. E. Borrelly II E 42/19-fol° 557 à 561 dettes de S. Liboud à M. Novy et à Aubert. E. Borrelly, II E 42/22-fol° 146/151 achat de Borrelly à S. Liboud. Borrelly lui paye 50 livres « pour les espingles » et reprend à son compte les 2 319 livres 18 sols dues à M. Novy ; le reste soit 132 livres 2 sols, Borrelly le paiera « à la descharge de ladite demoiselle à d'autres créanciers » ; fol° 162-164v° paiement de lods au chapitre par Borrelly.
14. E. LE ROY LADURIE, *Paysans du Languedoc, op. cit.*, p. 478. Le chanoine manceau Aubert avait été mêlé quelques années plus tôt à une série d'intrigues obscures destinées à installer comme troisième archidiacre de Nîmes, contre l'avis de l'évêque, les très peu édifiant Charles Antoine de la Garde de Chambonnas cousin de l'évêque du Mans, le libertin Beaumanoir de Lavardin, cf. R. SAUZET, *Contre-réforme...*, *op. cit.*, p. 344.
15. E.B. ms fol° 26v°-27. lods et reconnaissance féodale au syndic du chapitre 26-04 à 1670. A.D. II E 42/22 fol° 162.
16. Jusqu'à la mi-XIXe siècle, l'« agau », l'eau issue de la fontaine, coulait à

l'air libre le long de l'actuelle rue Nationale. L'esclafidou désigne, en langue d'oc, une vanne d'arrosage à partir d'une retenue sur l'agau, cf. A. SERRE, *Les Rues de Nîmes*, Montpellier, 1989, p. 151. Le plan de Nîmes en 1750 distingue la rue de l'Esclafidou de celle du pont de l'Agau.

17. E.B. ms fol° 63, 80v°, 82. Le possessif « ma chambre » peut être aussi bien signe de propriété que d'occupation.
18. E.B. ms. fol° 16v°, 189v°, 201, 222v°.
19. La famille seigneuriale de Saint-Chatte (Saint-Chaptes) était la famille Brueys, cf. E. GOIFFON, *Dictionnaire topographique, statistique et historique du diocèse de Nîmes*, 1881, p. 264.
20. E.B. ms. fol° 211. Sur le transfert à Beaucaire, cf. E. GOIFFON, *Monographies paroissiales (archiprêtré de Beaucaire)*, Nîmes, 2e ed. 1901, p. 99.
21. J. P. BARDET (in *Le Bâtiment*, *op. cit.*, p. 368) relève pour Rouen un rapport locatif de 4 à 5 %. À Paris Mme PARDAILHÉ-GALABRUN, *op. cit.*, p. 201, relève au XVIIe siècle des prix de location de 120 à 130 livres pour des logements de deux ou trois pièces.
22. Sur les changements d'affectation des pièces, cf. A. COLLOMP *in Histoire de la vie privée*, t. 3, 1986, p. 507.
23. E.B. ms., fol° 269v°.
24. E.B. ms. fol° 35, 36, 36v°, 38v°.
25. E.B. ms fol° 52, 52v°, 53, 56.
26. Le 3 et 7 mars 1676, *ibid.*, fol° 63.
27. Ces deux réparations coûtèrent respectivement 30 et 20 sols, *ibid.*, fol° 80v°, 81, 82.
28. E.B. ms fol° 98v°, 99.
29. E.B. ms fol° 120v°.
30. E.B. ms., fol° 195 et 198v°.
31. E.B. ms. fol° 63. Sur le papier peint cf. A. PARDAILHÉ-GALABRUN, *op. cit.*, p. 373.
32. En 1686-87, *ibid.*, fol° 196v°, 200 — En 1687, *ibid.*, fol° 200 ; (en 1685 la serrure du cabinet avait été remplacée, fol° 170 et en 1686 autre réparation de serrure, fol° 189).
33. E.B. ms. fol° 212v°.
34. E.B. ms. fol° 268 et 268v°.
35. Cf. chap. 2, note 115.
36. J. P. GUTTON, *Domestiques et serviteurs dans la France de l'Ancien Régime*, 1981, p. 78.
37. E.B. ms, fol° 144v°. Voir tableau en annexe.
38. *La Savoie au XVIIIe siècle. Noblesse et bourgeoisie*, 1978, cité par J. P. GUTTON, *Domestiques et Serviteurs dans la France de l'Ancien Régime*, 1981, p. 75.
39. E.B. ms fol° 179.
40. 20 à 24 livres de gages payés en moyenne par le notaire lyonnais Moreau au XVIIIe siècle, à Toulouse 20 livres en moyenne vers 1710. Dans le Blésois les servantes gagnaient plus de 30 livres annuelles au début XVIIIe siècle mais, en Anjou, 27 livres seulement en 1771. cf. J. P. GUTTON, *op. cit.*, p. 85, 188. Cl. PETITFRERE, *L'Œil du maître*, 1986, p. 49 et 93.

41. E.B. ms fol° 53v°, 250.
42. E.B. ms fol° 255, 256v°.
43. E.B. ms fol° 250v°.
44. Cf. tableau. À titre de comparaison, cf. J. P. GUTTON, *op. cit.*, p. 84 sq.
45. E.B. ms fol° 202v°-207.
46. Cf. chap. 1, note 40.
47. Sur ces deux derniers points, cf. J. P. GUTTON, *op. cit.*, p. 204 et 209. Cl. PETITFRERE, *op. cit.*, p. 138-139 et 186-188.
48. Sur ces différentes affaires, cf. E.B. ms fol° 49, 53, 91v°, 183v°, 197, 202v°, 207, 250, 273v°. Sur Marc-Antoine, le petit-neveu séducteur, cf. ci-dessous note 59.
49. A.D. Gard II E 37 II E 37/295 — fol° 353.
50. E.B. ms fol° 13v°, 145v°, 202, 246.
51. M. AYMARD, *Histoire de la vie privée*, t. III, 1986, p. 455.
52. E.B. ms fol° 74v°, 126, 214v°, 222, 244.
53. E.B. ms fol° 45, 74, 121, 140. Sur cet aspect de l'opposition gallicane au concile de Trente, cf R. PILLORGET, *La Tige et le Rameau*, 1979, p. 33-34.
54. E.B. ms fol° 8 et 206.
55. E.B. ms fol° 128v°-129v°. Et cf. Borrelly et la dîme p. 112.
56. E.B. ms fol° 229v°, 235v°, 238, 239v°.
57. E.B. ms fol° 10v°, 67.
58. Sur la famille Novy, cf. R. SAUZET, « Intolérances affrontées en Bas-Languedoc », *RHMC*, 1989, t. XXXVI, p. 335-337.
59. E.B. ms fol° 50v°, 51, 85, 140. En 1679, un fils de Mathieu prénommé Marc-Antoine comme le cadet d'Étienne, est placé en apprentissage « sous Jean Tessier ouvrier en bas de Nîmes », A.D. Gard II E 42 (37), fol° 38.
60. Cf. G. MATORE, « Amour (vocabulaire de l') » in D.G.S., p. 72-73.
61. E.B. ms, fol° 58, 61, 66v°, 69, 87v°, 88, 159. L'autorisation accordée à Antoine par le chapitre cathédral se trouve dans les délibérations capitulaires, 20 avril 1678. A.D. Gard G 1349.
62. E.B. ms, fol° 52 et 184v°.
63. E.B. ms fol° 52 et 189v°.
64. E.B. ms fol° 246. En 1684, Antoine avait été sacrifié au profit de Charles, cf. chap. 2, note 101.
65. G. CHAIX, *op. cit.*, p. 575-626 et « Famille, pouvoir et amitié à Cologne au XVIe siècle. Les amitiés d'Hermann Weinsberg (1518-1597) » in *Foi, fidélité, amitié en Europe à la période moderne*, Publ. univ. Tours, 1995, p. 467.
66. M. REY, « L'amitié comme lien social à la Renaissance », *RHMC*, 1991 p. 617-625.
67. E.B. ms fol° 244.
68. E.B. ms fol° 135v°, 138, 160v°, 161, 197, 204v°, 211, 211v°.
69. E.B. ms fol° 76v°. Lors des débuts notariaux de Borrelly, l'évêque de Nîmes était Hector d'Ouvrier, d'une famille de magistrats toulousains, cf. R. SAUZET, *Contre-Réforme...*, *op. cit.*, p. 245. En 1667 Borrelly avait été

chargé par ce magistrat, qui était également prieur de Caissargues, d'un versement de 200 livres aux Ursulines du grand couvent. E B ms fol° 10 et 12v°.

70. E.B. ms fol° 211v°.
71. E.B. ms fol° 59. Sur la mort du premier consul cf. L. MÉNARD, *Histoire de Nîmes*, V, 530 VI, 208. A. PUECH, « généalogie de la famille de La Motte », *MAN*, 1887 p. 415. Le père de François de Teste avait été premier consul catholique en 1632, année du mi-partiment du consulat. Bien qu'il ait commandé une compagnie d'ordonnance du duc de Montmorency, il ne suivit pas le gouverneur dans sa révolte. L'oncle de François de Teste prénommé également François était chevalier de Malte.
72. E.B. ms fol° 65 et 100.
73. R. SAUZET, *Contre-Réforme..., op. cit.*, p. 275, 298, 313, 337. Voir ci-dessus chap. 1.
74. C. KLAPISCH-ZUBER, *La Maison et le nom. Stratégies et rituels dans l'Italie de la Renaissance*, 1960, p. 77.
75. Voir notamment E.B. ms fol° 42, 44, 96v°.
76. Sur le parrainage créateur de liens parentaux au-delà du cercle de famille, cf. A. FINE, *Parrains, marraines*, 1994, p. 128.
77. E.B. ms fol° 18, 27v°, 44 (repas récompensant une gratification extraordinaire de 50 livres donnée par les chanoines), 129v°, 130v°, 139v°.
78. E.B. ms fol° 160v°, 163, 166v°, 167, 169, 176v°, 189. *Les Anciennes Mesures locales du Midi méditerranéen* (s. la dir. de P. CHARBONNIER), Clermont-Ferrand, 1994, p. 162-167.
79. E.B. ms fol° 176, 194, 210, 231v°.
80. E.B. ms fol° 122v°, 134, 161v°, 176, 187v°, 198. Sur le clan Novy, cf A. PUECH, « Les Novy », M.A.N., 1887, p. 163-169. R. SAUZET, « Intolérances affrontées en Bas-Languedoc », *RHMC*, 1898, p. 337.
81. E.B. ms, 245v° et Arch. Hôtel-Dieu, H 103.
82. E. LE ROY LADURIE, *Les Paysans du Languedoc, op. cit.*, p. 465 sq., 594 sq.

Chapitre 4

1. E.B. ms fol° 142v° et 213v°.
2. Délibérations du corps des notaires 1658-1738, A.D. Gard II E 39-433.
   En 1686, à propos des dettes des notaires nîmois, est évoquée leur répartition faite par « ledit corps assemblé chez moi le dit jour », E.B. ms fol° 183v°.
3. *Ibid.*, fol° 35v°, -35. Et E B ms fol° 95v°.
4. E.B. ms fol° 121v° et 132 et A D Gard II E 37-215. Cf. ci-dessus chap. 2.
5. E.B. ms fol° 43v°, 49v°, 87v°, 88 et Délibérations... A.D. E 29-433 fol° 12. Il y avait à Nîmes 18 notaires en 1636, cf L. SALLMANN-TEISSEYRE, *L'Industrie de la soie..., op.cit.*, p. 368. Leur nombre avait été réduit en 1667, cf. A D II E 37-222, fol° 115. La mention « notaire du nombre des réservés » signifie que Borrelly avait échappé à cette mesure de réduction.

6. E.B. ms fol° 138, 139v°, 148v°. La vente des offices d'Arnaud, Aubanel, Daleirac, Ducamp, Pellet et Galli « notaires royaux, greffiers des conventions et arbitrages de la ville, faisant profession de la religion prétendue réformée, du nombre des réservés » se trouve dans le registre de 1682 du notaire catholique Privat Gautier A.D. II E 37-222, fol° 115, 183, 184, cité par A. PUECH, M.A.N., 1885, p. 283. Le notaire Arnoux avait de son côté cédé son office à son confrère catholique de Générac, Robert Seguin, A D II E 37-215, fol° 882.
7. E.B. ms fol° 156v°, 166v°, 210v°.
8. Rappelons ici un ouvrage fondamental concernant l'étude du notariat dans son environnement socio-économique : J.P. POISSON, *Notaires et société*, 2 vol., 1985-90. Une étude détaillée de ce dossier selon les méthodes de J.P. POISSON déborderait le cadre de ce présent ouvrage mais il est nécessaire de recourir à l'ensemble documentaire proprement notarial. Comme les archives ecclésiastiques et notamment les délibérations capitulaires, les minutes de Borrelly apportent un éclairage sur le livre de raison et l'homme qui le rédige.
9. AD Gard II E 42/11 à II E 42/40 (registres) et II E 36/998 à II E 36/1013 (annexes).
10. AD Gard II E 42/33 à II E 42/39, chap. 3.
11. AD Gard II E 42/35 et II E 42/39.
12. Cf. ci-dessus, chap. 3.
13. Cf. tableaux *Le budget de Borrelly* et *Dépenses et recettes de 1676 et 1686*.
14. Dans son excellente étude des dépenses de bouche d'une famille de petits notables cévenols au XVIIIe siècle Madeleine Ferrière dégage des débours en blé doubles de ceux consacrés à la viande « À la table d'une famille cévenole », *De l'herbe à la table, op. cit.*, p. 216-217, cf. note 59.
15. E. LE ROY LADURIE, *Les paysans du Languedoc, op. cit.*, p. 601.
16. Cas particulier de l'évolution de l'impôt dans la province, cf. E. LE ROY LADURIE, *op. cit.*, p. 602.
17. E.B. ms fol° 190v°, 201v°, 244v°.
18. L. SALLMANN-TEISSEYRE, *Recherches sur les structures sociales urbaines, op.cit.* et *L'industrie de la soie en Bas-Languedoc*, 1995, cf. chap. III « La société nîmoise du XVIIe siècle ». E. LE ROY LADURIE, *Les paysans..., op.cit.*, p. 336 sq. R. SAUZET, *Contre-Réforme... op.cit.*, p. 151 sq., 361 sq.
19. E.B. ms fol° 5 et 6v°. Sur Nostradamus, cf. P. BEHAR, *Les langues occultes de la Renaissance*, 1996, 121-162. Sur son importance au grand siècle, cf. *Les Effets du soleil*, catalogue de l'exposition, 1995, pl. 29, p. 94.
20. E.B. ms fol° 126, 265v°. Sur l'intérêt des hommes de la première modernité pour les phénomènes météorologiques, des éclairages neufs sont apportés par les travaux de Danielle LE PRADO-MADAULE, cf. « L'astrométéorologie. Influence et évolution en France 1520-1640 », *Histoire, Économie, Sociétés*, 1996. Sur les signes eschatologiques cf. J. DELUMEAU, *La Peur en Occident*, 1978, p. 197 sq.
21. E. LE ROY LADURIE, *Les paysans..., op.cit.*, p. 48 et *Histoire du climat*, 1967.

22. E.B. ms fol° 4 et L. MENARD, *op. cit.*, t. 6, p. 138 et dans l'édition originale t.V. Sur le puits de Borrelly, cf. ci-dessus « L'homme dans sa ville ».
23. E.B. ms fol° 81v°. Sur « l'épisode xérothermique de 1676-86 », cf. LE ROY LADURIE, *op.cit.*, p. 34 et graphiques p. 916 sq.
24. E.B. ms fol° 117, 153, 171, 220.
25. E.B. ms fol° 213, 267v°.
26. E.B. ms fol° 269-270. Ici, comme souvent ailleurs, l'édition PUECH n'est ni complète ni exacte. *Cf. annexe.*
27. E.B. ms fol° 3. Confirmation de ces intempéries dans une note du notaire Antoine Garnier « ledit débagagement (qui) dura plus de trois sepmaines pendant les neiges gelées et autres orages dont plusieurs enfants seroient morts dans des *banastes* (corbeilles) », cité par A. PUECH in *Mémoires de l'Académie de Nîmes*, 1885, p. 228.
28. E.B. ms fol° 4. Sur ce fait rarissime au XXe siècle et relativement fréquent au XVIIIe siècle, cf. E. LE ROY LADURIE, *Les paysans..., op.cit.*, p. 46.
29. E.B. ms fol° 6v° et 23v°. L'intendant d'Aguesseau constatait, à la même époque, que l'olivier avait quasiment disparu du diocèse de Nîmes, cité par E. LE ROY LADURIE, *Les paysans..., op.cit.*, p. 49, qui signale l'importance d'une éventuelle montée de sève précédant le déclenchement des gelées, *ibid.* p. 46.
30. E.B. ms fol° 6v°, 23v°, 171v°, 98v°, 157v°.
31. Cf. chap. 1.
32. E.B. ms fol° 117, 123v°, 194v°, 270.
33. E.B. ms fol° 237, 238v°.
34. E.B. ms fol° 28v° cf. tableau « Le blé dans le budget de Borrelly ». Dès l'année 1669 Borrelly avait acheté plus que la consommation de sa famille et notait en décembre (fol° 21v°) « j'ay du bled et du vin à vendre » ; cf. P. GOUBERT, *Beauvais et le Beauvaisis de 1600 à 1730*, 1960, chap. X.
35. E.B. ms fol° 29 à 34, 37, 41, 48v°. Le 26 avril 1671 Borrelly avait acheté pour 30 sols « une eymine pour mesurer le bled », fol° 33v°. Sur les bourgeois accapareurs et spéculateurs à la hausse, cf. P. GOUBERT, *op.cit.* ; du même auteur, *Louis XIV et 20 millions de Français*, 1966, p. 17.
36. Cf. R. SAUZET, *Contre-Réforme..., op. cit.*, p. 436 — E.B. ms fol° 60v°.
37. E.B. ms fol° 128, 128v°. Le décrochement du revenu décimal est un peu plus tardif à Nîmes que dans les autres chapitres de la région, cf. E. LE ROY LADURIE, *Paysans..., op.cit.*, p. 978.
38. E.B. ms fol° 131. Sur l'affaire de la rose de diamant, cf. ci-dessus. Sur la famille Novy, cf. A. PUECH in *MAN*, 1886 ; p. 409-415.
39. E.B. ms fol° 60, 72v°, 84, 95, 112.
40. E.B. ms, fol° £ 8, 21.
41. E. LE ROY LADURIE, *Paysans...*, p. 431sq et 517sq.
42. R. SAUZET, *Contre-Réforme..., op.cit.*, p. 338.
43. Cf. tableau.
44. E. LE ROY LADURIE, *Paysans..., ibid.*
45. E.B. ms, fol° 91, 122, 133, 141v°, 167, 240, 248, 253.

46. E.B. ms fol° 11v°, 43, 183, 193, 207, 221v°.
47. E.B. ms fol° 259. Arch. Hôtel-Dieu H 103.
48. E.B. ms fol° 173 et 208. Cf. le tableau « Le blé dans le budget de Borrelly ». Les prix indiqués correspondent à la mercuriale donnée par A. PUECH in *MAN* 1988, p. 458.
49. Cf. P. GOUBERT, *op. cit.*, p. 76.
50. E.B. ms fol° 99v°, 223v°, 231 et 236v°. P. CHARBONNIER, *Les Anciennes Mesures locales., op.cit.*, p. 167.
51. E B ms 14, 15v°, 21v°, 27v°, 35v°, 72v°, 84, 91, 95, 113, 126v°, 133v°, 137v°, 156, 159, 257v°, 259, 260v°. Pour les mesures, cf. P. CHARBONNIER, *Les Anciennes Mesures locales..., op. cit., p. 167.*
52. E B ms fol° 47v°, 53, 54.
53. E B ms, fol°0 11v°, 17, 17v°, 33, 33v°, 35, « 36, 127v°, 138.
54. E.B. ms, fol° 155v°, 180v°, 185v°, 187, 190v°, 193, 195v°, 200v°, 201, 206, 209. Exceptionnellement une commande d'une « demi-charge » d'huile en février 1689, fol° 213v°.
55. E.B. ms, fol° 22v°, 41v°, 54v°, 62v°, etc.
56. Le quintal équivaut à 41 kg., cf. P. CHARBONNIER, *op.cit.*.
57. E.B. ms, fol° 16, 32v°, 37, 41v°, 48v°, 49, 62, 71v°, 85, 96, 113v°, 127, 138, 148v°, 159, 165, 198v°, 202, 213, 224, 231, 236v°.
58. E.B. ms, fol° 72v°.
59. Actes du colloque *De l'herbe à la table. La viande dans la France méridionale à l'époque moderne*, Montpellier, 1994, dir. A. BLANCHARD, H. MICHEL et G. PELAQUIER, cf. p. 06, 115, 122 (G. LARGUIER), p. 186 (Y. MAURIN), p. 211-226 (M. FERRIÈRE) et E. LEROY LADURIE, *Paysans...* p. 526-7.
60. E.B. ms, fol° 39v°, 59, 62v°, 67v°, 107v°, 260.
61. E.B. ms fol° 23, 149.
62. E.B. ms fol° 30, 69, 123.
63. E.B. ms fol° 183v°.
64. E.B. ms fol° 124v°, 125, 127, 128.
65. E.B. ms fol° 30, 34v°, 70v°, 201. Sur le roquefort, cf. M. ROWLEY. *À table. La fête gastronomique*, Gallimard, 1994, p. 67.
66. E.B. ms fol° 28, 44v°, 86, 198v°, 208.
67. E.B. ms fol° 13, 13v°, 18, 58v°, 64, 79, 120v°, 128, 138, 147v°, 166v°, 176v°, 207, 220.
68. Cf. L. SALLMANN-TESSEYRE, *Recherches..., op.cit.*, et R. SAUZET, *Contre-Réforme..., op.cit.*, p. 106, 151.

CHAPITRE 5

1. E.B. ms fol° 96v° — 250. En 1689, quatre ans après la Révocation, Borrelly siège encore à la seconde échelle du conseil politique. Jusqu'en 1684 les notaires comme les marchands, siégeaient à la 3e échelle. Cf. F. DE LA

FARELLE, *Études historiques sur le consulat et les institutions municipales de la ville de Nismes, Nîmes, 1841.*

2. D. ROCHE, *La Culture des apparences. Une histoire du vêtement (XVIIe et XVIIIe s.)*, 1989.
3. D. ROCHE, *op. cit.*, p. 58.
4. E.B. ms fol° 47v°, 49v°.
5. MOLIÈRE, *Les Femmes savantes*, 1672, Acte II, scène 7.
6. E.B. ms fol° 38v°, 50 et 65v°. L. TEISSEYRE-SALLMANN, *L'Industrie..., op. cit.*, p. 44. Le dernier achat de toile pour faire des rabats est du 9 février 1671, *ibid.*, fol° 33. Il y a une quinzaine d'années de décalage entre Nîmes et la cour où la cravate avait supplanté le rabat dès 1656, cf M. BEAULIEU, « Le vêtement », in *La France et les Français*, encycl. de la Pléiade, 1972, p. 266 et 268.
7. E.B. ms fol° 234v°.
8. E.B. ms fol° 45, 46, 47v°.
9. E.B. ms fol° 102v°, 140, 141, 150, 169v°, 191, 207v°, 208, 225, 272. Archives Hotel-Dieu H 103, cf. ci-dessus, chap. 2.
10. E.B. ms fol° 22v°, 29v°, 44, 49v°. En 1677 achat de toile pour six essuie-mains., fol° 77.
11. D. ROCHE, *La Culture des apparences, op. cit.*, p. 60 et *Le Peuple de Paris : essai sur la culture populaire au XVIIe siècle*, 1981, p. 165 sq.
12. E.B. ms fol° 230. Les tableaux en annexe donneront un aperçu des multiples notations qui pourraient être utilisées pour une histoire du vêtement...
13. E.B. ms fol° 67, 81, 96v°, 115v°, 118, 189v°, 190v°, 191, 192v°, 234v°, 244v°, 248v°, 249v°.
14. E.B. ms fol° 210, 37v°, 38, 113v°, 115v°, 118, 162, 172v°, 175, 214. Arch ; Hôtel-Dieu H 103. Sur le linge, cf. A. CORBIN, *Le Temps, le désir et l'horreur..., op. cit.*, p. 23 sq.
15. E.B. ms fol° 37v°, 52v°, 58v°, 65v°, 75v°, 95, 113v°, 163v°.
16. E.B. ms fol° 34, 56, 166, 180v°. L. TEISSEYRE-SALLMANN, *L'Industrie de la soie, op. cit.*, p. 45.
17. E.B. ms fol° 67v°, 125, 156, 260v°.
18. E.B. ms fol° 118v°. Abbé FABRE, *Histoire de Jean l'an près.*, publ. P. GARDY et P. SAUZET, Montpellier, 1988, p. 112.
19. E.B. ms fol° 49 et 95. Sur le traité de Thiers, cf. D. ROCHE, *La Culture des apparences, op. cit.*, p. 36.
20. E.B. ms fol° 118v°, 149, 165v°. Sur la famille Chambonas au chapitre de Nîmes, cf. R. SAUZET, *Contre-Réforme..., op. cit.*, p. 344-345. et 437.
21. E.B. ms fol° 202v°, 225, 237. E. LE ROY LADURIE a judicieusement noté dans sa thèse la relation entre la détestable situation économique qui suit la révocation et le prix des perruques borrellyennes, *Les Paysans du Languedoc., op. cit.*, p. 611(616 ?).
22. E.B. ms fol° 264v°.
23. Jean Rozel seigneur de Sauzette, premier consul de Nîmes en 1661 et lieutenant au présidial de 1667 à 1692, cf. L. MENARD, *Histoire..., op. cit.*, t. VI, p. 144 et annexes p. 10.

24. « Achat d'une brouste pour ma teste » (1676) E B ms fol° 96v°. « Achat de deux calottes pour mettre sous la perruque » (1686), fol° 182.
25. Cf. A. MICHEL, *Les rois du papegay à Nîmes*, Nîmes 1878 — R. MANDROU, *Introduction à la France moderne*, 1961, p. 184 sq. P. ARIÈS et J.P. MARGOLIN (dir.), *Les Jeux à la Renaissance*, actes du colloque de Tours, 1982.
26. E.B. ms fol° 2v°. A. MICHEL, *op. cit.*, p. 8, 45-47.
27. E.B. ms fol° 4, 146, 162v°, 252v°, 255.
28. E.B. ms fol° 188, 200, 208v°, 210, 221v°. Cf. ci-dessus chap. 1, L. MENARD, *Histoire de Nîmes, op. cit.*, t. VI, p. 281.
29. E.B. ms fol° 232. *Mémoire* de Basville, éd. cit. (F. MOREIL), p. 264. L. MENARD, *Histoire de Nîmes, op. cit.*, t. VI, p. 186, 191. Au XVIIIe siècle, les états provinciaux contribuaient encore à l'entretien de la maison carrée, cf. cette lettre de l'évêque d'Agde à l'érudit nîmois J.F. Séguier : « Je ne doute pas qu'on vous donne de nouveaux secours aux états pour la maison carrée », *Lettres de Charles de St Simon Sandricourt évêque d'Agde*, publ. X. AZEMA, Montpellier, 1987, p. 174.
30. E.B. ms fol° 142-144. Sur les protestants et l'industrie nîmoise, cf. chap. 1 et les travaux de L. Sallmann-Teisseyre.
31. E.B. ms fol° 145v°.
32. E.B. ms fol° 145-146v°.
33. E.B. ms fol° 252v°-253. Relation de l'entrée des princes, in L. MENARD, *Histoire..., op. cit.*, t. VI, p. 334. Sur le succès du parfum de romarin au XVIIIe siècle, cf. A. CORBIN, *Le Miasme et la Jonquille*, *op. cit.*, p. 89.
34. Épisode relaté par MENARD, *op. cit.*, p. 335 et 337, qui évoque aussi l'indemnisation du propriétaire par les princes et la ville (celle-ci avait emprunté 8 000 livres pour faire face aux dépenses de l'entrée).
35. E B ms fol° 92v°, 98v°, 252, 273. Évocation de ces réjouissances in L. MENARD, *Histoire...*, t. VI, p. 220, 318, 403.
36. Cf. L. SALLMANN-TEISSEYRE, in *Histoire de Nîmes* (dir. R. HUARD), Aix, 1982, p. 196. L. MENARD, *op. cit.*, t. VI, p. 165.
37. R. SAUZET, « La qualité de la vie à travers quelques registres de délibérations capitulaires du Bas-Languedoc », actes du 7e coll. du CMR, *La Qualité de la vie au XVIIe siècle*, Marseille, 1977, p. 152.
38. E.B. ms fol° 15v°, 33v°, 40, 42v°, 55v°, 69, 82, 139. Texte de l'affermage in reg. 1682, fol° 447v°, AD II E 42-31.
39. E.B. ms fol° 244.
40. E.B. ms fol° 39v°.
41. E.B. ms fol° 86. Un jeu de mail avait été établi à l'ouest de la ville, en 1636, près des « masures » des murailles romaines sur le territoire de l'ancienne rectorie St Vincent., L. MENARD, *op. cit.*, t. VI, p. 14.
42. E.B. ms fol° 19, 20, 23v°, 29v°, 30, 34v°, 37v°, 64v°, 69v°, 75, 85, 86, 111v°, 121v°, 132v°.
43. E.B. ms fol° 132v°.
44. E.B. ms fol° 236v°.
45. E.B. ms fol° 30.

46. E.B. ms fol° 126. En 1669 à propos d'affaires conclues à Bezouce, « le jeudy 26 décembre jour de la feste St Étienne, le lendemain de la Noël, je partis de cette ville pour aller à Bezouce, y passer les festes », fol° 20v°.
47. Sur l'oecuménisme de cabaret, cf. R. SAUZET, *Les Visites pastorales dans le diocèse de Chartres au* XVIIe *siècle*, Rome, 1975, p. 227.
48. E.B. ms fol° 36, 52, 55, 62v°.
49. E. LE ROY LADURIE, *Paysans...*, p. 593.
50. E.B. ms fol° 58, 91, 189v°.
51. E.B. ms fol° 55, 59v°, 63, 91, 97, 112v°, 1664, 167, 202v°, 225v°, 231.
52. E.B. ms fol° 49, 56, 71v°, 78v°, 166v°.
53. Cf. L. FLANDRIN, « La transformation du goût alimentaire », in *Histoire de la vie privée*, t. 3, 1986, p. 275. Du jambon, du bœuf en daube et des rotis étaient offerts au public lors des fêtes célébrant la naissance du duc de Bourgogne. E.B. ms fol° 143v°.
54. Cette chanson du félibre Roumieux date de 1867, cf. J.C. LHEUREUX, *Au bon vieux temps des mazets*, Nîmes, 1982, p. 161-164.
55. Le cadastre recensait 600 mazets en 1832 et 4 194 en 1932., cf V. BOMBAL, *Jardins rustiques*, Aix, 1995, p. 47. J.C. LHEUREUX, *op. cit.*, L. MAZAURIC, « Belle rose ô tour magne », 1969.
56. Cf. O. RANUM « Les refuges d'intimité », in *Histoire de la vie privée, op. cit.*, t. III, p. 214-219.
57. *Discours historial de l'antique et illustre cité de Nîmes*, Lyon, 1559, p. 26-28.
58. R. SAUZET, *Contre-Réforme..., op. cit.*, p. 108 et 338. E B ms fol° 55v° (dîner), 64v° (jeu), 132v° (souper joué), 189v° (repas). L. MENARD, *Histoire de Nîmes, op. cit.*, t. VI, p. 214 (le jardin de Séguier). Sur l'art des jardins importé d'Italie aux XVIe et XVIIe siècle, cf. P. LAVEDAN, *Histoire de l'urbanisme. Renaissance et temps modernes*, 1941, p. 28 sq. J. BALSAMO, « La description des jardins d'Italie par les voyageurs français, 1574-1606 », in *Architecture et jardins* (actes du coll. CESR 1992), 1995, p. 73-79. A. CHASTEL, *L'Art français, Temps modernes*, 1994, p. 296 sq. Sur la mode des jardins, cf. le chap. XIII des *Caractères* de LA BRUYÈRE in *Moralistes du grand siècle* (sous la dir. de J. LAFOND), p. 901 ; au début du XVIIIe siècle, le chanoine Folard goûtait fort les charmes de son jardin nîmois, cf. J. CHAGNIOT, « La marque de l'esprit occitan chez les frères Folard », in *Foi, fidélité, amitié à la période moderne*, Tours, 1995, p. 38.
59. E.B. ms fol° 193v°, 204v°. V. BOMBAL, *op. cit.*, p. 15, envisage avec raison ces résidences suburbaines au titre de l'histoire des masets.
60. E.B. ms fol° 9v°. Sur la famille Eyroux, cf. R.S., 1, p. 103. Acte de vente, A.D. II E, 42-19., fol° 355v°.
61. E.B. ms fol° 14v°, 15, 18v°, 19v°, 20, 20v°, 38. Après la vente de son jardin Borrelly garda le goût des orangers. En 1679 il acheta d'un marchand génois quatre orangers et douze jasmins qu'il fit mettre dans les vases qui lui restaient de son ancien clos. Il les fit « aporter au jardin de M. Maimbert pour les reprendre quand ils auront bien pris », *ibid.*, fol° 99.

62. E.B. ms fol° 40v°. Le paiement des 750 livres ne fut pas acquis immédiatement. En 1672 Borrelly reçut seulement 110 livres et les 640 livres restantes en 1679 (fol° 108v°). Entre-temps il en perçut les intérêts au denier 16, soit 40 livres par an, fol° 48v°, 53, 69v°, 72, 83v°, 94v°.
63. E. LE ROY LADURIE, *Paysans*..., p. 525 sq. L'interprétation de la vente du jardin que donne le Dr Puech (M.A.N., 1886, p. 463), « viennent les mauvais jours c'est le premier sacrifice qu'il (Borrelly) fera aux besoins de la famille », n'apparaît pas du tout dans le texte et correspond au parti-pris hagiographique de l'auteur.
64. E.B. ms fol° 243.
65. E.B. ms fol° 2 et 34v°.
66. E.B. ms fol° 30. Le prieuré de Saint-Jean-du-Gard était uni à la mense abbatiale de Saint-Gilles, E. GOIFFON, *Dictionnaire topographique du diocèse de Nîmes*, Nîmes, 1881, p. 307.
67. E.B. ms fol° 43v°, 86, 87v°, 149v°, 156v°, 228v°.
68. E.B. ms fol° 76.
69. L. RICHEÔME, *Le Pèlerin de Lorette*, Bordeaux, 1604.
70. Sur la grande époque de l'architecture aixoise qu'est le XVIe siècle, cf. M. BERNOS in *Histoire d'Aix-en-Provence*, Aix, 1977. J.J. GLOTON, *Renaissance et baroque à Aix-en-Provence*, 1979.
71. F. BRIZAY, *L'Italie et les Italiens vus par les Français d'après les récits de voyage au* XVIIe *siècle*, thèse, Université de Tours, 1996.
72. E.B. ms fol° 13, 18, 29, 45, 51, 64, 78, 79, 120v°, 151v°, 161, 207. Sur la foire de Beaucaire, cf. M. CONTESTIN, *La Foire de Beaucaire, un grand marché européen*, Montpellier, 1995. *L'Embarràs de la fieira de Beucaire* de Jean MICHEL a été l'objet d'une édition critique de Philippe GARDY, Montpellier, 1974.
73. E.B. ms fol° 92v°, 189v°.
74. E.B. ms fol° 59v°. Cf. J.N. BIRABEN, *Les Hommes et la peste en France et dans les pays méditerranéens*, 1975 et F. LEBRUN, *Médecins, saints et sorciers aux 17e et 18e siècles*, 1983, p. 156 sq.
75. E.B. ms fol° 274v° ;
76. E.B. ms fol° 9v°, 12 (Jean), 81 (Mathieu), 127 et 137 (Louis), 148 (Marie), 149v° (Joseph), 240 (Marc-Antoine), 252 (Thérèse). Sœur D. Péron, archiviste des Hospitalières de Saint-Joseph, m'a confirmé que la circulaire de Thérèse est « effectivement manquante et signalée comme telle dans tous nos recueils » Archives Hôtel-Dieu H 103 (notes de Séguret évoquant son beau-frère Marc-Antoine).
77. E.B. ms fol° 31, 74v°, 78, 91v°, 103, 154v°, 156, 274v°. Pour les couches, 32v°, 38v°, 57v°, 70v°, 82v°, 83. Voir la thèse de Mireille LAGET, *Naissance et conscience de la vie. Procréation, enfantement, obstétrique en Languedoc,* XVIIe *et* XVIIIe *siècles*, Paris IV, 1980.
78. E.B. ms fol° 1v°, 75, 125, 157v°, 248.
79. E.B. ms fol° 95, 168v°, 260, 272. Supplique d'Étienne Borrelly au juge des conventions royaux (1718), A.D. Gard (archives de l'Hôtel-Dieu) H 103.

80. E.B. ms fol° 198v°, 230. Sur le quinquina ou quina-quina, cf. R. MANDROU, *Introduction à la France moderne*, 1961, p. 58. F. LEBRUN, *Médecins..., op. cit.*, p. 75.
81. E.B. ms fol° 16.
82. *Correspondance*, édit. R. DUCHÊNE (Pléiade), t. II, p. 399, 705, 908, 930, 934.
83. E.B. ms fol° 99v° et 100. Sur les empiriques au XVIIe siècle, cf. F. LEBRUN, *op. cit.*, p. 93 sq.
84. *Correspondance*, Pléiade, t. III, p. 275, 607, 710.
85. E.B. ms fol° 103v°, 186. Sur la question des bains au XVIIe siècle cf. G. VIGARELLO, *Le Propre et le Sale*, 1985.
86. E.B. ms fol° 160v°, 225v°.
87. Cf. « Contestation et renouveau du pèlerinage au début des temps modernes » in *Les Chemins de Dieu. Histoire des pèlerinages chrétiens*, s. la dir. J. CHELINI et H. BRANTHOMME, 1982, p. 235 sq, F. LEBRUN, *op. cit.*, p. 113 sq.
88. E.B. ms fol° 150. Sur l'essor du pèlerinage de « la sainte montagne » au XVIIe siècle, cf. R. SAUZET, « Pèlerinage panique et pèlerinage de dévotion : Notre-Dame-de-Rochefort au XVIIe siècle », in *Annales du Midi*, t. 77, oct. 1965, p. 375-397.

Chapitre 6

1. Cf. A. DUPRONT, « Du Concile de Trente », *Revue historique*, t. 75, 1951, p. 262-280. L. CHATELLIER, *L'Europe des dévots*, 1987.
2. E.B. ms, fol° 9v°, 21, 27v°, 68v°.
3. E.B. ms, fol° 30, 42, 76v°, 158, 244v°, 253v°, 266v°.
4. E.B. ms fol° 5v°, 6. L. BELY, *Les relations internationales en Europe XVIIe-XVIIIe siècles*, 1992, p. 210. L. MENARD, *Histoire de Nîmes, op. cit.*, t. VI, p. 154.
5. La plate-forme correspondait à un aménagement du rempart pour y disposer de l'artillerie, cf. A. SERRE, *op. cit.*, p. 154.
6. E.B. ms fol° 199 et 202. J. ORCIBAL, *Louis XIV contre Innocent XI*, 1949. J.R. ARMOGATHE, *L'Église catholique et la révocation de l'Edit de Nantes* ; 1985.
7. Cf. J. R. ARMOGATHE, *op. cit.*, p. 131 sq.
8. E.B. ms fol° 215, 219v°, 221v°, 235. Sur Alexandre VIII et Innocent XII, cf E. PRECLIN et E. JARRY in *Histoire de l'Église*, t. 19, 1955, p. 24-26, 163-164. L. FIORANI in *Dictionnaire historique de la papauté*, 1994, p. 76 et 898-901.
9. E.B. ms fol° 233, 235, 252.
10. Sermon d'ouverture cité par J. TRUCHET, *Politique de Bossuet*, 1966, p. 167.
11. Cf. R. SAUZET, « La réforme pastorale, le clergé séculier » in *Histoire de la France religieuse*, t. 2 (dir. F. LEBRUN), 1988, p. 369 sq.

12. E.B. ms fol° 7. AD. Gard G 1348 (délibérations capitulaires).
13. E.B. ms fol° 48v°, 197v°, 237v°.
14. E.B. ms fol° 4v°. Sur la personnalité de Cohon et l'importance de son épiscopat, R. SAUZET, *Contre-Réforme..., op. cit.*, p. 216 sq.
15. E.B. ms fol° 5, 7, 8v°, 31. Prix fait concernant la reconstruction de l'église de St Césaire in AD Gard II E 36 (542), fol° 44.
16. AD Gard II E 42-22 (Borrelly) et II E 36-542 et 543 (P. Ferrand).
17. E.B. ms fol° 34v°, 54v°. Sur l'épiscopat de Séguier, cf. R.S AUZET, *Contre-Réforme..., op. cit.*, p. 404 sq.
18. *Correspondance*, éd. R. DUCHÊNE, t. III, p. 754.
19. D. RICHET, *De la Réforme à la Révolution. Études sur la France moderne*, 1991, p. 216.
20. L. MENARD, *Histoire de Nîmes, op. cit.*, t. VI, p. 274.
21. E.B. ms fol° 197-202.
22. E.B. ms fol° 197v°.
23. Sur Fléchier, cf. R. SAUZET, *Contre-Réforme..., op. cit.*, p. 411 sq. E. LE ROY LADURIE, *Paysans, op. cit.*, p. 621 et 643. J. R. ARMOGATHE et P. JOUTARD, « Bâville et la consultation des évêques en 1698 », *Revue d'Histoire et de Philosophie religieuse*, 1972, p. 157-184.
24. E.B. ms fol° 225, 243, v°, 245, 270, 270v°, 273. Sur les abbayes de Fléchier, Saint-Séverin au diocèse de Poitiers, Baignes au diocèse de Saintes, cf. L. MÉNARD, *Histoire de Nîmes*, t. VI, p. 277-278. Sur l'évêque La Parisière, *ibid.*, p. 397, 402, 428 et 488-491.
25. E.B. ms fol° 202v°, 245. Sur l'érection du diocèse d'Alès, cf. R. SAUZET, *Contre-Réforme..., op. cit.*, p. 489.
26. E.B. ms fol° 55, 139v°, 144. Délibérations capitulaires (1663-1690), A D Gard, G 1349.
27. E.B. ms fol° 76v°, 99v°, 126, 191, 228v°. Sur la gouvernante du curé de Bezouce, cf. E. LE ROY LADURIE, *L'Argent, l'Amour et la Mort, op. cit.*, p. 12, 217.
28. A D Gard, G 1333 à G 1350, 18 registres soit plus de 4 000 fol°. Je ne reviendrai pas sur des séries très riches que j'ai exploitées par ailleurs, cf. R. SAUZET, *Contre-Réforme..., op. cit.*, *passim*.
29. 25/05,5/10, 12/11/1667 ; 28/12/1672. A D Gard G 1349.
30. E.B. ms fol° 136v°. Sur le petit séminaire, cf. R. SAUZET, *Contre-Réforme..., op. cit.*, p. 422.
31. Outre E. LE ROY LADURIE, *Paysans, op. cit.*, p. 477, cf. R. SAUZET « La qualité de la vie à travers quelques registres de délibérations capitulaires du Bas-Languedoc », Actes du Colloque du C.M.R.17 *La Qualité de la vie au* XVIIe *siècle*, Marseille, 1977, p. 151-154.
32. L. MENARD, *Histoire de Nîmes*, t. V, p. 438. R. SAUZET, *Contre-Réforme..., op. cit.*, p. 422 sq.
33. E.B. ms fol° 12. Cette sombre affaire a été omise dans la publication d'A. PUECH. Les comptes des ursulines du grand couvent mentionnent la dot de la « sœur Bimarde » : 1 800 livres. A. D. Gard H 766.
34. L. CHATELLIER, *L'Europe des dévots*, 1987, p. 155 et 173.

35. Sur les congrégations mariales jésuites, cf. L. CHATELLIER, *op. cit., passim*. E.B. ms fol° 3v°, 74v°, 100v°, 156, 201. Sur la congrégation nîmoise cf. Archives romaines de la Compagnie de Jésus, Lugdun. 30, fol° 168-202. R.S.,1, p. 463. Sur le lock-out de 1679, cf. R. SAUZET, « Religion et rapports de production » *in Mélanges Richard Gascon.*, *op. cit.*, t. II, p. 235-243.
36. Sur l'engagement marial des congréganistes, cf. L. CHATELLIER, *op. cit.*, p. 22. Les testaments d'Étienne Borrelly, A.D. Gard II E 42-47 et II E 42-31.
37. E.B. ms fol° 3v°. Sur la compagnie du Saint-Sacrement à Nîmes, cf. R. SAUZET, *Contre-Réforme..., op. cit.*, p. 159.
38. A. FINE, *Parrains et Marraines*, 1984, p. 265 et *Le Prénom, mode et histoire*, s. la dir. de J. DUPAQUIER, 1984 (notamment F. ZONABEND, p. 23-27 et C. KLAPISH-ZUBER, p. 37-47, A. FINE, p. 109-125).
39. E.B. ms fol° 237v°. Livre archivial des capucins de Nîmes, AD Gard H 931.
40. Cf. J. LE BRUN, in *Histoire spirituelle de la France*, 1964, p. 272. R. TAVENEAUX, *Le catholicisme dans la France classique*, 1980, t. II, p. 376, 465 sq. R. SAUZET in *Histoire religieuse..., op. cit.*, t. II, p. 342 sq. Actes du colloque du CMR 17, *La Conversion au XVII*[e] *siècle*, Marseille, 1983. E. DUPERRAY, Catalogue de l'exposition *Marie-Madeleine figure inspiratrice dans la mystique, les arts, les lettres*, Musée Pétrarque, Fontaine-de-Vaucluse, 1987.
41. E.B. ms fol° 77.
42. E.B. ms fol° 156.
43. B. DOMPNIER, in *Pratiques de la confession*, 1983, p. 205.
44. E.B. ms fol° 101. Dans son testament (transcrit dans les registres capitulaires A D Gard G 1249) Rochemore fondait une messe des morts à perpétuité et invoquait « la glorieuse Marie de laquelle je recognois et déclare avoir esté très particulièrement assisté dans tous les malheurs qui me sont arrivés ».
45. E.B. ms fol° 30v°, 42, 76v°, 158, 226v°, 237v°, 253v°.
46. E.B. ms fol° 67, 273v°. J.P. GUTTON, *Domestiques et Serviteurs dans la France d'Ancien Régime*, 1981, p. 49.
47. Cf. J. CI. DHÔTEL, *Les Origines du catéchisme moderne d'après les premiers manuels imprimés en France*, 1969. M. FOUCAULT, *Histoire de la sexualité*, t. I, 1976. J. SOLE, *L'Amour en Occident à l'époque moderne*, 1976, p. 85 sq.
48. E.B. ms fol° 241v°-245v°.
49. E.B. ms fol° 196v°.
50. E.B. ms fol° 6.
51. Cité par A. ADAM in éd. Pléiade des *Historiettes* de Tallemant des Réaux, t. II, p. 1208.
52. *Mémoires*, éd. Pléiade par M. ALLEM et G. THOMAS.
53. G. COLLAS « La conversion du prince de Conti » *in Revue d'ascétique et de mystique*, 1948, p. 156-181. L. TRENARD *in* D.G.S., p. 398-399.

A. TALLON, *La Compagnie du Saint-Sacrement*, 1990, p. 137. M. OLPHE-GAILLARD *in Dictionnaire de spiritualité*, t. 2, col. 2.202-2.206.

54. E.B. ms fol° 220 et 225. J. LE BRUN *in Histoire spirituelle de la France*, 1964, p. 238 sq.
55. V.-L. TAPIÉ, *Baroque et Classicisme*, 1957.
56. E.B. ms fol° 5. Borrelly omet de mentionner la plantation de croix faite à l'esplanade le 12 avril 1667 devant l'église des capucins, L. MENARD, *Histoire*. t. VI, p. 175.
57. E.B. ms fol° 47, 90v°, 273.
58. E.B. ms fol° 13 fol°.
59. *Les Tragiques*, éd. Henri WEBER, Pléiade, p. 50.
60. Borrelly ne parle pas de musique mais le 29 août 1668 les musiciens du bas-chœur demandaient aux chanoines une gratification pour leur participation aux cérémonies. A. D. Gard G 1340.
61. R. SAUZET, *Contre-Réforme..., op. cit.*, p. 160.
62. L. MÉNARD, *Histoire...*, t. VI, p. 176 évoque les fêtes de la canonisation de M. de Genève. En revanche il omet Rose de Lima...
63. A. D. Gard, G 1349 (délibérations du 19-04-1667).
64. *Ibid.* (Délibération du 15-04-1670).
65. Voir en particulier A. D. Gard G 1349 (délibérations 1663-1680).
66. E.B. ms fol° 150v°, 226v°.
67. E.B. ms fol° 144. Sur l'institution de la fête du Rosaire, cf. N. LEMAÎTRE, *Saint Pie V*, 1994, p. 318. Sur la procession d'Eyragues, cf M. VENARD, « Les missions des oratoriens d'Avignon aux XVIIe et XVIIIe siècles », *R.H.E.F.*, 1962, p. 28. L. MENARD, *Histoire*, t. VI, p. 243 précise que les enfants habillés en anges étaient 15 et symbolisaient les 15 mystères du Rosaire et qu'un autre enfant représentait le duc de Bourgogne. Il date par erreur la procession du 27 septembre.
68. E.B. ms fol° 217.
69. E.B. ms fol° 155v°, 274v° Papiers Séguret, A. D. Gard, archives de l'Hôtel-Dieu H 109, Livre de la confrérie des agonisants, A. D. arch. Hôtel-Dieu H 111. Sur l'influence de l'ordre dominicain sur les catholiques nîmois, cf. R. SAUZET, *Contre-Réforme...*, p. 446. Le 2e testament de Borrelly, A. D. Gard II E 42-31-fol° 503.
70. E. B. ms fol° 118v°. Sur l'aspect agraire de cette fête solsticielle de Saint-Jean « salvaire das blats, das sigals, das fens e das airisses » (sauveur des blés, des seigles, des foins et des aires), cf. J.P. PINIES, « Ethnographie » in *Languedoc méditerranéen*, 1989, p. 172.
71. E.B. ms fol° 244. Sur l'importance du rôle des capucins à Nîmes au XVIIe s., cf. R. SAUZET, *Contre-Réforme...*, p. 262-64, 280-86, 446-458.
72. M. VOVELLE, *Mourir autrefois*, 1974.
73. E.B. ms fol° 100v°.
74. V.-L. TAPIÉ, *op. cit.*, p. 240.
75. A. D. Gard II E 42/27 et E. B. ms fol° 59v°.
76. E.B. ms fol° 66v°. et A. D. Gard II E 34/66 (15-06-1676).

77. Abbé SARRAN, *Mois des morts de l'œuvre de N. D. du suffrage, fondée à Nîmes en 1857*, Nîmes 1900, 2e éd. 1932, p. 48.
78. E.B. ms fol° 11. Chapitre du 4 mai 1666, A. D. Gard G 1349.
79. E.B. ms fol° 156.
80. Sur les funérailles simples ou non, cf. R. SAUZET, *Contre-Réforme..., op. cit.*, p. 157, 368. Testaments de Borrelly, A. D. II E 42/27. et II E 42/31.
81. E.B. ms fol° 31 v° et 270v°. Les obsèques de Cohon et Fléchier sont également décrites d'après les archives municipales par L. MÉNARD, *Histoire*.., t. VI, p. 190 et 392.
82. E.B. ms fol° 59, 59v°, 100-101v°. Cf. pièces justificatives.
83. E.B. ms fol° 30v°, 152, 271, 271v°. Évocation des services dans L. MENARD, *Histoire*, t. VI, p. 188 (Henriette), 251 (Marie-Thérèse), 400 (Le grand dauphin), 401 (duc et duchesse de Bourgogne)... Sur le jésuite Mathieu Mourgues, cf. C. SOMMERVOGEL, *Bibliothèque de la Compagnie de Jesus*, 1891, t. V, col. 1343.
84. Cf. R. SAUZET, *Contre-Réforme..., op. cit.*, p. 174-5, 272.
85. Cf. H. SCHILLING, *Religion, Political Culture and the Emergence of Early Modern Society*, Leyde, 1992 p. 205 sq. E. FRANÇOIS, « La frontière intériorisée », in actes du 31e colloque international du CESR à Tours, *Les Frontières religieuses en Europe du XVe au XVIIe siècle*, 1992, p. 51-58. T. WANEGFFELEN, « Les chrétiens face aux Églises dans l'Europe moderne », *Nouvelle Revue du XVIe siècle*, 1993, n° 11, p. 37-53.
86. L. MÉNARD, *Histoire*, t. IV, p. 88.
87. L. MÉNARD, *Ibid.*, p. 200. D.-O. HUREL « Le prieuré de Saint-Baudile de Nîmes dans la congrégation de Saint-Maur » in *Foi, Fidélité, Amitié*, Tours, 1995, p. 55-65.
88. E.B. ms fol° 55v°.
89. B.M. Nîmes, ms 175, fol° 123.
90. A. DUPRONT, *Du sacré*, 1987, p. 462. L. MENARD, *Histoire*, t. IV, p. 106.
91. Cf. R. SAUZET, « Miracles et Contre-Réforme en Bas-Languedoc sous Louis XIV », *Revue d'Histoire de la spiritualité*, t. 48, n° 190, 1972, p. 179-191.
92. E.B. ms fol° 265v°. Borrelly écrit en juin 1706. La lettre pastorale de l'évêque est un peu postérieure (21 juillet).
93. E.B. ms fol° 23v°, 141, 147v°, 228v°.
94. E.B. ms fol° 13, 269.
95. M. FOUCAULT, *Histoire de la folie à l'âge classique*, 1961 — J. P. GUTTON, *La Société et les pauvres en Europe (XVIe-XVIIIe siècles)*, 1974 — Sur Chaurand, cf. C. SOMMERVOGEL, *op. cit.*, t. II, col. 1101-1102. L. MENARD, *Histoire*..., t. VI, p. 224-230.
96. E.B. ms fol° 103v° et 187v°. Sur l'action de Chaurand et Guévarre, cf. P. GUTTON, *op. cit.*, p. 130 sq. Sur l'hôpital général de Nîmes, cf. MENARD, *Histoire*, t. VI, p. 228 sq., 293., R. SAUZET, *Contre-Réforme..., op. cit.*, p. 452.
97. E.B. ms fol° 82v°, 149v°, JOB, I, 21.

CHAPITRE 7

1. R. SAUZET, *Contre-Réforme...*, p. 266-274. Sur la fréquente perméabilité de la frontière religieuse, cf. E. LABROUSSE « Perspectives plurielles sur les frontières religieuses » in *Les frontières religieuses en Europe du XV*[e] *au XVII*[e] *siècle*, actes du 31e colloque international du C.E.S.R., 1992, p. 205-214.
2. A.D. Gard II E 42/22. Sur Pierre Formi et Samuel Petit, cf. R. SAUZET « Le théologien réformé Samuel Petit 1594-1643). Un homme de paix dans des temps difficiles » *Mélanges Jean Delumeau*, 1997, p. 641-649.
3. A.D. Gard II E 42/13-15. En janvier 1682, Borrelly enregistre le testament d'une protestante Françoise Gourdonne épouse Sarran (à ce moment-là, l'édit royal du 28 juin 1681 qui excluait les réformés du notariat commençait à entrer en application mais, par exemple, le calviniste Arnoux continue à exercer sa charge jusqu'au 11 février 1682. II E 37/215).
4. E.B. ms fol° 6 et 73 v°. L. MENARD, *Histoire*, t. VI, p. 212.
5. Cf. ci-dessus, chap. 1 et 6. Sur l'activité des commissaires, cf. P. GACHON *Quelques préliminaires de la révocation de l'édit de Nantes en Languedoc*, 1899, p. 35-42.
6. E.B. ms fol° 8v°, 41v°.
7. E.B. ms fol°/106.
8. Sur l'affaire des « accommodeurs », cf. R. SAUZET, *op. cit.* ; p. 379-384.
9. E.B. ms fol° 62, 62v°, 95v°, Portrait du 3e consul, le notaire Denis Temple en couverture. Sur l'« ouvrier » ou « voyer » et ses attributions édilitaires, cf. F. de la FARELLE, *Études historiques sur le consulat et les institutions municipales de la ville de Nîmes, Nîmes, 1841, réimp. 1990, p. 53 et 73.*
10. E.B. ms fol° 96v°-97. F. de la FARELLE, *op. cit.*, p. 130, 145. cf. 1e partie.
11. E.B. ms fol° 115.
12. E.B. ms fol° 96, 105, 105v°, 106, 127, 132. Sur la caisse des conversions, cf. D. LIGOU, *Le protestantisme en France de 1598 à 1715*, 1968, p. 224 sq., R. SAUZET, *op. cit.*, p. 392 sq.
13. E.B. ms fol° 115, 118v°, cf. R. SAUZET, « La conversion au protestantisme à Nîmes au XVIIe siècle », Actes du colloque de Rome, 1996, *Conversioni nel Mediterraneo*, p. 229-237.
14. E.B. ms fol° 120.
15. E.B. ms fol° 132. Sur l'éd. de 1681 cf. E. LABROUSSE, *La révocation de l'édit de Nantes*, 1985, p. 172. Sur la constance du thème du caractère diabolique de l'hérésie, cf. B. DOMPNIER, *Le venin de l'hérésie*, 1985, p. 65 sq.
16. E.B. ms fol° 151-152v°.
17. E.B. ms fol° 154. E. LABROUSSE, *op. cit.*, p. 186.
18. Lettre du 28/10/1685, edit. R. DUCHÊNE (Pléiade), t. III, p. 239 cit. par Jean QUENIART, *La révocation de l'Edit de Nantes*, 1985, p. 123.
19. E.B. ms fol° 155-155v°. P. CHAREYRE, *Le consistoire de Nîmes*, thèse dactyl. 1987, p. 721. Sur le chanoine Rozel et sa famille, cf. P. CLAVEL, *Nîmes de la Réforme au XVIII*[e] *siècle à travers une histoire familiale*, Nîmes,

1987, p. 141, 142, 175. L. MENARD, *Histoire*, t. VI, p. 252 et 258 (et *Preuves* éd. orig. t. V, p. 18) mentionne le désarmement de 1683 mais situe — sur la foi des *Mémoires* d'une Nîmoise du Refuge, Mme de Noyer, et d'un bref journal, celui de Jean Fulhas — la tentative d'arrêter Peirol et Icard en mai 1685 après la découverte d'un prétendu complot protestant pour s'assurer de la ville. Borrelly permet de confirmer la correction de date apportée par C. BOST *Les prédicants protestants des Cévennes et du Bas-Languedoc*, 1912, p. 28.

20. E.B. ms fol° 157v°, 161v°, 171v°-172. Sur la notification par Noailles des intentions du roi, cf. L. MENARD, *Histoire*, t. VI, p. 260. Sur Basville en Poitou, cf. L. PEROUAS, *Le diocèse de La Rochelle de 1648 à 1724*. 1964, p. 315, 322, 329. La principauté d'Orange fut occupée par les troupes royales le 24 octobre 1685 et les réfugiés chassés, cf. S. MOURS, *Le protestantisme en France au* XVIII*e siècle*, 1967, p. 204.
21. E.B. ms fol° 172v° — Le récit, cf. Annexes.
22. E.B. ms fol° 173v°.
23. E.B. ms fol° 171v°.
24. E. LE ROY LADURIE, *Paysans..., op. cit.*, p. 611.
25. E.B. ms fol° 172 v°. BOSSUET, *Oraison funèbre du chancelier Le Tellier (1686)*, éd. J. TRUCHET, *Politique de Bossuet*, 1966, p. 181 sq.
26. E B ms fol° 181, 190 v°. Sur la résistance immédiate des « nouveaux convertis », cf. R. SAUZET, *op. cit.*, p. 491 sq.
27. E B ms fol° 176, 177v°, 178. Sur les missionnaires et leur échec cf. R. SAUZET, *op. cit.*, p. 484 sq.
28. *Lettres instructives et historiques sur la divinité de J.-C., sur la vérité de l'Église catholique et sur ce qui s'est passé en Languedoc à la Révocation de l'Édit de Nantes*, Dijon, 1709, p. 123.
29. E.B. ms fol° 181. Sur le père Honoré Gaillard, cf. A. PUECH, *MAN*, 1886 p. 352. SAINT-SIMON, *Mémoires*, éd. Y. COIRAULT (Pléiade), t. I, p. 170 ; t. VII, p. 388.
30. Lettre du 2 février 1686, AD Gard I E 376.
31. E.B. ms fol° 180.
32. E.B. ms fol° 184-184v°. Fulcrand Rey avait alors 27 ans, cf. A. PUECH, *MAN*, 1886, p. 353. C. BOST, *Les prédicants protestants*, *op. cit.*, t. I, p. 149-150.
33. P. JOUTARD « 1685. Une fin et une nouvelle chance pour le protestantisme français » *in Le Refuge huguenot*, s. la dir. de M. MAGDELAINE et R. von THADDEN, p. 13-30. L'article 4 de l'Édit de Fontainebleau révoquant celui de Nantes enjoignait « à tous ministres de la dite R.P.R. qui ne voudront pas se convertir et embrasser la religion catholique, apostolique et romaine, de sortir de notre royaume... » M. YARDENI, *Le refuge protestant*, 1985, p. 66 sq.
34. Sur les « caviardages » du dr. Puech, cf. Avant-propos. Les passages soulignés sont omis par A. PUECH.
35. E.B. ms fol° 191-191v°.
36. E.B. ms fol° 184 v°, 191v°. Il s'agit essentiellement des Antilles, la coloni-

sation de Madagascar au XVIIe siècle s'était terminée en fiasco, en 1674, les Français ne se maintenant qu'à l'île Bourbon, cf. A. WEISROCK, in D.G.S., p. 927, 929, 992.

37. E. LABROUSSE, *La révocation de l'Édit de Nantes*, 1985, p. 201. E.G. LEONARD, *Histoire générale du protestantisme*, 1961, t. II, p. 383.
38. E. LABROUSSE, *op. cit.*, p. 204, ce que confirment pour Nîmes les archives du présidial, cf. A. PUECH, *MAN*, 1886, p. 350.
39. E.B. ms fol° 192. L. MENARD, *Histoire*, t. VI, p. 273.
40. E.B. ms fol° 193v°. A. SERREO, *Les rues de Nîmes*, Montpellier, 1989, p. 71-229. L. TEISSEYRE-SALLMANN in *Histoire de Nîmes* (dir. R. HUARD), Aix, 1982, p. 196.
41. E.B. ms fol° 193v°, 199v°, 206v°.
42. E.B. ms fol° 180v°, 184v°.
43. Avril 1689. E B ms fol° 215, cf. ci-dessous (annexes), p. 286-287.
44. E.B. ms fol° 166, 219v°, 226. cf. R. SAUZET, « La frontière religieuse en Bas-Languedoc à l'époque moderne » in *Identité régionale et conscience en France et en Allemagne*, (colloque Paris, Institut allemand, 1993), Sigmaringen, 1996, p. 359-366.
45. E.B. ms fol° 215, 228, 232v°, 243v°. Sur l'importance des officiers huguenots français dans les armées hollandaises et anglaises, cf. H. BOTS, R. BASTIAANSE et B. COTTRET in *Le refuge huguenot* (s/la dir. de M. MAGDELAINE et R. von THADDEN) 1985, p. 77 et 94.
46. R. SAUZET, in *Histoire de Nîmes, op. cit.*, p. 171.
47. Cf. chap. II.
48. E.B. ms fol° 246v°, 247.
49. Arch. Hôtel Dieu M 103. E.B. ms fol° 274v°.
50. E.B. ms fol° 254v°, 255. Cf. chronologie in Annexes.
51. *Mémoires* (publ. par Ch. BOST, 1931) cités par P. JOUTARD, *Les camisards*, 1976, p. 111. Sur le détail événementiel de l'insurrection camisarde, cf. la thèse de H. BOSC, *La guerre des Cévennes*, thèse Paris IV, éd Lille, 1974 et ed. Montpellier (presses du Languedoc), 1985, 6 vol., 1993.
52. E.B. ms fol° 254v°, 256, 258, 259v°. En avril 1703, l'évêque Fléchier comptait 100 églises brûlées, 30 prêtres et 2 000 anciens catholiques massacrés ; en avril 1704 il dénombrait 200 églises incendiées, 80 prêtres et 4 000 anciens catholiques assassinés. *Lettres* in *Œuvres* t. X, p. 135 et 163. En août 1703 selon les archives de la guerre (cité par l'*Histoire du Languedoc*, t. 14, col. 1777), il y avait 150 églises brûlées.
53. Cf. L. MENARD, *Histoire*, t. VI, p. 340. A. DUCASSE, *La guerre des camisards*, 1946, p. 79.
54. E.B. ms fol° 254v°, 259, 260.
55. E.B. ms fol° 254v°, 259. Cf. G. GIRARD *Racolage et milice*, 1922.
56. E.B. ms fol° 255. Borrelly est bien renseigné. Sur ce combat du devois de Martignargues, cf. H. BOSC, *op. cit.*, Montpellier, t. III, 1987, p. 238 sq.
57. E.B. ms fol° 260. Lettre de Montrevel à Basville citée par P. JOUTARD, *Les camisards*, 1976, p. 121.
58. E.B. ms fol° 257v°, 258v°, 259, 260v°.

59. Sœur de l'Incarnation de MEREZ, *Mémoire et journal, très fidèle de ce qui s'est passé depuis le 11 mai 1703 jusqu'au 1er juin 1705 à Nismes et aux environs touchant les phanatiques autrement dit les camisards* ed E. de BARTHELEMY, Montpellier, 1874. P. JOUTARD, *op. cit.*, p. 119. E. FLECHIER, *Correspondance* in *Œuvres complètes*, t. X, Nîmes, 1782, R.S., 1, p. 459. L. MENARD, *Histoire*, t. VI, p. 352, 360.
60. E. FLECHIER, *op. cit.*, t. X, p. 158. Quelques camisards blancs furent roués ou pendus à Nîmes sur l'ordre du présidial, cf. A. de LAMOTHE, *Exécution de camisards faites à Nîmes du 27-07-1702 au 22-05-1705* ; Nîmes, 1874.
61. E.B. ms fol° 259, 266v°, 268. L. MENARD, *Histoire*, t. VI, p. 350.
62. E.B. ms fol° 257v°, 258, 259, 263v°, 264. 58 exécutions sont recensées en 1703 et 1704... M. de LAMOTHE, *op. cit.*, relève 80 exécutions. Le récit de la mort de Rolland et de l'arrestation et du supplice de ses compagnons est particulièrement abrégé et édulcoré dans l'ouvrage d'A. PUECH.
63. E.B. ms fol° 264, 264v°. L. MENARD, *Histoire*, t. VI, p. 369-70, 371-374. Étude détaillée du complot dit « des enfants de Dieu » in H. BOSC, *op. cit.*, p. 142-250.
64. E.B. ms fol° 261-263. Cf. Annexes.
65. E.B. ms fol° 197v°.

Chapitre 8

1. E.B. ms fol° 4.
2. Délibérations du conseil de ville, citées par A. PUECH, *M.A.N.*, 1885, p. 232. L. MENARD, *Histoire..., op. cit.*, t. VI, p. 138.
3. Sur cet aspect de la carrière de Cohon, cf. H. CARRIER, *La presse de la Fronde. Les mazarinades*, 1989, t. I, p. 162, 352, t. II, p. 17.
4. E. B. ms fol°'v°. Sur les factions marseillaises au temps de la Fronde, cf. R. PILLORGET, *Les mouvements insurrectionnels en Provence, 1598-1715*, 1975.
5. Cf. ci-dessus.
6. E.B. ms fol° 5v°, 142-144. Sur les fêtes pour la naissance du duc de Bourgogne, cf. ci-dessus, chap. 5.
7. E.B. ms fol° 141 v°, 157.
8. E. DUCHENE, Pléiade, t. II, p. 886. E. FLECHIER, *Oraisons funèbres*, 1802, t. II, p. 49.
9. E.B. ms fol° 192. Sur la fistule royale, cf. M.J. IMBAULT-HUART, art. « fistule » in *D.G.S.* dir. F. BLUCHE, p. 596.
10. E.B. ms fol° 6 (mort d'Anne d'Autriche, 1666), fol° 152 (mort de Marie-Thérèse, 1683), fol° 223 (mort de la dauphine Marie Christine de Bavière, 1690), fol° 271-271v° (mort du grand dauphin, 1711), fol° 271v° (mort du duc de Bourgogne, devenu dauphin en 1711, de la duchesse de Bourgogne et de leur fils le duc de Bretagne, 1712), fol° 274 (mort de Louis XIV).
11. E.B. ms fol° 252v°, 255-255v°. Sur le passage des princes à Nîmes, cf. L. MENARD, *Histoire*, t. VI, p. 334, 342.

12. A. LOTTIN, *Chavatte ouvrier lillois*, *op. cit.* ; p. 156 et 183.
13. J. CORNETTE, *Le Roi de guerre. Essai sur la souveraineté dans la France du grand siècle*, 1993, p. 272-281 et M. PREAUD, *Les effets du soleil. Almanachs du règne de Louis XIV*, catalogue de l'exposition du Louvre, 1995.
14. Sur la politique extérieure de Louis XIV, la bibliographie est immense ; voir celle donnée par L. BELY, *Les relations internationales en Europe (XVIIe-XVIIIe siècles)*, 1992, p. 679-708. Sur les rapports entre la France et Rome, celle qui accompagne le livre de J.R. ARMOGATHE, *L'Église catholique et la révocation de l'édit de Nantes*, 1985, p. 187-194.
15. E.B. ms fol° 12v°, 47, 55v°, 77, 92, 210v°, 228, 233v°, 237, 243v°, 250v°, 251.
16. E.B. ms fol° 38v°, 39, 47, 160v°, 215, 229, 267.
17. E.B. ms fol° 134v°, 209v°, 210, 215.
18. E.B. ms fol° 16v°, 17. L. BELY, Y.-M. BERCE et alii, *Guerre et paix dans l'Europe au XVIIe siècle*, 1991, p. 151 sq. L'ouvrage d'A. DUPRONT (thèse dactyl., Paris 1956) vient de paraître, éd. Gallimard.
19. L'un des volontaires de la région Pierre Dominice capitaine au régiment de St Vallier a laissé une relation manuscrite de la guerre de Candie, A.D. Gard 1 E 1130.
20. E.B. ms fol° 152. Borrelly signale qu'il a utilisé une relation imprimée de l'exploit de Duquesne.
21. E.B. ms fol° 153v°. Cf. V.-L. TAPIÉ, « Europe et Chrétienté. Idée chrétienne et gloire dynastique dans la politique européenne au moment du siège de Vienne (1683) », *Grégorianum* XLII, 1961, p. 268-289.
22. C. MICHAUD, *L'Europe de Louis XIV*, 1973, p. 72, 193 sq.
23. A. LOTTIN, *op. cit.*, p. 189 et 291. Sur « les ivresses de la paix armée », cf. F. BLUCHE, *Louis XIV*, p. 412-429.
24. E. FLECHIER, *Oraisons funèbres*, 1802, t. I, p. 260.
25. Cf. J. CORNETTE, *op. cit.*, p. 279 et 433.
26. E.B. ms fol° 265 v°.
27. E B ms fol° 51 et 51v°. Le protestant duc de Schomberg rétablit la situation en 1675, ce qui lui valut le bâton de maréchal. En 1685 il émigra en Angleterre. Cf G. BODINIER, in *D.G.S.*, p. 148.
28. E.B. ms fol° 153 v°, 154v°. Sur le marquis de Bellefonds, cf. C. BEX-MILLET, in *D.G.S.*, p. 184.
29. E.B. ms fol° 228, 228v°. Transcription de la lettre du roi annonçant à Fléchier la victoire de Fleurus (1690), fol° 233v°-234 prise de Nice et celle de Mons (1691), fol° 239 la prise de Namur (lettre à l'archevêque de Paris 1692).
30. E.B. ms fol° 214v°, 226. Cf. *D.G.S.*, articles « ban » p. 158 et « cadets » p. 256-57 par G. BODINIER.
31. E.B. ms fol° 227v°, 228. Sur Fleurus, cf. *D.G.S.*, G. BODINIER, p. 599-600.
32. E. LE ROY LADURIE, *Paysans du Languedoc*, p. 612.
33. Cf. ci-dessus, chap. 4.

34. E.B. ms fol° 230v°.
35. E.B. ms fol° 46, 247v°.
36. E.B. ms fol° 83v°, 190v°, 228, 230v°, 249, 249v°, 262v°.
37. E.B. ms fol° 31. Sur la révolte de Roure cf. E.L.L., 1 ; p. 607-611, E. GAMONNET, *Étienne Durand et les siens (1657-1749)*, Montpellier, 1994, p. 23, G. PAYSAN, *Journal de Jacques Beauvoir du Roure* (pas de parenté avec Jean Antoine), Banne, 1985, p. 80-92.
38. E.B. ms fol° 194v°, 206v°.
39. Cf. ci-dessus ; sur les escapades aux fins d'engagement contre la volonté des parents, cf. J. CHAGNIOT, *Le chevalier de Folard. La stratégie de l'incertitude*, 1997, p. 33.
40. E.B. ms fol° 231v°, 234v°, 245. Papiers Séguret, AD Gard, arch. Hôtel Dieu H 103.
41. E.B. ms fol° 50v°, 74v°, 157v°, 227v°, 265.
42. Cf. A. CORVISIER, *L'armée française de la fin du XVIIe siècle au ministère de Choiseul*, 1964.
43. E.B. ms fol° 75, 227v°. Sur Molac, cf. SAINT-SIMON, ed Y. COIRAULT (Pléiade), t. II, p. 26.
44. E.B. ms fol° 77, 133, 213, 214, 240.
45. E.B. ms fol° 196v°, cf. ci-dessus, chap. 2, sur Denis Temple, confrère de Borrelly, cf. chap. 7, note 9, et portrait, en couverture.
46. Sur ce point, voir A. CORVISIER, *op. cit.*
47. P. HAZARD, *La crise de la conscience européenne 1680-1715*, 1935.

Épilogue

1. Cf. E. GRÉ, « Chansons politiques nîmoises », *MAN*, 1942-50, XVIII-XXI et témoignages oraux contemporains.
2. Cf. A.-M. DUPORT, *Journées révolutionnaires à Nîmes*, 1988. — G. LEWIS, *The second Vendée. The continuity of counter-revolution in the department of the Gard*, Oxford, 1978. — S.R. SCHRAMM, *Protestantism and Politics in France*, 1954.
3. J. CORNETTE, *Le roi de guerre. Essai sur la souveraineté dans la France du grand siècle*, 1993, p. 278.
4. M. BERNOS, « Confession et conversion », in *La conversion au XVIIe siècle*, actes du colloque de Marseille, 1983, p. 290.
5. M. BLOCH, *Apologie pour l'Histoire ou métier d'historien*, 1945, rééd. 1975, p. 118-119.
6. D. CROUZET, *Les guerriers de Dieu*, 1990.
7. B. DOMPNIER, *Le venin de l'hérésie. Images du protestantisme et combat catholique au XVIIe siècle*, 1985, p. 123 sq.
8. R. SAUZET, *Contre-Réforme..., op. cit.*, p. 379, 417.
9. F. BLUCHE, *Louis XIV*, 1986, p. 891.
10. Abbé TRIBOLET, *Lettres instructives*, Dijon, 1709, p. 157.

11. P. GOUBERT, *Louis XIV et vingt millions de Français*, 1966, p. 15.
12. Papiers Louis Antoine Séguret, A.D. Gard — arch. Hôtel-Dieu H 109.
13. A. MAC-FARLANE, *op. cit.*, p. 173.
14. Papiers Louis Antoine Séguret. *ibid.*

Annexes [1]

1 Je remercie mon collègue Pascal Chareille de l'aide qu'il m'a apportée pour l'établissement des graphiques.

TESTAMENT D'ÉTIENNE BORRELLY

(« Le mardy 3e décembre 1675, je Estienne Borrelli, notaire de Nismes ay fait mon testament couché de ma propre main dans mon registre de ladite année, aiant esté signé par Me Honoré Durand, notaire du lieu de Marguerritte, mon amy et auquel j'ay confiance. J'ay fait mon dit testament par précaution affin qu'estant ataint (*si j'étais atteint*) de la maladie populaire qui est en règne et qui fait mourir quantité de personnes dans chasque jour et dans quatre ou cinq jours de maladie à cause du subtil venin qu'il y a dans ses maladies, je ne morus sans testament. Dieu m'en préserve par sa saincte grace remettant tout à sa divine volonté »)[1].

Au nom de Dieu soit tout fait. Scachent tous, présens et à venir, que l'an 1675 et le 3e jour du mois de décembre avant midy, reignant très Chrestien et souverain prince Louis quatorzième, par la grâce de Dieu roi de France et de Navarre, par devant nous, notaire soubsigné, fut présent en personne Me Estienne Borrelly notaire royal, du nombre des réservés[2], greffier des conventions et arbitrages de cette ville de Nismes[3] et secrétaire du vénérable chapitre de l'église cathédrale de ladite ville, lequel estant dans ses bon sens, mémoire et entendement, ferme d'esprit et en parfaite santé, Dieu grâces, considérant l'incertitude de l'heure de la mort à tous humains assurée, a voulu faire son testament et dispositions dernières en la forme qui s'ensuit.

Premièrement, comme vray chrestien catholique a fait le signe de la sainte croix en disant *in nomine patris et filii et spiritus sancti*, recommandé son âme à Dieu, nostre seigneur Jésus Christ, le supliant de tout son cœur de lui faire miséricorde et de lui pardonner toutes ses fautes et péchés par le mérite de sa mort et passion, priant humblement la glorieuse et bienheureuse Vierge Marie à laquelle le testateur a une confiance très particulière comme il a dit, d'estre son advocate et procuratrisse envers son très cher filz Jésus en toutes ses actions et principalement à l'heure de sa mort, croiant fermement qu'il ne put estre sauvę sans son intercession comme estant un très grand pécheur. De plus, il prie tous les saints du Paradis et particulièrement saint Joseph et saint Estienne son patron, d'intercéder pour lui, *voulant et ordonnant que ses funérailles soient faites à petits frais* (souligné dans le texte). Et des biens qu'il a plu à la divine bonté de lui donner, a donné et légué aux pauvres de l'hospital de ladite ville 100 sols et au curé d'icelui 3 livres à condition que ledit curé sera tenu de dite 9 messes et à la fin d'icelles l'absoute pour le repos de son âme, incontinent son décès et que tous les pauvres dudit hospital assisteront en icelles pour prier Dieu pour le repos de l'âme dudit testateur, priant ledit sieur curé que, quand il sera à l'autel et auparavant que de commencer lesdites messes, de dire à haute voix auxdits pauvres qui y pourront assister de faire prières à Dieu pour *l'âme dudit testateur* (souligné dans le texte) que ledit curé nommera par nom et surnom. Davantage, donne à chacun des convents des Révérends pères prêcheurs, récolets, carmes, augustins et capucins 3 livres, à la charge aussy de dire dans chacune église de leur couvent, 9 messes pour le repos de son âme, incontinent son décès, *paiables tous* (souligné dans le texte) susdits légats incontinent lesdites messes estre dites. Item, ledit testateur a fondé et fonde à perpétuité sous le bon plaisir de Messieurs du chapitre de la dite église cathédrale, ses bons amis, un anniversaire pour estre célébré dans leur église chacun an, à pareil jour de son décès, à l'issue de matines, de le manière qu'ils font en tous les anniversaires et, pour cette considération, donne et légue la somme de 100 livres dont le revenu d'icelle à l'ordonnance[4] ou 5 %, au choix desdits messieurs, estre (*sera*) distribué ausdits messieurs ou prestres du bas-chœur qui seront effectivement présens. Laquelle somme de 100 livres, lesdits messieurs se retiendront par leurs mains sur les gages de pareille somme qu'ils donnent audit testateur à chacun premier jour de may de chacune année et, venant le dit testateur à décéder sans avoir gagné entièrement lesdits gages d'une année, il supplie lesdits Messieurs d'avoir la bonté de supléer au surplus, en considération du service qu'il a rendu au général et particulier de cet illustre corps ou bien en considération de ce qui peut lui estre dû par le chapitre pour les affaires qu'il a faites en qualité de notaire dont il n'a pas produit ses comptes régulièrement toutes les années, comme l'on put voir dans les comptes du receveur, quoiqu'il ne se soit passé aucune année qu'il n'ait fait pu ou prou des affaires pour ledit chapitre, lesquelles ledit chapitre estoit obligé de lui paier, joint les peines et soignz extraordinaires qu'il a pris en iceux[5] et quand Marie Vigière sa bien aimée femme sera décédée, ledit anniversaire sera célébré pour le repos des âmes de tous deux à pareil jour du décès dudit testateur, priant et supliant lesdits messieurs de faire coucher dans la table ou roole des fondations ou anniversaires qu'ils ont à la rière sacristie la susdite fondation et faire mention de sadite femme afin qu'elle ne soit en oubly, comme estant le dit anniversaire fondé pour tous deux, leur laissant cette précaution à leur sage conduite, supliant encores lesdits messieurs d'avoir la bonté de gratifier sa famille de ce qu'ils trouveront à propos, sachant que ledit testateur mérite aussy bien cette grâce d'eux comme plusieurs autres à qui ils ont eu la bonté de leur départir.

Encores, ledit testateur a donné et légué, donne et lègue par droit d'institution héréditaire à Catherine, Anthoinette, Charles, Mathieu, Marc-Antoine, Louis et Thérèse Borrellis, frères et sœurs ses enfans naturels et légitimes et de ladite Vigière et aux postumes ou postum dont sa femme pourroit estre enceinte ce qui leur compétera à chacun du droit sur ses biens pour leur légitime et, moyennant ce, ledit testateur veut qu'ils ne puissent plus rien avoir ny prétendre sur ses biens et à tous autres dont l'obmission pourroit nuire au présent testament 5 sols pour une fois et, au surplus, de tous ses biens en quoi que concistent et puissent concister, a fait et institué et de sa propre bouche a nommé son héritière générale et universelle ladite Marie Vigière, sa très chère et bien-aimée femme pour jouir de tous les biens à ses plaisirs et volontés et l'a nommée tutrisse et administraresse des personnes et biens de leurs enfans, sans rendre aucun compte ni prester le relicat et en cas (où) on la voudroit obliger et contraindre à cellà ce qu'il prohibe et deffend, ledit testateur lui donne et légue entièrement tout ledit relicat pour en faire et disposer à ses plaisirs et volontés, chargeant sa dite femme de rendre ledit héritage entier ou non entier à tel de ses enfans masles que bon lui semblera et quand elle voudra. Et, en cas (où) elle vint à décéder sans avoir remis icellui (héritage), veut et entent ledit testateur qu'icelluy vienne et appartienne audit Charles leur fils aisné pour en faire à ses plaisirs et volontés et, au cas (où) icellui ne seroit plus en vie qu'il soit et appartienne à Marc-Antoine leur troisième fils pour en faire de mesme à ses plaisirs et volontés et, au cas (où) tous deux ne se trouveroient en vie qu'il appartienne et parvienne audit Mathieu leur second fils pour en faire de mesme et en disposer comme bon lui semblera. De plus, ledit testateur veut et entend que sa dite femme puisse vendre son office de notaire, sa maison et toutes autres choses dépendant dudit héritage à qui bon lui semblera et comme elle avisera, voulant que les ventes qu'elle en fera aient autant de force comme si elles avoient esté faites par ledit testateur et qu'on ne puisse revenir contre icelles directement ou indirectement sous quelque prétexte et occasion que se soit, en recevoir le prix et somme et en donner toutes puissances de la manière qu'elle trouvera bon sans qu'elle soit tenue ni obligée d'assurer les deniers qu'elle recevra en deschargeant tous ceux qu'il apartiendra de présent et pour jamais de toute recherche et suplie tous gens de justice et à qui la cognoissance en apartiendra de mettre ceux qui la voudront rechercher avec tous despens, paiable tous les susdits légats à ses enfans quand ils auront 25 ans complets, plutost aux filles venant à se marier et jusques au payement veut et entend que ses dits enfans soient nourris et entretenus aux depens dudit héritage en travaillant chacun au proffit d'icelluy. De plus, donne pouvoir à sa dite femme d'augmenter les droits de légitime de tel ou tel de ses enfans que bon lui semblera comme elle advisera, prohibant à sa dite femme faire faire aucun inventaire de ses biens, ne voulant du tout point qu'elle cherche cette précaution atandu qu'il veut qu'elle ne soit comptable d'aucune chose *pas mesme en cas de remariage** et que nul magistrat, commissaire ny autre personne de justice ne puisse la contraindre à ce faire sous prétexte que ses enfans sont mineurs, supliant Messieurs de la justice au cas (où) les commissaires voudroient passer outre contre la volonté dudit testateur de casser ledit inventaire avec tous despens comme ne voulant qu'il n'en soit du tout point fait car ainsi plaît audit testateur et qu'aucune chose à ce contraire ne puisse prévaloir à sa dite volonté pour ce fait.

C'est son dernier et valable testament nuncupatif[6] et disposition dernière qu'a voulu qu'il vaille par droit de codicil, donation à cause de mort et par toute autre meilleure forme que le droit pourra valloir cassant et révocant tous autres testaments, donations et autres dispositions de dernière volonté qui se pourraient trouver déclarant n'en avoir jamais fait aucune et a prié les tesmoins ci-après nommés qu'il a très bien reconnus, de son présent testament

* Souligné par moi, R. S.

estre mémoratifs ci requis en sont et moy notaire en octroye acte ce qui a esté fait et récité audit Nismes dans l'estude dudit Maître Borrelly en présence de Me Jean Teissonniere procureur aux cours de Nismes, Estienne Teissonniere, son frère, sieur Jacques Chalas, Me Jean Trial greffier aux conventions. Louis Montfaucon maître tailleur d'habits, messire Claude Rouvière prêtre servant en l'église cathédrale et Charles Ranquet, tous habitans de Nismes, signés et de moy Honoré Durand notaire royal du lieu de Marguerittes, me trouvant à Nismes dans l'estude dudit sieur testateur[7].

NOTES

1. E.B. ms fol° 59 v°. Testament dans le registre notarial 1675-76, A.D. Gard II E 42/27, fol° 304-306.
2. « Du nombre des réservés » : l'office de Borrelly avait échappé à la réduction du nombre des notaires en 1669.
3. Cour des conventions et arbitrages. Juridiction ressortissant au parlement de Toulouse, chargée d'abréger les procès en matière commerciale, établie à Nîmes en 1277 par Philippe III le Hardi, L. MENARD, *Histoire...*, t. I, p. 313 et note XXVI.
4. C'est-à-dire au taux légal fixant le taux maximum d'intérêt des rentes.
5. *Iceux*, occitanisme. En langue d'oc *afar*, affaire, est masculin.
6. Testament nuncupatif : fait par déclaration enregistrée par le notaire, devant témoin. C'est la forme testamentaire la plus fréquente dans le midi, mais ici le livre de raison montre qu'il s'agit d'un véritable testament olographe (« couché de ma propre main »), le notaire Durand n'ayant qu'un rôle formel.
7. À une date inconnue Borrelly a inscrit dans son livre de raison en regard de la mention du testament « Néant mes affaires aiant changé ».
   Le 1er mai 1682, il fit un nouveau testament (AD GARD II E 42/31 fol° 503) dont il ne parle pas dans son livre de raison. Ce testament qui cassait celui de 1675 en reprenait l'essentiel, instituait héritière sa femme, lui interdisant de faire l'inventaire de ses biens mais la rendait comptable sur l'héritage d'une somme de 2 000 livres soit le montant de la dot d'une religieuse hospitalière (nous sommes exactement un an après le testament du chanoine Aubert qui préparait l'entrée d'une fille Borrelly dans ce « couvent fort recherché », E B ms fol° 130v°).

MORT ÉDIFIANTE ET OBSÈQUES SOLENNELLES DE FRANÇOIS DE ROCHEMORE PRÉSIDENT DU PRÉSIDIAL (1679)

(Extraits[1])

Le mercredi 26e dudit mois d'avril, environ l'heure de deux après minuict 1679, messire François de Rochemore président au présidial de Nismes et ci-devant juge mage et lieutenant général[2], de laquelle charge monsieur de Grille son fils est pourveu... décéda au lieu de Cabrières et dans le château ou il était allé pour se faire traicter à Mr de Trimond prieur de Cabrières.[3]...

Il est décédé n'aiant que 53 ans, c'estant cognu jusques à son dernier souffle... Il fit une exhortation à M. son fils que j'ay apris par des gentils-hommes qui y estoient que tout le monde plura. On le fit porter en ville et il y arriva à 5 heures après-midy. Tout le monde estoit sorty de la ville pour le voier[4] arriver et il y avoit du monde jusques aux justices[5], les chemins tous bordés du puple et il estoit ci aimé que tout le monde le regretat. Il estoit dans un brancar couvert de velours noier avec ces armes peintes, ledit brancar précédé des archers[6], de ses domestiques à cheval, quantité de lacquais autour avec des flambeaux blanc et deux prestres à cheval, scavoir M. Rouvière sacrestain de la cathédrale et mon nepveu Anthoine Borrelly prestre servant en ladite église qu'on avoit prié d'y assister, et après suivoient quantité de noblesse tous à cheval et vestus de noier. On entra dans cet ordre par la porte de la Boucarié et on mit le corps dans sa maison à un lieu bas qu'on avoit préparé et, ensuite, messieurs les dignités et chanoines avec la musique partirent de l'église environ les six heures pour l'aler prendre, Mr Cohon prévost[7] portant la chappe noiere de velours noier et faisant les fonctions de curé. Dans cet enterrement, il y avoit au devant quatre ou cinq cens artisans de la congrégation, rangés deux à deux, portant chacun son sierge. Après, quantité de ses domestiques et paisans, tous les ordres religieux, archers, toute la cour *(les magistrats du présidial)*, les quatre consuls catholiques[8] avec leur robe rouge suivis de tous les messieurs de l'assiete[9] qui s'estoit convocquée ce jour là et qu'on retarda à cause de M. le juge mage affin qu'il y entrat et presque tous les catholiques. Ensuite, tant de flambeaux blancs que les procureurs portoient en robe et plusieurs lacquais aussy tout à tour du corps. Les portes de l'église feurent gardées par des archers car autrement on n'auroit pu entrer. On fit metre tous lesdits artisans aux tribunes avec leurs chandeles alumées que cella faisoit le plus bel effet du monde. Quatre conseillers *(magistrats du présidial)* portèrent le drap de velours et celui qui estoit sur le corps *(fut porté)* par quatre procureurs. Il y avoit 45 pauvres. Tous les corps de ville furent rendre visite auparavant que le corps arriva dans la ville à M. le juge-mage et à madame la présidente sa mère. Il est à noter que le chapitre y députa six des messieurs, M. l'abbé de Chambonas troisième archidiacre aiant porté la parolle. Il y eut grande contestation en chapitre qui se tint le matin à cause qu'il se trouva le mercredy et moi qui ai l'honneur d'estre secrétaire dudit chapitre et qui y entre tous les mercredis, je puis bien dire comme y aiant esté présent que la chose fut fort agitée disant quelques uns qu'il ne faloit faire cette visite qu'en particulier et non en corps et que cellà ne s'estoit jamais praticqué et les autres le contraire mais comme M. le président avoit toujours randu de très grands services au chapitre et qu'il y avoit de puissans amis la plus grande voix fut de la faire en corps en y députant six des messieurs[10]. Nous autres notaires y fûmes aussi tous vestus de noier et à cause de l'heure tarde on renvoya au lendemain pour faire le service y aiant eu chapelle ardente et oraison funèbre, le P. Bernard jésuite l'aiant assisté jusques à son dernier et l'on m'a dit qu'il fit sa confession générale. Voilà toutes les plus principales particularités. J'ai bien vouleu escrire ainsi, escrire la chose parce que j'ai perdu un bon ami et parce aussi qu'il est bon de scavoir qu'en pareil cas arrivent *(ce qui arrive en pareil cas).*

NOTES

1. E.B. ms fol° 100-101.
2. Le juge-mage exerce depuis la fin du Moyen Âge les attributions judiciaires du sénéchal qui n'est plus désormais qu'un homme d'épée représentant le roi auprès de la noblesse locale.
3. Sur cet empirique célèbre, cf. chap. 5.
4. Voier : voir. Borrelly écrit de même « noier » pour noir.
5. Les fourches patibulaires situées à la sortie est de Nîmes (route d'Avignon).
6. Archers : agents de la police nîmoise sous les ordres du « lieutenant de robe courte ».
7. Neveu de l'ancien évêque Anthime Denis Cohon.
8. Le consulat n'était plus mi-parti depuis janvier.
9. L'assiette diocésaine chargée de la répartition de la taille entre les communautés.
10. Quelques jours plus tard, Borrelly transcrivait dans le registre des délibérations capitulaires le testament de Rochemore qui léguait 600 livres pour une fondation de messes pour lui et les siens. AD Gard G 1349.

BORRELLY ASSISTE À L'ABJURATION DES PROTESTANTS À LA CATHÉDRALE[1]

Le mercredi 3e dudit mois d'octobre 1685 comme à l'evesché ni aux autres parts on ne pouvoit survenir (sic) à faire faire abjuration aux huguenots à cause de la grande foule, monseigneur le duc de Nouailles et les autres puissances trouvèrent bien qu'on les receut en général et pour cella on fit crier, de l'ordre de monseigneur le Duc par tous les carrefours que les religionnaires eussent à se rendre à ce jour dans l'église cathédralle pour faire abjuration et recevoir l'absolution et, pour cella, que chacun eut à venir prendre une marque pour scavoir quels y auroient esté et on print pour cella des grandes précautions affin d'empêcher les tricheries. La marque estoit un petit carré de carte et au milieu le cachet de monseigneur Jacques Séguier, évesque de Nismes, et s'estant rendus à l'église on fit sortir les catholiques pour n'occuper pas l'église. Je ne sortis point parce que je me cacha *(sic)*. Monseigneur le duc avec ses gardes y estoient, M. l'intendant, le présidial, consuls, lieutenant de Roi, grands officiers de guerre. Mr. l'évesque monta en chaise, leur fit un discours sur cette action et après leur fit faire abjuration, leur fit lever la main pour le serment et après leur donna l'absolution. Pour lors on lui mit la mitre en teste et auparavant il n'avoit que le bonnet. Après quoi l'on sortit de l'église. Il y estoit midy et demi et comme l'on remarqua qu'il y en avoit beaucoup qui n'avoient pas levé la main et fait abjuration, il fut arresté qu'ils seroient de nouveau chacun en particulier ou dix ou douze à la fois comme ils se présenteroient, receus de la manière acostumée. Pour cella on envoya par toutes les églises où l'on les recevoit de leur faire faire de nouveau abjuration et ne leur bailler pas autrement la marque portant certificat de leurs réceptions, laquelle marque estoit tout autrement que celle dont j'ai parlé cidevant. Cependant ceux qui sont opiniâtres ont garnison chez eux (et l'on va de maison en maison voir qui n'est pas catholique et qui ne monstre sa marque ou qui est absent) des soldats qui font le diable à quatre. Mgr le duc a donné 20 jours à tous les absens, parce qu'il y en a d'éloignés, de se rendre en ville faute de quoi leurs biens serons confisqués au roi et condamnés à la galère pour leur vie.

NOTE

1. E.B. ms fol° 173.

L'APOGÉE ET LE DÉBUT DES ÉCHECS DE LA POLITIQUE EXTÉRIEURE LOUIS-QUATORZIENNE VUS PAR BORRELLY

L'avènement de Jacques II[1]

Dans le commencement de ce mois de mars 1685[2] il (y) a eu mille nouvelles qui portent la mort du Roi d'Angleterre d'une apoplexie. Il eut néanmoins temps de se faire catholique, de se confesser et de recevoir le saint viatique. Il y a très longtemps que dans son âme il estoit catholique, la Reine son espouse[3] que l'on dit estre dévote comme un ange et qui est catholique a espéré par ses prières sa conversion. Cette nouvelle consterne nos huguenots d'une manière incroiable et, qui pis est pour eux, que le duc Dior (*sic pour Jacques duc d'York*) frère du feu Roi a esté proclamé Roi — parce que le Roi est mort sans enfans — quoique catholique et comme il est soustenu de nostre Roy comme proches parens[4], l'Angleterre n'ose remuer. Ainsi c'est une grande nouvelle et il y a (à) espérer de voir un jour la Religion catholique establie en Angleterre comme elle l'estoit autresfois ; Dieu nous en fasse la grâce ; ce nouveau Roi qui est le duc Dior est Jacques second. J'ai vu ce nom dans toutes ces nouvelles.

L'offensive conjointe de Victor-Amédée II et de Louis XIV contre les Vaudois (mai 1686)[5].

Depuis quelques jours, il y a eu des grandes nouvelles en cette ville comme dans la vallée de Luzerne[6] il y a eu un grand combat à cause que le duc de Savoye a voulu faire faire dans son estat tous ses sujets qui estoient de la religion, tous catholiques comme a fait nostre grand Roi. C'est un pais à ce qu'on dit le plus rude et abominable qui se puisse voir aussi cellà rend le peuple insolent et rebelle contre son souverain. Le duc avec son armée les attaque d'un costé et les troupes de nostre grand Roy de l'autre. Ce peuple défit deux régimens françois, Provence autrefois Montpezat qui fit merveille et un autre aussi. Cette armée passa environ 4 000 âmes par le fil de l'espée, hommes, femmes et enfans et l'on fit environ 1 500 prisonniers. Il se fit un combat qui dura 24 heures, néanmoins il a falu que ses ramoneurs *(sic)* et Savoiards se soient randus, s'estant soumis à la volonté de leur duc en telle manière que les troupes se doivent retirer dans pu de jours[7]. Ainsi parle la lettre de M. des Isles[8], major dans ledit régiment de Provence de laquelle j'en ai oui la lecture et nut esté le secours du Roi jamais ce pais là ne se seroit soumis. On remarque que jusques à 27 fois ils se sont roidis contre leur duc et toujours l'ayant battu sauf cette fois ici gramerci[9] le Roi[10].

La « glorieuse revolution » suscite l'indignation de Borrelly[11]

(Novembre 1688). Les Hollandois et prince d'Orange font grand guerre contre le Roi d'Angleterre que nostre Roi soutient et l'on dit que l'Angleterre court risque de ce révolter contre leur Roy et se joindre avec le prince d'Orange et les Hollandois. Et tout cellà vient que leur Roy est fort bon catholique et toutes ces guerres ne sont proprement que guerres de religion quoi qu'il y ait des catholiques comme le pape et autres[12], la jalousie y estant pour beaucoup, contre notre Roi de ce qu'il a fait faire haut la main tout son royaume catholique. Le prince d'Orange voudroit se faire déclarer roi d'Angleterre quoique le roy soit son beau-père et l'enfant que ledit Roi a eu depuis quelque temps, nommé prince de Galles supposé enfant du roi d'Angleterre ainsi que ce prince d'Orange et tous les protestans et nouveaux convertis veulent faire accroire en haine de ce que son père est bon catholique[13].

NOTES

1. E.B. ms fol° 166. En marge : Mort du Roi d'Angleterre, création du nouveau roi.
2. Charles II Stuart (1660-1685) était mort le 6 février 1685.
3. Catherine de Bragance, fille de Jean IV, roi de Portugal, reine d'Angleterre depuis 1662.
4. Jacques II était le fils de Charles Ier et d'Henriette de France (1609-1669) tante de Louis XIV. Sa sœur Henriette d'Angleterre (1644-70), « Madame », avait épousé Philippe d'Orléans, frère du Roi.
5. EB ms fol° 182 v°. En marge : Soumission des vallées de Luzerne, s'estant tous faits catholiques.
6. Vallée de Luzerne (Lucerna) ou du Pelice, une des hautes vallées alpestres affluents de rive gauche du Pô où les disciples de Valdo avaient pu résister victorieusement depuis le Moyen Âge aux tentatives de catholicisation des ducs de Savoie. Au XVIe siècle, les Vaudois s'étaient ralliés au Calvinisme. En 1686, Louis XIV avait contraint le duc Victor-Amédée II à intervenir contre les Vaudois qui étaient en relations avec les N.C. dauphinois, cf. B. GROSPERRIN, *in* D.G.S., *op. cit.*, p. 1591.
7. « Tout fut parfaitement désolé. Il n'y a plus ni peuple ni bestiaux », Catinat, cité par P. GOUBERT, *Louis XIV, op. cit.*, p. 129. T. GAY, *Histoire des Vaudois*, Florence, 1912, p. 114 sq.
8. Il s'agit d'un membre de la famille de Chabaud seigneur des Isles, magistrat du présidial qui avait acheté le jardin de Borrelly en 1672.
9. Occitanisme : grand merci = grâce au.
10. Quatre ans plus tard Borrelly dut tempérer son optimisme enregistrant, en juin 1690, le changement de camp de Victor-Amédée II « le duc de Savoye a fait ligue depuis peu avec toutes ses nations Hollande et autres » (EB ms fol° 226). Il était bien obligé d'admettre « le glorieux retour » des

Vaudois dans leurs vallées puisqu'il leur prête le projet de « favoriser » l'invasion de la France par les troupes ennemies.

11. E.B. ms fol° 209 v°. En marge « Grand guerre » et fol° 215 sq., en marge « anotations touchant la révolte de l'Angleterre contre leur Roy et fuite du Roi et de la reine en France ».
12. Sous-entendu : parmi les adversaires de la France.
13. Le prince de Galles Jacques-Édouard était né le 10 juin 1688. La perspective d'une succession catholique à Jacques II accéléra l'intervention de Guillaume d'Orange époux de Marie, l'aînée des deux filles protestantes du roi. Dans la proclamation qu'il avait lancée avant de quitter la Hollande, le 1er novembre, Guillaume avait repris à son compte une calomnie répandue dans les milieux hostiles à Jacques II (les whigs) prétendant que Jacques Édouard n'était pas véritablement le fils du roi mais un « enfant supposé », un imposteur apporté secrètement dans la chambre royale, cf. M. ASHLEY, *England in the* XVIIth *century*, 3e éd. 1962, p. 177. Borrelly revient longuement, en avril 1689, sur l'Angleterre (EB ms fol° 215-216) et raconte la fuite de Jacques II et de sa famille...

LA RÉCEPTION DE JEAN CAVALIER CHEF DES CAMISARDS, À NÎMES, SCANDALISE BORRELLY[1]

Le vendredy 16e may, environ l'heure de 4 après midi 1704, le nommé Cavalier, du lieu de Ribautes, bolanger de son mestier et auparavant goujard[2], gardant les troupeaux, agé d'environ 22 ans, de tout cella nous en avons sceu de preuves certains, vint en cette ville. Tout le monde en a esté extrêmement estonné estant le chef de toutes les troupes fanatiques, souverain comme un Roy dans icelles, lui qui a tué, fait tuer, massacrer, égorger une infinité d'anciens catholiques et quantité de prestres, lui qui a fait brûler quantité des Églises et maisons dans les Sévènes et dans tout ce pays et presque toutes les métheries de ce terroir de Grézan, plan de Beaucaire[3] et en tant divers endroicts et estant donques arrivé dans cette ville, il se rendit au jardin du couvent des P. Récolés[4] passant par la porte du jardin, ladite porte regarde le fossé de la ville, où il trouva monseigneur le maréchal de Villar avec M. de la Lande, lieutenant général, aiant eu une longue conférence qu'on ne scait encores ce qui fut résolu et arresté, lui aiant à sa suite quelques cavaliers de sa troupe qui estoit à St Cézari[5] là où il y avoit 3 capitaines des troupes du Roy pour ostage parce que ci ledit Cavalier eut esté tué, on auroit tué et massacré lesdits 3 officiers. Il y avoit hors la ville plus de 6 000 âmes pour voir ce malheureux et il s'en alla, après la conférence, joindre sa troupe à St Cézari où elle restat en l'atendant. Tout le monde croit qu'il s'est soumis pourveu qu'on lui donne sa vie, de se rendre et de servir Sa Majesté et de fere poser les armes à tous les autres chefs et troupes fanatiques. C'estoit une guerre très fâcheuse parce que tout le pays estoit pour ses gens là, parce que presque tout ce pays sont de nouveaux convertis mal intentionnés pour nostre grand Roy que Dieu bénisse et conserve. De cette ville jusques à St Cezari tout le chemin estoit bordé du monde pour voir par curiosité ce maudit qui a fait tant de bruit et de malheur, qui n'a pas tenu à lui que tout le pays ne se soit sousleyé[6]. Mondit seigneur le maréchal a envoyé au Roi un courrier pour l'informer de la conférence et de l'obéissance qu'a témoingné ledit Cavalier pour sa Majesté.

Et c'est visiblement un ouvrage de Dieu que cette maudite canalie de fanatiques et rebelles se soist rendue et que ça esté seulement depuis cinq à six jours que le bruit a couru de cette paix. L'histoire est suivant que j'ai apris et que tout le monde scait. (*Suit un long développement rapportant les négociations relatées par tous les historiens du mouvement camisard, menées par Cavalier près de Vézenobres, avec un officier des troupes du roi le marquis de la Lande et en ancien employeur de Cavalier, le sieur Lacombe, un nouveau catholique. Borrelly reprend son récit en juin au moment où Cavalier quitte le Languedoc pour l'Alsace.*)

Cependant Cavalier s'estant rendu en ville et allant partout suivy de toute la populasse comme s'il eut esté un des plus grands seigneurs du royaume, aiant des gardes de sa troupe et même quelques soldats des troupes du Roy et tout le monde grandz et petis s'empressant de le voir comme aiant fait grand bruit, estant fort petit, n'aiant qu'environ 22 ans et n'aiant pas grand mine[7] et, par politique, on lui accorda tout ce qu'il pouvoit soueter à l'exclusion de l'exercice de la religion, même le Roi lui accorda un brevet de colonel d'un régiment à un marot qui a esté berger, croiant par là que tout finiroit et que ses maudits se rendoient. Néanmoins, ses troupes fanatiques et rebelles au Roy traitent ledit Cavalier de traitre, n'ont pas vouleu se rendre. Les chefs qui restent qui sont les nommés Roland. Laporte, Castanet et quelques autres font avec leurs troupes beaucoup de maux et malheurs, mais nous croions que monseigneur le maréchal de Villar avec les troupes qu'il a, pourra les châtier et les réduire, ledit Cavalier aiant parlé et donné des grands mémoires et des instructions miraculeuses[8]. Il est entré avec luy environ 200 hommes qui (ont) esté conduis au lieu de Valabrègues qui est entre deux eaux, ledit Cavalier estant parti avec eux pour se rendre à Brisa (Brisach) où est son cartier où on lui enverra tous ceux qui se rendront[9]. Cellà surpasse l'imagination que ledit Cavalier estant convaincu de mille massacres et incendies qu'il a fait ou fait faire à ses troupes, il ait esté pardonné et récompensé de ses crimes mais tout cellà est misterieux, on a cru par là atirer les autres mais ce ne sera pas sans peine et ses maudis s'atachent présentement à enlever tous les chevaus qu'ils rencontrent et ils voltigent dans tous les chemins pour cellà.

NOTES

1. E.B. ms fol° 261-263. En marge : Entrée de Cavalier chef des fanatiques dans Nismes. Sur son entrevue avec Villars, cf. H.BOSC, *La guerre des Cévennes* Montpellier, 1985, t. III, p. 505 sq.
2. Occitanisme : gojard signifie aide-berger, valet (le mot français goujat est d'origine occitane).
3. Grézan et le plan de Beaucaire étaient des zones agricoles dans la plaine tout près de Nîmes, au sud-ouest. En avril 1704, Fléchier (*Lettres* t. X, *op. cit.*, p. 163) évaluait à 4 000 le nombre d'anciens catholiques et à 80 le nombre de prêtres massacrés ; il dénombrait 200 églises détruites.
4. Le couvent et le jardin des franciscains récollets se trouvait à l'ouest de la ville, dans le faubourg de la Madeleine.
5. Saint-Cezari, forme occitane de Saint-Césaire, village nouveau catholique à une lieue au sud-ouest de Nîmes avait été « mis au pilhage par ordre de M. le maréchal de Montrevel », le 21 juin 1703, les habitans estant accusés de donner retraite et vivres aux phanatiques », E.B. ms fol° 256 v°.
6. Sur l'extraordinaire curiosité soulevée par Cavalier, cf. P. JOUTARD, *Les Camisards* 1976, p. 191 sq — L. MENARD, *Histoire... op. cit.*, t. VI, p. 365.
7. Tout le monde, même chez les catholiques, ne partageait pas cette appréciation. La sœur de Mérez, ursuline du grand couvent, le jugeait « fort joli de visage », Sœur MEREZ de l'Incarnation, *Mémoire et journal... op. cit.*, p. 85.

8. Sur les manifestations de prophétisme, cf. Sœur de MEREZ, *op. cit.*, p. 84 ; elle évoque également le séjour de Cavalier à Vallabrègues au bord du Rhône.
9. De Brisach, Cavalier passa en Suisse. Par la suite il servit dans les armées savoyardes et anglaises et mourut gouverneur de Jersey en 1740.

LE GRAND HIVER DE 1709[1]

J'ay renvoyé à escrire cette anotation jusques à ce mois d'octobre 1709 affin de scavoir au vray comment toutes choses se sont passées cy bien que dans les mois de janvier et février dernier 1709 il gela ci extraordinairement que ses gellées tuèrent tous les bleds et autres grains, oliviers, bestiaux à laine et bœufs, même des gens trouvés morts dans les chemins en façon que tout le monde estoit ci épouvanté qu'on ne scavoit que devenir. Dans ledit mois de janvier il plut beaucoup et après il fit des gellées horribles ce qui causa la mortalité des grains et oliviers parce que la terre se trouvant humide et les gellées fortes et très longues causèrent cette mortalité. Pour les vignes (elles) furent fort endomagées puisque, cette année, tel que avoit dix vaisseaux[2] de vin qui n'en a pas reculy deux. Cette rigur de temps a été générale dans cette province, dans celle de Provence, en Bourgoune, du costé de France *(région parisienne)*, en Italie, en Picardie et en tant d'autres provinces comme cellà a esté sceu par tant des lettres qui sont venues d'un costé et d'autre, jusques là même que ses gelées ont aussy tué les chaines verts et blancs, grenadiés, lauriés et toutes nos garrigues brûlées comme ci le feu y estoit passé et il est vray que, le dimanche des Rameaux, fallu qu'on bénit du buis, ni aiant pas autre chose pour servir à cette sérémonie[3]. Or, on jugera de la rigur espouvantable du temps qu'il fit dans les mois de janvier et février et on croioit que nous estions à la fin du monde. Pour les pauvres, (ils) ont souffert d'une manière espouvantable et bien d'autres gens et il a fallu que tous ceux qui pouvoient fere l'aumosne aient esté taxés et, comme l'année dernière la récolte de bled et autres grains fut très médiocre, non tant seulement (en Languedoc) mais encores dans tout le royaume, les pauvres tant de la ville que les estrangers nous assasinoient, tout le monde aiant fermé leurs greniers[4] pour vivre ou pour avoir moien de semer dans cette année et ceux qui avoient moyen de cuire n'estoient pas bien assurés qu'on leur rendit leur pain venant du four chez eux apréhendant l'enlèvement du pain par les pauvres. Et, ensuite, après la fin des mois de février, le temps s'estant un peu adoussy, le monde commansa à se remuer dans le mois de mars et, comme le temps avoit passé pour semer du bled et que la rigur du temps l'avoit tué, on sema de poumoule[5], de l'orge, d'avoyne, du secle (seigle) du millet et toute sorte de légume. Quelque (*quelques-uns*) sema du bled quelque pu mais cellà ne réussit pas et comme la saison fut très favorable et qu'il ne régna pas des chaleurs il y eut une si grande abondance de poumoule que tel en avoit une saumée (2 hectolitres) de semence en reculit les 15 et 20. Pour du millet encore plus car d'un boisseau de semence (4 litres) on avoit les 12 ou 15 saumées[6], beaucoup d'avoine, de vesses blanches[7] aussy beaucoup et avec tout celà comme il n'y a pas eu du bled, il n'a resté que toutes ces sortes de grains ne soient vendues à haut prix puisque la poumoule a value jusques à 33 livres la saumée, le millet dans le mois de novembre jusques à 20 livres la saumée, l'avoine 15 livres, lentilles, gaisses[8] et tant d'autres sortes de légumes en aiant eu une très grande récolte tout ce vendu en prix de l'or. La barjalade[9] qu'on composoit de vesses blanches, avoine et quelque peu d'orge jusques à 24 livres la saumée. Aussy le pain de ses sortes de grains faisoit patir beaucoup ceux qui en mangeoient et on n'entendoit crier que des millas[10] dans la ville et tout le monde en mangeoit pour s'empescher de mourir de faim. Les villagois venoient de toutes parts dans temps que les gellées eurent fini, pour achepter du pain. Aussy cellà fit qu'on déffendit de bailler du pain aux vilagois. Il se commettoit des grands abus car ils en prenoient de grands sacs et ceux de St Gervasy, Besousse et autres des environs en vendoient à des gens d'Avignon et il s'en faisoit un commerce secrètement. Cependant dans Nismes tout le monde crioit. Mr le juge de police, consuls et autres gens de chaque cartier furent visiter maison par maison et sur tout les bolangers pour scavoir quelle qquantité de bled et autres grains il y pouvoit avoir dans Nismes. Cellà fait et aiant veu que ce qu'on avoit trouvé n'estoit pas suffisant de nourrir la ville, au contraire bien loin de là, la ville à l'exemple de celle de Montpellier et de bien d'aures, firent publier qui voudroit prendre et fournir du bled à la ville et il se trouva un party qui s'obligea d'en tenir sous les conditions convenues. Véritablement il en vint du costé de Narbonne une quantité non pas trop considérable parce qu'on reffusa d'en bailler et il se forma de partis (*sociétés*) pour en faire venir du Levant et de Turquie. En effet, il en vint une grande quantité et il en seroit venu extraordinairement mais les ennemis ont tant pris de bastimens chargés du bled que cellà a fait que nous sommes dans des misères espovantables et ce bled c'est vandu jusques à 46 livres[11]. Il y a eu beaucoup de gens qui en ont semé faute d'avoir du bled du pays. On apréhende qu'il ne réucisse pas. Affin pour toute conclusion, il ni a que misère et banqueroutes. Le temps est ci mauvais par tout pays que tout nous manque et ce qui se donnoit ci devant aux bestes faut que cella serve pour la nourriture des hommes. L'hiver dernier il y eut une grande abondance d'huille et jamais n'en avoit tant veu. Chacun qui peut le garde parce qu'il y aparance que nous n'aurons d'olives d'environ quinze ans. La cane d'huile (9 litres) se vend 7 livres[12]. Dieu y mete sa bénédiction et nous donne la paix. Le pain blanc, la livre se vend 5 sols, le moins blanc 4 sols[13] et tous les pauvres gens et bien d'autres ne vivent que du millet, navés et légumes. On vend le bled du pays 60 livres, celui du Levant 48 livres (*la saumée*) ou plus[14]. Enfin nous sommes dans un temps le plus misérable qui se veit jamais.

NOTES

1. E.B. ms fol°269-270. En marge : « Anotation touchant la rigur extraordinaire dans l'année 1709 ».
2. Vaisseau : grande mesure de capacité du même ordre de grandeur que le muid, soit 5 ou 6 hectolitres, cf. P. CHARBONNIER *et alii, Anciennes mesures locales*, p. 176 et 270.

3. C'est-à-dire ni olivier, ni laurier.
4. Occitanisme (emploi du pluriel après le collectif « tout le monde »).
5. Poumoule : paumelle (orge grossière).
6. Borrelly semble ici s'embrouiller dans les rendements...
7. Vesces : sorte de lentille.
8. Gaisses : gesse ou jarousse, autre variété de lentilles.
9. Barjalada (terme occitan : étymologie : barjar : broyer). Sur ce mélange, cf. MENARD, *Histoire*, t. VI, p. 384.
10. Milla (ou milhas) : terme occitan désignant la bouillie de maïs. Le maïs avait pénétré dans la région au XVIIe siècle. Sur le milhas, cf. J.P. PINIES, « Ethnographie » in *Languedoc méditerranéen* 1989, p. 117.
11. Sur l'achat de blés du Levant et le rôle de l'intendant Basville, cf. L. MENARD, *Histoire*, t. VI, p. 385. Les 46 livres sont d'ailleurs dépassées.
12. Le prix le plus habituellement indiqué dans le livre est de l'ordre de 3 livres la canne. En marge, en janvier 1710, Borrelly ajoute qu'il avait fait couper tous ses oliviers, « chacun qui peut *le* garde », occitanisme : huile est masculin en langue d'oc.
13. Ainsi les prix taxés par les autorités municipales et présidiales (2 sols 8 deniers pour le pain blanc, 2 sols pour le pain de méteil, L. MENARD, *Histoire*., t. VI, p. 384-6) sont-ils très largement dépassés. Cinq sols la livre est un prix prohibitif pour des artisans et des manouvriers qui gagnent environ 10 sols par jour. Si l'on évalue la consommation à un poids de deux livres par jour (P. GOUBERT, *Beauvais et le Beauvaisis*, *op. cit.*) par personne, le salaire n'y suffit pas quand il y a des charges de famille.
14. Les prix ordinairement mentionnés oscillent entre 15 et 20 livres la saumée (2 hectolitres).

TERMES OCCITANS EMPLOYÉS PAR BORRELLY

balenc (auvent) « pour empêcher que les eaux pluviales ne tombent dans les corridors » (fol° 121).

barjalade (de barjar : broyer) : mélange de vesces et d'orge.

barralié tonnelier (fol° 114).

Blanquette diminutif du prénom de sa petite-fille Blanche (et non Blanchette) fol° 254.

blanquissage lavage du linge (fol°86).

broquier(e) ferblantier (fol° 186).

cabus provin, marcotte de vigne (fol° 8v°).

calade pavé (fol°32v°).

cane (2 mètres environ) « on baille le prix fait à tant la toize c'est-à-dire tant par cane » (fol° 194).

caner mesurer (fol° 217).

cauqière tannerie (fol° 251 v°).

cendrade cendre d'un four à chaux (fol° 229 v°).

compatir se supporter (fol° 196 v°).

corratière revendeuse, fripière (fol° 166).

cournier cornière de toit (fol° 63).

courriol coureur (pour la dîme) (fol° 131 v°).

couton coton acheté (fol° 22 v°).

dauphinenques châtaignes de qualité supérieure (fol° 58).

despance ordinaire (ou garde-manger) « j'arrenta une chambre... pour y faire ma despance », (fol° 1 v°).

escaper échapper — ici : parcourir (?) « Ses (ces) dragons escapoient ses (ces) montagnes » (fol° 154).

escaudat chaux ? achat : « à une veuve ou fille du plus haut four à chaud, 24 sols pour 8 escaudats et cendrade pour faire racomoder mes couverts » (fol° 229v°).

escaufelié bassinoire : « un bassinoir vulgairement appelé escaufelié » (fol° 69 v°).

espouster (s') s'enfuir — (les ministres) « se sont espoustés » (fol° 154, 155v°).

fandal tablier (fol° 228).

gorgue gouttière (fol° 33).

goujard valet (fol° 261).

groulier cordonnier (fol° 183v°).

incacade échec, « une incacade la plus grande qui se puisse faire » (fol° 267).

jasse étable — (fol° 1).

lever	mettre au monde : la sage-femme qui « leva l'enfant dont ma femme s'accoucha », (fol° 57 v°).
marrine	marraine (fol° 1).
matalassaire	matelassier (fol° 33 v°).
merlusse	morue (fol° 24).
millas	bouillie de maïs (fol° 269 v°).
miret (lou)	Claude Dayon dit « lou miret » (fol° 16 v°).
oule	marmite « une grande oule de fer » (fol° 121).
parran	enclos — (fol° 1).
parrin	parrain (fol° 1).
piquer	battre (tambour) — (fol° 184).
platine	flèche de lard, (fol° 192).
plier	partir « il faudra que les troupeaux plient (à cause de la sécheresse) » (fol° 81 v°).
porge	vestibule — (fol° 98 v°).
poumoule	paumelle (orge grossière) (fol° 269 v°).
pourcatié	marchand de cochons — (fol° 251 v°).
rebatude	doublure « neuf pans rebatude pour doubler deux haude-chausses » (fol° 175 v°).
sargue	serge (fol° 228).
souquilhon	petit bois : « huit quintaux bois souquilhon » (fol° 163 v°).
terraille	poterie — fol° 193.
tine	« une cuve ou tine », (fol° 92 v°).
tissier	phtisie, ou mélancolie, « le pais luy estoit contraire et il tomboit dans le tissier » (fol° 86).
vane	courtepointe — (fol° 17).
vedele	génisse (fol° 62 v°).
ventresque	panne « 2 platines, 2 ventresques, 2 chambons » (fol° 192).
virolet	« un virolet pour tenir la porte sujette quant elle est ouverte » (fol° 81).

Généalogie de BORRELLY – 1

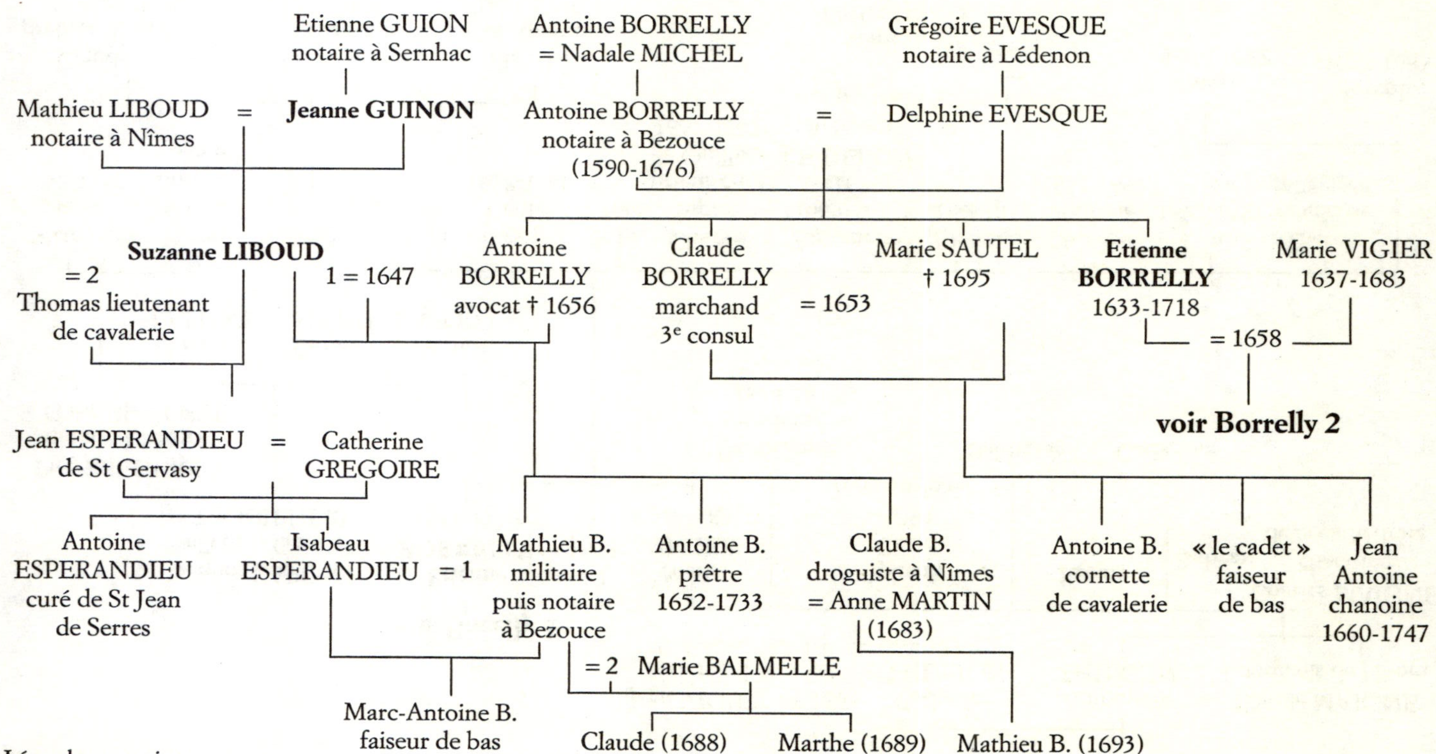

Légende : = mariage
= 1 : premier = 2 : second

Généalogie de BORRELLY – 2

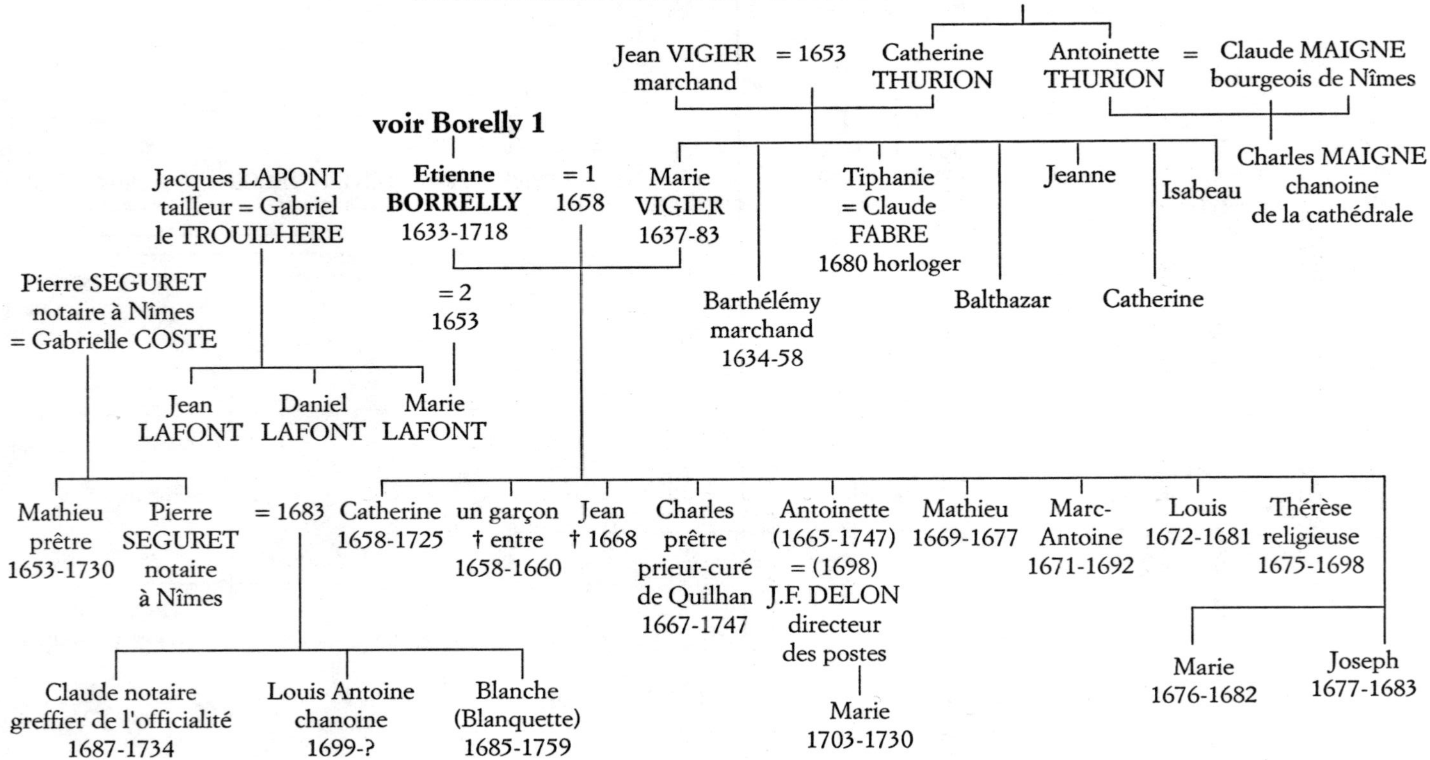

Légende : = mariage
= 1 : premier = 2 : second

LES ENFANTS DE BORRELLY

(astérisque : ont survécu à leur père)* 1er mariage Borrelly 12/02/1658

Prénom	**date naissance**	**date baptême**	**parrain**	**marraine**	**intervalle intergénés.**	**mariage**	**ordination profession religieuse**	**décès**
CATHERINE* (Marie ?)	décembre 1658					1/03/1683		30/09/1725
JEAN	?							1668
X (garçon)	?							avant 1683
ANTOINETTE*	1665 ou 1666			Antoinette Magne tante de Marie B.		17/01/1693		30/03/1747
CHARLES*		29/08/1667	Charles Maigne chanoine/cousin				22/12/1691	9/04/1747
MATHIEU	16/04/1669	20/04/1669	Mathieu B. cousin	Madeleine Vigier	19M.21J.			11/11/1677
MARC-ANTOINE	4/01/1671	6/01/1671	Antoine B. cousin fils de l'avocat	Marie (Catherine) sa sœur	20M.19J.			6/11/1682
LOUIS	8/06/1672	11/06/1672	Antoine B. cousin fils du marchand	Jeanne Vigier sœur de Marie	17M.5J.			7/12/1681
THERESE	24/09/1675	28/09/1675	Charles B. son frère	Antoinette B. sa sœur	39M.16J.		13/09/1693	18/12/1698
MARIE	13/10/1676	17/10/1676	Mathieu B. son frère	Thérèse B. sa sœur	12M.19J.			11/12/1682
JOSEPH	1/12/1677	4/12/1677	Charles B. son frère	Thérèse B. sa sœur	13M.18J.			1/03/1683

LES SERVANTES

prénom	nom	lieu d'origine	gages annuels	période de service	motif du renvoi ou du départ
1. Jeanne 1	Gras	Bezouce		1658/9 à 1666	
2. Marie				22/07/1666 à 10/08/1668	
3. Marie	Trenquier		18 l.	8/04/1668 à 3/12/1668	nourrice à domicile
4. Jeanne II			15 l.	9/05/1669 à 24/09/1669	mauvaise santé
5. Marie	Chamboun	Concoules	16 l.	6/10/1669 à ?	
3. Marie	Trenquier		18 l.	14/12/1669 à 14/03/1670	
4. Jeanne II				16/03/1670 à 14/05/1671	nourrice à domicile
? Marie				mentionnée 16/11/1672 et 9/05/1673.	
4. Jeanne II			18 l.	14/04/1673 à 19/12/1674	saleté
6. Jeanne III			15 l.	21/12/74 à 5/01/1675	maladie
7. Margot			17/18 l.	03/1675 à 10/08/1675	protestante, ses coreligionnaires la font quitter
8. Isabeau				mentionnée 28/09/1675	
9. Anne		Le Blémard (Gévaudan)	17 l.	17/10 à 21/10/1675	« a quitté sans mot dire »
10. Charlotte	Jouannenq	Coiras (Vivarais)	18 l.	28/11/1675 à 8/04/1677	maladie
11. Jeanne IV			18 l.	12/04/1677 à été 1678	
12. Marie	Ribaute		14 l.	20/10 à 9/12/1678	« ne sert pas comme il faut »
13. Jeanne V			12 l.	18/04/1679...	
14. Margot	Gasquet	Montfrin	15 l.	11/07 à 23/09/1679	R*
15. Anne			15 l.	23/09 à 24/09/1679	« s'en va sans mot dire » (vendanges)
14. Margot	Gasquet	Montfrin	15 l.	24/09 à 3/12/1679	R
16. Toinette		Alès	13 l.		
				1680-1682 pas de servante	
17. Catin	Roustan	St Bonnet	18 l.	5/10/1682 à 17/01/1686	mariage
18.	Reynaud	Clarensac	18 l.	7/02 à 5/06/1686	« veut aller moissonner »
19. Suzanne	Damour	Aramon	16 l.	1/07 à 13/08/1686	R. (vol)
20. Alix	Combe	Montfrin	18 l.	15/08/1686 à 08/1687	R.
21. Marie	Bocoiran		18 l.	16/08 à 31/08/1687	R.
22. Honorade		Comps	18 l.	31/08/1687...	
23. Jeanne VI		Anduze	18 l.	21/11/1687 à 17/01/1688	« quitté pour aller servir sa mère »
24. Espérance			18/20 l.	27/01 à 20/02/1688	R.
25. Isabeau	Bouzanquet	Caveirac	18 l.	5/04 à 5/05/1688	R.
26. Marie		Nîmes	18 l.	5/05 à 7/08/1688	« elle a voulu quitter sans regret »
27. Jeannette			18 l.	16/08 à 04/09/1688	« nullement propre pour la maison »
28. Marie	Cabanes	St Jean-de-Serre		26/09/1688 (quelques jours)	R.
29. Jeanne VII	Reyne	Moulezan	18 l.	21/10/1688 à 1693 ou 94	
30. Madon			18 l.	27/07/1694 à 17/08/1695	R.
31. Françon		Beaucaire	18 l.	21/08/1695 à 7/08/1696	R.
32. Jeanne VIII		Dions	15 l.	8/08/1696 à 8/08/1698	va « glaner à son pais »
29. Jeanne VII	Reyne		18 l.	7/07/1698...	
33. Marie	Raimond	Les Vans (Vivarais)	18 l.	10/08/1698 à 23/09/1704	quitte « sans sujet »
34. Madon		Largentière		1705...	
35. Anne	Chamboun	Les Vans	18 l.	18/05/1705 à 10/08/1707	
36. Toinette	Dubois	Uzès	21 l.	29/08/1707 à 23/09/1714	enceinte
37. La veuve	Saltelle		21 l.	24/09/1714 à 1717.	

* R : renvoyée.

N.B. – Margot Gasquet (n° 14) et Jeanne VII (n° 29) ont servi à deux reprises.

DÉPENSES VESTIMENTAIRES, 1676

7 janvier 1676	une paire de souliers pour Toinette B.	1 l. 1 s.
7 février 1676	deux petits chapeaux pour les enfants	3 l. 5 s.
7 mars 1676	« habillage » de souliers de Toinette B.	7 s.
27 mars 1676	« pour habilher notre filhe Borrelly » (Catherine)	15 l.
4 avril 1676	un chapeau « pour Borrelly mon fils » (Charles)	1 l.
7 avril 1676	une paire de bas	2 l. 15 s.
15 avril 1676	achat de 9 pans (2 m 25) de serge et 5 pans (1 m 25) de toile grise destinée à doublure pour faire un haut de chausse pour Étienne B.	2 l. 10 s.
20 avril 1676	remboursement à l'avocat Maimbert du prix d'une « robe de chambre qu'il m'achepta à la foire de la Magdeleine dernière » (Beaucaire)	11 l.
14 mai 1676	achat de toile pour les enfans	2 l.
18 mai 1676	achat de serge de Londres, de boutons de crin, de toile de coton pour la doublure, de taffetas pour « le renvers de la manche » en vue de faire faire un habit pour Étienne B. comportant « une cassaque ou justecorps et une haute chausse ne se portant présentement aucun pourpoint »	18 l. 3 s.
18 mai 1676	... « une paire de bas de laine d'Angleterre pour assortir l'habit »	3 l. 4 s.
23 mai 1676	paiement à Travier cordonnier pour deux paires de souliers pour Étienne B. ; une paire de pantoufles pour sa femme	5 l. 10 s.
23 mai 1676	achat d'une paire de gants pour Étienne B.	8 s.
	achat de ruban de soie	7 s.
29 mai 1676	paiement à Grégoire cordonnier pour des souliers pour Marc Antoine	13 s.
23 juin 1676	règlement ultime à Montfaucon, tailleur	3 l.
11 juillet 1676	récapitulation des dépenses vestimentaires pour le deuil du père d'Étienne : pour Étienne 3 cannes (6 m.) cadis* noir de Marvejols 15 pans et demi (près de 4 m) de	12 l. 18 s.

* Cadis : étoffe de laine légère.

	Rouan noir pour doubler sa « cassaque ou justecorps et hautechausse », une paire de bas, boutons, une crespe pour le chapeau	
11 juillet 1676	pour ma femme et fille (l'aînée Catherine), 4 pans de batiste (1 m) et 6 cannes et demi cadis (12,50 m) pour de « polacres » pour ma femme ; une coiffe de crêpe et un habit de crespon pour ma fille	14 l. 15 s.
11 juillet 1676	une paire de souliers pour E.B.	2 l. 4 s.
11 juillet 1676	« rabilhage de souliers pour les enfans »	10 s.
22 juillet 1676	trois paires de soulliers achetés à Grégoire « cordonnier des enfans »	2 l. 4 s.
22 juillet 1676	racommodage de souliers des enfans par Anthoine, groulier	7 s.
24 août 1676	deux cravates pour le deuil du père	3 l. 12 s.
16 septembre 1676	ressemelage une paire de souliers d'Étienne B.	12 s.
9 octobre 1676	paiement d'une paire de souliers pour Étienne B.	2 l. 2 s.
23 octobre 1676	achat de 6 pans de serge pour « faire quelque chose » pour la petite Marie B. (née le 13 octobre)	18 s.
31 octobre 1676	achat d'une paire de « gros bas noir de St Marcel* bien faits »	3 l.
2 novembre 1676	achat à M. Bouguet marchand de 3 cannes 6 pans (7 m 50) de serge noire « pour un habit pour passer cet hiver et duel de feu mon père »	9 l. 3 s.
4 novembre 1676	au tailleur Huc pour la façon dudit habit paire de bas	4 l. 7 s.
13 novembre 1676	paire de souliers pour Marc Antoine B.	18 s.
22 décembre 1676	« rabilhage » souliers des enfants	1 l.
	DEPENSES DE L'ANNÉE 1676	769 l.
	dont pour l'habillement : 16,8 %	129 l. 3 s.

* Bas de St Marcel : le tableau de l'ensemble de l'industrie textile en Bas-Languedoc, en 1692 (L. SALLMANN-TEISSEYRE, 1995, *op. cit.*) ne mentionne ni Saint-Marcel-de-Fontfouillouse, ni Saint-Martial ; un demi-siècle plus tard, l'abbé Fabre évoque (*Jean l'an près, op. cit.*) les « bas de St Marsot ».

DÉPENSES VESTIMENTAIRES, 1686

11 janvier 1686	achat de 6 pans (1,50 m) de mousseline « pour me faire 2 cravates »	3 l. 12 s.
15 janvier 1686	Étienne Plagnol de Bezouce, filleul de Borrelly, lui fait une paire de « souliers de campagne »	2 l. 5 s.
16 janvier 1686	règlement d'une dette au tailleur Montfaucon	3 l.
1er mars 1686	Prouhèze dit Gévaudan, cordonnier, a fait 4 paires de souliers, (2 paires pour Étienne, 1 paire pour Charles, 1 paire pour Marc-Antoine).	9 l.
9 mars 1686	règlement final au tailleur Montfaucon qui a fait un habit	6 l.
30 mars 1686	« j'ai achepté pour ma fille Anthoinette un habit de petite étoffe de soye, le fonds blanc parsemé de petites fleurs noires qu'une corretière (revenderesse), m'a vendue ».. (habit qu'on dit avoir appartenu à la demoiselle de Fabre.. il a cousté pour le moins 30 L. Il est quasy tout neuf..)	16 l.
10 avril 1686	un chapeau « achepté d'un chapellier d'Avignon en façon de Codebec* »	2 l. 5 s.
	achat de taffetas « blu raié pour un cotilhon » pour Antoinette	8 l. 13 s.
16 avril 1686	4 mouchoirs de filoselle (soie très commune)	1 l. 16 s.
26 avril 1686	bas de laine achetés au cousin Roquerol	3 l. 10 s.
30 avril 1686	deux calottes « pour mettre sous la perruque »	10 s.
2 mai 1686	achat de 4 cannes (8 m) de droguet et 3 pans (75 cm) de taffetas gris pour faire un habit ainsi que de la soie pour doubler les boutonnières.	27 l. 7 s.
25 juin 1686	achat de 18 pans (4,50 m) de dentelle « pour mettre au bord de mes chemises, y aiant pour garnir 6 chemises à 3 pans pour chacune qui revient à un pan et de mi pour chaque manche »	2 l. 10 s.
1er juillet 1686	achat de toile pour faire trois cravates	2 l.

* « Façon de Codebec » : Caudebec-en-Caux fabriquait des chapeaux de feutre.

2 juillet 1686	achat de toile pour faire un haut de chausse pour Charles	1 l. 16 s.
29 juillet 1686	achat de toile jaune pour faire un cotilhon pour Thérèse	1 l. 15 s.
3 août 1686	achat de toile « pour faire des rabas à mes deux fils »	1 l. 4 s.
17 août 1686	pour la façon de deux paires de bas de toile	10 s.
11 octobre 1686	paiement à Gévaudan cordonnier	6 l.
24 octobre 1686	ressemelage	15 s.
6 novembre 1686	achat d'une paire de souliers cirés pour Antoinette	1 l. 18 s.
15 novembre 1686	apprêt par le gantier La Fontaine de 4 peaux de mouton « qu'il doit mettre de couleur de noisette pour faire 2 hauts de chausse, l'un pour Charles l'autre pour Marc-Antoine	6 l.
26 novembre 1686	achat à M. Bedos marchand de 5 cannes 2 pans (10,50 m) de « cadis frisé d'Orange » pour habiller les deux garçons	13 l. 13 s.
27 novembre 1686	achat d'une robe d'indienne « pour la petite Thérèse »	4 l. 10 s.
28 novembre 1686	achat d'un cotillon et un tablier d'indienne pour Thérèse	2 l. 13 s.
30 novembre 1686	achat de 2 paires de bas de laine pour les 2 garçons	4 l. 10 s.
18 décembre 1686	paiement de 12 livres au tailleur Montfaucon (acompte sur les 28 livres 19 sols que Montfaucon réclame et que Borrelly veut réduire à 25 ou 26 livres)	14 l. 2 s.
19 décembre 1686	paiement au cordonnier Gévaudan	9 l. 10 s.
	DÉPENSE TOTALE DE L'ANNÉE 1686	894 l.
	dont pour l'habillement : (17,5 %)	157 l. 9 s.

BUDGET DE BORRELLY
1668-1691

date	recettes	part notariale	dépenses	bilan
1668	800		801	–1
1669	1 033,95	405	1 053,25	–19,3
1670	1 584,95		1 366,1	218,85
1671	1 388,3	432	1786,7	–398,4
1672	800,35	307	873	–72,65
1673	850,5	429,6	888	–37,5
1674	615,85	455	799,45	–183,6
1675	683,6	305	601	82,6
1676	684,6	292	769	–84,4
1677	1 045	645	1 033	12
1678	735	441	859	–124
1679	757		527	230
1680	777	492	745,95	31,05
1681	824	586	517	307
1682	632	445	662	–30
1683	1 195	638	995	200
1684	696	564	925	–229
1685	935	670	782	153
1686	743	499	894	–151
1687	659	531	629	30
1688	1 324	1 176	882	442
1689	476	341	1 095	–619
1690	614	514	817	–203
1691	703,6	603	977,4	–273,8

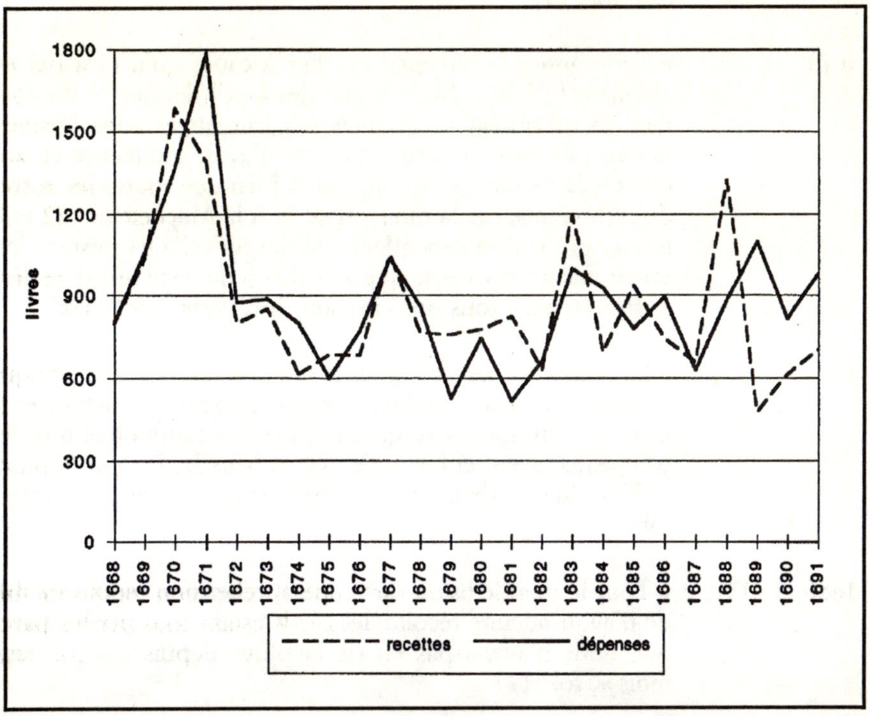

APPRÉCIATIONS DE BORRELLY SUR LES RÉCOLTES

1666	« Les oliviers ont esté presque tous tués dans ce pais... Dans le commencement de cette année 1666 la cane (10 litres environ) d'huille se vent quatre livres dix sols, ainsy il ne peut estre que fort cher sur la fin et les années suivantes puisqu'au commencement il l'est et que d'ailleurs il y a quantité d'huille vieux. On croit encore que cette année sera fort stérille pour les autres récoltes, Nostradamus l'aiant prédit. » (fol° 6 v°).
1670 (1er III)	« L'huile est fort chère (*habituellement Borrelly met huile au masculin*) à cause de la rigueur de l'hiver... aiant tué presque tous les olliviers » fol° 23 v°.
1670 (8-VIII)	« La mauvaise récolte (qui) est générale » fol° 29.
1671(23-IX)	« Le vin est à 40 s. le barril... à cause de la grande abondance » fol° 35v°.
1675	« Cette année le vin est fort cher à cause qu'il ni a pas eu récolte » fol° 54 « Notons que dès lundi dernier 7° du courant (octobre) on a commencé à vandanger dans Nismes. Jamais put estre personne qui vive n'avoit commencé ci tard de tant la récolte est reculée aussi bien que toutes les autres de cette année car la moisson ce fit à la Magdeleine (22 juillet) », fol° 57v° et cependant « avec tout cella les raisins n'estoient pas murs à cause que les saisons ont esté fort déréglées et froides ainsi tous nos vins sont fort verts, » fol° 58v°.
1677 (5-XI)	« La sécheresse est fort grande et généralle et l'on a presque rien semé à cause que l'on a pas peu disposer et labourer la terre et c'est une chose qui fait pitié et il faudra que tous les troupeaux plient ci Dieu n'y met sa bénédiction par la pluye qu'il a plu à sa divine bonté de commencer à nous donner » fol° 81 v°.
1680 (16-IV)	« Tout le monde estoit dans une apréhension espouvantable de n'avoir aucune récolte, les bleds estant tous perdus parce que nous n'avons pas eu de la pluye depuis environ sept mois », fol° 117.

1681 (16-IV)	« Jamais on n'avoit veu un hiver plus rude... Les vignes commencent tant soit pu à paroistre, les bleds très petis et il y a aparance d'une très misérable récolte ci Dieu ni met sa bénédiction », fol° 130.
1683 (Ier-V)	« (Dieu) nous a donné la pluye »... « depuis le mois d'octobre dernier nous n'avions pas eu de pluye... » « nos bleds se sont un peu refaits », fol° 150v°.
1683 (9-V)	« Il a encore pleu beaucoup ce qui a donné grande joye à tout le monde, la campagne estant tout à fait belle et il y a aparence de grande récolte » fol° 150v°.
1684 (5-II)	« L'hiver est si rude depuis environ un mois que tout le monde apréhende des oliviers », fol° 157v°.
1684 (7-VII)	« 8 émines de bled (3/4 d'une saumée, soit 150 litres) achepté à raison de 21 livres la saumée (un mot illisible) par Messieurs les consuls qui ont fait ouvrir les greniers à cause que personne ne vouloit vendre du bled à cause de la récolte qui est très misérable quoique ci-devant elle parut très bonne les brouillards l'aiant geslée entièrement », fol° 160v°.
1686 (19-VII)	« La misère est si grande au pays et surtout pour le bled à cause que la plus part n'ont pas eu la semence que nous sommes en estat de voir des grandes misères si Dieu ni met sa bénédiction et jamais homme qui vive n'a veu une récolte ci misérable. », fol° 185 v°.
1687 (18-VII)	« La récolte estant très misérable tout le monde a esté bien trompé car les bleds estoient beaux en aparence », fol°196.
1688 (juillet)	« Les jardins font compassion », fol° 220.
1692 (18-II)	« Le bled estant extrêmement cher », fol° 237.
1692 (16-VII)	« Ci le bon Dieu ne nous eut donné une bonne récolte nous estions à la famine », fol° 238v°.
1708 (du 22-IX au 2/3-X)	(pluie diluvienne) « On ne pourra semer put estre de cette semaine si Dieu ni met sa bénédiction », fol° 267v°.
1709 (octobre)	« Comme l'année dernière la récolte du bled et autres grains fut très médiocre », fol° 269 (voir documents).

TRAVAUX À BEZOUCE EN 1667

26 janvier	payé 30 s. à Claude Cabanon pour travail à la vigne.
14 février	payé 30 s. à Jean dit Belloure pour travail à la vigne.
1er mars	payé 4 livres 19 sols pour la taille des biens à Bezouce.
3 mars	payé 35 s. à Gilibert pour le « petit fossé qu'il a fait à ma vigne du costé au marin et le long du chemin. »
26 mars	payé 2' livres 19 s. à Dayon pour une série de travaux faits à la vigne (dont 15 sols de 3 journées de sa femme pour avoir lié les sarments — 30 sols « pour 3 jours où Dayon a taillé »).
31 mars	payé 3 livres à Vigne « pour avoir porté avec charette les sarments de ma vigne ».
5 avril	payé 6 livres à Pradène « pour 10 journées d'homme à deschausser ma vigne à Bezouce. »
6 mai	payé 18 s. à Gilibert qui a achevé le fossé de la vigne (49 cannes soit environ 98 m).
13 juin	payé 12 l. à Dayon pour le labourage de la vigne (8 journées à 30 sols).
1er octobre	balance des comptes entre Borrelly et Dayon. Le premier a prêté 74 L. 18 s. à Dayon (notamment 26 l. 10 s. pour l'achat d'une mule) et lui doit 20 l. 8 s. (dont 12 l. pour 8 journées de labour, 5 l. pour 2 jours « à charrier ma vendange à 50 s. par jour », 8 sols « pour deux journées de sa femme à vendanger »). Dayon reste redevable de 54 l. 8 s.
7 octobre	payé à Guérin 3 livres 6 s. « pour reste de la vente de 4 barraux et demy de vin, (2,5 hl) qu'il m'a vendus les jours passés ».
6 novembre	payé 20 s. à Gilibert pour plantation de mûriers à Bezouce.

LE BLÉ DANS LE BUDGET DE BORRELLY (ACHATS)

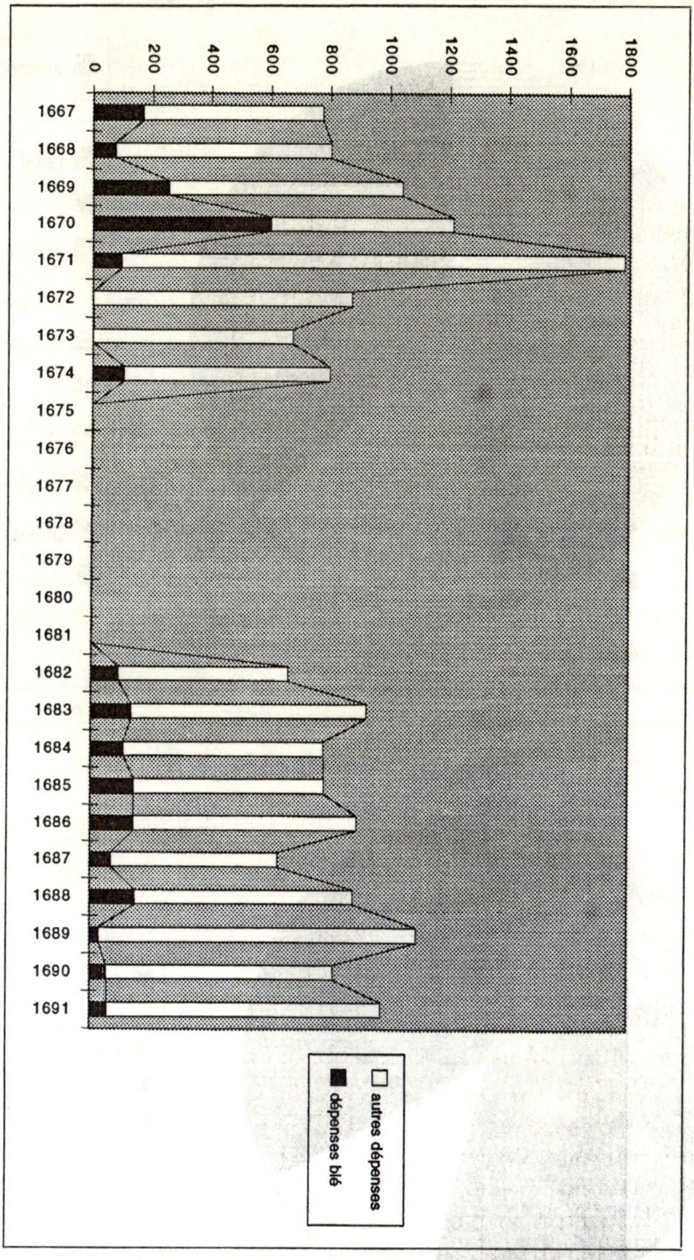

N.B. – De 1675 à 1681, Borrelly est fermier d'une dîme du chapitre cathédral.

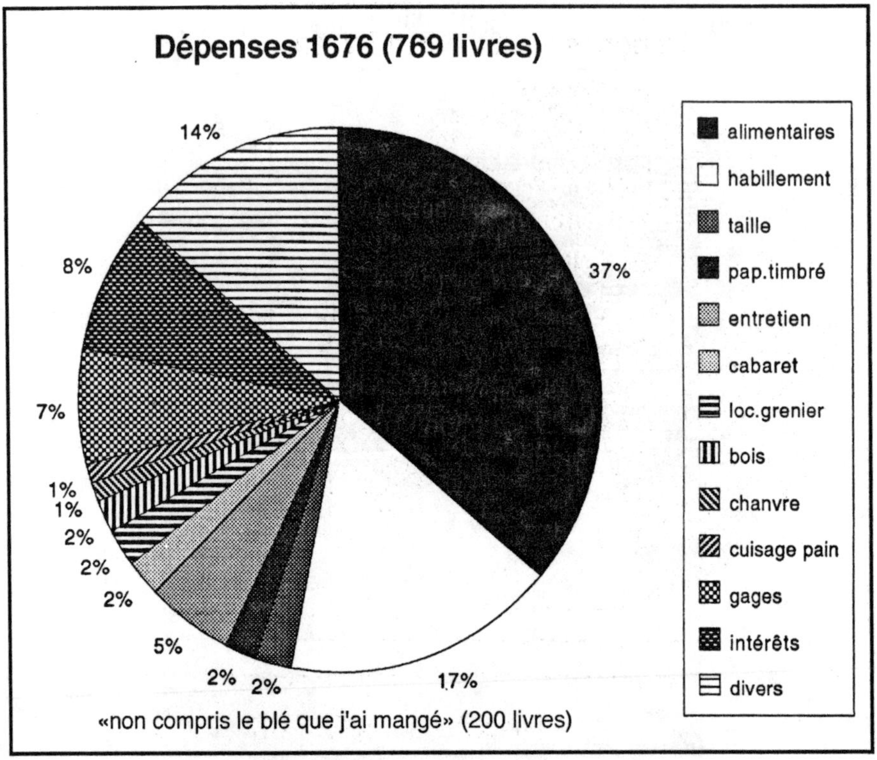
Dépenses 1676 (769 livres)
14%
8%
37%
7%
1%
1%
2%
2%
2%
5%
2%
2%
17%
alimentaires
habillement
taille
pap.timbré
entretien
cabaret
loc.grenier
bois
chanvre
cuisage pain
gages
intérêts
divers
«non compris le blé que j'ai mangé» (200 livres)

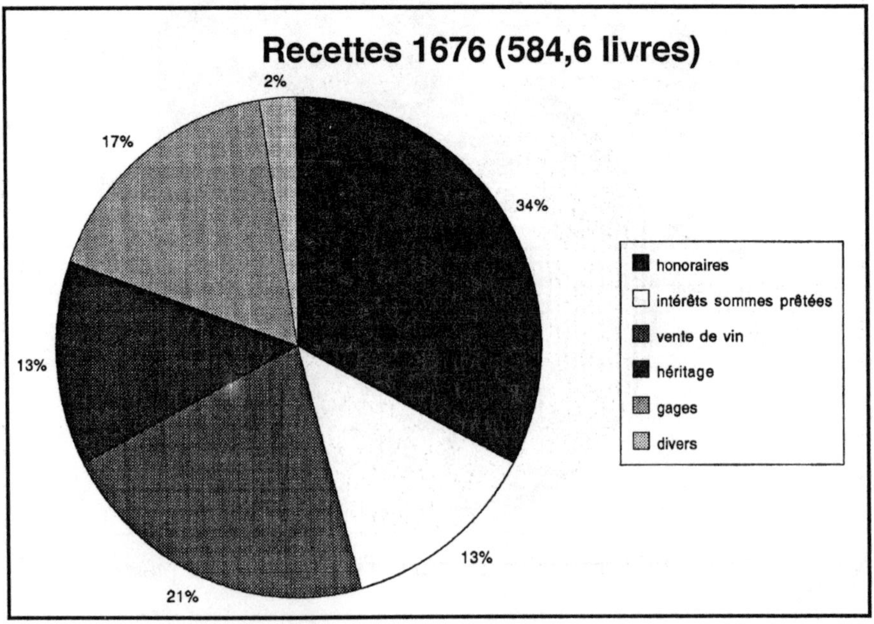
Recettes 1676 (584,6 livres)
2%
17%
34%
13%
13%
21%
honoraires
intérêts sommes prêtées
vente de vin
héritage
gages
divers

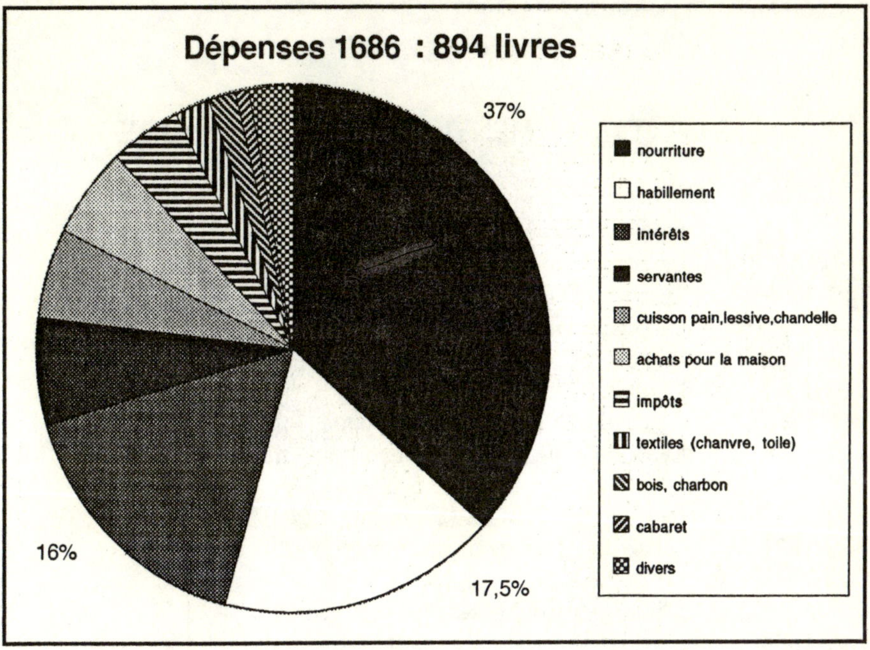
Dépenses 1686 : 894 livres
37%
16%
17,5%
nourriture
habillement
intérêts
servantes
cuisson pain,lessive,chandelle
achats pour la maison
impôts
textiles (chanvre, toile)
bois, charbon
cabaret
divers

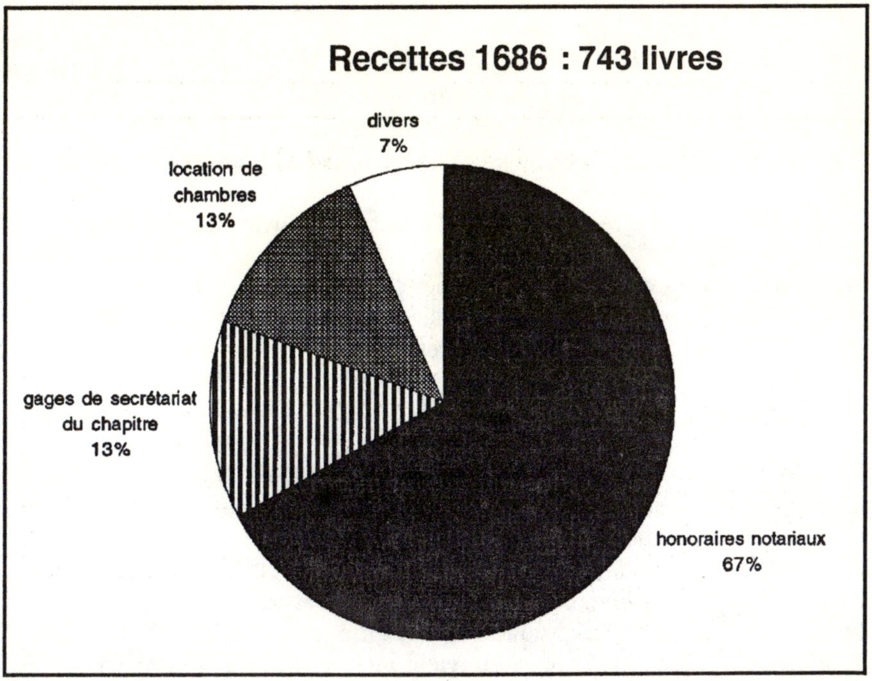
Recettes 1686 : 743 livres
divers
7%
location de
chambres
13%
gages de secrétariat
du chapitre
13%
honoraires notariaux
67%

LES « ENTRÉES » MENTIONNÉES PAR BORRELLY

5-12-1657	L'évêque Anthime Cohon, fol° 2.
21-08-1658	Le prince de Conti gouverneur du Languedoc, fol° 3v°.
9-01-1659	Le roi, fol° 4.
16-01-1660	Le prince de Conti, fol° 4v°.
6-04-1662	Le roi, fol° 4v°.
6-04-1662	L'intendant Bazin de Bezons, fol° 5v°.
18-05-1664	Le cardinal Chigi, légat du pape, fol° 5v°-6v°.
4-11-1666	Le duc de Verneuil nouveau gouverneur de Languedoc, fol° 7v°.
17-11-1670	Le duc de Verneuil (allant aux États), fol° 31v°.
5-12-1671	L'évêque Jacques Séguier, fol° 36v°.
8-11-1672	Le duc de Verneuil, fol° 40v°.
? ?-09-1672	L'intendant d'Aguesseau, fol° 46v°.
9-11-1674	Le duc de Verneuil (allant aux États), fol° 52.
15-04-1676	Le cardinal de Bonzi archevêque de Narbonne (allant à Paris), fol° 65.
8-11-1676	Le duc de Verneuil (allant aux États) — reste 15 jours « à cause de sa goutte », fol° 71.
9-11-1677	Le duc de Verneuil (allant aux États), fol° 81v°.
21-01-1678	Le marquis de Montanègre nouveau lieutenant général de Languedoc, fol° 85v°.
15-11-1678	Le cardinal de Bonzi (va faire l'ouverture des États), fol° 93v°.
14-11-1679	Le marquis de Seignelay fils de Colbert, fol° 111.
18-11-1679	Le duc de Verneuil (allant aux États), fol° 111.
15-02-1680	Le duc de Verneuil (retourne à la Cour), fol° 114v°.
13-11-1681	Le duc de Verneuil (va aux États), fol° 156.
15-10-1682	Première entrée du duc de Noailles, lieutenant général, fol° 145.
1-10-1683	Le duc de Noailles (va aux États), fol° 154.
12-10-1684	Le maréchal de Bellefonds commandant l'armée de Catalogne, fol° 162v°.
26-09-1685	Le duc de Noailles (va aux États), fol° 171v°.
1-10-1685	Première entrée de l'intendant Basville, fol° 172.
17-11-1685	Le nonce du pape en Espagne (va à Rome), fol° 175v°.
16-10-1686	Le duc de Noailles (vient tenir les États à Nîmes), fol° 187v°.
16-10-1687	Première entrée d'Esprit Fléchier, évêque nommé, fol° 199v°.
26-10-1687	Le duc de Noailles (vient tenir les États à Nîmes), fol° 200.

21-07-1688	B. Rippert d'Alausier gouverneur du fort et ville de Nîmes, fol° 206v°.
21-10-1688	Le duc de Noailles (vient tenir les États), fol° 208v°.
22-10-1688	Le cardinal de Bonsi, fol° 208v°.
10-05-1689	Première entrée du comte de Broglie, commandant en chef en Languedoc, fol° 212v°.
5-11-1689	Le duc de Noailles (vient tenir les États à Nîmes), fol° 221v°.
27-06-1690	M. de Sandricourt, gouverneur du fort et ville de Nîmes, fol° 227.
25-01-1693	L'évêque Fléchier, fol° 241.
2-03-1701	Ducs de Bourgogne et de Berry, fol° 252v°-253.
4-12-1702	Philippe V, roi d'Espagne, fol° 255-256.
14-02-1703	Le maréchal de Montrevel, commandant en chef en Languedoc, fol° 256.
21-04-1704	Le maréchal de Villars, remplaçant de Montrevel, fol° 261.
18-03-1705	Le duc de Berwick, successeur de Villars, fol° 254v°.
23-11-1711	Jean César de La Parisière, évêque de Nîmes, fol° 271.

CHRONOLOGIE SUCCINCTE DE LA GUERRE DES CAMISARDS

(Les faits évoqués par Borrelly sont marqués d'un astérisque)

1700-1701	Développement du prophétisme dans les Cévennes.
15-05-1702	Début de la guerre de la succession d'Espagne.
24-07-1702	L'assassinat de l'abbé du Chayla à Pont de Montvert marque le début de l'insurrection camisarde.
14-08-1702	Assassinat du baron de Saint-Côme*.
12-01-1703	Défaite du comte de Broglie, commandant militaire du Languedoc au Val de Barre près de Générac.
14-02-1703	Le maréchal de Montrevel remplace Broglie*.
20-02-1703	Succès remporté par Montrevel à Barutel à une lieue au nord-ouest de Nîmes*.
6-03-1703	Succès de Montrevel sur Rolland, à Pompignan.
1er-04-1703	Massacre du moulin de l'Agau, à Nîmes*.
29-04-1703	Succès de Montrevel sur Cavalier à la Tour de Billot au sud d'Alès.
2-10-1703	Cavalier incendie le faubourg de Sommières*.
Automne 1703	Dévastation des Hautes Cévennes par l'armée royale.
Automne/hiver 1703/1704	Incendies et massacres camisards dans la plaine*.
14-03-1704	Victoire de Cavalier au « devois » (bois) de Martignargues près de Vézenobres. Le régiment des vaisseaux taillé en pièces*.
16-04-1704	Victoire de Montrevel sur Cavalier à Nages*.
21-04-1704	Le maréchal de Villars remplace Montrevel*.
16-05-1704	Entrevue Cavalier-Villars à Nîmes. Cavalier abandonne le camp camisard*.
7-08-1704	Rolland tué par les soldats du roi*.
10-03-1705	Le duc de Berwick remplace Villars*.
avril 1705	Échec du « complot des enfants de Dieu »*.
juillet 1710	Débarquement anglais à Sète.

INDEX

Les noms de personnes sont en majuscules, les noms de lieux en minuscules.

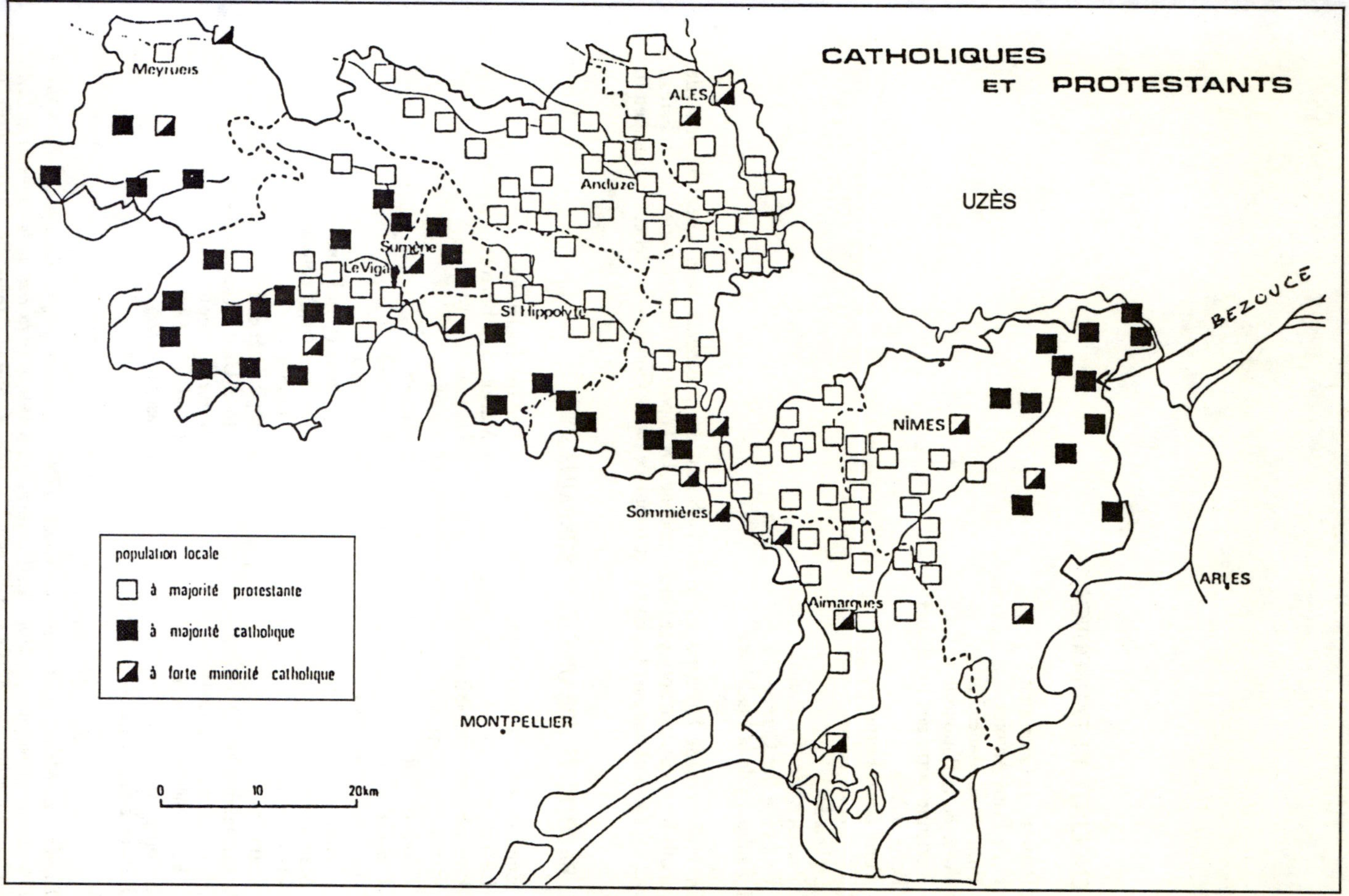

Carte extraite de R. Sauzet, *Contre-Réforme et Réforme catholique en Bas-Languedoc*, 1979. Source : pour la partie ouest du diocèse, visites de Valernod en 1611 (G 1297) pour le reste du diocèse, visites de Cohon en 1659-1664 (G 1298-1299) ; E. Goiffon, *Monographies paroissiales et Dictionnaire topographique* ; M. Bruyere, *Alès capitale des Cévennes*, 1948. De plus, pour Nîmes, registres de catholicité et registres réformés.

I. ENCEINTE ET FAUBOURGS

A Porte de la Couronne
B Porte Saint-Antoine
C Porte de la Madeleine
D Porte de la Bouquerie
E Ancienne porte des Prêcheurs
F Porte d'Alès
G Porte des Casernes
H Porte des Carmes
J Esplanade
K Faubourg des Prêcheurs
L Faubourg des Carmes
M Faubourg de la Madeleine

(En 1688, lors de l'incorporation du faubourg des prêcheurs, à la ville, une nouvelle muraille fut construite appuyée sur la citadelle. De la porte de la Bouquerie (D) au château royal (5) l'ancien rempart fut abattu et remplacé par le Cours — actuel cours Gambetta).

II. BÂTIMENTS URBAINS ET SUBURBAINS

1 Emplacement du grand temple (détruit en 1685)
2 Emplacement du petit temple (détruit en 1664)
3 Hôtel de Ville
4 Présidial
5 Ancien château royal
6 Arènes
7 Maison carrée
8 Place du marché
9 Cathédrale
10 Ancien évêché (bénédictins)
10 bis Évêché (depuis 1685)
11 Église Sainte-Eugénie
12 Collège (jésuites)
13 Place Belle-Croix
14 Rue des Esclafidous
15 Maison d'E. Borrelly
16 Dominicains
17 Récollets
18 Carmes
19 Capucins
20 Doctrinaires
21 Ursulines (grand couvent)
22 Ursulines (petit couvent)
23 Visitandines
24 Hôpital général
25 Hôtel-Dieu (hospitalières de Saint-Joseph)
26 Citadelle (1688)
27 Caserne (1695)

D'après : L. MENARD, *Histoire de Nîmes*, 1750. P. CHAREYRE, *Le Consistoire de Nîmes (1561-1605)*, thèse dactyl., 1987. L. TEISSEYRE-SALMANN, *L'Industrie de la soie en Bas-Languedoc XVIIe-XVIIIe siècles*, 1985. A. SERRE, *Les Rues de Nîmes*, Montpellier, 1989. Plans de Nîmes au XVIIe et au XVIIIe siècles. Bibliothèque municipale, Carré d'art. Nîmes.

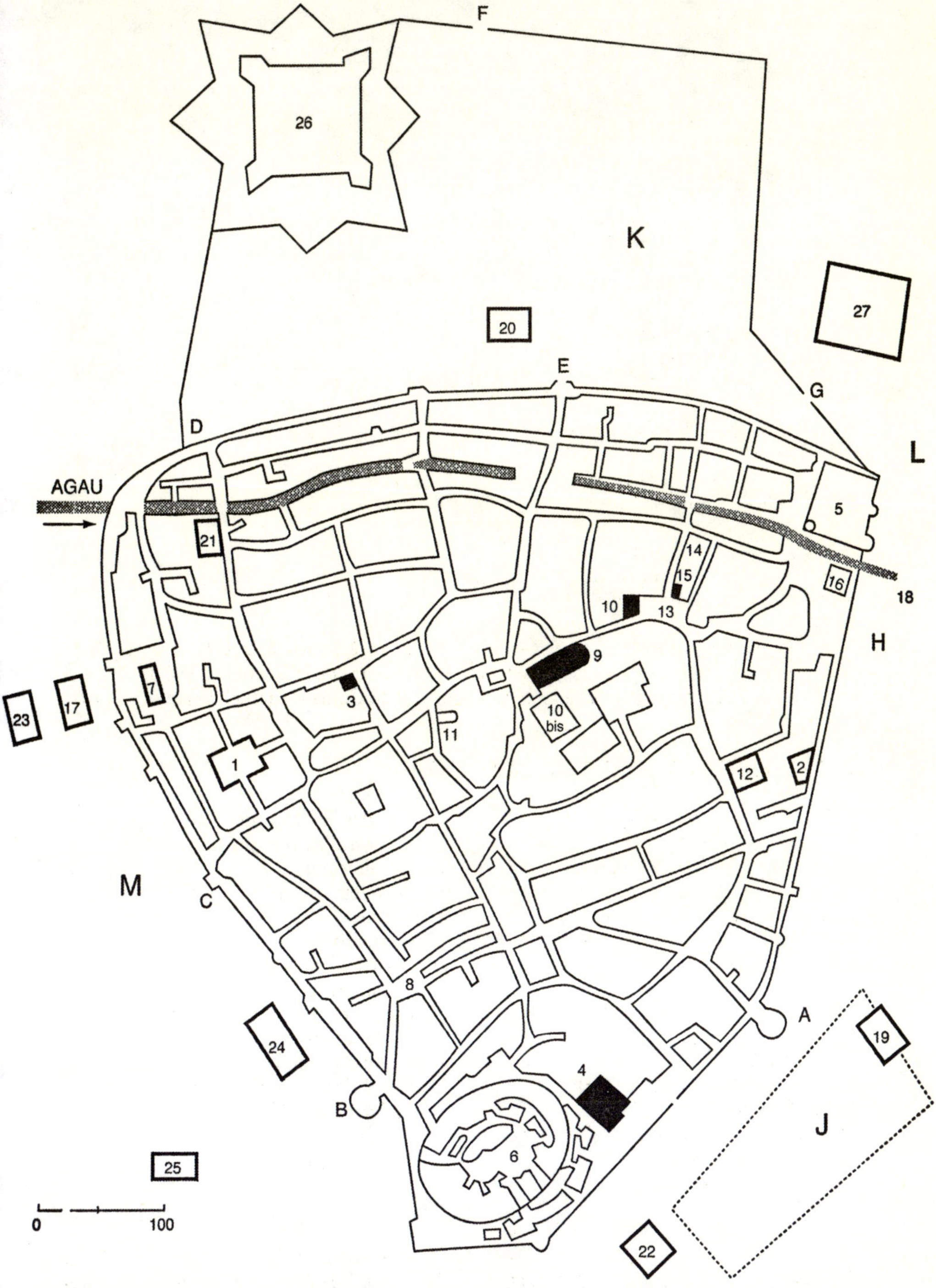

NÎMES EN 1700

TABLE

Cet ouvrage a été composé par
Nord Compo (Villeneuve-d'Ascq)
et imprimé sur presse Cameron
par **Bussière Camedan Imprimeries**
à Saint-Amand-Montrond (Cher)

Achevé d'imprimer en février 1998.

Edition exclusivement réservée
aux adhérents du Club
Le Grand Livre du Mois
15 rue des Sablons
75116 Paris
réalisée avec l'autorisation des éditions Plon

N° d'Impression : 98999/1.
Dépôt légal : février 1998.
Imprimé en France